柴念东 著

柴德赓年谱

图书在版编目（CIP）数据

柴德赓年谱 / 柴念东著. —— 北京：商务印书馆，2024
ISBN 978-7-100-23144-2

Ⅰ.①柴… Ⅱ.①柴… Ⅲ.①柴德赓（1908—1970）—年谱 Ⅳ.①K825.81

中国国家版本馆CIP数据核字（2023）第194073号

权利保留，侵权必究。

责任编辑：鲍海燕
封面题签：邹典飞
封面设计：刘堪海

柴德赓年谱

柴念东 著

商 务 印 书 馆 出 版
（北京王府井大街36号 邮政编码 100710）
商 务 印 书 馆 发 行
三河尚艺印装有限公司印刷
ISBN 978-7-100-23144-2

| 2024年3月第1版 | 开本 710×1000 1/16 |
| 2024年3月第1次印刷 | 印张 30 1/2 |

定价：168.00元

柴德赓塑像（苏州大学独墅湖校区，2015年立）

谨以此书纪念我的祖父柴德赓先生逝世50周年

——柴念东

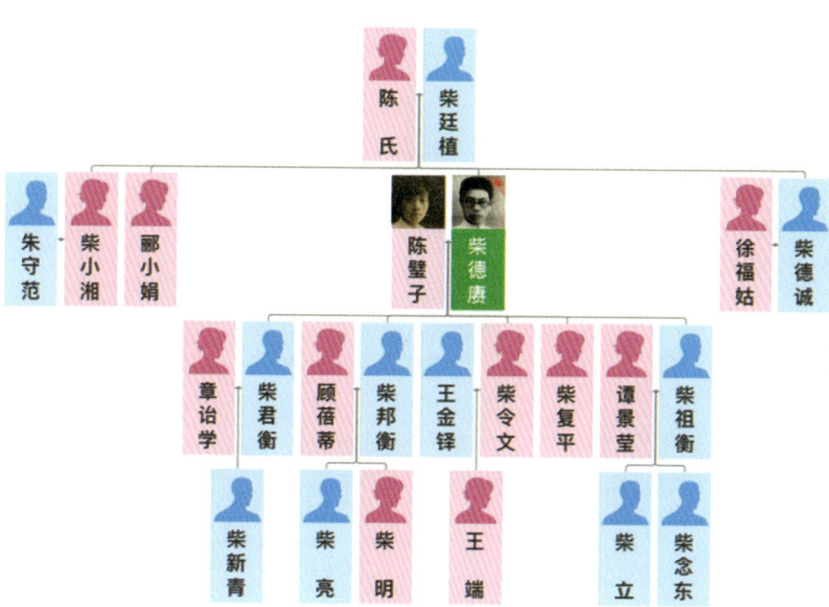

亲属关系图

读谱感言
（代序）

陈 晶

去岁入秋以来，世侄念东与我通微信，得知他已在编著《柴德赓年谱》（下称《年谱》），有时也会让我回忆核实一些材料。秋后接邦衡先生（柴德赓先生次子）电话，告知《年谱》初稿已就，要送来让我先读。不敢劳驾他，我即刻去取。

我并没有按《年谱》的系年编写从头读起，而是急着先翻阅我从师柴德赓先生的入学年代，即初稿本卷四1955年柴师服从分配自北京师范大学历史系调苏州江苏师范学院创建历史系起，一直读到1970年柴师在"文化大革命"中蒙冤辞世。再含泪读完"谱后"，掩卷长思了整整一天。然后再翻过来从头通读一遍，也作了一些笔记。为不影响出版计划，将稿本寄还给了念东。

不久前，邦衡先生又示意让我写"序"，顿感惶恐，论辈分、资历、才学，都不是我所及。我虽读历史系，但走出校门就进入博物馆，一直从事考古、文物工作。考古当然离不开史学，尽管也写过一些文章，但愧对老师，没有像样的研究论文，更没有史学方面的造诣。然而作为一名受业柴师，并得到柴师关怀和呵护的学生，泽师恩，沐师情，铭记在心，我深切领悟到老师对我的期盼。经过岁月沉淀，所有思念、追忆也有了更多理性空间。《年谱》中有一部分记述亦为我所熟知，有些还真是柴师言谈中亲自所述。作为当事人与见证人，今日睹此，愈发怀念恩师。

柴师在讲授"历史要籍介绍"课中，讲解"传记类史学"内容丰富，讲到个人传记、年谱，称：编著个人年谱要见录很多资料。我想他当时或者想过"自撰年谱"，才留存下诸多实录材料。现在这本《年谱》编著者熟读过柴德赓学术著作，整理过笔记、日志、信札、诗文、书法作品等资料，可以说是撰写《年谱》的不二人选。《年谱》是一本现代史学家一生为史学作贡献的纪实，内容丰富，解释通达，真实性强。

柴师出身浙江诸暨的农耕家庭。20 世纪二三十年代，许多大教育家在浙江实施教育救国的理念，深入县乡开门办学，广纳勤奋聪颖的寒门子弟入学，柴师就是其中的受惠者。《年谱》所记 15 岁时，读临浦小学初中班，时历史教师为名师蔡东藩。在蔡先生的影响下，他对史学和文学多有涉猎，渴求历史知识的欲望贯穿整个青年时代。后来柴师从事历史教育工作，对历史知识的传播，提出要有多种载体的读物，既要写出史实可靠、观点正确、有系统、有重点的通史，还提倡出版有丰富正确历史内涵，也有文字生动活泼、引人入胜的历史读物。他后来成为研究蔡东藩《中国历朝通俗演义》的专家是当之无愧的。20 世纪 60 年代初，我得柴师作序的蔡东藩著《前汉演义》。用不同体裁传播历史知识的方法，对我深有影响和启迪，后来为普及考古知识，我也探索着将具有考古专业水准的题材写成通俗易懂的随笔，推介考古、文物知识亦被学界认可，聊可告慰我师。

从小学到中学，浙江名师为他打下了扎实的基础，直至考入北平师范大学。此时的京师新潮涌动、学术自由，是出大师立栋梁的年代。他就读师大历史系，勤奋攻读，成绩优秀，一年级的试卷就得到老师陈垣"极佳"的批注，不久又写出史学论文《明季留都防乱诸人事迹考（上）》。在学生时代，就已成陈垣老师的助手。25 岁在师大毕业后任教中学，先后教授历史、国文，后又返归师门，任辅仁大学历史系讲师，成为陈垣师的入室弟子。从此，他踏入了史学研究的黄金时期。

在抗日战争最艰难的时期，他长途跋涉，转战入蜀中，路途艰辛。但每到一处，不管间隙的暂停或较长的居留，他必要借阅当地的方志书籍。在后来的课堂教学中，他一直谆谆教导我们：读、查地方志是史学工作者必须具备的基本功。

我在缅怀业师的一篇小文中，也写到听他讲过在国立女子师范学院艰苦执教，与相识的老友新知议论时弊，切磋治学，以诗言志。这段时期的《年谱》，有很多篇幅记录了他的诗作：有目睹战乱而作的《洛阳述怀》；有国军50万将士竟不敌日寇15万官兵，感慨万分而作的《闻龙门不守》；有喜闻日寇投降而作的《乙酉秋日寇报降后作》；有痛恨国民党时弊而作的《和静农〈迎神〉韵》。及至1946年2月作长歌一首，述怀入蜀两年中他的思想、抱负、志向、际遇。柴师的诗词造诣，可谓"笔一抬就出七律"。

从1955—1965年十年间《年谱》所记，可看出我是被老师最关注的学子之一。我读历史系之前，对史学几乎一无所知。1953年参加全国大学生统一招考，被录取在河北师范学院地理系本科，读了两个学期，因患肺疾，休学回苏州疗养，康复后不再想到北方上学了，申请转学到江苏师院。当时江苏师院不设地理系，不知转读什么是好，茫然中，听江苏师院办公室殷翔远主任及秘书科陆志琴老师介绍，新创建的历史系刚调来原北师大历史系主任柴德赓当掌门人，是位著名教授，为之所动，拟选读历史，而又怕不被接受。两位师长指点我自己去找柴主任，在我写过的《忆吾师柴德赓先生》文中有记，蒙柴师不弃，收为试读生，未经复考而试读。开始对纪庸教授讲的"中国古代及中世纪史"及柴师讲的"中国历史要籍介绍"产生兴趣，讲义上列有参考书籍，但到图书馆上自修时又借不到，我就与同班的一位女同学商量，闯到柴师住所去借书看。唐突跨入师门，未想竟掀开了我们十余年的师生情谊。无论在学校上课或在外地实习期间，我一直在柴师的视线中，得到辅导和关怀。

毕业分配到博物馆从事考古、文物工作后，他自嘲教不了这学生了，便亲自带我到北京大学历史系考古专业让我拜师苏秉琦教授。柴师与苏先生是北师大读书时的老同学，已疏往来，那年我与柴师在北大相聚，他主动提出去看望苏先生。记得在苏先生办公室相见后，在北大勺园餐厅就餐时，巧遇我在苏州市三中时比我高一级的同学顾文璧，顾此时是北大历史系邓广铭教授的助教，柴师也热情招呼。顾很感动地告诉我，他登门去柴先生在北大的临时居所请教，柴师平易、温和，毫无门户之见，热情接待求学者。我也告诉顾，柴师特意拜会苏秉琦先生，是为请苏先生指导我工作。柴师这种帮助后学者提高学业的境界，让人高山仰止。

在《年谱》上还有印迹可查的是，为拓宽我的学习，作书山东大学历史系郑鹤声教授，请他收我为学生。我在济南博物馆工作的业余时间里，跟郑鹤声先生学习，为他抄写他正在编写的《郑和下西洋资料汇编》，从中悟了古代笔记资料应用在研究工作中的分量，对于我后来的整理考古出土实物对照文献笔记资料相结合的研究方法很有帮助。

20世纪50年代，柴师奔赴苏州后，即全身心融入了这座城市，他在课堂上声情并茂地讲过两位为苏州文化作过奉献的近现代著名人物，一位是辛亥革命元老、爱国名士李根源，一位是国学大师章太炎，他们都是把苏州融进自己生命历程的楷模。柴师到苏州后，著文《从白居易诗文中论证唐代苏州的繁荣》、《天堂苏杭说的由来》，以及《明末苏州灵岩山的爱国和尚弘储》等。柴师不仅研究苏州经济文化的历史，又为发掘古文化，发扬光大苏州当代文化事业而努力奔波。骑着那辆28英寸的单车，颠簸在石子路上，寻访明清碑石，考察古建寺观，做了许多工作，结识团结了现代苏州著名人士顾公硕、汪旭初、蒋吟秋、周瘦鹃、范烟桥、汤国梨以及苏州博物馆馆长王炎等等，还有当时在职的主持过抢修已颓废的多座园林的李芸华市领导。20世纪70年代李芸华调任常州市领导，有次来常州市博物馆，还对我这个苏州人表示，他没有忘记柴德赓教授为苏州文化事业所作的奉献。

2004年我曾将缅怀柴师之文投稿苏州杂志社，随即接到素昧平生的杂志社总编陆文夫的电话，并告知柴师曾给香港报刊撰写过有关苏州园林、掌故等文章，问及是否有遗存稿。彼时我在沪上，即告知当时尚在苏州居住的柴邦衡：包括文学大家陆文夫先生在内的苏州文化人都在怀念柴德赓先生。

柴师热爱苏州，热爱至极，他呕心沥血地开创和发展了江苏师院历史系教育事业，也为苏州文化发展费尽了心思。在"文化大革命"之初又忍辱负重地倒在了苏州这方他挚爱的土地上。

《年谱》卷九"谱后"反复读了数遍，再回顾前面的《年谱》纪实，我悟出柴师生前一定考虑过要将他的史学著作结成文集，传诸后世。谱中多次述说柴师在江苏师院历史系，树大招风，历次政治运动都把他当重点批判对象，"反右运动"中反复被批判达四十次之多。白天的光阴被剥夺了，身心受到摧残，而晚间他还要伏案备课、读书研究或考虑著书立说。人是要有点精神的，柴师就在自己的精神世界里，为了事业，再苦再难也要坚持，待有点阳光透露，他就直起腰杆，全身心地投入史学教学工作，展示出为人师表的风范。

柴师母陈璧子与柴师相濡以沫数十载，她理解柴师心愿或者柴师曾经与她讨论过出书计划。师母是一位不平凡的长者，青年时思想进步，追求真理，秉性真挚、坚强。柴师去世后，在思念柴师的悲痛中，她为了完成柴师遗志，着力组织柴师学生中几位有专长的学者，整理出版了柴师的《史籍举要》、《史学丛考》和《资治通鉴介绍》等。正当她还想继续率领子女发掘柴师的各类遗著时，不幸因病于1986年辞世，遗志未酬。

作为一名柴门学子，我学识有限，无能力参与发掘被历史尘埃掩埋的柴师留下的这份丰厚的史学遗产，心感内疚。但我很期望苏州大学历史系的师生们能担起发掘这份史学遗产的重任。

2007年苏州大学举办了柴德赓先生百年诞辰的纪念活动，专门筹备了纪念展，为整理研究柴师史学遗著搭建了框架平台，这是个好的开端，但后续的具体工作尚未见端倪。从无到有，柴师是苏大历史系当之无愧的开天辟地人，历史系能有今天的规模和成绩，真的应该"喝水不忘掘井人"，加之其后人邦衡先生的推动及念东的进驻，苏州大学成立了发掘柴德赓遗作的"柴德赓研究所"。

我在江苏师院历史系读书时，念东侄就在苏州，生活在爷爷身边，自小耳濡目染接受熏陶。我见念东儿时性格内向、腼腆、温和、礼貌，也曾产生过一种感觉，念东有望成长为柴师接班人。如今念东已过耳顺之年，在刻苦发掘祖父的史学著作，一本一本读，一页一页整理，有担当地挑起这副重担，年复一年编著整理《柴德赓文集》。在如今这个物欲横流的年代，能够一头扎进故纸堆里，为爷爷立传，为中国文化树碑，真是感到后继有人的欣慰。柴师地下有知,他未竟的事业正在薪火相传,一定也会含笑九泉。

2018 年 2 月 10 日　于礼耕义种屋

目 录

卷一 1908年—1943年 1

○ 1908年（光绪三十四年）出生 3
○ 1909年—1911年（宣统元年至宣统三年）一至三岁 4
○ 1912年（民国元年）四岁 5
○ 1913年—1918年（民国二年至民国七年）五至十岁 5
○ 1919年（民国八年）十一岁 5
○ 1920年—1921年（民国九年至民国十年）十二至十三岁 6
○ 1922年（民国十一年）十四岁 6
○ 1923年（民国十二年）十五岁 7
○ 1924年—1925年（民国十三年至民国十四年）十六至十七岁 7
○ 1926年（民国十五年）十八岁 8
○ 1927年（民国十六年）十九岁 9
○ 1928年（民国十七年）二十岁 10
○ 1929年（民国十八年）二十一岁 11
○ 1930年（民国十九年）二十二岁 13
○ 1931年（民国二十年）二十三岁 15
○ 1932年（民国二十一年）二十四岁 17
○ 1933年（民国二十二年）二十五岁 18
○ 1934年（民国二十三年）二十六岁 19

- ○ 1935 年（民国二十四年）二十七岁......20
- ○ 1936 年（民国二十五年）二十八岁......22
- ○ 1937 年（民国二十六年）二十九岁......24
- ○ 1938 年（民国二十七年）三十岁......25
- ○ 1939 年（民国二十八年）三十一岁......26
- ○ 1940 年（民国二十九年）三十二岁......28
- ○ 1941 年（民国三十年）三十三岁......29
- ○ 1942 年（民国三十一年）三十四岁......31
- ○ 1943 年（民国三十二年）三十五岁......34

卷二　1944 年—1948 年......39
- ○ 1944 年（民国三十三年）三十六岁......41
- ○ 1945 年（民国三十四年）三十七岁......57
- ○ 1946 年（民国三十五年）三十八岁......61
- ○ 1947 年（民国三十六年）三十九岁......69
- ○ 1948 年（民国三十七年）四十岁......75

卷三　1949 年—1952 年......87
- ○ 1949 年　四十一岁......89
- ○ 1950 年　四十二岁......95
- ○ 1951 年　四十三岁......104
- ○ 1952 年　四十四岁......126

卷四　1953 年—1956 年......141
- ○ 1953 年　四十五岁......143
- ○ 1954 年　四十六岁......149
- ○ 1955 年　四十七岁......156
- ○ 1956 年　四十八岁......171

卷五　1957 年—1958 年...185
　○ 1957 年　四十九岁...187
　○ 1958 年　五十岁...206

卷六　1959 年—1961 年...235
　○ 1959 年　五十一岁...237
　○ 1960 年　五十二岁...243
　○ 1961 年　五十三岁...255

卷七　1962 年—1965 年...281
　○ 1962 年　五十四岁...283
　○ 1963 年　五十五岁...309
　○ 1964 年　五十六岁...328
　○ 1965 年　五十七岁...354

卷八　1966 年—1970 年...371
　○ 1966 年　五十八岁...373
　○ 1967 年　五十九岁...378
　○ 1968 年　六十岁...382
　○ 1969 年　六十一岁...386
　○ 1970 年　六十二岁...390

谱后　1970 年—2023 年...395
　○ 1970 年...397
　○ 1971 年...398
　○ 1973 年...399
　○ 1975 年...400
　○ 1977 年...400
　○ 1978 年...400

- ○ 1979 年 401
- ○ 1980 年 406
- ○ 1981 年 406
- ○ 1982 年 407
- ○ 1983 年 410
- ○ 1986 年 410
- ○ 1987 年 411
- ○ 1988 年 411
- ○ 1989 年 414
- ○ 1990 年 415
- ○ 1991 年 415
- ○ 1992 年 416
- ○ 1996 年 417
- ○ 1997 年 417
- ○ 1998 年 417
- ○ 1999 年 418
- ○ 2002 年 418
- ○ 2004 年 418
- ○ 2005 年 419
- ○ 2006 年 419
- ○ 2007 年 419
- ○ 2008 年 421
- ○ 2009 年 422
- ○ 2010 年 422
- ○ 2011 年 423
- ○ 2012 年 423
- ○ 2013 年 424
- ○ 2014 年 428
- ○ 2015 年 431

- ○ 2016 年 434
- ○ 2017 年 435
- ○ 2018 年 437
- ○ 2019 年 437
- ○ 2020 年 438
- ○ 2021 年 439
- ○ 2022 年 439
- ○ 2023 年 439

附录　主要人名注释 440
参考文献 461
后　记 466

卷一

1908年—1943年

此期间主要经历：出生，上私塾、临浦小学，至杭州安定中学读初中，于杭州一中读高中，考入北平师范大学史学系；与陈璧子恋爱、结婚；毕业后先后于安庆、杭州两地中学任教；重回北平于辅仁附中及大学任教，走上治学之路。

○ 1908年（光绪三十四年）出生

柴德赓，字青峰。清光绪三十四年九月初六（戊申年辛酉月戊子日，1908年9月30日）出生于浙江诸暨里亭柴家村。

祖讳继高，原名大昌，字配堂，号封山，又号沛棠，庠贡生，例赠修职郎。父名灿，字廷植，号静斋，清国学生，奖给五品顶戴。母陈氏。

据《诸暨里亭柴氏宗谱》记，柴德赓名辛，字德庚，号丙夫。自入学堂读书初以德赓为名，至北平师范大学读书后，始以"青峰"为字。[1]

诸暨早在新石器时代就有先民活动，东周时曾为越国古都。据《史记·秦始皇本纪》，秦王政二十五年（前222）秦将王翦降越君，置会稽郡，《汉书·地理志》载诸暨县属会稽郡，则诸暨这一地名先秦时已经存在，公元前222年置县。此后多沿袭不改。

里亭地处杭坞山东北部、浙北丘陵北端，东与店口一山之隔，北与浦阳接壤。自古交通便利，物产丰饶，是杭城南下婺州第一要道。

关于里亭柴氏之渊源，据《暨阳里亭柴氏宗谱》（甲册·里居故址）记：

> 清公高柴，夫子次子也，字子真，始以父名为姓，是为柴氏受姓始祖。世居古朝歌地，即今河南卫辉府淇县是。越至唐绍公嗣昌，高祖尚以平阳公主家居山西汾州之汾阳县。厥后世居江南徐州、丰沛之间者，则自邦彦公，字辅国者始也。洎乎宋之中叶，泂公字朝宗者，乾道初（1166）以进士特授浙江衢州府江山县令，遂肇居江山为南迁始祖。然迁暨而居黄潭者解元伯茂公是也，公字德盛行十二传四世至广爱公，行福五赘里亭（永乐四年，1406），为里亭始居之祖。其故址之班班可考者，盖如此。[2]

---

[1] 据《杭州省立第一中学第一部校刊》（同学录·一九二九），柴德赓毕业时并无字称；依1934年《北平师范大学校刊》（同学录·第二十一届毕业生），柴德赓名后有"青峰"为字。

[2] 《暨阳里亭柴氏宗谱》，清雍正五年（1727）建谱，2015年续修。

据《暨阳里亭柴氏宗谱》（甲册·分支派别）记：

考沔公居江山，越五世至中行公，讲学南溪，得贤弟子三百人名成一世。生二子，即伯荆公与伯茂公，后卜舜江西四明者谓伯荆公，居暨阳黄潭者谓伯茂公。其间徙居题扇桥者谓伯荆公之后嗣。吾祖伯茂公居黄潭，长子千一公仍居故址，以下三公皆自黄潭徙居孤山，为孤山上中下宅之祖。然千一生元一，元一生寿三，寿三生福五。福五入赘里亭，为里亭始祖。而里亭之广大房复迁萧山斜尖湖，其谱则与孤山合焉，且为天枢后裔。甚哉，斜尖湖之大宗、小宗不误差误矣。第横山珠稼邬确是孤山分支也。

自福五迁诸暨始，传二十世至尊字，即德赓一辈。祖继高公有子五人，孙十二人，柴德赓在其孙辈序齿列九，故后来"陈门弟子"中有以"九兄"相称。

关于柴德赓的父母，据尚传道《怀念青峰兄》记：

1927年暑假，青峰邀我到他家小住。我拜见了廷植老伯，是一位循良的长者。和我家一样，都是世代耕读传家。他家有一座相当讲究的庄园，有厅房，有客室。和我家一样，大门上有"忠厚传家久，诗书继世长"等楹联。柴伯母出生于诸暨县城的望族，世代读书。青峰的外公无子，只生三个女儿，他母亲居长，自幼被当作长子，从小读书习字。青峰写得一手好字，是得到他母亲的自幼教导。我在他家盘桓了四五天，才依依不舍地拜别两位亲长。[①]

○ 1909年—1911年（宣统元年至宣统三年）一至三岁

- **幼年在家。**

[①] 尚传道：《怀念青峰兄》，何荣昌、张承宗编：《青峰学记》，江苏文史资料编辑部1992年版，第85页。

○ 1912年（民国元年）四岁

- 童年在家。

○ 1913年—1918年（民国二年至民国七年）五至十岁

据俞履德《现代著名历史学家柴德赓》：

> 1913年，德赓5岁时，就到一家私塾开始念书，第一本课本是人、手、足、刀、尺，后来就念"四书"。老师的教授方法只是死背，并不讲解辞句的意义，使他感到心烦。老师常用戒尺打同学，有时将戒尺打成两截。他极为气愤，便不想再去上学。[①]

○ 1919年（民国八年）十一岁

据俞履德《现代著名历史学家柴德赓》：

> 11岁时家里请到一位比较开明的先生，教读《古文观止》，这时他才对念书发生兴趣。这一年也开始作文。他哥哥从杭州买了一部《封神榜》回来，他看得废寝忘食，后又从一个亲戚家孩子那里，看到了《少年杂志》，开始吸收新知识。
>
> 德赓的家乡柴家村，虽属诸暨县管辖，但离临浦镇很近，那时的临浦镇归绍兴、萧山两县共管，以大街中的大庙为分界，左侧属绍兴县管，名为山阴街；右侧属萧山县管，名萧山街（解放后，临浦镇全属萧山县管）。临浦镇小学是办得比较好的，学生可以在校膳宿。[②]

[①] 俞履德：《现代著名历史学家柴德赓》，何荣昌、张承宗编：《青峰学记》，第63页。
[②] 俞履德：《现代著名历史学家柴德赓》，何荣昌、张承宗编：《青峰学记》，第63页。

○ 1920年—1921年（民国九年至民国十年）十二至十三岁

- **就读萧山苎萝乡国民两等小学校。**①

据俞履德《现代著名历史学家柴德赓》：

> 1920年，德赓离家进临浦小学读书。第二年，学校来了几位杭州第一师范毕业的教师，带来了新思想。那时《新潮第一声》对学生是很有影响的，使高小的学生，也懂得反对学校中不合理的事。为了伙食问题，临浦小学曾闹过一次风潮，学校办不下去了，只好暂时停课，要学生回家，听候通知。不久，学校发给德赓家里一张"开除"的通知。家中人认为是莫大的耻辱，托人到学校说情，总算记了大过两次，恢复学籍。②

○ 1922年（民国十一年）十四岁

- **于家乡求学。**

据俞履德《现代著名历史学家柴德赓》：

> 1922年，德赓高小毕业。当时有个陈榜良先生（名陈煦），是我们萧山义桥人，学问渊博，在临浦小学担任五、六年级国文教师。德赓以国文成绩优秀，被陈先生认为得意门生。德赓受到陈先生的谆谆教导，学业大有进步。陈榜良先生是第一个为德赓幼年打好坚实的国文根底的老师。
>
> 德赓高小毕业后，对于今后如何进取，心里茫茫然，不知所

---

① 即现在杭州市萧山区临浦镇第一小学，光绪三十年（1904）由实业家汤寿潜（光绪十八年进士）等人发起创办"萧山临浦两等小学堂"（初等、高等），第一任堂长是何丙藻。柴德赓现列为临浦一小"四大杰出校友"之一（据《杭州市萧山区临浦镇第一小学校志》，2004年）。

② 俞履德：《现代著名历史学家柴德赓》，何荣昌、张承宗编：《青峰学记》，第63页。

措。回乡种田？半耕半读？还是投考一个有英（文）、国（文）、算（术）课程的专门学校？同村中很少有人读中学的，他也不敢妄想上中学念书，左思右忖，踌躇难决。后来，他父亲的一个朋友，介绍他到离家20里的店口镇陈躬青先生处读书。这位陈先生学问渊博，精通史、地、数学，还能书画，写得一手很好的王体字。陈先生教读《左传》、《纲鉴易知录》、《东莱博议》、《古文辞类纂》等书。店口镇是诸暨县一个出人才的地方，读书人很多，作诗、下围棋的风气也很盛。德赓在那里仅仅读了半年书，由于受到陈先生的教导和当地风气的影响，对历史和文学发生浓厚的兴趣，还爱写二王字，这对德赓以后的爱好史学，专攻史学，有着密切的联系。[1]

○ 1923年（民国十二年）十五岁

• 入读临浦初中。[2]

据俞履德《现代著名历史学家柴德赓》：

> 1923年，临浦小学增办初中，他就回临浦读初中[3]，当时历史教师蔡东藩对他的影响很大。其时，蔡先生正为上海会文堂书局写《历朝通俗演义》。蔡先生史学知识渊博，引用各种正史、野史资料，以章回小说形式，深入浅出地从古代写到民国，虽为小说体裁的演义，史料却都有出处。在蔡先生的影响下，他对史学和文学更有兴趣。[4]

---

[1] 俞履德：《现代著名历史学家柴德赓》，何荣昌、张承宗编：《青峰学记》，第64页。
[2] 1922年临浦初中借用临浦第一小学校舍，初一年级一个班在临浦一小上课，柴德赓于此就读初中一年（据《杭州市萧山区临浦镇第一小学校志》）。
[3] 据柴德赓档案，1951年9月17日填写《北京辅仁大学教职员调查表》（下称《调查表》）："1923年8月至1924年7月于临浦初级中学一年级（停办）。"
[4] 俞履德：《现代著名历史学家柴德赓》，何荣昌、张承宗编：《青峰学记》，第65页。

○ 1924年—1925年（民国十三年至民国十四年）十六至十七岁

• **入读杭州私立安定初级中学。**

秋，入读杭州私立安定初级中学。①

据俞履德《现代著名历史学家柴德赓》：

> 1923年暑假，临浦小学中学班停办，他便到杭州投考学校，考取了商业学校和安定中学。由于他不喜欢商业，于是就进了安定中学。从这时起，我同他成为朝夕共处的同班同学。其他同班同学，现在尚能记得的有尚传道②、俞启人、毕腾青、杨大士③、徐家楣、包焕奎、蓝贞亮、杜金声、何飞、王昌隆等。安定中学对学生要求严，学生都得用功读书，生活上也很朴素。④

○ 1926年（民国十五年）十八岁

• **入读浙江省立第一中学。**

秋，就读浙江省立第一中学。⑤

据俞履德《现代著名历史学家柴德赓》：

> 1926年暑假，他和我一同考取了浙江省立第一中学第一部高中

---

① 据《调查表》："1924年8月至1926年7月于私立杭州安定中学。"学校现名为"杭州市第七中学"。楼平主编：《百年踪迹 百年辉煌》（杭州第七中学校史），西泠印社2009年版。安定学堂（中学前身）由胡趾祥、陈叔通创办，首任校长是项兰生。地址杭州葵巷。范文澜、茅盾曾在此就读，柴德赓入学时校长为陈纯。

② 尚传道，后考取清华大学政治系。

③ 杨大士，后考取清华大学会计系。

④ 俞履德：《现代著名历史学家柴德赓》，何荣昌、张承宗编：《青峰学记》，第65页。

⑤ 据《调查表》："1926年8月至1929年7月于省立杭州第一中学。"学校现名为"浙江省杭州高级中学"，柴德赓列为学校百名著名校友之一。据《杭州第一中学·校庆七十五周年纪念册》，杭州一中由浙江第一师范学校和浙江省立第一中学于1923年合并而成，柴德赓求学期间，校长分别为沈溯明、李季谷和蒋梦麟。

文科（当时男女不同学，第一部是男生，校址在杭州贡院前；第二部是女生，是浙江省立女子中学改的，校址在杭州西大街）。同时考取一中高中文科的安定中学同班同学有：尚传道、俞启人、杨大士、王国元、包焕奎、蓝贞亮等，我们这些人到高中再次做同班同学，又在同一个教室上课，到同一个自修室自修，在同一个寝室住宿，相互切磋，朝夕相处，感情非常融洽，友谊当然更增进了。[1]

是年，作诗《秋江晚眺》一首，为《青峰诗存》[2]首篇：

> 临流高唱大江东，江水无情漾落枫。
> 万马奔腾潮怒吼，群山隐约鸟飞空。
> 身浮沧海一舟小，日落波心万里红。
> 留得此间清净地，不愁明月与清风。

○ 1927年（民国十六年）十九岁

• 就读浙江省立第一中学。

秋，就读浙江省立第一中学二年级。

是年，作诗《与华邨[3]同步湖滨》二首：

> 一片市声听未休，垂杨深处散闲愁。
> 凭君试望西湖里，万壑千峰水上浮。

> 新荫渐上树梢头，绿柳丝丝映画楼。

---

[1] 俞履德：《现代著名历史学家柴德赓》，何荣昌、张承宗编：《青峰学记》，第66页。
[2] 《青峰诗存》为柴德赓早期诗稿，存19首，1931年抄录保存。何荣昌、张承宗、柴邦衡主编：《百年青峰》，苏州大学出版社2007年版，第22页。
[3] 华邨，柴德赓杭州一中同学。据《一中》1928年第1期，其笔名为"花村"。《一中》为杭州一中学生会所办刊物，民国十七年六月十五日正式发行（中华邮政特准挂号认为新闻纸类）。北京"杂·书馆"收藏。

珍重流莺多爱护，风光待取及时游。

○ 1928年（民国十七年）二十岁

- 就读浙江省立第一中学。
- 被选为一中"杭州学生联合会（筹备）"代表。
- 参加中国国民党。

我在杭州第一中学一部高中读书的时候，参加过国民党。参加时间是一九二七年下半年以后，也可能是二八年。那是一中区直属第五党部成立以后，以前一中无区分部组织。我入党的介绍人是教员戴祥骥、同学郑国士，他二人是区分部负责人，我是区分部委员，这事印象模糊，还有什么人是区分部委员，也记不清了。当时为什么他们会发展我的呢？因我担任出席学联的代表，在同学中有些影响。实际区分部的事我是不知道的，我到一九二八年"五三惨案"发生后，去学联参加检查日货，花了不少时间，可是检查到的日货，国民党政府却轻易发还了，不知有什么鬼把戏，我很不满。①

杨杏佛在杭州一中作演讲，题为"三民主义的人生观"，柴德赓作记录，载于《一中》创刊号。

作诗六首：《雨中送人归》、《端阳偕子行师②及华邨诸君泛湖（6月22日）》、《返乡偶成》（两首）、《登凤凰山有感》、《中秋前一日偕希贤、华邨泛舟（9月27日）》。

其中《中秋前一日偕希贤③、华邨泛舟（9月27日）》：

烟波深处泛轻舟，飘泊随风亦自由。

---

① 据柴德赓档案材料：《关于参加国民党的经过》，1958年。
② 刘子行，时任杭州一中训育主任。
③ 尚传道，字希贤。

一样西湖一样月，输他明日是中秋。

是年，被选为校"杭州学生联合会（筹备）"代表，秋与杭州惠兴女中学联代表陈璧子相识。

3月3日，杭州学生联合会（筹备）成立，柴德赓、许世瑛等13人为筹备委员。①

7月21日—25日，在上海参加全国反日代表大会。②

○ 1929年（民国十八年）二十一岁

- **考取北平师范大学史学系。**

5月，作诗《接家书闻变》③一首。

6月，高中毕业前撰写《离言》一文，刊登在校刊《一中》第3期：

> 三年同学的相聚，使我沉醉在春风满座之中，充分感受着自然和天真的流露，赤诚和精神的互助。人是感情的动物，当这将别未别的时候，为酬谢在校同学的深情，就不能不追述过去，幻想将来，以作留别的纪念。④

作诗：

离杭前数日为璧书萐，成湖上杂诗八首，存四首：

几年书剑滞湖滨，意气消磨万火轮。
歌哭风尘谁作主，天涯多是飘零人。

---

① 《申报》1928年2月29日。
② 《申报》1928年7月21日（第13版）、25日（第13版）、27日（第14版）。
③ 据柴德赓档案材料：《关于政治历史问题》"家中因财产纠纷打官司"，1958年。
④ 柴德赓：《离言》，《一中》1929年第3期。

豪士风怀何处寻，欲从空谷觅知音。
西湖春色半庸俗，惟有梅花识我心。

学书未就剑无成，回首家园百感并。
慈母泪和窗外雨，想来都是断肠声。

久闻燕赵多豪士，便欲辞家更远征。
尚有高堂老亲在，秋风岂独念莼羹。

作诗《和友两首无题》。

7月1日，杭州市学生联合会通过社团登记，正式成立，柴德赓、陈璧子为常务委员，许世瑛为监察委员。①

7月，即将北上投考，"学联"同学合影送别，陈璧子等参加。

7月7日②，离开杭州赴北平投考大学。

8月16日，《大公报·教育版》刊登"师大新生揭晓"，被史学系录取。③

9月1日，入学北平师范大学史学系④（第二十一届）。据尚传道《怀念青峰兄》记：

> 青峰于一中毕业后，要投考大学，他家里不同意，不再给他学费，要他在省里找个工作，特别反对他上北京读书。但他不顾家庭阻力，自己筹措了旅费，毅然北上。到京后生了一场病，耽误了投考清华的时机，以后改考北平师范大学，被录取了。……
>
> 青峰到京后，路费用尽，虽已考上大学，食宿费用无着。他投奔一位远房亲戚，陈诉自己经济困难情况。这位住在和平门内东拴

---

① 《申报》1929年7月1日（第11版）。
② 离开杭州时间，据1958年柴德赓档案材料。另据1955年其他档案材料为"7月1日"。
③ 《大公报·教育版》1929年8月16日（第11版）。
④ 北平师范大学的始基是在1902年（光绪二十八年）建立的京师大学堂"师范馆"。北京师范大学校史编写组编：《北京师范大学校史》，北京师范大学出版社1982年版。

马桩（现改名东松树胡同）的金先生很热心，慨允请青峰住到他家，供给食宿，顺便教教孩子读书。①

9月30日，作诗《中央公园望月》一首：

> 睥睨世间气未平，候虫偏向耳边鸣。
> 相期心事人谁在，独立秋风对月明。

10月8日（九月初六），作诗《北平逢生日》二首：

> 抛却西湖水云乡，北来风日近重阳。
> 音书梦断敌人远，京国气增游子狂。
> 古道车尘化旧裕，清秋木叶着新霜。
> 壮怀势欲凌霄去，来往云端览大荒。

> 二十二年一刹那，今朝生日便如何。
> 田园寥落惟余泪，骨肉仇雠又一波。
> 晴日长空催景色，秋风夜月泣山河。
> 苦吟未敌飘零恨，独对黄花感慨多。

是年，与王守礼、陆宗达结交。②

○ 1930年（民国十九年）二十二岁

- **就读北平师范大学史学系。**

6月25日，陈垣讲授"中国史学名著评论"课，考试成绩优秀，时陈垣有批注：

---

① 尚传道：《怀念青峰兄》，何荣昌、张承宗编：《青峰学记》，第86页。
② 当时照片尚存，柴有题记。

十九年六月廿五日试卷，师大史系一年生柴德赓、王兰荫、雷震、李焕绂四卷极佳。①

7月，作诗《返杭第三日偕璧游三潭印月》二首②：

叶底芙蓉好，潭中夕照明。风怀静里得，不共沙鸥盟。

湖风动荷叶，晚雨洒衣裳。相看浑无语，四野起苍茫。

上诗后几日返诸暨里亭。柴家给其安排婚事。

据柴家村柴渭法老人口述③，那年柴德赓回到里亭柴家后，家里为其操办婚事，按照旧礼俗迎娶郦家女小娟进门。这一桩婚事对柴德赓来说是毫不知晓，是没有任何思想准备的。婚姻大事，媒妁之言，父母做主，看来抗婚已经来不及了。到家第二日即为成亲日，按照当地习俗举办婚礼，大宴宾客。当日柴德赓表面勉强同意此婚事，实际暗作着逃婚的决定。新婚夜晚他与新妇并没有同房，并择机逃出了里亭柴家，直奔杭州，旋即北上。④

返杭州。作诗《返家三日清晨登保俶塔》一首：

行色百仓皇，清晨览大荒。天风逐晓雾，初日上前冈。
离别添新恨，殷勤理旧狂。下山在顷刻，归路指钱塘。

8月，作长歌《到家三十五韵》一首。
9月，作诗一首：

---

① 陈垣著，陈智超编：《中国史学名著评论》，商务印书馆2014年版，第160页。
② 同时旅游杭州汪庄，留存有照片。
③ 李科才：《关于柴德赓教授》，《诸暨作家》2014年第4期。
④ 柴念东：《柴德赓婚姻二三事》，"青峰草堂"网站，http://www.chaidegeng.cn。

补八月卅一号与其翔、世瑛①诸君乘奉天丸北上,于黑水洋赋此:

孤客秋云海上涛,征轮长去水滔滔。
疏星时闪海天冷,雪浪平添意气豪。
十载恩仇问黑水,一身轻重岂鸿毛。
栏杆倚处正萧索,月落黄昏风怒号。

11月16日,作诗《无题》二首。
是年,作诗《寒冬夜读》一首:

黄昏把卷费沉吟,一字难安笔屡停。
更鼓声残炉火冷,隔窗明月窥书灯。

○ 1931年(民国二十年)二十三岁

- 就读北平师范大学史学系。
- 与陈璧子结婚。
- 于辅仁大学附中代课,任国文教师。

春,据俞履德《现代著名历史学家柴德赓》:

1931年春,帮助德赓解决住宿问题的亲戚,举家南迁,德赓的生活又感困难了。他想找点学术方面的工作做做,便把这情况和想法对陈老师②讲了。陈老师就将《晋书斠注》的整理工作全部交给他,每月给予相当的报酬。当时他还以为是陈老师替他介绍的工作,后来才知道是陈老师自己给的钱,很感不安。③

---

① 其翔,疑似为谭其翔。《一中》校刊有署名"其翔"的文章。许世瑛,许寿裳长子。
② 即陈垣。
③ 俞履德:《现代著名历史学家柴德赓》,何荣昌、张承宗编:《青峰学记》,第70页。

6月，北平师范大学《史学丛刊》第一期发表《明季留都防乱诸人事迹考（上）》。余行迈对该文评析道：

> 作《事迹考》是因为对那些明末留都南京一百四十多位共同署名发布《防乱公揭》，声讨漏网阉党巨魁阮大铖的年轻士子，"惜其力，哀其志，怜其遇"。认为这群士子"文章豪华，年少蜚声，皆具用世之才，怀救时之志，使胡马缓渡，明社稍延，则诸君者安知非庙党之器！"但事实却是"强者身逢大难，断头碎骨以死；即生者亦大半弃妻子，散家财，去乡里，或以僧死，或以隐死"。他们"一念故国，声泪俱下，人世凄凉悲惨之境，孰有甚于此者乎！"真是沉痛之至。柴先生怀此沉痛心情，写此考证长文。也可以说，这是柴先生写所有这类文章的总的心态。
>
> 由此心态而敬其人，而究其事。对此，柴先生的文章特重拾遗补阙，即"拾"记载中所"遗"爱国之人，"补"传记中所"阙"爱国之事。为"发潜德之幽光"，对爱国之人之事，越是"微"者"隐"者，越要"表"之"显"之。
>
> "拾遗"之例，如《事迹考》中一百四十多人，其大多数属于记载所"遗"之"微"者，"甚者竟无一字之纪"。虽然如此，柴先生却竭力多方寻求关于这些人的爱国言行史料，如披沙拣金，搜剔爬梳，"虽片言只字，亦所珍惜"，终于使此等记之少，知之鲜者，事悉名传。而对于那些当时地位较高，"人各数传"，知之较众者，柴先生则认为虽记载"累篇盈牍，弃之不惜"。①

暑假，返家至杭州、诸暨。

7月9日，作诗《义桥访履德舟中遇骤雨》一首②：

---

① 余行迈：《柴德赓先生评书论人之卓识——读〈史学丛考〉浅议》，何荣昌、张承宗编：《青峰学记》，第140页。

② 据俞履德《现代著名历史学家柴德赓》，柴曾于1927年去过一次萧山义桥俞家。

三山云气挟飞雷，不放天东半壁开。
果是狂涛卷岸去，浦阳风雨过江来。

夏季，与陈璧子结婚。陈璧子转学至北平安徽中学。①
是年，协助陈垣作《晋书斠注》整理工作。
由陈垣安排至辅仁大学附中教授国文，与台静农相识结交。②

○ 1932年（民国二十一年）二十四岁

- 就读北平师范大学史学系。
- 于辅仁大学附中代课，任国文教师。

3月31日，章太炎至北平师大讲学，题目《清代学术之系统》，柴德赓作记录，呈于钱玄同，钱有记：

> 一九三二年二月二十九日，章太炎先生来平。三月三十一日，师大研究院的历史科学门及文学院的国文系和历史系合请先生为学术的演讲，这篇文章就是那天的演讲笔记。……当柴君把这篇笔记誊清了托方国瑜③君交给我的时候，太炎先生尚未离平，我请他自己看看，他对我说，"你看了就行了"。④

10月16日，北平史学会在中山公园成立，柴德赓、丁迪豪为师大代表，辅大代表有谭其骧，清华代表有吴晗。柴德赓作为筹备委员会委员，当选北平史学会会员。该会采取主席团制，主席团成员三人：燕京大学教授邓之诚、北大教授陶希圣与师大教授陆懋德。⑤

---

① 陈璧子1932年安徽中学毕业照尚存。
② 据俞履德《现代著名历史学家柴德赓》，陈垣在辅仁大学附中接洽好教国文，此前由台静农代课，故二人结交。
③ 方国瑜（1903—1983），字瑞丞，云南丽江人。史学家、民俗学家。
④ 《师大月刊》1934年第10期，第156页。
⑤ 《燕京报》1932年10月18日（第4版）。

10月29日，长子祖衡出生，家名耀平。

是年，购得光绪同文本《宋史》一套，开始攻读。①

○ 1933年（民国二十二年）二十五岁

- 北平师范大学毕业。
- 于辅仁大学附中代课，任国文教师。
- 9月任教于安徽省立第一中学（安庆）。

5月4日，邓之诚赠送《通史讲义》。②

6月11日，照毕业相，并与陈璧子合影一帧。

8月，由杨廉③介绍至安徽省立一中任国文教员。④

12月25日，奉书陈垣：

> 自违函丈，瞬告半载。每念同门诸君，得亲侍座右，立雪承教，执经问疑，而受业独以环境所趋，僻处江上，对秋风以陨涕，捧残籍而生感，虽中怀之隐郁而难宣，然函丈之思久而弥切矣！数月以来，日惟从事于课本之改削，卒卒无暇。为人多则为己寡，深负夫子之所教。每思握管修禀，辄念吾师之恩，没齿难报，吾师之前，不宜率渎，感极而泣，至不能卒书。以此蹉跎，忽焉岁暮，翘首都门，中心如焚。敬维夫子拯学术于已敝，树史林之新基，德躬常绥，宏著日富，此受业数千里外，无时不在祷祝之中也。受业于故都消息，隔膜殊甚。牟、张⑤诸兄亦鲜音问。在此课余灯前，得书亦复不易。安徽省立图书馆仅有普通书籍，稍求专门，罄城难得，故惟

---

① 据柴德赓1963年家书，提及30年后旧地重游。2015年笔者在整理柴德赓《宋史》眉注时，发现书中夹有多片红叶，故推知该年柴德赓已经在读《宋史》。

② 邓之诚著，邓瑞整理：《邓之诚文史札记》，凤凰出版社2012年版，第2页。

③ 杨廉，原杭州一中一部主任，时任安徽省教育厅厅长。刘寿林等编：《民国职官年表》，中华书局1995年版，第718页。

④ 据《调查表》，至南方的原因是"塘沽协定，形势紧张"。

⑤ 即牟润孙、张鸿翔。

多读基本史籍而已。此间教育腐败，教者学者，茫不知所为何事；学风之坏，不特方望溪、戴东原辈为之痛心，即朱筍河、章实斋等亦当为之叹息。受业势不能郁郁久居于此，今年家庭叠遭事变，受业往返浙皖，颇费周旋，待家事稍告安定，使老亲可安，便当只身北上，还依师门。昔年受政治影响，颇思投波逐浪，自受夫子之教，顿易昔日之趣。迩来愈觉除为学外，不足以言意义，故虽处艰寒，不堕斯志，或亦足以慰夫子垂念之万一耳。著述之暇，望时赐训言，受业不胜感激瞻企之至。①

是年，由陈伯君介绍结识马叙伦。②

○ 1934 年（民国二十三年）二十六岁

- 任教于安徽省立第一中学。
- 7月至杭州市立初级中学任教。③

春，于安庆孔园游春。④

4月，作诗《安庆春暮将谋东归》一首：

久将心事付沉沦，才见花开又暮春。
天外云山频入梦，眼中狐鼠欲窥人。
有书可读贫还乐，吾舌犹存道未泯。
莫作伤心江上客，多情鱼鸟自相亲。

5月10日（农历三月二十七），母病逝，归家治丧。

---

① 柴念东编注：《柴德赓来往书信集》，商务印书馆2018年版，第151—152页。原稿现由私人收藏。
② 据柴德赓档案材料：《在苏州建立民进组织》，1969年。
③ 聘书尚存，现藏于苏州大学博物馆。
④ 孔园位于今安庆一中校内孔庙，留存有照片。

6月8日，大女儿出生于安庆，家名庆平。①

7月24日，赴杭州，于杭州市立初级中学任教国文。

夏，作诗《湖上偶成》一首：

> 放鹤亭前人似鲫，葛翁岭下马如龙。
> 西湖景物新来异，最爱长桥卧晚虹。

秋，作诗《秋望》一首：

> 侧身天地一秋高，数笔湖山久寂寥。
> 可似西台歌哭日，白云红叶过长桥。

是年，将诗稿定名《偶存草》，此后作诗基本留存于此卷。

○ 1935年（民国二十四年）二十七岁

- **杭州市立初级中学任教。**
- **8月至北平，于辅仁大学附中男女校任国文教师。**

1月10日，杭州市立初级中学聘任国文教师。②

是月，至北平谒陈垣，与牟润孙、张鸿翔、台静农、储皖峰六人合影于文津街北平图书馆。③ 与牟润孙、台静农、储皖峰四人访白米斜街张之洞故居，留影。④

---

① 大名未知，据《柴德赓日记》1961年10月24日，船"经安庆，颇念亡女"。庆平后送至诸暨柴家，由郦小娟代养，至8岁（1942年），因感染阿米巴痢疾，夭折。

② 聘约由杭州市立初级中学校长叶桐签发，现由苏州大学博物馆收藏。

③ 刘乃和等编：《陈垣图传》，北京师范大学出版社2002年版，第48页。按《图传》注拍摄时间为1934年，该说值得商榷，据柴德赓诗"乙亥正月初六自北归"，以及1935年1月四人于白米斜街张之洞故居合影一帧，所着衣装同北平图书馆一帧。

④ 照片现由苏州市档案馆收藏。

2月9日，作诗《正月初六日自北归，渡钱塘江》一首：

> 登舟方遂还乡愿，上岸又逢战士归。
> 谁遣此身长作客，一江烟雨染征衣。

春，作诗《白龙潭纪游》[①]一首。
8月26日，受聘辅仁大学附中教授国文。[②]
作诗《重到北平与静农、润孙谒文丞相祠》二首：

> 仿佛当年捧诏日，衣冠犹是气如虹。
> 断碑残字长依壁 李北海《李秀碑》，老树南枝独啸风。
> 九死浮生支社稷，三边烽火忆孤忠。
> 谁知寂寞都城北，徒见虾夷拜相公。

> 一死中原留正气，义旗何必竟回天。
> 但悲南国逢阳九，不辨江西路几千。
> 烈士讵甘作犬马，平章自爱奏管弦。
> 从今莫叹朝廷小，海上扁舟剧可怜。

作诗《送静农之厦门》[③]一首：

> 岂独可悲车迹穷，尊前酒且与君同。
> 诗魂欲历蛟龙窟，世路偏成荆棘丛。
> 半夜寒光生海月，一襟凉思对秋风。
> 知君此别应回首，终古夕阳一望中。

---

① 白龙潭位于杭州市西南。
② 聘约由陈垣、张怀签发，现由苏州大学博物馆收藏。
③ 当时胡适荐台静农至厦门大学任教。黄乔生：《台静农年谱简编》，海燕出版社2015年版，第23页。

11月，陈璧子于北京大学中文系及女子文理学院听课。

是年，父病逝，返籍奔丧。将分得家产记于郦小娟名下。①

作诗《戚墨缘自湖上来书，语多感愤，诗以解之》②：

> 深情独往是吾师，齿冷知君不合时。
> 我亦秋风白屋里，三更手写亭林诗。

作诗《佩筠到湖上，喜成小诗，兼呈熹晨》二首。

结识启功。③

○ 1936 年（民国二十五年）二十八岁

- **任辅仁大学史学系助教**。

1月7日，二女于北京出生，赐名令文，家名京平，乳名小妹。

春，作诗《春末与戴荔生、郭建侯④游天宁、慈仁诸寺》二首：

> 楚僧指我麦苗新，此是梵宫劫后身。
> 塔射山房何处觅，百年人物已如尘。
>
> 连日阅《李越缦日记》，同光之际，文酒之会，每假天宁。今则废寺荒圃，所谓塔射山房者，不可复见矣。

> 一代遗民百代师，文章故国无穷思。
> 尘封栗主何堪说，又到伊川披发时。

---

① 据里亭柴家人讲述。

② 戚墨缘为杭州市立中学同事。据柴德赓档案材料：《关于我的履历及政治情况》，1969 年。

③ 侯刚、章景怀：《启功年谱》，北京师范大学出版社 2013 年版，第 19 页。启功第二次受聘辅仁大学。

④ 戴明扬，字荔生，时为辅仁附中国文教师。郭建侯亦为辅仁附中教员。

慈仁寺、亭林祠为学校所占，祠宇尘封，为之太息。

作诗《读〈宋史〉》一首：

> 北人归北南人南，宰相庙堂颜色欢。
> 中兴诸老窜逐尽，句龙舞爪居台端。
> 昨夜馆伴上国使，晓来册封入禁銮。
> 三镇已割何所惜，淮水中分怒涛赤。
> 从今不用忧藩篱，守盟但以诚待敌。
> 可怜朝廷符瑞多，西湖歌舞留行客。
> 独有英雄髀肉生，坐命驴蹄踏残雪。

作诗《游白云观》一首。
7月25日，辅仁大学聘任为史学系助教。①
9月，储皖峰住院，前往探望，谈陈垣新作。②
秋，作诗《雪后登楼，时谣诼繁兴，若大祸之将至》：

> 天昏地白上层楼，危节谁披苏武裘。
> 人挟晋臣和敌计，士无王朴平边谋。
> 乱离不觉岁时改，摇落难言家室愁。
> 试去长安听法曲，红裙歌舞正风流。

随张宗祥习书法，得赠立轴一幅。
10月18日，陈垣先后来函两札，就其考证文章③征求储皖峰、柴德

---

① 聘约由辅仁大学校长陈垣签发，现由苏州大学博物馆收藏。
② 陈智超编注：《陈垣来往书信集》（增订本），生活·读书·新知三联书店2010年版，第638页。
③ 据《陈垣年谱》，时年底正作《四库提要中之周亮工》一文。刘乃和：《陈垣年谱》，北京师范大学出版社2002年版，第126页。

庼意见：

> 文中砂石甚多，殊不满意，请细为雠勘、讥弹，以便洗刷磨砻，至盼至盼。

> 承示各节，应时改定，倘有疑义，仍请不吝指摘，俾加邃密，至以为感。①

○ 1937年（民国二十六年）二十九岁

- **任辅仁大学史学系讲师。**

1月26日，邓之诚来明信片，约宴请陈垣事。

7月30日，日军入北平翌日与牟润孙、台静农、启功小集同和居，以诗画作别。②

8月1日，辅仁大学聘为史学系讲师。③

9月1日，二子于北平出生，赐名邦衡，家名持平，乳名小弟。

秋，启功赠仿宋人山水中轴（四尺）一幅。款曰：

> 青峰道长哂正。丁丑秋。元白弟启功写。④

9月19日，方介堪⑤为柴德赓制印一对：

> 其一，"青峰居士"（朱），丁丑中秋，将归永嘉，倚装为青峰吾兄作此以别。

---

① 陈智超编注：《陈垣来往书信集》（增订本），第589页。
② 罗联添《台静农先生学术艺文编年考释》（台湾学生书局2006年版），以为聚会地点在魏宅"独后来堂"。
③ 聘约由辅仁大学校长陈垣签发，现由苏州大学博物馆收藏。
④ 启功所绘中堂现由苏州大学博物馆收藏。
⑤ 方岩（1901—1987），字介堪，浙江永嘉人。篆刻家，时任教于辅仁大学美术系。

其二,"柴德赓印"(白)。

9月20日,作诗《中秋后一日,送方介堪南归》一首:

西山虽好奈无薇,莫向边城听雁飞。
留得生平才士气,秋风海上一槎归。

11月20日,魏建功倚装南行,书赠诗两首[1]:

敌未受俘俘已献,缁衣墨面等轻尘。
边城亘古销忠骨,腹地从来窜懦夫。

11月23日,罗庸[2]、罗常培、郑天挺、魏建功南行于塘沽转船,在威海卫湖北轮上发一明信片告沈兼士、陈垣、余嘉锡诸师友以报平安。

是年,结识余逊。[3]

在辅仁大学国文系任教课程:"文选"、课外读书笔记、实习、应用文论文写作等。[4]

○ 1938年(民国二十七年)三十岁

• 任辅仁大学史学系讲师。

6月13日,邓之诚来函,为辅仁大学介绍英文教员。

7月10日,邓之诚来函,介绍教员事。

8月1日,辅仁大学聘为史学系讲师。[5]

---

[1] 柴念东编:《青峰草堂往来书札》,商务印书馆2015年版,第68页。
[2] 罗庸(1900—1950),字膺中,江苏江都人。时任教于北京大学中文系。
[3] 据柴德赓档案材料:《我和余嘉锡、余逊父子》,1969年。
[4] 私立辅仁大学二十六年度《学科报告表》,中国第二历史档案馆。
[5] 聘约由辅仁大学校长陈垣签发,现由苏州大学博物馆收藏。

9月4日，邓之诚来函，为子珂转学潞河中学之事。

9月14日，邓之诚来函，言为子珂在学校附近包伙问题。

是年，作诗《如此二首》：

> 如此风尘花自发，多情踪迹梦难寻。
> 十年哀乐无穷事，并作清愁伴夜吟。

> 慷慨文章学老成，繁华洗尽耐凄清。
> 年来辨得丁香味，便觉丁香是有情。

陈垣来函，就"司铎书院"交待诸办学事。①

○ 1939年（民国二十八年）三十一岁

- **任辅仁大学史学系讲师。**

2月10日，启功作山水立轴一幅（四尺整幅）以赠②，题：

> 己卯元日，青峰九兄督画。元伯弟启功并题：

> 无等真言记雨师，山川浑厚树华滋。
> 浮岚换劫秋山杳，何处元灯礼大痴。

春，作诗《寄人》一首：

> 百战河山岁月深，又惊春色上桃林。
> 出山谁畏董狐笔，衰世共期苏武心。

---

① 陈智超编注：《陈垣来往书信集》（增订本），第589页。
② 启功所绘中堂现由苏州大学博物馆收藏。

愁对东风花寂寂，梦回南土夜沉沉。
欲从天末问消息，社燕塞鸿泪满襟。

承蒙邓之诚所赠《隋书》[①]明代三朝递修20册，遂题记云：

己卯春假，谒邓文如师于燕勺园，承赠此书。万感也！

7月17日，作诗三首，分寄怀友人：

丁丑（1937）六月，与静农、建功、润孙、元白诸兄小集同和居，醉后建功出高丽纸属元白挥毫，分留纪念。余所得为写云林小景。今日故人星散，披卷有感：

忆昔危城买醉时，高楼雨歇酒人悲。
澹台山鬼西南去，日日人间有别离。

两年搔首问穹苍，我亦栖迟惭国殇。
惟有虬公豪气在，兴来辣手著文章。

独羡启侯笔墨新，疏林怪石自精神。
若从艺苑论功力，画到倪黄有几人。

秋，与周祖谟结识。[②]

12月31日，与邓之诚、余嘉锡、沈兼士、张星烺[③]至西来顺饭庄[④]

[①] 《隋书》有明清进士钤印，现由苏州大学博物馆收藏。
[②] 周祖谟《自传》谓，1939年受陈垣先生聘为辅仁大学国文教员。周祖谟：《周祖谟自选集》，首都师范大学出版社2008年版，第1页。
[③] 张星烺（1899—1951），字亮尘。江苏泗阳人，原辅仁大学历史系主任。
[④] 西来顺饭庄位于西长安街。

贺陈垣生朝。[1]

是年，沈兼士录陆游《猎罢夜饮示独孤生》句："呼鹰小猎新霜后，弹剑长歌夜雨时。"以大篆体书对联一副相赠。

作长歌《哭钱玄同师，风雪中不人》[2]一首。

○ 1940 年（民国二十九年）三十二岁

- **任辅仁大学史学系讲师。**

1月14日，三子于北京出生，赐名君衡，家名正平，乳名小毛。

8月1日，辅仁大学聘为史学系讲师。[3]

秋，作诗《忆旧游》二首：

诗清总不及心清，犬吠山村花满楹。
记得晚来天色好，一潭明月听松声。

路转山回见戍楼，碧云落日话闲愁。
人间苦忆双清梦，红叶西风又一秋。

作诗《经旧苑》一首：

天涯何处问同游，独向园林泪黯流。
今日秋光看又老，葵花摇曳满墙头。

是年，作诗《题〈元遗山集〉》一首：

北望中原草木腥，完颜南渡亦零丁。

---

[1] 邓之诚著，邓瑞整理：《邓之诚文史札记》，第104页。
[2] 此首未收入《偶存草》。
[3] 聘约由辅仁大学校长陈垣签发，现由苏州大学博物馆收藏。

遗山老去高情在，肠断千秋野史亭。

作长歌《去国》一首。
作绝句二首：

十一月十三日夜，与元白同阅清人书画，承示近作《论书绝句》，并云将撰《晋唐法帖真伪考》，以正俗说。归途得二绝，非敢续貂，聊以纪实云尔：

完白行书类死蛇，安吴执笔漫涂鸦。
书宗自古分南北，各有风流未足夸。

晋唐法帖枉评论，至竟何人识本源。
此事端须斫轮手，尽探玄秘扫群言。

○ 1941年（民国三十年）三十三岁

- **任辅仁大学史学系讲师。**

春，作长歌《读史漫感》一首：

南渡既已远，君相日安闲。吾爱陈同甫，狂言惊朝班。
放翁真男子，目中无完颜。高歌从军乐，垂老涕泪潸。
丘濬号名德，衍义补西山。谓桧功再造，群论共讥讪。
后来钱赵辈，亦复恕权奸。彼乃承平士，安知时势艰。
吾生值丧乱，往来刀俎间。鸟蹄与兽迹，交互满人寰。
兵戈日夜动，邪说未能删。废书三叹息，翘首望江关。

作绝句《闻虏犯诸暨》三首：

昨闻鼙鼓起枫桥，梦里依稀故国遥。
十五年前明月夜，缘江兵火记登高。
民国十六年春初北伐军至吾乡，孙传芳部溃退纵火。

四面酸风日色昏，那堪虏马入羌村。
一身尚作辽东鹤，他日归来认里门。

传信传疑竟作真，天涯何日见交亲？
心伤白鹿亭前路，空有桃源莫避秦。

作绝句《援庵师命咏司铎书院海棠》二首：

满院轻阴护睡魂，旧将枝叶倚王孙。
非关草木知时节，一样春风托主恩。

浅红淡白雨初收，艳艳还宜秉烛游。
十丈红尘飞不到，名花只合伴清修。

夏，作诗《夏日过银闸旧居①，怆然有感》一首：

忆自征车来此土，不堪人事正艰危。
邴原断酒长游日，刘峻燎麻未寐时。
千里家山萦别梦，一身涕泪感新知。
眼中旧友今何许，重过南窗有所思。

作长歌《敌后初得家书，喜赋长歌》一首。

---

① 银闸胡同位于东皇城根，原北京大学宿舍区。

6月28日，辅仁大学聘为史学系讲师。①

7月25日，邓之诚来函，就友人投考辅仁大学史学系事问询。

8月29日，作诗《七夕志痛》一首：

> 毒手尊拳势未休，频年岁月苦相投。
> 谁为黔首宽秦法，敢忘南冠是楚囚。
> 千里檄书烽火急，一天风雨枣花稠。
> 夜来引领望巴蜀，煜煜大星横斗牛。

12月，撰《宋宦官参预军事考》一文，载《辅仁学志》第十卷第一、二合期。朱建春在《柴德赓与宋史研究》一文中对此文曾作评：

> 柴先生通过具体而微的考察，揭示了宋代宦官参预军事，导致军政败坏的事实，驳斥了历来史家所认为的"宋代不重用宦官"的错误论断，由此，作者找到了宋朝军队屡战辽、金而不敌的内在原因，文章体现了作者深厚的考证功底，且言前人之所未言，不失为考据兼说理的佳作。而联系当时时代背景，则还可觉到它的"言外之意"。宋时，宦官"领军将校，守土帅臣，受其牵制，荷戈兴叹，有不胜言者矣"。特别是南宋时，高宗"以天下为私"，为屈膝求和，不惜杀掉一心想抗拒金兵、收复失地的岳飞、张宪等中兴将领。②

○ 1942年（民国三十一年）三十四岁

• **任辅仁大学史学系讲师。**

1月27日，作诗《腊八后三日书事》一首。

2月12日，作诗代记事：

---

① 聘约由辅仁大学陈垣校长签发，现由苏州大学博物馆收藏。

② 何荣昌、张承宗编：《青峰学记》，第163页。朱建春，苏州大学社会学院1991届研究生。

连日经营皖峰丧事，竟不知岁已云暮。晚访燕孙[①]，畅论近事，书此志感：

平生久要敢相忘，岁暮关山泪两行。
我自互乡无可语，满街灯火访周郎。

春，作诗《戏柬孙子书》[②]一首。
作长诗：

司铎书院海棠盛开，遗老遗少相率来游，各赋诗篇，余亦有作，用东坡定惠院海棠诗韵：

鲰生形骸类土木，数年牢落守穷独。
出门相逢看花人，趋转随众未免俗。
一自朝市迁革后，繁华事散冷金谷。
惟有海棠得天全，旋开精舍傍旧屋。
依然春色满园林，从此朱门辞酒肉。
铎音向晚日阴移，玉蕊临风神态足。
自惜红妆甘寂寥，初添绿叶更娇淑。
游人老去忆前朝，至此感慨还满腹。
吾怀郁结异诸公，欲为夷齐访孤竹。
平生肝胆知谁健，且对名花黡愁目。
举头望天天已昏，黄尘滚滚度陇蜀。
安得假我双羽翼，翱翔云外效飞鹄。
世事凄凉春欲暮，少陵哀恸曲江曲。
笑尔昼夜梦中行，胡为对花生怅触。

---

① 周祖谟，字燕孙。
② 孙楷第，字子书。

4月15日，作诗《四月朔，箧中检得皖峰诗稿，屈指君亡将及百日，凄然赋此》一首。

4月25日，顾随来函，谈为缪渊如①作哀诗事。

夏，作长歌《哭缪渊如师》一首。辅仁大学国文系第十二届学生毕业，参加合影。②

7月22日，受邓之诚之托，转呈余嘉锡添箱之喜。③

是月，参加周祖谟、余淑宜④婚礼。

8月1日，辅仁大学聘为史学系讲师。⑤

8月13日，作诗《七月初二病起偶成》一首。

是年，作诗《题〈晋书·隐逸·夏统传〉》一首：

> 裙屐风流洛水滨，扁舟高咏客霑巾。
> 可怜太尉夸车马，争奈吴儿是木人。

为史学系学生作绝句《黄生文相归亳迎娶，将有远行，索余作诗，漫书二绝》二首。

作诗一首：

> 《癸辛杂识》载临平明因寺有尼站之设，专以尼之尝有违滥者备僧官不时之需。援庵师每闻人言"不得已出仕"，辄以尼站目之。灯下侍坐谈此，真堪发噱：

---

① 缪金源（1898—1942），字渊如，江苏海安人。中学就读于南通省立第七中学，与魏建功同窗。北京大学哲学系毕业，于杭州一中任国文教师，后任辅仁大学哲学系心理学教授，1941年因抵制日本奴化教育，忍饥而殁。

② 照片现由国家图书馆收藏。

③ 邓之诚著，邓瑞整理：《邓之诚文史札记》，第130页。

④ 余淑宜，辅仁大学国文系1938级学生，余嘉锡长女。当时柴德赓夫妇和新人合影留照，照片现由苏州市档案馆收藏。

⑤ 聘书现由苏州市档案馆收藏。

依人去任总辛酸，梦里青灯骨肉寒。
不是莲花情未了，肯将尼站供僧官。

○ 1943 年（民国三十二年）三十五岁

- **任辅仁大学史学系讲师。**

2 月 10 日，至燕园访邓之诚，未值。①

2 月 15 日，与余逊至邓之诚宅午酌。②

春，作诗一首：

放翁撰《南园记》，世多诟病，而朱文公能太高迹太近之语，遂获知言之誉，余意不如此：

一夫何曾向北开，总缘恢复惜人才。
书生浪说《南园记》，谁识放翁本意来。

4 月 4 日，作诗《寒食过筒子河》二首③：

城阙风烟白日昏，细看春水涨新痕。
艰难又是逢寒食，肠断江南不可论。

冷落尘寰鬓有丝，春寒恻恻欲何之。
经年踏遍东华路，第一销魂在此时。

---

① 邓之诚著，邓瑞整理：《邓之诚文史札记》，第 184 页。
② 邓之诚著，邓瑞整理：《邓之诚文史札记》，第 185 页。
③ 顾随有和，题为《寒食节后一日风雪中见杏花，用青峰先生〈寒食过筒子河〉韵有作（二首）》（七绝）。闵军：《顾随年谱》，中华书局 2006 年版，第 161 页。

4月6日，作诗《清明后一日书事》一首①：

暂歇清明雨，来听彻夜风。
楼台非故物，鸟雀畏遗弓。
自有乘时兴，翻怜客路穷。
年年当此日，幽意与谁同。

4月24日，作诗《三月二十日万安公墓吊缪先生》一首。
4月25日，作诗《癸西游崇效寺观青松红杏图》一首：

廿一日偕陈君善②、牟小东③游崇效寺观《青松红杏图》④：

萧寺风流迹已陈，我来犹及见遗珍。
牡丹系马诚衰世，长卷题诗又几人。
千地烽烟僧渐老，一灯香火佛难亲。
细思三百年间事，转眼沧桑到甲申。

是月，作诗一首：

上巳，闻画舫斋有修禊之集，钱牧斋⑤为祭酒，元白被邀。座中诗伯数日前均向房使重光献诗颂圣，情实可怜。昔日吴中高会，澹归赋诗以讽，余今所云，亦犹此耳。元白声明不作修禊诗，自处

---

① 顾随有和，题为《和青峰先生〈后一日记事〉作》（五律）。闵军：《顾随年谱》，第161页。
② 陈元章，字君善，山东潍县人，陈簠斋五世孙。
③ 牟小东（1921—2011），山东福山人。
④ 此首顾随有和，题为《和青峰〈崇效寺观青松红杏图〉》（七律）。闵军：《顾随年谱》，第161页。崇效寺已不复存在，《青松红杏图》现由首都博物馆收藏。
⑤ 喻指傅增湘。据袁一丹考，《雅言》（1943年第1期）刊有"东郊雅集诗"，首唱为傅增湘。

固当如此也:

> 禹穴兰亭古迹荒，忍闻修禊值螗螗。
> 啼残蜀鸟家何在，老去诗人梦正长。
> 细草漫矜新雨露，青山无改旧风光。
> 相逢凝碧池头客，可有攒心泪一眶？

5月，作诗《书怀》一首：

> 坐视人间骨肉枯，沉吟岁月总模糊。
> 春风永夜悲还乐，丽日繁花有若无。
> 贫拼形容增菜色，乱忧生理入泥涂。
> 狂歌未识谁家子，携犬东门兴不孤。

顾随作诗《五月十二日雨中到校，青峰索阅近作，归来成长句四韵》。①

6月，作诗《题辅仁国文系毕业生纪念册》一首。

是月，于启功苑北草堂为刘乃和毕业册页题写汪中《宿龙江》诗。②

7月15日，作诗《初返杭州夜雨》一首。

7月18日，作诗：

> 车经钱塘，江岸一片瓦砾，触目惊心，赋此志哀：
>
> 列营初溃想狂飙，万户伤心虏正骄。
> 云合却看天欲雨，草深无奈树栖枭。

---

① 闵军：《顾随年谱》，第161页。
② 邱瑞中编：《刘乃和百年诞辰纪念专辑（1918—2018）》，广西师范大学出版社2018年版，第273页。

烧残白屋存危壁，愁绝青山对怒潮。
一片江风吹不尽，晚来牧马自萧萧。

是月，作诗《西湖谒张苍水尚书墓》一首：

频年泪洒奇零草，此日身经司马坟。
风带角声来骤雨，鸟惊旗色远斜曛。
悠悠虏运非前夕，脉脉天涯有故君。
欲起南雷商往事，湖头野哭动青云。

8月12日，邓之诚访陈垣，作陪。①
9月，作长诗一首题跋：

余与子高先生毗邻而居②，朝夕相见，已七年矣。今秋先生忽遭丧明之痛，贺孔才③、许榆园二君时来慰藉。一日，观先生所藏奇石佳墨，并曾文正书赠其先德春陔太守"树立甚宏达，结交多老苍"楹联，归后榆园首唱，孔才和之，先生自和二章，嘱余不可不和。余以先生而获交贺、许二君，共冀先生以文字忘忧，遂赋此篇，不计工拙也。

12月25日，作诗《癸未（1943）圣诞休假，入夜无事，和宇众先生原韵，兼呈芷皋、孔才二公》一首。

年杪，《鲒埼亭集谢三宾考》一文发表于《辅仁学志》第十二卷第一、二合期。《鲒埼亭集谢三宾考》在申请民国三十四年度（第五届）教育部"学术研究及奖励著作发明"时，柴德赓写道：

---

① 邓之诚著，邓瑞整理：《邓之诚文史札记》，第204页。
② 当时与张子高同寓尚勤胡同15号。
③ 贺培新（1903—1952），字孔才，河北武强人。书法家、篆刻家。

著作经过：作者因身处北平，目睹汉奸之无耻，适读全祖望《鲒埼亭集》屡提及夫已氏者，因加考索，知即明末汉奸谢三宾。遗编检群书，费时一年有余，而成此文。

内容要点：本文凡六卷，二十四章，引证史籍八十四种，说明谢三宾在晚明史上之地位及其降清之经过，详考其出处生平及其子孙。凡《鲒埼亭集》及晚明史籍有抵触舛互者一一疏通证明，使成信史，间有议论。以在北平，故不得不婉而微之。

本著作在学术上之特殊贡献：《鲒埼亭集》为清代最有史学价值之文集，近代民族思想此集实有激之。然全氏生于清朝，故于谢三宾之降清，虽深痛绝恶而不能明张挞伐，致谢三宾之名反不著，如乾隆对修《天禄琳琅书目》至云谢三宾"无考"。治史者以明清史无传，亦不能举谢三宾姓名。本文不仅为《鲒埼亭集》作注脚，亦为晚明史上了一公案，至于辨忠奸，析义利，则本亭林"文须有益天下"之旨，亦乱世著书微意焉。[①]

---

① 中国第二历史档案馆，档案（五），案卷号1360（2）。

卷二

1944年—1948年

此期间主要经历：离开北平，在洛阳进修班短期任教，兼任第一战区长官司令部任秘书。受聘国立女子师范学院，至白沙任教。重返北平，任教于辅仁大学。

○ 1944年（民国三十三年）三十六岁

- 任教育部洛阳进修班[①]国文、历史教师，兼任第一战区长官部秘书。[②]
- 任国立女子师范学院史地、国文系副教授。

1月21日，至燕园邓之诚寓所，还《明清史讲义》。[③]

1月29日，农历岁末，辅仁大学校董更换，因不满曹汝霖将任校董，决意离开辅仁，南渡中原。秘策期初，陈垣拟同行离平，后辅仁大学教务长雷冕（德国人）竭力劝阻，陈垣遂决定放弃同行。

农历元日过后，变卖家资，书籍暂存兴化寺街五号。正月初五，至陈宅辞行。晚归，写下长诗《余立志南行，期在明日。援庵夫子早有同行之约，部署已定，而教务长雷冕等涕泣相留，遂不果行。今夕余往辞别，师勉励之余，继以感喟，余泪下不能禁，归寓倚装赋此，不知东方既白。甲申（1944）正月初五夜》。

诗中记述在辅仁大学承陈援庵师教诲恩重：

八载胡尘污乾坤，忍饥读书乐晨昏。
迟迟未肯言去国，总缘河朔重师尊。

最后道出离开师门难舍之情，此去前程未卜，未知何日再见：

冷落关河朔风烈，此行岂同寻常别。
明朝挥手从兹去，回首师门肠内热。

---

① 全称为"教育部战区学生指导处洛阳进修班"，地址亦为第一战区长官司令部驻地。王鑫宏：《抗战时期国民政府对沦陷区失学青年的收容——以战区学生指导处洛阳进修班为中心的考察》，《浙江档案》2018年第3期。

② 据柴德赓档案材料：《辅仁大学教员调查表》，1952年。

③ 邓之诚著，邓瑞整理：《邓之诚文史札记》，第244页。

临行前，陈垣颇感有亏学生："青峰于辅仁任教八年，离开时教职仍为讲师。"①

1月30日晨，全家六口出永定门离开北平。时南下主要有两条大道，平汉及津浦两线，沿路各大城市均为日军占据，为躲避敌寇，选中间小路南行，即途经衡水、菏泽、商丘、亳州等地，再转至洛阳。

2月23日，到达安徽界首，和陈伯君取得联系，陈时任第一战区司令部机要室主任，介绍洛阳进修班文史教席，并兼战区司令部秘书（军简三阶）。

其间行至唐张巡、许远抵抗安史叛军的"睢阳之战"故地，其时正值日寇肆虐华夏之时，忆古思今，多有感怀，作长歌《商丘至亳州道中即事》一首：

> 睢阳拒安史，忠义传到今。揭来吊遗踪，渺焉不可寻。
> 征车犯冰雪，初日照寒林。余岂乐行役，乃欲别人禽。
> 暮投坞墙集，茅店风萧森。犬鸡同一窦，游弋恣渔侵。
> 剧怜鬼蜮力，竟废弦歌音。中宵不敢寐，坐待月西沉。
> 仓皇将儿女，破晓踏蹄涔。前途问豺虎，挥手散千金。
> 渐欣去虏远，无奈忧时深。自非行路难，何以鉴愚忱。

到界首遇李季谷。

据陈璧子后来叙述，自界首往洛阳道中，幼子柴君衡从马车上跌落，滚入桥下，车夫执意下沟去寻，捡回性命。

3月上旬，到达洛阳，居家安顿。时风尘漫天，敌机盘旋，警报不绝。

3月10日，盘缠已尽，变卖戒指得二千元以安顿。

3月11日，向进修班借支二千元。

3月12日，得陈冬②宝鸡函。寄北平陈垣书，报平安，禀告到达洛

---

① 柴德赓：《我和陈校长的关系》，1952年。
② 陈冬，陈垣六女。

阳及一路见闻，并报身居洛阳，有意撰写"金墉城考"。①

3月13日，至战区长官司令部办公，豫中会战在即。

3月14日，致书西安沈兼士。

3月15日，致书北平周祖谟、张鸿翔、许世瑛等，报安抵洛阳。

3月18日，接黄文相西安复函，言西安图书馆藏书不下辅仁大学图书馆，为之欣喜。

3月19日，致书嵩县河南大学牟润孙。

3月20日，借得石印本《日知录》，欣喜，如对故人。

3月22日，为蒋鼎文②写"小传"，预登军校校史报刊。

3月24日，致书吴锦清③、俞汝霖。

3月25日，战区长官部将家眷转移到西安，陈璧子携子女于金谷园上车西行。金谷园为洛阳名胜④，感觉颇富有历史意味。致书余淑班⑤、张秋华⑥、李博儒⑦。

3月26日，接戴君仁⑧自河南叶县鲁苏皖豫边区学院函。

3月30日，接陈绍闻、绍杰自广西平越函，得知即将赴中央设计局供职。

接沈兼士自西安电话，得知陈璧子一行四人安达。

3月31日，复陈璧子西安书。致叶县李鸿业⑨书。接蜀中泸州王大安函并复。

---

① 见周祖谟致柴德赓函（1945年11月19日）。柴念东编注：《柴德赓来往书信集》，第494页。

② 蒋鼎文，时任第一战区长官部司令，柴德赓与其弟蒋鼎武是同学。

③ 吴锦清，柴德赓杭州一中同学，时任西安战干团总务处处长。

④ 金谷园为西晋石崇别墅，唐代杜牧有诗句"至竟息亡缘底事，可怜金谷坠楼人"。

⑤ 余淑班，辅仁大学经济系1939级学生，余嘉锡二女。

⑥ 张秋华，辅仁大学西语系1943级学生，后任北京大学俄语系教授，张子高之女。

⑦ 李博儒，时任教于叶县三一学校。

⑧ 戴君仁（1901—1978），字静山，浙江鄞县人。语言文学家，曾任教于杭州一中、辅仁大学。时在鲁苏皖豫边区学院任教授。后任西北联大师范学院教授，1947年任台湾师范学院教授。

⑨ 李鸿业，曾任教辅仁附中、辅仁大学理学院。

4月1日，当日日记：

> 晚梦到北平，陈、余①二老均见之，余须发更苍白矣，此虽心理作用，然余老此时亦当有此心境也。

分别仅二月，怀念不已，因前偶得北平不测消息。

4月3日，得知北平大搜捕，辅仁多有同人入狱，为之惊愕。

4月5日，接陈璧子自西安函，始知叶德禄②、董洗凡③被捕，陈垣无恙，释然。

4月6日，清明节，怀想已故双亲，"违离丘墓，又值令节，瞻望故园，不觉泪涕"。接陈如子④自四川白沙国立女子师范学院来函，始知辅仁好友台静农、魏建功、李霁野均于该校任教。当日日记：

> 即作书告以南来经过，目睹来日大难，方兴未艾，惟有读书自得，差足以慰平生，此吾素志。

4月7日，得陈乐素自贵州遵义浙江大学来函。洛阳天雨连绵，有感：

> 自昨至今，细雨弗停，闭门读书，既苦无书。出门游览，又不可能，十年来无此冷落也。

4月9日，宿雨乍晴，景物清淑，甫出健村，即闻警报。接界首王保身⑤来函，获悉辅仁大学张怀、英千里⑥均被捕，殊念校长安危，致书

---

① 即陈垣、余嘉锡。
② 叶德禄，时为辅仁大学史学系讲师。
③ 董洗凡，时任辅仁大学文学院代理院长。
④ 陈如子（1905—1986），原名绍清，湖南湘潭人。陈璧子之姊，时在国立女子师范学院任职。
⑤ 王保身，柴德赓杭州一中同学。
⑥ 英千里（1900—1969），名骥良，北京人。时任辅仁大学校董、西语系主任。

陈垣以慰并致书王大安、高光耀[①]、黄元起等。

4月10日，致书北平余逊等人。

4月11日，得陈绍闻自平越来函，知昔日中学同窗尚传道、裘胜嘉、杨大士均在洛阳，有感"同学少年，非复曩昔，交谊随年，当视能否久耳"。

4月12日，得陈璧子自西安来函，知辅仁同人中被捕者有赵光贤、郑国柱[②]、高婴齐[③]，逃至西安者有郝德元[④]、邢宗江[⑤]，对赵光贤被捕实出乎意料。

4月13日，复书王守礼。

4月14日，撰写《鲒埼亭集谢三宾考》后序。

4月15日，接台静农、李霁野自白沙来函，知后方大学颇缺教师，决计西行，即复书。接俞汝霖、牟润孙来函。成都来人始知杨敞在成都华西坝。

4月16日，与陈伯君等人游安乐窝（邵雍故里），考旧碑最早为明成化时所立，邵氏犹多，今则式微。洛阳牡丹盛名，至农家观访。农家贾姓，自言贾谊之后。至关陵，读碑为万历时所立。微雨中至龙门，当日日记：

> 下山循河岸行，观伊阙、龙门造像，久已闻之，石佛毁损均在意中，惟近年续有摧残，则负文教之责者不得辞其咎。

访香山寺，谒白居易墓，墓碑康熙时所立。归后得戴君仁、陈璧子函。

4月19日，母逝世10周年祭，遥想家中姐妹兄嫂均在家祭奠，唯只身留此，念念流涕，致书柴德诚。得蓝文和[⑥]函，知在渝辅仁学生音讯。

---

① 高光耀，辅仁大学史学系1938级学生。
② 郑国柱，时为辅仁大学社会经济系教师。
③ 高婴齐，时为辅仁大学数理系教师。
④ 郝德元，时为辅仁大学教育学系教师。
⑤ 邢宗江，时为辅仁大学社会经济学系教师。
⑥ 蓝文和，辅仁大学史学系1939级学生，蓝公武之女。

4月20日，接尚传道自中央训练团①函。于警报声中致书倪祯棠、马呈祥、徐家楣。②

4月21日，日机两次轰炸，一次炸弹击中参谋长部围墙，窑洞有人炸死，长官家中落四弹，显为奸细报情。午后再袭，进修班落十二弹，各有死伤。③面对敌寇猖狂进犯，进修班转移，更增对日寇之痛恨。

4月22日，接陈璧子自西安家书，言沈兼士盼早日入陕。接兰州高博懿④函，皋城秃山光树，一片萧条。

4月23日，长官部开始撤离，闻敌机轰炸登封。目睹战乱情景，动念欲写一篇白话文"陷虏记"，后改为长歌《洛阳述怀》一首：

> 胡峤昔陷虏，书为欧公取，吾亦自北归，何敢言辛苦。
> 十载持清议，于事竟何补，此心别是非，今或胜于古。
> 飘飘东来风，又见杨枝舞，飞花满洛城，烽火警鼙鼓。
> 纷纷传羽檄，军书日旁午，山河失屏障，畏敌如畏虎。
> 吾独处闲曹，种瓜学老圃，跨马思出郊，哀时问杜甫。
> 北云怀故人，频闻遭网罟，吾幸脱樊笼，伤彼犹在罶。
> 恻恻不可道，忧来心欲腐，惟冀魂梦中，倾情时一吐。
> 愁云罩北邙，绿草盈南浦，人生几清明，天涯涕如雨。
> 薄禄缘微官，宁与哙等伍，苟能读我书，随时当解组。

借洛阳历史掌故，以抒发志向。此为两个月洛阳记事之总结。

4月24日，接刘幼峰、刘桂荣自兰州来函。当日日记：

---

① 当时中央训练团校址于重庆浮图关。
② 倪祯棠、马呈祥、徐家楣三人均为柴德赓杭州一中同学。
③ 据洛阳训练班主任范炘致陈立夫电报，4月20日本班落弹12枚，伤1人。转引自王鑫宏：《抗战时期国民政府对沦陷区失学青年的收容——以战区学生指导处洛阳进修班为中心的考察》，《浙江档案》2018年第3期。
④ 高博懿，辅仁大学史学系1940级学生。

警报终日不绝。接刘幼峰、刘桂荣自兰州来书，言己于月初结婚，特未知服务何处耳。建村驻地眷属渐少，景象日益萧条，而草木怒长，绿叶成荫，恐不能不舍之以去。战况甚恶，飞机迟迟不出，人心惶惑，无复固意。夜梦到北平。

4月25日，随长官部开始往卢氏县方向撤离。

4月26日，日军犯登封，虎牢关激战。随长官部撤离，徒步出发。抵达七里河，敌机六架头上盘旋，四处逃散。至三山村，又有敌机三架直扑蒋鼎文驻地，叹汉奸工作努力，打击精准。夜宿辛店镇。

4月27日，晨闻敌机轰炸磁涧镇车站。六时出发，至黄窑村。继续西行，经宜阳（古韩地）、段村至水堆，遇进修班师生，夜宿。

4月28日，五时敌侦察机来。六时启程，行15里至柳营寨，"安史之乱史朝义因史思明于柳泉传舍，于此地也"。继行25里至韩城，古韩国郡，分东西二寨，中通一桥。旁边有留侯墓，未及往视。遇41军106师自灵宝调宜阳，人自负担，整队而行，不拉一夫，不扰细民，洵模范军队。夜宿韩城商舍。

4月29日，经水沟庙、三乡镇、蕨山，西行60里到洛宁县城关。登山巅而望，一片麦田，风摇浪青，胸襟为之一畅。借阅《洛宁县志》。

4月30日，闻黄河铁桥已为我机炸断，以阻敌军继进。又闻汜水克复，虎牢关敌兵退。留洛宁待命，似战事有转机矣。王大安自泸州来函并附全家照片一帧并赋诗于照片背面。

5月1日，至王范镇。西门外有元薛文静父子墓。薛元好问友，遗山常至永宁，有"浩浩西风入敝衣，茫茫秋色发清悲"，即永宁道中诗句。

5月2日，闻许昌、漯河告紧，洛宁未可久居，又拟西行卢氏县。

5月4日，敌入临汝，已至白沙，汤恩伯指挥部已移龙门。军情紧迫，不图如此其速，得命继续疏散，西行至长水镇，闻国军小胜。

5月6日，晨抵龙头山渡口，当日日记：

千乘万骑，拥挤渡头，一方舟往来渡之。每渡可四车，争渡喧嚷，不能尽济，自见日出，乃至渐中，牛车始克渡毕。耳听滩声，目送流水，遂有诗意。自此山行，多盘旋而上，冈峦重叠，中多麦田，桐花深紫，一路不绝。光武赐耿弇诏书："垂翅回谿，奋翼渑池，失之东隅，收之桑榆。"回谿即此地也。山巅观落日，远山可七八层，牛车虽缓，正宜游山，晚宿董寺，俗讹以为东施。月色甚清，不知西工此时，是何景象。

作诗《长水龙头山下待渡》一首：

> 仓皇去国又西行，洛水长流向洛城。
> 地近回溪山渐合，云封远谷鸡初鸣。
> 临津五马终何济，待晓疏星忽失明。
> 独立苍茫何限恨，轮蹄触处有悲声。

5月7日，经崇阳至下峪，宿西村，地名为县，于城隍庙读乾隆时所立碑文。

作诗《长门沟》二首[①]：

> 峰峦重叠入苍冥，民力开山胜五丁。
> 一路桐花看未了，风摇麦浪满山青。

> 落日山头戴月行，破除沉寂只铃声。
> 行人莫道牛车缓，举目云天万古情。

又作《董寺对月》[②]，当日望，皓月当空，青山碧野，古寺钟声。

[①] 据民国六年《洛宁县志》，地名为"长命沟"，疑方言讹为"长门沟"。
[②] 董寺为村庄名。

风里清光落眼前，山村犬吠不成眠。
伤心最忆西工月，虚照平林生野烟。

此时此景，最关切不过洛阳战事，前方将士正浴血洛阳西工。①

5月8日，至关帝河，入卢氏境，宿范蠡镇。"东望家兄，西念内子。闻洛阳外围吃紧，为之忧郁。"

5月9日，当日日记：

闻敌已据龙门，白马寺有激战。范蠡街中车辆拥挤，无隙可容，官兵所至，民无居室。念此僻乡，乃蒙此劫，为之不忍。

作诗《闻龙门不守》一首：

五十万人受国恩，偏师一夜到龙门。
千岩佛像都无首，谁见中原战士魂。

对国军50万将士竟不敌日寇15万官兵，感慨万分。

5月10日，蒋鼎文至新安，参谋处情报课长以汉奸罪被处决。洛阳民众多被敌利用，或为之引路，或乘机纵火，而军队纪律不佳，为之愤慨。36军新兵到范蠡镇，市肆为之闭门，军民合作，乃止于此。

作诗《卢氏范蠡镇》一首：

万姓流离此邑枯，千官走马泣穷途。
相逢莫话沿吴计，须问鸱夷范大夫。

洛阳会战，前途叵测，军心混乱不堪。百姓流离，官员失落，各泣前程不保。

---

① 西工为第一战区司令部驻地。

5月11日，闻嵩县吃紧，夜与李之华①等谈时事，大都扼腕叹息。

5月12日，晨起飞机往卢氏境，前后21架，消息闭塞，谣言蜂起。午后略悉前方消息，知洛阳仍由15、14、96三军及暂4军驻守。敌以战车自七里河扑西工，已击退。然渑池进犯之敌已增至三千人。嵩县情况不明，大局极难收拾。

5月14日，第八战区遣军驰援，陈诚、熊式辉将莅卢氏。连日溃军之集此者络绎不绝。枪械多为民团缴去，其狼狈可知。日记至此中辍，后进修班撤散，长官部疏散。同行几人徒步翻秦岭，越崇山，一路西行，终至西安。

此间先后写下多篇诗作。其一，《书愤四首》：

> 纷纷牛马渡河津，风雨连朝路尽湮。
> 襆被关山悲鸟道，心肠铁石委车轮。
> 可怜财帛盈横涧，应念涓埃出小民。
> 天与凄凉谁挽得，敢忘身是乱离人。

> 长途负箧足销魂，行尽危溪喜有村。
> 客话流离增涕泪，天分暗淡入黄昏。
> 共悲饥后居民少，犹幸弃馀布被温。
> 我自空山甘寂寞，看他溃卒逐鸡豚。

> 行色苍黄暗自催，如闻虏骑走飞雷。
> 山中野草花偏好，马上佳人眼倦开。
> 得意春风思往昔，多情颜色向舆儓。
> 闲愁万种君休问，嵩县西来剧可哀。

> 惆怅中原落日红，牙旗高拥两元戎。

---

① 李之华，柴德赓同事。

挥戈端赖将军力，好货能亏汗血功。
可笑盲人骑瞎马，仍闻要路有东风。
河山千里非轻掷，琐琐姻亲各富翁。

其二，《卢雒道中》：

已拼碎金瓯，胡为汗漫游。
山从秦岭出，水向洛阳流。
失路悲花鸟，临危愧马牛。
中原消息断，天末忍回头。

其三，《秦岭题壁》：

竹杖芒鞋涕泪新，风烟惨淡入三秦。
山河自古非天险，要使当关有此人。

5月25日，闻洛阳失守，中原战败，叹息不已。
5月26日，其四，《蓝田逢杨祝华》：

天涯寄此身，小店歇征尘。投宿来孤客，闻声识故人。
看君儿女大，与我别离频。今日蓝田县，灯昏话苦辛。

5月27日，到达西安。
5月28日，与陈璧子同往谒沈兼士。
6月3日，参加逃往西安的辅仁大学学生、校友聚会，欢送沈兼士入蜀之行。写定《鲑埼亭集谢三宾考》后序。[1]
6月10日，同沈兼士一同看望何海秋[2]并作诗《六月十日与何海秋

---

[1] "后序"未见发表，疑散失。
[2] 何海秋，文献学家，时任西北联大教授。

先生夜话》一首：

> 谔谔何夫子，南来道益尊。高标移薄俗，白简向权门。
> 足迹关河老，烽烟天地昏。频闻东事急，太息难重论。

6月12日，沈兼士重庆赴任，火车站相送。

6月15日，作诗《西安闻捷，人心安定，喜赋》二首：

> 满目悲疏散，竟收函谷关。岂堪长避敌，应与一开颜。
> 丑虏天终弃，英雄血已殷。从今无别计，苦战复河山。

> 天心或厌兵，消息故相成。频说攻千岛，又闻克大营。
> 湖湘劲气在，河洛暗云横。当食思良将，因风泪欲倾。

6月27日，作长歌《端午后二日访郑参议剑西[①]于长安客舍，书生落魄，至君而极，因赋长歌，以相慰藉》一首。

6月30日，得杨敞蜀中来函并赋诗《杨季子丈闻余入秦，自蜀中寄诗相慰，依韵奉和》。

7月2日，作诗《七月二日，与倪祯棠至王曲，途中即景》、《与倪祯棠游终南山》。

7月3日，作长歌《次日游太一宫，遂登翠华山》一首。

7月，为寻教职，除与四川的师友联络外，还动议同延安方面联络。在"文化大革命"时期的一篇材料如下记述：

> 1944年5月底，我到西安，6月间日本人攻到潼关附近，西安极度紧张，有钱的人纷纷逃往兰州，或过秦岭去汉中，我这一家这时没有余力走，就决定不走，听其自然。约至6月底，日本人不再

---

① 郑剑西，江西人，时任第一战区长官部参议。

进攻，西安又稳定起来。这时，我们已去信和四川友人联系想找教书工作。一方面，也考虑是不是有到延安去的可能。我爱人陈璧子想到1932、1933年间和我家有往来的梁岐祥、刘明琦可能在延安，她在大革命时期的同志王科生一定在延安。我认得的，有范文澜同志，只要有可能走，就到延安去。我从河南战事后，对国民党的抗战有深刻的感受，自己这时大有国破家亡之感，也愿意去延安。只是在西安没有这样的路子，听说往延安的路封锁很紧。一天，看到报上有一个讣文，死者名赵一峰，我们想到刘明琦的爱人叫赵一峰，莫非他们也在西安，一个大热天，我们就去找这个办丧事的赵家，找到以后，我们就问赵夫人在家吗？里面人说，理发去了，我们又问到那个理发馆，好容易找到了，有个赵夫人在理发，可是一看不认得，我们只好说找错了，懊丧而归。解放后，范文澜同志进城，我们去看他，问起刘明琦，范老说，这个人在延安，可是因为他出狱时自首了，不能再入党。又知王科生的名字是自申，在延安，抗战时期在重庆办《新华日报》。王自申①后当华中师范学院院长，来北京时，我们见着，不久病死。②

是月，作诗二首：

其一，《酷热旬余，忽得小凉，将谋入蜀，兼感近事》：

> 为云为雨仰天工，一夕凉生是处同。
> 图籍半床心九折，星河万里路千重。
> 自因兵火望霞外，可有功名入梦中。
> 蜗角争来今未已，忍言此事马牛风。

其二，《客有来言战区近事者，告以往史》：

---

① 王自申，1927年大革命时期是陈璧子加入中共的入党介绍人。
② 据柴德赓档案材料：《关于去延安问题》，1969年。

闻收残局几逡巡，曲突生烟但徙薪。
功业初难齐郭李，山河势已划周秦。
不教幽燕终无主，能挽山河自有人。
千载分明恩怨小，莫将私意杂贪嗔。

8月10日，收到四川白沙李霁野、魏建功、台静农来函，邀请至位于重庆江津白沙的国立女子师范学院任教，一石落地。拟决意入蜀，开始准备由蜀道入川，再翻秦岭，经剑阁、广元、成都至重庆。

8月中旬①，翻越秦岭，蜿蜒盘旋，艰辛万分，行程一月有余。②

途中作诗二首。其一，《剑门》：

当年沧海落崔嵬，犹见遗痕印碧苔。
马鬣群飞山北向，龙旗并矗壁高回。
岩花雨后秋风细，老树根深怪石开。
杜陆豪吟天际在，山巅新刻杜、陆二公诗　停车顷刻一低徊。

其二，《剑阁中宵闻警》：

冷落中宵月一潭，悲笳触耳旧曾谙。
遥闻阵雁归天北，忽忆吾身在剑南。
虏已情虚惟夜出，官应事去总心惭。
是夕敌机过境，不觉，及其归，乃发警报。
呼儿将女长林外，且上征车破晓岚。

9月8日，到达广元，后补录诗《黄鱼吟》一首记事长歌《卅三年（1944）九月八日广元城外记事》：

----
① 据柴德赓1952年档案材料。
② 1965年柴德赓随北京师范大学春游至戒台寺，致陈璧子家书曾写道："在山上，汽车要盘山而上，很像我们在秦岭上，如蚁入磨一样。"

  天涯共叹出无车，尔曹乃以人为鱼。
  长为鱼肉我何恨，国破家亡尔自如。

  9月12日，到达重庆，宿杨绵仲①公馆。当日即访沈兼士。
  9月15日，到达江津白沙镇。白沙距重庆270里水路。受谢循初之聘任史地系副教授，并于国文系兼课，后任院图书室主任。
  在国立女子师范学院讲授"中国史部目录学""专书选读""中国近古代史"等课程。②
  舒芜在他的《天荒地老忆青峰》一文中详细记述了在白沙的生活、教书情况：

  其实，我们初识时，青峰是很辛苦的。抗战爆发，平津沦陷，青峰留在北平，在辅仁大学教书。当时留在北平的高等院校中，辅仁大学和燕京大学因为是外国教会办的，还有中国大学那种私立大学，没有被敌伪政府接管，不算伪校。可是太平洋战争爆发后，敌伪势力对辅仁大学的压迫日益加重，青峰忍受不了，终于偕同璧子夫人，携带四个儿女，冒险潜逃出来，投奔抗战大后方。经过西安，辗转来到白沙，大约也是1944年下学期，他到校就在我之前不久。这一路的辛苦不必说了，一点积蓄也用完了，当时国统区正是经济混乱，知识分子生活困难之时，青峰一家六口，加上一位岳母老太太，负担之重超过了女师学院我们相熟的几家中任何一家。这些情形他对我从不隐讳，可是他和璧子夫人仍是什么时候都那么兴致勃勃，高谈大笑。他们对于国统区的黑暗，对国民党政府的消极抗日，积极反共，特别失望和愤怒，时时痛斥，可是并不羼杂着旧知识分子的"恨恨而死"和小市民式的"忿忿不平"。这种态度，尽管我

---

① 杨绵仲，时任国民政府财政部地方司司长（刘寿林等编：《民国职官年表》，中华书局1995年版，第532页），陈璧子表兄。住杨家事，见柴德赓档案材料：《关于杨绵仲、杨汉之、周蓟章》，1969年。

② 中国第二历史档案馆，"国立女子师范学院档案资料"。

自己做不到，或者说，正因为我自己做不到，我特别地欣赏。我初到白苍山，冷雨连绵，心情就很坏，有句云："雨洗苍山白，天招下士魂。休歌迎子夜，按剑对黄昏。"可见一斑。难得一个初冬下午，天放晴了，我独坐在室内，听见青峰在隔壁大声吟诗："城上斜阳画角哀，沈园无复旧楼台……"这是陆放翁的沈园诗，也是我一向爱吟的。我便走过去谈天，他将他的诗稿拿出来给我看，我才知道他自己作的诗就是放翁一路，所得很深，入蜀途中诗作特别亲切有味。谈着谈着，他忽然提议我们各自回房间去作绝句四首，交换了看过，再同去黑石山看梅花。我作的末一首便是以这样两句作结："等是无聊消永昼，不如乘兴探梅花。"这可以就是我们"以诗订交"之始。我那句"豪谈高唱不知惰"，企图写出他老是兴致勃勃的形象，本来该是"高吟"，限于平仄改为"高唱"，勉强可以通融吧。后来我又有赠他的诗云："高吟嵯峨纪剑门，当时倾听几晨昏。"就是指拜读他的入蜀诸诗，中有《剑门》一首他自己很得意，我也很欣赏。

青峰多才多艺，吟诗之外，写得一笔好字，是二王一路。启元白先生和他是同门好友，都是陈援庵（垣）先生的高足弟子。我第一次知道"启功"这个名字，便是由青峰给我看一把扇子，上面有启元白先生写其自作《论书绝句》，中有一首云："大地平沉万国鱼，昭陵玉匣劫灰余。先茔松柏俱零落，肠断羲之丧乱书。"我至今还记得。青峰写应用文字，笔下很是来得快。后来女师学院师生反对国民党政府教育部的风潮中，大家推青峰为教授会的秘书，专门同教育部笔战，很是得力，这成了他被教育部解聘的原因，亦即"天荒地老"云云的本事了。[①]

12月24日，作诗，与方管唱和四首：

自来白沙，最多风雨。冬至后二日风日清旷，闭户不出，作四

[①] 舒芜：《天荒地老忆青峰》，何荣昌、张承宗、柴邦衡主编：《百年青峰》，第155页。

绝句，略叙近怀，即呈方重禹①兄，重禹亦有作：

款段春风下泽车，清时谁与惜芳华。
等闲识得人间世，来对巴山雨里花。

谁向山灵结夙缘，打窗风急夜如年。
眼中时事幽州梦，总杂溪声到枕边。

梦里楼台各壮严，仙人何处月如奁。
秦关蜀道俱经过，始信乾坤隔一帘。

倦游何事笑吾痴，历尽关河稳一枝。
十载壮心寥落甚，云天清旷却吟诗。

○ 1945年（民国三十四年）三十七岁

- 任国立女子师范学院史地系副教授，兼任图书组主任。
- 《〈四库提要〉之正统观念》发表。

1月4日，作诗《咏史》一首：

功臣功狗薄萧曹，童贯军前大有劳。
恨煞英雄无敌手，握蛇骑虎未相饶。
时急初闻罪己诏，网宽欲放吞舟鱼。
汉家博士承恩重，泪洒新修劝进书。

2月1日，作诗《题刘豫璇②画册》（甲申冬尽）一首：

---

① 方管，字重禹，笔名舒芜。
② 刘豫璇（1903—1994），湖南浏阳人。诗人、画家，维新志士刘善涵之女，时任教于中央大学（重庆）。

犬吠山村雪压枝，家乡岁暮最堪思。
南来此景都如梦，虚负挑灯夜读时。

2月6日，与魏建功一起从白沙到重庆曾家岩石田小筑①看望沈尹默、沈兼士。时贵阳战事吃紧，抗战到最艰苦的时刻，沈兼士想念北平的亲友，意兴索然，随后四人各书一首，分四纸。②沈尹默以书"黄山谷《书自草秋浦歌后》"立轴一幅相赠。

2月7日，女师院院长谢循初签发聘书，聘为院图书组主任。③

2月8日，接王大安函，得知沈兼士病重咳血。④

3月6日，余逊自北平寄《鲒埼亭集谢三宾考》（后二十页），并询前二十页是否收到，另报北平师友近况。

3月18日，周祖谟自北平来函，谈家事及北平师友近况。

3月22日，作诗《微雨至红豆树⑤道中即景》一首：

雨湿平沙绿满堤，远山无处不凄迷。
布帆添得东风力，争奈江流未肯西。

6月14日，写成《〈四库提要〉之正统观念》，发表于国立女子师范学院《学术集刊》第1期。《〈四库提要〉之正统观念》介绍余嘉锡积几十年之功著成《四库提要辨证》一书。自《辨证》一出，《提要》的学术价值势必重估，论述四库馆臣之正统观念。

《四库全书》修于乾隆之世，清室本一统局面，乾隆又好大喜功，馆臣著笔，于正统之说，不必有所顾忌。故凡官修书籍之提要，

---

① 石田小筑为沈尹默寓所。
② 柴德赓：《我对于沈兼士先生的认识》，天津《益世报》1947年8月18日。
③ 聘书现由苏州大学博物馆收藏。
④ 柴德赓：《我对于沈兼士先生的认识》，天津《益世报》1947年8月18日。
⑤ 红豆树为女子师范学院附中校址，位于白沙女师院（白苍山庄）西北方向五六里路程。

歌咏赞叹，迈汤武而越尧舜，极尽颂扬之能事。其论前代正闰，大抵拾前人牙慧，无关大体。……

至于赵宋一代，与辽、金、元相错综，朱明三百年，与蒙古、建州相终始，《提要》于此，极所关怀，凡涉宋、辽、金、元、明、清国统者，均有一贯之主张，不肯一字放过，兹特分别述之：……

丁丑变起，川、桂、滇、黔为神州正朔之所在，吾人身居北平，追念当日桂王之艰辛，与夫中原遗民之所归心，益觉《朔闰表》①纪年之法，盖有深意存焉。然则立言非为一时，史事又安可以成败论哉！②

7月18日，被国立女子师范学院聘任为国文系副教授兼图书组主任。③

8月15日，日本正式投降。喜作诗《乙酉（1945）秋日寇投降后作》一首：

> 十载荷戈志已完，迟迟海内望王官。
> 日边人物周遭在，梦里河山去住难。
> 未许轴舻随涨水，犹靡廪禄强加餐。
> 书生报国成何事，莫作天涯失意看。

8月16日，至重庆拜访沈兼士，并同往视尹炎武。

9月，就《鲒埼亭集谢三宾考》一文提交"一九四五年度学术奖励著作申请书"。④ 推荐人：谢循初、魏建功。审查人：金毓黻、钱穆。

10月5日，致北平陈垣书，表达重回北平之意：

> 数年阻滞，一旦畅通，此乐不易得也。国事如麻，忧患正多，

---

① 指陈垣《二十史朔闰表》。史家纪事以事系年，纪年之法，西人有公元，中国用年号。公元纪年无政治意味。

② 柴德赓：《史学丛考》（增订本），商务印书馆2017年版，第210—227页。

③ 聘书及聘约现由苏州大学博物馆收藏。

④ 中国第二历史档案馆，案卷号1360（2）。

贪污之风不除，陷溺之心难救。受业目睹斯难，益憎惶悚，惟望得一清静环境，从事学业，于愿足矣。①

10月23日，周祖谟自北平寄长函一通，洋洋二千余言。述北平光复后情景，生活之艰辛及思好友昔情。

11月10日，尹炎武自重庆来函。

11月19日，周祖谟收到柴复函后再书一长书，谈学问，并告《洛阳伽蓝记》注的写作情况。

12月13日，作诗一首：

十二月十三日，重庆雾中小立中央图书馆前有作：

落日混茫失翠微，雾中犹见一鹰飞。
萧萧黄叶寒初甚，浩浩洪流去不归。
往事频惊桑海梦，万方待决死生机。
何时买得风烟净，故国云山入指挥。

12月29日，余嘉锡自北平寄长函一通，介绍光复后北平诸大学情况。

是年，在国立女子师范学院史地系讲授"史部目录"课程，课程讲稿采用陈援庵《中国史学名著评论》（武陵余氏钞本）②，因战时流离，不便携书而行，《评论》一书为主要讲稿。

教书育人，启发青年进步思想。据朱彤回忆：

我和柴德赓、陈璧子两位老师是在四川认识的。那时柴教授在四川江津白沙国立女子师范学院任教，陈璧子老师在女师附中教书。

---

① 陈智超编注：《陈垣来往书信集》（增订本），第590页。
② 《中国史学名著评论》钞本为柴德赓旧藏，1968年辗转至周国伟处，2015年重新发现，周氏亲属将其捐赠给苏州大学博物馆。2022年8月由上海人民出版社出版。

我在白沙大学先修班当学生。我们有几个进步同学组织了秘密的读书会，经常阅读革命书刊，还办了"新声"壁报。我常到女师附中去找陈璧子、覃谷兰、张弓、谭凌等进步老师借阅革命书刊、请教问题。因此认识了陈老师，也认识了柴老师。他们在学业上、思想上对我帮助很大。记得有一个春暖花开的星期天，几位老师带着我们一群进步学生，到风景如画的黑石山去游玩，实际上是借游玩座谈时事和青年思想问题。覃谷兰、陈璧子两位老师，带着湖南口音，像大姐姐教小弟弟小妹妹似的，教育我们要爱国，要进步，要革命，要做一个有为的青年，要献身民族解放事业，要为国家争民主自由和富强。有一次在柴教授家，他给我谈到如何学习历史，如何做学问，要刻苦，多读书；要做一个铮铮铁骨的爱国者；要鄙视那些贪官污吏，要做一个正正当当的大丈夫。[①]

○ 1946 年（民国三十五年）三十八岁

- 4 月前任国立女子师范学院史地系副教授。[②]
- 9 月后任辅仁大学史学系教授。[③]

1 月 1 日，作诗《和静农〈迎神〉韵（时马歇尔来华至沪，冠戴往迎）》一首：

> 同舟风雨伤三户，遗事江山忆八荒。
> 献岁干戈应寂寞，酬天人物费张皇。
> 已知原宪贫非病，难免次公醒亦狂。
> 万里东望如可即，与君忍泪进壶浆。

[①] 朱彤：《深切悼念柴德赓、陈璧子两位好老师》，何荣昌、张承宗编：《青峰学记》，第 90 页。
[②] 中国第二历史档案馆，案卷号 431（1）。
[③] 北京辅仁大学校友会编：《北京辅仁大学校史》，中国社会出版社 2005 年版，第 81 页。

1月，作诗《寄怀顾羡季》①二首：

> 我从巴蜀望收京，君见王师下北平。
> 乱后心肠浑似铁，长歌何处觅豪情。

> 黄图非故乍心惊，塞北江南水火深。
> 欲为苍生求一语，哀时应有顾亭林。

1月22日，余嘉锡自北平再发长函，介绍北平诸师友近况。

1月26日，作诗《夜起怀人》一首，期冀再归师门之意：

> 连朝晴雨未分明，寒动纸窗夜有声。
> 梦向长风云里杳，心随万里日边行。
> 一江烟水东西路，两戒山河今古情。
> 远与故人期旷野，相逢杯酒共班荆。

2月7日，作长歌一首：

> 丙戌（1946）正月初六，蜀中述怀。自余南来，忽已两年矣：

> 平生慕古人，有似有不似。大志非敢期，偶然诵书史。
> 何幸符伟明，乃师李元礼。幅巾奋袖中，谈辞如云起。
> 大浸稽天来，狂涛没虫蚁。中流存灵槎，隐隐若高垒。
> 吾亦处其间，俛画而仰视。朝暮望云霞，蜃楼成海市。
> 忽学地行仙，飞渡仗一苇。谁谓两戒阔，心远室匪迩。
> 河洛多风尘，迅雷未掩耳。仓皇即行路，肠裂一车鬼。
> 关中何寥落，王气具往矣。褰裳揽终南，秦风声变徵。

---

① 顾随，字羡季。

两从秦岭过,天险未可恃。森森子房祠,悠悠想纳履。
排空入剑门,方叹设施美。峨嵋天半好,望之色然喜。
不意蜀道难,绝尘还如砥。流转来江津,笑傲空山里。
高下尽梯田,随处供未耜。天与生民资,茶糖兼鱼米。
豆麦无暑寒,大时有齐理。人物亦俊秀,谋国同一轨。
陡闻天地旋,文明从兹始。感昔泪纵横,天步易泰否。
相约入峡人,各各归乡里。吾亦返初服,读书重为己。
风云几变幻,兵戈仍未止。吾怀郁不欢,安忍复见此。
春风满绿芜,会看甲兵洗。何当雪山融,浩荡乘江水。

2月26日,作诗一首:

丙戌(1946)正月廿五日,志甫、静农、重禹[①]邀往江边看花,以事不赴,偶感时事,即呈三君:

望断蜀山自掩关,春风宁不惜朱颜。
中年已乏看花兴,此日方知涉路艰。
剧美文章天听了,差池烽火雁飞还。
公非公是随流水,一榜国门未可删。

3月,国民政府教育部宣布国立女子师范学院迁至九龙坡。国立女子师范学院部分教师和学生不同意此决定,提出迁校至苏皖地区,筹办东南区女子师院。[②] 教育部决定,学生和教师重新登记者赴九龙坡,不登记者视自动退学或就地遣散。

4月3日,国文、史地两系师生合影。

4月6日,学院重新登记,风波停息。因在学校风波期间参加示威

[①] 即罗志甫、台静农、方管。后台静农、方管各有和诗一首。
[②] 中国第二历史档案馆,案卷号2349(2)。

游行[1]并作为教师代表赴重庆国民政府教育部，与朱家骅争吵，遭到解聘并扣其还乡费。[2]

4月15日，作诗《白苍山庄纪事》一首：

> 永夜溪声晓角悲，乱花飞舞感春衰。
> 十年人物终相见，来岁风光或可期。
> 绝水河鱼愁失势，投林高鸟悔栖枝。
> 吾生不用维摩法，泽畔行吟又一时。

4月16日，陈乐素自贵州来函，收到寄去《〈四库提要〉之正统观念》印本及《〈通鉴胡注表微〉浅论》稿本。

4月18日，俞汝霖自北平来函，询国立女子师范学院风波事。

5月4日，致北平余逊书，告行程安排，计划先往杭州，再返北平。

5月5日，致北平陈垣书，告行程安排，并奉《〈通鉴胡注表微〉浅论》稿本。

5月7日，作诗二首：

> 五月七日将去重庆，上浮图关，共慧兄观隔江灯火：
>
> 高楼回首月如弦，赖有灯丛照远天。
> 夜半云沉风乍起，一江星火思茫然。
>
> 江山从古亦如斯，人物升沉或使之。
> 今夕风清共君语，远山灯火胜平时。

5月8日，全家离开白沙，往重庆，宿杨绵仲公馆。

5月11日，作诗《十一夜浮图关望月有怀静农、志甫、重禹三兄》

---

[1] 中国第二历史档案馆，案卷号 1754（2）；西南大学编：《国立女子师范学院校史》。
[2] 据柴德赓档案材料：《关于参加沈兼士追悼会》，1969年。

二首。后方管、台静农皆有诗以和。

5月25日，返白沙，看望台静农、方管，作诗一首：

> 五月廿五日，重莅白苍山庄，草木怒长，人事全非。晤静农、重禹，相见惊喜，几同空谷足音，感极赋此：
>
> 惊心草木无情长，回首弦歌不易哀。
> 流水高山君且住，天荒地老我还来。①

5月25日，周祖谟自北平来函，云陈垣收到前书"惊喜过望，惟盼早日来此"。

6月14日，罗浚自贵阳来函，询白沙诸友况。

6月15日，离开重庆往西安方向出川。方管自白沙来函，并赋诗三首。

6月16日，台静农自白沙来函，谈出川安排诸事。

6月30日，余逊自北平来函，告知平中生活状况。

月杪，全家到达杭州。6月中旬从重庆出发，北上广元，经剑阁沿入川路线返回至西安，乘火车经陇海线于徐州转津浦线至浦口轮渡，然后经南京、上海一路到杭城。受浙江大学师范学院中文系郑石君②之邀，暂任赴缅甸参战青年远征军第四补习班文史课教师，陈璧子于杭州一中代课，携子女返诸暨小住。寄武汉罗浚书。

7月12日，方管自白沙来函，"叠奉惠示，借悉途逞艰苦诸况，为之浩叹，今幸得达，亦可贺也"。台静农同寄一函，言接青峰广元一书（6月15日以后寄出），"今得浦口书，欣悉合家平安，为之大慰"。

7月15日，经张基瑞③介绍认识夏承焘。柴向夏介绍陈垣在沦陷期间思想和学问的转变，如撰写《南宋初河北道教考》、《通鉴胡注表微》

---

① 舒芜：《天荒地老忆青峰》，何荣昌、张承宗编：《青峰学记》，第39页。
② 郑奠，字石君。据柴德赓档案材料：《关于我的履历及政治情况》，1969年。
③ 张基瑞，杭州一中同学，后任教台湾师范学院。

等；表示将积十年之力，成《南宋史》，谈至子夜。①

8月1日，辅仁大学陈垣校长发聘书②，聘为史学系教授，同年升教授的有张鸿翔、余逊。③

8月13日，李崇光④自金华英士大学来函。

8月下半月，随大学补习班送29名学生乘船到天津，由陆路至北平。

9月9日，罗浚自武汉来函，云得悉已达杭州，无任愉快。

9月30日，史树青自沈阳来函，告沈阳及中正大学近况。

10月5日，张遵俭自南京来函，报在南京白沙师友去向及近况。

10月15日，孙楷第来函，云"两次晋谒，畅谈甚慰"。

10月22日，张遵俭自南京来函，报陈垣、胡适赴京参加中央研究院第二届三次年会盛况。⑤孙功炎自沪上来函，谈师友近况。

10月23日，李季谷自台北来函，敦促许世瑛尽早赴台湾师范学院到任。

10月31日，与余嘉锡、张子高、余逊、周祖谟同访邓之诚。⑥

11月28日，孙功炎自沪上来函，问治《鲒埼亭集》之道。

12月7日，孙功炎自沪上来函，再论治学之道并询魏建功行程。

12月12日，李滨荪自台北来函，云忆往事"不禁神往"。

12月29日，国民政府教育部颁"第五届（民国三十四年）学术奖励著作名单"⑦，《鲒埼亭集谢三宾考》荣膺二等奖（一等奖空缺）。此为最后一届，自民国三十年（1941）始共五届。

---

① 1946年7月15日夏承焘日记，《夏承焘日记全编》（第七册），浙江古籍出版社2021年版，第4229页。
② 据柴德赓档案材料：《关于我的履历及政治情况》，1969年。
③ 北京辅仁大学校友会编：《北京辅仁大学校史》。
④ 李崇光，安定中学同学。
⑤ 刘乃和：《陈垣年谱》，第168页。
⑥ 邓之诚著，邓瑞整理：《邓之诚文史札记》，第397页。
⑦ 12月29日经教育部学术审议委员会第二届第四次全体会议通过民国三十四年（1945）著作发明奖励案，决议：一等奖八十万元，二等奖四十万元，三等奖二十万元，并经选定：文学类，二等奖二人，柴德赓《鲒埼亭集谢三宾考》、姚薇元《鸦片战争史事考》。（天津《大公报》1946年12月30日）

论文推荐人：谢循初、魏建功。

金毓黻审查意见：

谢三宾人不足称，且为全谢山先生所痛恶，特以作者熟读《鲒埼亭集》，遂一一为之钩稽。于本书外，征引参考书籍多至八十余种，一时兴到之作，遂蔚然成巨帙矣。且作者文笔，亦（极似）如谢山，几如水银泻地，无孔不入。考谢三宾本事之不足，且如其子孙焉，于其子孙褒之不容口，不以三宾之故而加贬词，亦以明善恶之不相掩。即如谢山对三宾之异称，凡十三种，亦精为考证，则其他可知矣。（此作）虽为极小题目，却能毫无遗憾，诚近顷之佳作也。

钱穆审查意见：

本文为考证《鲒埼亭集》谢三宾氏之生平事迹。文长逾三万言，征引书目达八十种，钩稽之力可谓勤矣。谢氏乃晚明一贰臣，明清史皆无传，其姓字湮没，不为人知已久。作者爬梳抉剔，譬如开荒，自有此文，谢氏一生事迹，几于首尾完具，宏纤毕备。读本文之任何一页，无不可见作者用心之缜密。考此文作于民国三十二年之仲夏，其时北平在沦陷期间，作者笔底，盖尚有无限感慨，无限蕴结，欲随此文以传者，固非浸无旨义，徒矜博闻之比。此尤读者所当深味其弦外之音者也。惟就本文全体论之，谢三宾究为一地方人物，于当时兴亡大局，关系并不大。昔司马迁撰《留侯传》，谓留侯"所与上从容言天下事甚众，非天下所以存亡，故不著"，此为千古著史大法，亦千古考史大法也。近人每高言考据，其意若曰为考据而考据，即已尽学问之能事，不知考据疏密是一事，题目大小是一事。若题目一小，则考据虽密，终不能认为学术界不可少之著作。故同样考一人物，如考蒲寿庚与谢三宾，其所费精力可以同样艰难，然其所得结果，其所实际贡献与学术界者，则大小回为不侔矣。故为考据功夫者，且最大本领还在拣选题目，题目一定，则其功夫实已完成七八矣。平心论之，此文用心之细，立论之平，皆足证作者之学养。然试思一学者读竟此文，究竟对晚明世局作为天下所以存亡者增添几许智识乎，一研究晚明史者，果于谢三宾其人必具若何认识与了解乎？若专以为考据而考据作借口，谓此等文字可为。从事考据者作一实例，则自来可为考据学示例者口信不也，又何烦屋上作屋乎。窃意此文工力皆到，作意亦佳，惜其为近代为考据而考据之风气所惑，因此狮子扑绣球，亦用全力，若论其在学术上之贡献，则即就专治晚明史之专门范围论之，此文之所得，亦未可谓得其一重要之位置也。

12月30日，裴溥言[①]自台北寄长函，详谈台北风土人情。
作诗一首：

> 癸未（1943）重九，宇众[②]、芷皋[③]二公约登琼岛。仆时方谋出城，二公亦不果往。二公生同乡，少同学，出处志节又无不相同，乃因仆而始识，既识而狂喜，发为诗歌，往复三叠，不能自已。仆幸获交二公，又蒙示以佳什，今当腊八，天阴欲雪，忽然有感，谨步原韵：
>
> 踪迹平生各未知，商师才地本肩差。
> 已闻近日吟诗乐，莫恨频年识面迟。
> 人物消沉何足惜，江山肃杀最能奇。
> 明朝我欲登高去，怕见楼台似旧时。

年杪，国民政府发"美援"救济物资，抽签领到一件旧大衣；后来又购买美援面粉，为此事，"文化大革命"中写检查，自愧不如朱自清。[④]

---

① 裴溥言，白沙女子师范学院中文系助教，后随台静农赴台大任教。
② 夏宇众，时任辅仁大学国文系教授。
③ 张子高，字芷皋。
④ 据柴德赓档案材料：《美援物资》，1969年。

是年，在辅仁大学史学系开"中国通史"课，写成《宋辽金元史讲稿》。①

○ 1947年（民国三十六年）三十九岁

- 任辅仁大学史学系教授。
- 任北平师范大学历史系兼职教授。②
- 主要著作：《〈通鉴胡注表微〉浅论》、《万斯同之生卒年》、《记贵阳本〈书目答问〉兼论〈答问补正〉》、《全谢山与胡稚威》、《跋〈邵念鲁年谱〉》。

1月4日，史树青自沈阳中正大学来函，见报载《鲒埼亭集谢三宾考》一文荣膺教部大奖以贺，并讨论学术，又询及辅仁大学年季"风潮"诸事。

1月18日，罗浚自武汉来函，告昔日白沙旧友诸况。

1月25日，王守礼自厦门来函，述厦门大学情况。

1月28日，与张子高访邓之诚。③

1月30日，陈垣携刘乃和、刘乃崇回访尚勤胡同，与之全家合照。三年前全家离平纪念日，柴德赓当场作诗二首：

> 丁亥（1947）新正初九阳历一月三十日，为余甲申（1944）南行之期，作二绝句呈援师并示诸友：

> 蜀栈秦关忆往年，春风吹梦入幽燕。
> 江山万里轻来去，尚有人间未了缘。

---

① 《宋辽金元史讲稿》一书，2016年由商务印书馆影印出版，整理本2021年出版。
② 据柴德赓个人简历，1947年9月至1949年6月在北平师范大学历史系任兼职教授，证明人李飞生。
③ 邓之诚著，邓瑞整理：《邓之诚文史札记》，第412页。

> 记曾慷慨出都门，虏骑仓皇日正昏。
> 昨夜沉吟思往事，疏星淡月了无痕。

2月23日，方国瑜自昆明云南大学来函，叙说分别十余载之情。

3月5日，何士骥①自兰州西北师范大学来函，述同乡之谊。

3月14日，凝露②自安庆复函，云有北上之念。

3月24日，与刘乃和陪陈垣游览中央公园。③

4月12日，《〈通鉴胡注表微〉浅论》第一部分刊载于上海《大公报·图书周刊》第15期；4月16日，第二部分刊载于《大公报·文史周刊》第25期；4月23日，第三部分刊载于《大公报·图书周刊》第16期。该文介绍陈援庵著书《通鉴胡注表微》之意义：

> 《胡注》成于至元二十二年乙酉（1285），为临安沦陷后八年，《表微》成于民国三十四年乙酉，为北平沦陷后八年，前后两乙酉，相去六百六十年，似属偶合，实在这也是先生作书的本意。……
>
> 整部《通鉴胡注表微》除了《通鉴》原文，《胡注》原文外，都是陈先生的议论，不过中间有引事实和别人的议论罢了。这种议论和张溥的《历史史论》不一样，和王船山的《读通鉴论》，似乎也不一样。……
>
> 《表微》中像上面所举的议论，俯拾即是，凡是沦陷期间在北平受过生活煎熬、思想压迫的人，读起来格外有同感，这些话无疑是替大家说的。④

4月17日，台静农自台北台湾大学来函。前因陈垣、沈兼士邀台静

---

① 何士骥（1893—1984），字乐夫，浙江诸暨人。清华大学国学院梁启超弟子，原北平师范大学教授。

② 凝露，柴德赓在安庆一中任教时同事。

③ 刘乃和等编：《陈垣图传》，第83页。

④ 柴德赓：《史学丛考》（增订本），第497—506页。

农来辅仁大学任教，此函谢绝二师之诚，并询顾随、启功近况。

4月21日，汪铭熔[①]自安徽祁门来函，述谈西湖一别后况。

4月28日，孙功炎自沪上育才中学来函，云接手教复此函，探讨学问之事。

与辅仁国文系师生春游至卧佛寺[②]，陈垣、余嘉锡、沈兼士等同往。

5月5日，作诗《丁亥三月十五，喜方重禹自徐州至》四首：

于白沙时方管为邻居、诗友，同任教国文系，特以四首相迎。

西蜀周旋久，南天逼侧频。归田虞猛虎，怀旧忆芳邻。
惨淡黄图战，萧条故国春。相逢此时节，无语更伤神。
海内息春耕，驱除万力征。非关艰得食，直欲可怜生。
几见人盈野，仍闻血作城。从今风雨夜，入耳尽悲声。

闻从淮上来，极目见蒿莱。水决鱼龙喜，城屠兆姓哀。
忍饥臣朔事，鼓腹相公才。梁益东归后，诗怀为尔开。

四郊多垒日，飞絮满长天。紫塞春无迹，江乡梦似烟。
剧谈吾可续，豪饮子宜先。珍重平生意，绸缪万里缘。

5月6日，得孙功炎沪上来函，得知《鲒埼亭集谢三宾考》获奖，索阅。

5月10日，参加辅仁大学邀胡适作"水经注的校勘"的报告会，会后合影。[③]

5月18日，参加辅仁大学返校节，与陈垣、刘乃和一同在司令台上。[④]

---

① 汪铭熔，柴德赓1934—1935年在杭州市立中学任教时的学生。
② 柴德赓：《我对于沈兼士先生的认识》，天津《益世报》1947年8月18日。照片尚存。
③ 照片尚存。
④ 刘乃和等编：《陈垣图传》，第84页。

5月19日，孙功炎再发一函，谈读《通鉴胡注表微》之得。

5月20日，因北平爆发"五二〇"游行集会，有感，作诗《五月二十日感事》二首：

> 此事何堪再，惊心二十年。横眉犹欲杀，尝胆果谁怜。
> 黔首穷无极，朝廷策万全。陈东欧阳澈，时急见英贤。

> 大官终聚敛，邦教付群猴。迎拒随时会，安危决齿牙。
> 纷纭三学遍，浩荡九天退。谁谓雷霆势，能收寂不哗。

5月25日，黄现璠①自南宁广西大学来函，丧乱失联，通报南中师大同学近况及著述情形。

5月30日，俞启人自浙江金华英士大学来函，叙旧日同窗诸君在英士大学近况。

6月6日，致书台静农，谈北平大学学潮，陈垣校长亲自到警备司令部坐索被捕学生。

6月9日，金毓黻自沈阳复笺，言及教部审核《鲒埼亭集谢三宾考》事并与柴祖衡同船北上事。②

6月19日，陈乐素自杭州来函，谈论学术问题。

6月27日，辅仁大学聘为史学系教授。③

6月30日，陈垣书《通鉴胡注表微》长卷④，尾跋：

> 青峰教授以旧笺索书，推延至端午，乃分两日书之。手拙，日昏，殊不称意，奈何。

---

① 黄现璠（1898—1982），广西扶绥人。民族学、社会学、历史学家。1932年毕业于北平师范大学历史系。
② 1946年柴德赓北上，柴祖衡留杭州中学读书，前与金毓黻同船北行。
③ 聘书现由苏州大学博物馆收藏。
④ 陈垣手卷现由苏州大学博物馆收藏。

手卷字达七百余。内容为《表微》二考据。同时，柴分录《癸酉游崇效寺观红杏青松图》、《书怀》及《丁亥喜方重禹自徐州至》诗共四笺诗札[1]呈奉陈垣，以谢赠卷厚爱。

6月，俞启人接5月30日往函后，回复一书，续谈英士大学情况。书杨介康[2]《赠陈垣五十寿言》卷[3]，由刘乃和保存。

7月1日、8日，孙功炎自沪上连发二函，感谢前寄陈援庵著作。

7月20日，覃英自杭州师范学校来函，谈白沙分别后及杭师近况。

7月23日，王守礼自厦门大学来函，云本拟北上，"行囊羞涩，欲行又复中止，只得瞻望白塔，辙深冥思"。

7月26日，参加郭预衡、刘乃和谢师宴于廊房头条。

8月1日，孙功炎自沪上来函，探讨学问。

8月4日，致书台静农，告沈兼士病逝经过及后事。[4]

8月18日，沈兼士8月2日因脑溢血病故，撰《我对于沈兼士先生的认识》一文发表于天津《益世报》。张遵俭自天津来函，对《认识》一文深有同感。

9月5日，邓之诚设宴招待余嘉锡父子，与齐思和[5]、徐献瑜[6]作陪。

9月9日，陈乐素自杭州浙江大学来函，探讨学问。

9月28日，陈垣及"陈门四翰林"等辅仁同人游览颐和园，留有照片多帧。陪陈垣至燕园访邓之诚。[7]

11月17日，《万斯同之生卒年月》一文发表于天津《益世报》，该文写成于1947年10月19日。

11月29日，周美悦[8]自安庆安徽大学来函，谈教学事并追忆白沙

---

[1] 柴念东编注：《青峰草堂师友墨缘》，商务印书馆2013年版，第94—99页。
[2] 杨介康（1862—1939），湖北沔阳人。光绪十八年进士。
[3] 何荣昌、张承宗、柴邦衡主编：《百年青峰》彩页部分。
[4] 信札现由台湾大学图书馆收藏。
[5] 齐思和（1907—1980），字致中，天津人。历史学家。时任燕京大学历史系主任。
[6] 徐献瑜（1910—2010），浙江吴兴人。数学家。时任燕京大学数学系主任。
[7] 邓之诚著，邓瑞整理：《邓之诚文史札记》，第438页。
[8] 周美悦，国立女子师范学院史学生。

往事：

> 回忆山庄①旦暮相聚之时，吾师谆谆训诲，经子文集，何事不谈，及论南明史事，慷慨激昂，义气凛然，忠义之士，宛然如生，生与静昌恒欣然而忘返也。如今山河阻隔，各处一方，不复有曩时之乐耳。吾师若不嫌生昏昧鲁钝，幸能常赐教言，俾得稍解愚惑，深恩宏德，生当永铭肺腑，吾师亦岂吝此区区者哉。

12月27日，与启功、刘乃和、刘乃崇等陪陈垣踏雪赏冬，于前海西涯市及北海留有照片。后启功作诗四首②以赠阅。

是月，《记贵阳本〈书目答问〉兼论〈答问补正〉》发表于《辅仁学志》第十五卷第一、二合期，该文完成于1947年8月17日。论版本目录之学问：

> 大抵学术日进，异书日出，为流略之学者，耳目难周，端赖群力，互相传述，庶几工具日精，流通不滞。抑予尚欲有言者，世人每重视原刻，而忽后印翻刻之本，不知此等版本，固多磨泐错误，然原刻之误，每赖后印翻刻之本为之改正。即以范氏《补正》而言，影印本于排印本之误，亦时有改正，学者考索群籍，不可不广搜异本，比较异同，若徒计式样之大小，纸张之精粗，字体之美恶，印行之先后，而不虚心考核其内容，即以为尽版本之能事，亦未见其然也。③

《全谢山与胡稚威》发表于《辅仁学志》第十五期第一、二合期，该文完成于1947年9月13日。考证全谢山与胡稚威之交游：

---

① 白苍山庄，国立女子师范学院通信地址。
② 柴念东：《启功致柴德赓诗札》，《中华书画家》2017年第9期。《启功全集》第9卷（北京师范大学出版社2009年版，第119页）所注日期为12月5日。柴德赓当日照片背面记有日期。
③ 柴德赓：《史学丛考》（增订本），第241页。

> 鄞县全谢山祖望，与山阴胡稚威天游，生则并时，地则同省，乾隆丙辰又同举博学鸿词，宜相识。唯《鲒埼亭集》与《石笥山房集》均不见二人有文酒往还之迹。……
>
> 谢山自言好雌黄人物，自是个性如是，稚威亦好雌黄人物者，宜其冰炭之不相容也。尝见励耘书屋藏乾隆二年丁巳沈冠云彤之父真崖先生八十寿册，题词者凡二十家。首为方望溪，中有胡稚威，末为谢山所书《送沈冠云南归序》。足见当时诸公未尝不相见，而不知文酒之中，实有矛。……①

《跋〈邵念鲁年谱〉》发表于《辅仁学志》第十五期第一、二合期。

> 民国十七年，姚君名达因撰《念鲁年谱》，商务印书馆列入"中国史学"丛书。今观此谱，颇多可议，书经再版，仍未更正，特著其浅显者数事于后。……②

是年，在辅仁大学史学系开清代学术思想史课，写有《清代学术史讲义》③手稿四册。

自1947年起至北平师范大学历史系兼课④，前后历时二年。

○ 1948年（民国三十七年）四十岁

- **任辅仁大学史学系教授。**

1月30日，得台静农自台北台湾大学函，并附圣诞节在台北植物园

---

① 柴德赓：《史学丛考》（增订本），第278页。
② 柴德赓：《史学丛考》（增订本），第346页。
③ 《清代学术史讲义》一书，由刘家和主持，邱居里、姚念慈根据《讲义》和李瑚听课笔记整理，商务印书馆2013年版。《讲义》手稿2016年10月捐赠于国家图书馆，以古籍善本典藏。
④ 柴德赓：《交代历史问题》，1952年。

小照一帧[1]，皆为白沙旧友，作诗一首：

> 卅七年（1948）一月卅日，得静农台北书问，并寄小照，均白苍山庄旧友也，为之戚怆，即寄一绝：
>
> 梦回犹似在东川，共守山庄寂寞年。
> 今日故人远相问，又逢岁暮一凄然。

孙功炎自沪上来函，云"获读《全谢山与胡稚威》，大喜过望"。

2月2日，陈乐素自杭州浙江大学来函，云获来示并《辅仁学志》等三篇拜读，遵嘱分送杭城郑奠[2]、张其昀[3]、夏承焘、萧璋、谭其骧、余绍宋[4]、夏定域[5]等诸友。

2月3日，陈垣来示[6]，云《辅仁学志》第十五卷载黄文相《王西庄先生年谱》一文，报上有黄文相略历，当搜集整理再布。

2月6日，孙楷第来函，谈对《全谢山与胡稚威》一文之管见。

2月10日，顾随为《青峰草堂师友墨缘》[7]（以下简称《墨缘》）册页题诗《青峰北来》：

> 破浪乘风亦快哉，壮游千里一徘徊。
> 眼中云物堪图画，句里溪山供剪裁。
> 共说梦同尘散去，双飞人似燕归来。

---

[1] 台静农于照片背面有记："三十六年十二月廿五日摄于台北之植物园，是夕静农大醉，与溥言、蔚菁至萤桥观碧水明月而归。其明年一月廿一日灯下，静农记于龙安坡之歇脚庵，是夕席地轰饮时甚相念青公不已，因有联名书问，青公得不为之悒悒耶。"

[2] 郑奠（1896—1968），字石君，浙江诸暨人。曾任教于辅仁大学，时任浙江大学教授。

[3] 张其昀（1900—1985），字晓峰，浙江宁波鄞县人。历史地理学家，时于浙江大学任教。

[4] 余绍宋（1882—1949），字越园，浙江龙游人。曾任教于北平师范大学。

[5] 夏定域（1902—1979），字朴山，浙江富阳人。时任浙江大学教授。

[6] 陈智超编注：《陈垣来往书信集》（增订本），第591页。

[7] 《青峰草堂师友墨缘》册页为两函，第一函由余嘉锡题笺。

但教销得胡氛净,烽火如今未足哀。

2月12日,与刘乃和同往苑北草堂(启功寓所),书《樊川诗》手卷[1],后由刘乃和保存。[2]

2月24日,孙功炎自沪上来函,云"奉手教并大著《论贵阳本书目答问》诸书皆已拜览,具见日新之功,惭惑无已"。

2月29日,萧璋自杭州浙江大学来函,云大作三篇拜读,"尤以《全谢山与胡稚威》一篇,文章之美,已令人倾倒,不仅考据之精美也"。

3月4日,张景年[3]自台北台湾师范学院来函。

3月5日,陈垣为《墨缘》册页[4]首题字:

利西泰著《友论》言:"视其人之友如林,则知其德之盛;视其人之友落落如晨星,则知其德之薄。"吾尝诵其言,而深羡青峰交游之盛也。

3月7日,许世瑛自台北寄许寿裳[5]讣告:

先考季茀公痛于民国三十七年二月十八日深夜在台北市青田街六号寓寝为盗戕害。遗体于二十日下午三时入殓,二十三日上午九时在台北市火葬场举行火化,择期扶运灵灰回沪安葬。哀此讣闻。

3月10日,张子高为《墨缘》册页题诗一首:

六载此幽居,不孤有德邻。过从推襟抱,欢娱数夕晨。

---

[1] 何荣昌、张承宗、柴邦衡主编:《百年青峰》,青峰书法选彩页。
[2] 现由苏州大学博物馆收藏。
[3] 张景年,时任教于台湾师范学院。
[4] 柴念东编注:《青峰草堂师友墨缘》,第1页。
[5] 许寿裳(1883—1948),字季茀,浙江绍兴人。作家、教育家。

门外隔深辙，与世鸿沟分。茹苦荼如荠，抗寒冬待春。
郁郁涧底松，霭霭岭上云。飘忽一为别，谁参去住因。
樊笼难久处，吾道固清贫。好语诸父老，辛苦过来人。

3月16日，励乃骥①自南京博物院来函，讨论浙江象山《大瀛海道院记》碑刻。

是月，作诗《咏国大绝食代表》：

几度经营当代表，何曾梦想上棺材。
春风不管闲枝叶，生死无聊事可哀。

作诗《拟杜一首》，并抄送诸师友：

官军阵略自堂堂，恒以城门作战场。
放眼江河无阻险，更将何语解天亡。

邓之诚为《墨缘》册页题诗《见怀》②：

岁序匆匆总易忘，田间佳种未生芒。
天容寄傲茅安屋，自笑封侯醉有乡。廿年前尝刻醉乡侯印
稚子跳踉翻奕局，衰翁辛苦筑农场。
晨暄曝背无穷趣，不管江南罢女桑。

启功为《墨缘》册页题《桃花村》诗：

红烛深堂照寂寥，一窗寒雨夜潇潇。

---

① 励乃骥（1897—1969），浙江象山人。时任故宫博物院南京分院院长。柴念东编：《青峰草堂往来书札》，第30页。
② 邓之诚著，邓瑞整理：《邓之诚文史札记》，第443页。

画无济胜东西路，心有怀人上下潮。
黍谷春迟冰雪在，剑门花落梦魂遥。
闻君欲袖经纶手，小隐西山或可招。

4月1日，夏承焘自杭州发函，为《墨缘》册页题词事。

是月，尹炎武为《墨缘》册页题诗：

如来结集属阿难，刘向传经冯道刊。
华梵双融备雠校，熊熊红泪莫轻弹。

4月2日，陈乐素为《墨缘》册页题《宋史·李焘传》句。夏承焘为《墨缘》册页题写庾信《小园赋》。

4月19日，谒邓之诚，承赠所批严海珊《明史杂咏》。[1]

4月25日，为贺陈垣、余嘉锡当选中央研究院院士[2]，与辅仁同人一道游览颐和园并合影。[3]作长歌，并书成条幅[4]，由刘乃和保存。

5月2日，作诗《三十七年（1948）五月二日，秦君粟桥[5]与乐女士结褵，喜而有赠》。

5月21日，作诗一首：

戊子（1948）五月二十一日，援师、元白、燕孙、乃和并来草堂，挥毫作书。客散，月明，书此述怀：

右军笔阵势森严，艺苑儒林未易兼。

---

[1] 邓之诚著，邓瑞整理：《邓之诚文史札记》，第450页。
[2] 院士名单见民国三十七年四月公告。
[3] 刘乃和等编：《陈垣图传》，第94页。
[4] 何荣昌、张承宗、柴邦衡主编：《百年青峰》。青峰书法选彩页原件现由苏州大学博物馆收藏。
[5] 秦晋，字粟桥。后任教辅仁大学、北京师范大学。

自历风霜情味淡，长收英气入毫尖。

同日陈垣、启功、周祖谟、刘乃和均有题诗，现存陈垣书陆游《晚步江上》，刘乃和书陆游《江楼》。①

5月22日，张遵俭自天津南开大学来函，求学问道。

5月23日，辅仁大学返校节。为签到簿题跋②：

民国三十七年五月廿三日，辅仁大学校友返校节于循例举行集会活动之外，特举行明清书画展览会、沈兼士先生遗物展览会、本校师生书法展览会。参观者极一时之盛，莫不感激嗟叹，以为难得，其影响学术收获将来可预期也。越四日，三会同人集于大学三楼欲留纪念，遂请题名。

是月，作诗《徐君希德③以万松野人④墨迹属题，为书一绝》一首。

作诗《初夏经西涯》一首：

池塘草长碧荷新，钟鼓楼高想出尘。
大堤杨柳风翻遍，不见当时送客人。

余嘉锡为《墨缘》册页题诗：

太平景象尚迢遥，兵气虽沉未尽消。
百岁光阴过强半，八年辛苦到今朝。

---

① 邱瑞中：《信有师生如父子——纪念柴德赓、刘乃和先生》，《中华书画家》2018年第11期，第62页。陈垣、刘乃和所录剑南诗，均尚存。

② 签到簿签名者逾百人，现由国家图书馆收藏。刘乃和《陈垣年谱》记为5月22日，侯刚、张景怀《启功年谱》沿用，疑误。

③ 徐希德，英敛之弟子。时为辅仁大学教师，天主教徒。

④ 英敛之，号万松野人。

春风作意初抟雪，海日何心欲落潮。时政治协商会议初闭幕
稍喜连宵闻爆竹，人间知已逐山魈。

周祖谟为《墨缘》册页题顾亭林《古隐士》诗。

为李瑚素册题诗，录杜工部《秦州杂诗》。

6月1日，魏建功携夫人王碧书自台北归，与好友在中央公园为之接风。

6月6日，柴德赓致书台静农，抄录《拟杜一首》。

6月29日，台静农自台北台湾大学来函，就台静农考据之作《两汉乐舞考》征求意见。

6月，启功赠诗札，《楸花下作》有序：

寄寓姨家趣园，庭下楸花去春最盛，沈兼士先生颇赏之。今年花疏，又值风雨。兼翁已归道山，姨母亦逝，俯拾落英，黯然成咏……近作录似青峰兄哂正。去岁之会，吾兄在坐，谅有同感，志必赐和也。①

7月2日，辅仁大学聘为史学系教授。②

7月7日，黎锦熙为《墨缘》册页题诗，用汉字及注音字母同书：

羁旅共长安，驰驱分陇蜀。
南望各云天，北归此濠濮。
琴书恣理董，烽烟漫相逐。

7月11日，台静农自台北台湾大学来函，云获读《拟杜一首》诗，诗文二绝。苍凉可喜，字则明快老成，弟当什袭藏之，传之儿辈，此

---

① 柴念东：《启功致柴德赓诗札》，《中华书画家》2017年第9期，第125页。诗札尚存。
② 聘书及聘约现由苏州大学博物馆收藏。

"青峰官军帖"① 也!

8月23日,张春华自天津圣安女中来函,婉谢邀辅仁任教国文事。

8月27日,张春华叠发一函,接25日复函,再谢。

8月29日,金毓黻来函,荐赵霁光任教于辅仁大学附中。

9月5日,与余嘉锡、余逊、齐思和等赴邓之诚处午酌,至傍晚始散。②

9月18日,梁敬荷③自旧金山来长函并启功,谈离开祖国一月行船之见闻。内附赵锡禹呈陈垣留言。

9月21日,开始在北平师大历史系讲授"中国通史"课,为期一年。

10月26日,杨敞自湘潭来函,谈长沙、湘潭市井。

11月2日,"北平辅仁大学教授联谊会"成立④,请陆和九⑤治印一方。

11月3日,张遵俭自南京来函,云获悉平津局势全非,颇以挂念,询是否作南来打算。

11月27日,张春华自天津来函,圣功女中已经全部撤至台湾。

是年,为刘乃和历史研究所毕业,题汪容甫诗与刘乃和。⑥

于启功苑北草堂雅集为刘乃和题诗。⑦

邓以蛰⑧为《墨缘》册页题字,录《世说新语·诸隐士》文。

贺培新为《墨缘》册页题诗,录《法悟门〈积水潭杂集诗〉》。

---

① 柴德赓"官军帖"现由台湾大学图书馆收藏。
② 邓之诚著,邓瑞整理:《邓之诚文史札记》,第458页。
③ 梁敬荷,任教于辅仁大学社会经济系。曾赠陈璧子1943年毕业照一帧,尚存。
④ 《北京辅仁大学校史》为11月2日(第745页),刘乃和《陈垣年谱》为11月4日(第172页)。
⑤ 陆开均(1883—1958),字和九,湖北沔阳人。时任辅仁大学史学系教授。篆刻家,为柴德赓治印多方,此枚印章尚存。
⑥ 邱瑞中编:《刘乃和百年诞辰纪念专辑(1918—2018)》,第272页。
⑦ 邱瑞中编:《刘乃和百年诞辰纪念专辑(1918—2018)》,第273页。
⑧ 邓以蛰(1872—1973),字叔存,安徽怀宁人。美学家、艺术评论家。邓稼先之父,柴德赓好友。

为刘翰屏[①]素册题诗,录鲁迅《残秋偶作》诗。

刘乃和为《墨缘》册页题诗,临米芾《穰侯出关诗帖》。

陆懋德留便条,为其著《铜犁考》刊登事。

溥忻[②]为《墨缘》册页题诗:

案上琴书间笔床,眼明初喜见秋光。
风花雪月诗千首,宠辱悲欢梦一场。
学到渐能忘毁誉,心平浑不识炎凉。
兴衰今古寻常事,休向他人问短长。

唐兰[③]为《墨缘》册页题《滇越路中旧作》诗:

万里携书不惮劳,千里碧嶂插天高。
松风涧水无尘思,同向空山作怒涛。

萧璋为《墨缘》册页题字[④],录黄宗羲《宋元学案》。

陈邦华[⑤]自沪上来函,谈分别近二十年境况。

为薛桂生[⑥]素册题诗,录自作旧诗。

刘乃中[⑦]治"青峰藏书"印以赠。

在辅仁大学史学系开秦汉史、隋唐史课,写有秦汉史、隋唐史讲义。[⑧]

---

① 刘翰屏,辅仁大学史学系1943级学生。题诗载《辅仁大学师生书画集》(辅仁校友印制)。

② 溥忻(1893—1966),字雪斋,北京人。书画家,时任辅仁大学美术系教授、系主任。

③ 唐兰(1901—1979),号立庵,浙江嘉兴人。古文字学家、青铜器专家。

④ 萧璋为《墨缘》册页题诗事与陈乐素、夏承焘同时为4月初,夏时有书信寄往北平,惜信札不存,仅留信封。

⑤ 陈邦华,陈璧子于杭州一中读书时同学。

⑥ 薛桂生,辅仁大学国文系1944级学生。题诗载《辅仁大学师生书画集》。

⑦ 刘乃中,辅仁大学国文系1939级学生,刘乃和堂弟。

⑧ 两部讲义手稿尚存。由曹永年、宁侠和要二峰等人整理。

帮助进步学生，掩护地下党员。据朱彤撰文回忆：

> 璧子老师知道我在从事秘密工作，十分关心我的安全。她征得柴先生的同意后告诉我：反内战反饥饿运动之后，北京大学愈来愈被敌人所注意。碰到情况紧急的时候，可以住到她家去。她住的那里属于天主教会的辅仁大学的范围，不太惹人注意。在将近十个月的时间里，我除了在北京大学范围内几易住处以外，凡是碰到情况异常的时候，就躲到她的家去。有时住一夜，有时连住两三天，她家成了我的避风港。
>
> 他们不仅关心我的安全，在情况紧急的时候掩护我，还掩护别的同志。有一位山东解放区的同志被派到山东大学工作，被敌人注意，转移到北平工作，又被敌人盯梢。组织上要我找一个安全的地方给掩蔽一下。我找到柴老师和陈老师，尽管这事有风险，而且增加他家的麻烦和负担，他们二话没说，欣然同意了。这位同志在他家住了十来天，一直到安全离开北平回到解放区。
>
> 1948年6月，郑楠同志在"反美扶日"（反对美帝国主义扶植日本军国主义复活）运动中，游行示威时被特务打伤。各报刊都登了她受伤时的名字和照片。那时我们的恋爱关系已公开，组织上考虑北平情况紧张，我的处境危险。同时她游行时受伤，必然引起敌人注意。所以决定我们两人一同撤退到解放区。我们做好一切准备之后，临行前一天都住到柴教授家。在他家化了装，由他夫妇护送我们到了前门火车站上了车，才依依惜别。我记得柴先生送给我一套中式白布汗褂、裤子和一顶博士帽型的草帽。我打扮成商人，顺利通过国民党的封锁线，平安到了解放区。①

据刘乃和撰文回忆：

---

① 朱彤：《深切悼念柴德赓、陈璧子两位好老师》，何荣昌、张承宗编：《青峰学记》，第90页。

1948年，我弟弟乃崇因参加地下党领导的进步剧团，从事戏剧工作，在各大学院校演进步话剧、活报剧，抨击讽刺国民党反动派，久为反动当局注意。

这年8月19日，国民党政府发行金圆券，同时，在这天对进步人士和爱国学生进行五千人大逮捕，组织特刑厅。乃崇弟在五千人黑名单之内，地下党的同志到我家送信，让乃崇弟离家暂避。他已列在黑名单，一时不便外出。我便骑车四面联系，到各亲友家，希望到他们家暂避一时。但当时风声鹤唳，人人自危，竟无一家亲友敢于留住。后到尚勤胡同柴先生家，说明情况，柴先生、柴师母二人知道后，却毫不犹豫，慷慨允诺，当晚崇弟搬到他家。从这天起，北平连日连夜有军警往来巡逻、搜捕，任意逮捕人，全市处于危急恐怖之中。这年，君衡弟才8岁，他不明白为什么乃崇总住在他家，问柴先生为什么他不住自己家总住我们家？柴先生说刘先生（乃崇）和他妈妈吵架了，家里不容他，君衡才没有再问。在他家住了20多天，我每天与各方面联系、商量，一切都准备好了以后，乃崇装扮成古董商人，跟着别的地下工作同志，离开北平到了解放区。柴先生、柴师母在我们家最困难时、最危急时，慷慨的给予帮助。①

力劝陈垣不要离开北平南下，据1969年柴德赓档案材料：

1948年围城之初，余逊一天拿了一张飞机票送给陈垣，说是朱家骅、傅斯年要陈马上离开北平去南京。我正去陈的办公室，看见余在那里，又知道余是送机票来的，我力劝陈不走，对余贸然送机票很不满意，当时就争吵起来。为了这件事和余家父子有了隔阂。陈决定不走，余家父子也没有决定要走的打算。当然他们对共产党来了是很怀疑的，他们也听信谣言，说共产党有"闻香队"，不准人家吃好的，这些我是不相信的。②

---

① 刘乃和：《学识渊博，追求进步》，何荣昌、张承宗编：《青峰学记》，第29—30页。
② 据柴德赓档案材料：《我和余嘉锡、余逊父子》，1969年。

卷三

1949 年—1952 年

此期间重要事件有：北平和平解放，中华人民共和国中央人民政府开国大典，中央政府接管辅仁大学，参加北京教授土改参观，"镇压反革命""抗美援朝""思想改造""三反"等运动，以及全国大学院系调整，辅仁大学并入北京师范大学。

○ 1949 年 四十一岁

- 任辅仁大学史学系教授。[1]
- 兼任北平师范大学历史系教授。[2]

1月4日,于余嘉锡寓所与顾随、启功共商寒假补习班事,旋同往陈垣处汇告。[3]

1月13日,台静农自台北台湾大学来函,再叙与师友离别之情。并附临苏东坡《跋王晋卿藏挑耳图帖》[4]以补《墨缘》册页缺席之憾。

1月16日,与张重一至顾随寓所,告北平私立院校发"和平倡议书",商签署。[5]

1月31日,晨至顾随寓所看望。[6]

午后与刘乃和一起陪陈垣自兴化寺步行至西直门[7],以普通北平市民身份迎接解放军进城。[8]

3月22日,致香港章佩瑜[9]书,4月7日香港《大公报》以《春在北平》为题刊载,重庆《大公报》随之转载。

4月9日,香港《大公报》刊载华克的评论文章《两封信的故事》,评说《春在北平》。

---

[1] 北京辅仁大学校友会编:《北京辅仁大学校史》,第773页。
[2] 柴德赓:《交代历史问题》,1952年,1947—1949年于北京师范大学历史系任兼职教授。
[3] 顾随:《顾随日记》(1949年1月4日),《顾随全集》第4册,河北教育出版社2000年版,第595页。
[4] 柴念东编:《青峰草堂往来书札》,第57页。
[5] 顾随:《顾随日记》,《顾随全集》第4册,第599页。
[6] 顾随:《顾随日记》,《顾随全集》第4册,第604页。
[7] 刘乃和《史学丛考序》,柴德赓:《史学丛考》,中华书局1982年版。
[8] 刘乃和《陈垣年谱》日期为1月31日,是日在西直门举行傅作义部队与解放军部队换防仪式,并非解放军入城仪式。换防仪式纪录片后来由苏联帮助补拍,地点在朝阳门(孟昭瑞:《共和国震撼瞬间》,人民文学出版社2012年版)。
[9] 章佩瑜,时居香港。

4月14日，陪陈垣访邓之诚。①

4月17日，与陈垣、启功、刘乃和前往西苑华北人民革命大学②（以下简称华北大学）看望刘乃崇。

4月21日，辅仁大学聘为史学系代理主任。③

4月29日，与刘乃和、乃崇姐弟同陈垣讨论"致胡适之一公开信"。刘乃和执笔，经范文澜润色于5月11日在《人民日报》发表。④

6月19日，辅仁大学新校务委员会成立，共18人，除包括陈垣在内的12位教授以及讲师、助教和学生代表各二人外，芮歌尼（Rigney）和卢修女二人也以教会代表身份进入校务委员会。⑤

6月28日，张春华自天津复函，谈解放后市井生活。

7月1日，中国新史学会筹备委员会在北京成立。

7月11日—9月2日，暑假期间参加辅仁大学教员学习班。

7月13日，参加校招生委员会会议。

7月17日，参加教职联扩大会议。下午出史地考题。

7月19日，参加政治学习，"辩证唯物论和历史唯物论、社会发展史"诸问题。

7月23日，听南汉宸⑥"关于人民银行问题"的报告。

7月30日，听何戊双⑦"关于新民主主义革命问题"（即党在当前阶段总路线和总政策）的报告。

8月11日，听夏康农⑧"关于自然辩证法"的报告。

8月13日，听阎宝航⑨"关于东北解放经过"的报告。

---

① 邓之诚著，邓瑞整理：《邓之诚文史札记》，第474页。
② 刘乃和等编：《陈垣图传》，第94页。
③ 聘书现由苏州大学博物馆收藏。
④ 邓瑞全：《陈垣发表〈给胡适之先生一封公开信〉的前前后后》，《黄河》1999年第5期。
⑤ 刘乃和等编：《陈垣图传》，第99页。
⑥ 南汉宸，时任人民银行行长。
⑦ 何戊双，时任华北大学政治系副主任。
⑧ 夏康农，时任北京大学生物系教授，后任中国科协秘书长。
⑨ 阎宝航，时任全国政协筹委会秘书长。

8月18日，听陈靖[①]"关于解放战争"的报告。

8月20日，参加讨论会，关于当前政治形势问题：1. 集体讨论，"第三条路线"可不可能有；2. 何谓"左倾冒险主义"及"右倾机会主义"；3. 人民民主专政与苏维埃政权和代议制有何区别；4. 国家权力的消灭和政党的消灭采取什么样的方式；5. 旧民主主义在中国为什么行不通；6. 怎样让资本家在新民主主义下，解除他们心里的疑惧，来发展生产；7. 不要国际援助也可以胜利。

8月24日，谒陈垣。下午开院教联会。

8月27日，听艾思奇[②]哲学报告。

8月28日，参加院校教职联会。参加《美中关系白皮书》座谈会。

8月31日，参加教育系办公室人生观教育报告会。

9月2日，参加讨论国际形势。

9月5日，参加校全体大会，马列主义经典著作及大学国文选目公布。

9月13日，参加学校底薪调整委员会会议。参加学委会会议。访金毓黻，谈明清史。

9月18日，至中山公园听关于中苏关系问题的报告。

9月19日，参加第二次底薪调整委员会会议。

9月21日，听意大利人作"天主教与李自成"的报告。

9月22日，参加第三次教职联会。

9月27日，辅仁大学成立庆祝中华人民共和国诞生委员会，主席团成员：陈垣、赵锡禹[③]、柴德赓、徐乃乾、柳文坛[④]、冯文若[⑤]、范敏嫒。另设总务部、宣传部、组织部、指挥部、广播组、文工团等。

9月28日，参加学校第三次底薪调整委员会会议。

---

① 陈靖，时任解放军特种兵政治部主任。
② 艾思奇，时任中央文委秘书长，华北大学四部哲学研究室主任。
③ 赵锡禹，时任辅仁大学经济系主任。
④ 柳文坛，辅仁大学社会学系1946级学生。
⑤ 冯文若，时为辅仁大学工人。

9月29日、30日，辅仁大学主办五区①庆祝中华人民共和国成立联欢大会，选代表参加，辅仁代表为：刘以珍、贾世仪、葛信益、杨成章、徐侍峰、欧阳湘、赵光贤、柴德赓。

10月5日，北京市委会办公室召集公警代表谈话，与罗常培一同参加。

10月13日，刘乃和在柴笔记本上留言：

> 今天的欢笑，不要忘了昨天的艰难；现在的成功，更要记起以往的压迫。要时时警惕自己，检讨自己！

10月14日，听艾思奇讲历史唯物主义课。

10月22日，听何挺杰讲辩证唯物主义和历史唯物主义课。

10月28日，上课讲隋唐史。谒陈垣，关注《光明日报》刊载清算胡适的文章。开始记日记，命名"新生集"。

诣罗志甫，请罗志甫来校讲授西洋古代史，晤钟敬文，请其代劝罗志甫，卒允。

10月29日，听吴玉章②、陆定一③报告。下午听李立三④报告。陈伯君、许宝驹⑤及章川岛来访，共饭江南春。⑥

10月30日，上午听成仿吾⑦、马叙伦报告。下午听彭真⑧报告。

11月3日，至市总工会参加教职联、中小教联、公警会会议。

11月5日，参加学校第四次底薪调整委员会会议。

11月10日，房东因已经出卖房产，催促搬家，找张重一借200斤

---

① 当时北京（9月21日改称）城分九个区，辅仁位于五区。
② 吴玉章，时任华北大学校长。
③ 陆定一，时任中共中央宣传部部长。
④ 李立三，时任劳动部部长。
⑤ 许宝驹，陈伯君同学，民联创始人之一。
⑥ 地安门西龙头井小馆。
⑦ 成仿吾，时任华北大学副校长。
⑧ 彭真，时任北京市市长。

小米为搬家费。

11月11日,原寓所尚勤胡同15号房东将房产卖给劳动部为宿舍,搬家至松树街24号。史怀璧①来探望。

11月29日,张子高来函,云近得一墨,欲借启功旧藏比对。

12月6日,上午上课。卞淑闻、余逊来。晚小组长汇报,吴希庸②来参加。

12月7日,上午上隋唐史课。谒陈垣。午参加教工会筹委会常委会会议。下午二时,参加教学委员会,华北大学政研所吴希庸、俞汝朋、孔凡泰、王嘉琪参加。

12月8日,校务委员会约胡华来辅仁大学举行中苏问题座谈会。缪凤林③来访,称此次赴京一本书不带,准备从头学习。晚陈垣来访,诣余嘉锡、余逊。

12月9日,得许幼豪自黄陵县书。访孙敬之。钱俊瑞④送来一函介绍石础见薛暮桥⑤。晚参加辅仁校委会会议。

12月10日,在华北大学参加学习中苏问题讨论会。晚参加教工会小组会。

12月11日,朱彤来访。与赵光贤、陈正飞⑥同访陈垣。

12月12日,得俞启人、端木留⑦函。继续于华北大学听课,由杨荣春续讲。发薪,以754斤小米折合计算。

12月13日,当日,先父⑧廷植86岁生日(阴历十月二十四),念及家兄⑨尚在狱中,不觉泣然。

---

① 史怀璧,时任北京市民政局局长。史怀璧后搬入尚勤胡同15号。
② 吴希庸,时任华北大学政治研究所教授。
③ 缪凤林,时任中央大学历史系主任。
④ 钱俊瑞,时任教育部副部长。
⑤ 薛暮桥,时任政务院财金委员会秘书长。
⑥ 陈正飞,时于新闻署任职,后任辅仁大学历史系教授。
⑦ 端木留,辅仁大学国文系1939级学生。
⑧ 柴廷植,柴德赓父。
⑨ 柴德诚,时因土改在押。

12月15日，张月霞①来函约石础谈。俞启人一行到京，陪同赴新法学术研究院报到。

12月16日，到校接洽教工会事，开常委会会议。吴清友来校讲中苏问题。参加学校底薪调整委员会会议，最后定案。

12月17日，辅仁大学工会成立会②，主席柴德赓，副主席王玢③、朱乃鑫、冯文若。程法德来请为祝贺斯大林寿签名，请陈垣署尚。陈伯君、俞启人来访。

12月18日，鄢鸣难④来访，为其出资5万（旧币）；张重一、康海、余逊、彭侣、周祖谟、刘乃和均合力接济鄢。史学系检讨教学情况，清代学术史课得好评，隋唐史课平平。

张瑞贞、荣孟源、刘启戈、张鸿翔来访，刘乃和、陈伯君、石础来访。陈垣来谈有关余嘉锡、张怀事。

12月19日，上课。听华北大学吴希庸报告。周美悦自诸暨来函。

12月20日，购《反杜林论》、《论一元论历史观之发展》、《新哲学大纲》等书。

12月23日，请胡华来辅仁大学讲中苏关系。启功来谈国文系问题。

12月24日，荣孟源夫妇来访，同往北堂⑤观圣诞典礼。

12月25日，至教育部集会，听张宗麟、刘一凡⑥、艾思奇报告。晚至湘潭会馆⑦与田汉、朱先煌⑧、陈伯君、龚梦飞⑨及胡博苏⑩等共饭。

12月26日，听胡绳⑪"关于思想文化的统一问题"的报告。与张重

---

① 张月霞，秦邦宪（博古）夫人。
② 北京辅仁大学校友《北京辅仁大学校史》记为12月9日，第746页。
③ 王玢，时任辅仁大学生物系主任。
④ 鄢说，字鸣难，时任辅仁附中校长。
⑤ 西什库教堂。
⑥ 刘一凡，时为北京师范大学教师。
⑦ 位于保安寺街。
⑧ 朱先煌，湖南湘潭人，陈伯君友。
⑨ 龚绍熊，字梦飞，湖南湘潭人。电子工程学家。陈璧子外甥，时任湖南大学教授。
⑩ 胡博苏，龚业晖丈夫，陈璧子姻亲。
⑪ 胡绳，时任中共中央宣传部教材编写组组长。

一同谒陈垣。

12月30日，魏建功来访，示台静农自台北函，言李滨荪重返九龙坡重庆师范学院任教。

12月31日，参加辅仁大学史学系迎新会。晚与赵光贤自恭王府礼堂踏雪归。

是月，魏建功为《墨缘》册页题诗《白沙黑石旧作》，后有跋：

> 一九四九岁暮，写十年前流徙白沙黑石山旧作。时已解放，回首前尘，奋厉有加。青峰九兄后到白苍山庄，我已非复孤鹜。况刻骨相思，今又得会心也。承命书册，虽敝屣文人玩丧之习，废弃不作书，亦不得不再荷陈瑄。

是年，在校开设"社会主义革命与新民主主义革命"[1]课，共四讲。

○ 1950年 四十二岁

- **任辅仁大学史学系教授、代理系主任。**
- **加入中国史学会。**[2]

1月1日，新年谒陈垣。

1月2日，谒余嘉锡。诣徐侍峰、杨成章、黎锦熙。与吴景超、胡博苏、陈伯君、龚梦飞等于曲园饭庄[3]小聚。

1月5日，参加校教授底薪调整会讨论会。

1月6日，欢送参加军事干部学校同学。王太庆[4]来谈北京大学教学情况。

---

[1] "社会主义革命与新民主主义革命"讲稿尚存。
[2] 据柴德赓个人简历，1950年经翦伯赞、刘启戈介绍入中国史学会。
[3] 位于西单北大街。
[4] 王太庆，时为北京大学哲学所助教。

1月7日，写思想总结报告。得悉叶德禄[1]病逝于美国。俞启人、朱彤来访。

1月8日，听吴希庸作思想总结报告。张子高、许大龄、何靖宇、魏启学[2]、秦晋等来访。

1月9日，听艾思奇报告：1.存在决定意识；2.思想意识影响存在；3.思想改造问题，为什么改造，如何改造。

1月10日，与蓝文和夫妇见面。晚参加工会会议，刘一凡、吴希庸出席。

1月11日，早课。谒陈垣。鄢鸣难、贾世仪、赵光贤来访。

1月12日，参加学校底薪调整会会议。

1月18日，参加校教学委员会会议。

1月22日，到教育部听钱俊瑞报告："加强政治教育，改造旧教育。"

1月23日，参加教学讨论意见会会议。

筹备《新辅仁》[3]校刊，撰写发刊词。

1月24日，写自学心得："质是物质存在不可缺少的东西，与事物共存在的。丧失了质就不是原来的物。量受质的约束。一定的生产方式容纳一定的生产力。"

1月30日，《新辅仁》创刊号发刊，公布学校机构负责人简表[4]，校务委员会主席：陈垣；委员：张重一、徐侍峰、赵光贤、赵锡禹、刘景芳、欧阳湘、杨成章、魏重庆、林传鼎、李景汉、柴德赓、杨荣春。

2月8日，参加工会常委会会议。

2月15日，参加辅仁大学与中央戏剧学校联欢会[5]，拥护《中苏友好

---

[1] 叶德禄，原辅仁大学史学系讲师，1948年8月与梁敬荷同船赴旧金山。

[2] 魏启学，辅仁大学国文系1944级学生，后任教中央民族大学。

[3] 校刊《新辅仁》自1950年1月30日创刊，至1951年11月7日终刊，共出48期。《新辅仁》由校工会主办，柴德赓负责。"发刊词"由柴德赓撰写，刊载时以陈垣名义，见《新辅仁》第1期第1版。

[4] 《新辅仁》第1期第2版，1950年1月30日。

[5] 《人民日报》1950年2月17日。

同盟互助条约》签订①。

2月24日，听何干之②报告，讲"中国革命历史特点"。

3月6日，听何挺杰报告，讲"新民主主义引论"。上隋唐史课。得张恩发甥一函，言家乡农业税甚重，地富阶级而外，中贫农亦不能自存。三兄柴德诚入狱后，嫂不能居村，不知为之。柴家新屋已为农会办事处。

3月7日，听董必武来校所作的报告。谒陈垣，见朱师辙③自广州来函，朱函歌颂解放军毛主席，并和《沁园春·雪》词一首。陈垣作评："此老数年前以得与蒋介石夫妇同摄一影，与宋美龄握一手，引为大光荣，赋诗纪事。予辈当时见之，欲为喷饭。今此之为，虽不可相提并论，然追究思想根源，似未有稍异，姑俟其余。"又见刊载张次溪撰《李大钊传》，陈垣有评："记张次溪为汪精卫作传，阿谀不堪入目，影象甚深。孔子不云乎今吾于人也，听其言而观其行。"并谈及牟润孙、鹿健实④事，为之慨然。

3月9日，听苏联专家马卡洛娃来校作报告。吉谢列夫讲"苏联历史科学与历史教学"，由范文澜主持。

3月17日，参加工会小组会议，何挺杰作报告。

3月18日，参加教委会会议，王锦弟⑤讲"新民主主义革命史提纲"。

3月27日，听荣孟源关于"十年苏区"的报告。

3月28日，陈垣召集工会、学生会执委联席会。讲话中心内容：拥护中国共产党，识破反苏的阴谋；胡适组织自由民主党，在台湾召开教授座谈会；政治与思想分开；政治上要镇压反动，安定人心，思想应自由，落后不一定反动，学术自由。继续声讨胡适。

3月29日，参加工会小组会议，会议内容为汇报中共党史十七个问题。

---

① 《条约》2月14日签订。
② 何干之，中共党史理论家，时任华北大学四部教育学院副主任。
③ 朱师辙（1878—1969），字少滨，江苏苏州人。原辅仁大学史学系教授，曾参加《清史稿》编纂。柴德赓师友。
④ 鹿健实，时任辅仁大学生物系教授。
⑤ 王锦弟，时任北京大学教授。

4月5日，听取校班级对教委会反映汇报会。

4月15日，听何干之作报告："党的领导、组织建设和统一战线三大问题"。

4月19日，听班级汇报，35个问题。听何干之"关于新民主主义政治问题，国体、政体"的报告。

4月20日，参加讨论"《新辅仁》办刊工作报告"。

4月22日，听工会委员会报告。

4月23日，参加党支部批评会。

4月25日，上课。与陈垣谈吕振羽《简明中国通史》年代错误诸问题，陈垣力促柴撰文纠正。① 听郭沫若在北京大学理学院作"中国奴隶制社会"报告。晤陈伯君、马非百② 和郑天挺。

4月30日，与陈垣、张重一、林传鼎参加学生会扩大会议。

5月1日，参加天安门庆祝活动，与刘景芳、萧璋、启功等参加学校游行队伍。当日撰文记述感想。③

5月2日，与陈垣谈吕振羽《通史》错误问题。

5月3日，参加辅仁大学举行的庆祝五四晚会，听何思敬④、丁玲⑤ 作讲演。

5月4日，与陈正飞、杨成章等参加天安门"五四"游行。

5月5日，读《金华黄先生文集》，对《宋史·汪立信传》跋文存疑。陈垣、朱彤来访。

5月6日，得诸暨张恩发书，知兄柴德诚已被释放出狱。得谭孝涟重庆来函。与刘启戈夫妇、陈正飞、启功、陈桂英、李瑚同往中山公园音乐厅观文艺演出。

5月7日，听何干之"新民主主义经济"的报告，有关土改问题、

---

① 柴德赓后撰有《对吕著〈简明中国通史〉的几点意见》，《光明日报》1950年9月30日。

② 马非百，时任中国历史博物馆办公室主任。

③ 载《新辅仁》第7期。

④ 何思敬，时任华北大学国际法研究室主任，北京大学法律系教授。

⑤ 丁玲，时任全国文联常务委员。

城市经济体问题。

5月9日，参加"校刊委员会及校旗、校徽审查"小组会。

5月10日，为《新辅仁》写短评。检查吕振羽《简明中国通史》，发现问题颇多。

5月14日，听何干之"关于城市经济问题"的报告。

5月22日，至中山公园音乐堂听周恩来"关于救灾及各种关系问题"的报告。

5月27日，听何干之"关于新民主主义文化"的报告。

6月5日，听何干之"关于新民主主义前途"的报告。

上半年在校讲授"新民主主义文化"①课，共分五讲。

7月20日，参加北京市教育工会代表大会，为主席团成员。②

7月29日，圣言会驻校代表芮歌尼发出《告本校同仁同学书》③，就教会办学补助仅限热心教育的天主教人士，称将断绝部分教师薪俸补助。柴后成为文管会成员，与芮氏斗争。④

7月30日，辅仁大学聘为史学系教授兼代理系主任。⑤

8月7日，参加北京大学联合招生历史评卷委员会，辅仁同仁有：陈正飞、刘启戈、尹敬坊、陈桂英、戚佑烈。

8月9日，参加北京城四区代表会，有关房屋修缮、卫生建设、干部作风问题。

8月12日，张春华、俞启人、姚华廷⑥来访。

8月14日，访陈述⑦。

8月17日，就吕振羽《简明中国通史》问题得人民日报社复信。端

---

① "新民主主义文化"讲稿尚存。
② 《人民日报》1950年7月20日。
③ 该《告本校同仁同学书》尚存，有芮氏钤印。
④ 据柴德赓"三反"运动档案材料：《与陈校长的关系》，1952年。
⑤ 聘书现由苏州大学博物馆收藏。
⑥ 姚华廷，时为民盟北京市委成员。
⑦ 陈述（1911—1992），字玉书，河北乐亭人，柴德赓北平师范大学同学。时任民族学院历史系教授。

木留参加土改，自开封来函，谈参加土改情况。

8月18日，至长安戏院，参加彭真与内城五个区代表报告会。

8月20日，谒范文澜。访荣孟源、王守礼。陈乐素、孙培良、史怀璧、魏建功、陈伯君、陈季英①来访。

8月23日，参加教务会议。致书柴德诚、白寿彝、章佩瑜、韩瑾②。

8月24日，至北京大学参加"高等学校招生录取会"。晚与张重一、赵光贤于萃华楼③共餐。

8月25日，参加辅仁大学"新生录取会"。得程述之④来函，请为卞淑闻介绍工作。

8月31日，参加校"抗议美机入侵我领空大会"并发言。⑤

9月3日，《对吕著〈简明中国通史〉的几点意见》发表于《光明日报》。

9月5日，程兴邦⑥来访。参加工会迎新生会。

9月9日，至中法大学，听传达李立三"关于全国教育工会大会"的报告。

9月10日，听许广平"关于朝鲜战争"的报告。

9月19日，在辅仁大学迎新生大会上发言。

9月22日，参加中苏友协干事会，听章乃器⑦讲毛主席的故事。

针对芮歌尼提出教会补助问题、辅仁大学校董会问题，会议决议：1.改组董事会，旧董事中与学校历史关系深者是否包括在内。2.如重新立董事会为另一辅仁大学，我们不管，如仍为我们的辅仁大学，那我们与他们已断绝往来两个月了。要组董事会须得我们的拥护，不然，我们要保留发言权。3.如芮歌尼已在董事名单内，我们要求撤销教会驻校代表。

---

① 陈季英，陈璧子之弟。
② 韩瑾，辅仁大学史学系1940级学生。后在有色金属研究院工作。
③ 位于王府井大街。
④ 程述之，辅仁大学国文系1936级学生。
⑤ 《人民日报》1950年8月31日。
⑥ 程兴邦，程登科（曾任国民政府教育部体育委员）之女。
⑦ 章乃器，救国会七君子之一，民主建国会副会长，时任粮食部部长。

9月24日，至中国史学会，听徐特立[1]讲演。

9月26日，教育部高教司张宗麟来校谈辅仁大学问题，定性辅仁大学是帝国主义文化侵略的据点。

9月30日，与陈垣、徐乃乾、张重一、赵光贤、张士弘[2]至教育部开会。张宗麟报告芮歌尼已将罗马回电报部，决定不给经费，政府决定接收。钱俊瑞在全国工农教育会议上宣布，以后各级学校都收学费，酌量减免。辅仁大学召开大会宣读《马叙伦关于罗马教廷的回信》、《教育部决定办法》。

10月10日，夜参加辅仁大学校委会扩大会议，陈垣宣布10月12日九时教育部来校接管，安排接管程序。

口号："庆祝辅仁大学新生""欢迎政府接收自办""拥护中央人民政府教育部接收自办辅仁大学"。

大会程序：

陈垣主席，司仪。

主席致词，新的开端，收回辅仁大学教育主权。

马叙伦、钱俊瑞、韦悫[3]讲话。

代表讲话：工会、学生会、校友、教友发言。

主席总结。

请各大学校长出席。

10月12日，教育部正式接管辅仁大学，大会后合影。[4] 柴德赓代表辅仁大学工会发言。

10月13日，参加接办教育部小组与校委及各单位代表谈话。

10月14日，大公报社、新观察社来约写"辅仁事件"文章。在史学系新生会上讲话。

10月15日，在校听徐特立关于"阶级矛盾超过民族矛盾问题"的

---

[1] 徐特立，时任中共中央宣传部副部长。
[2] 张士弘，时为辅仁大学学生会代表。
[3] 韦悫，时任教育部副部长。
[4] 刘乃和等编：《陈垣图传》，第100页。

报告。寄《新辅仁》专刊至朱泽吉、卞淑闻、张春华、刘淑莲、刘乃和。

10月19日，参加第十七次教务会议，赵光贤报告教育部指示。

10月24日，听赵光贤"甲骨文"课。

10月25日，参加工会常委会会议，商救济等事。

是月，柴德诚来北京，对其进行教育，望认真接受土改，争取宽大处理。

11月4日，参加教务会议，商11、12月的经费问题。

11月8日，听邓拓"关于朝鲜问题"的报告。辅仁大学部分教职工发表宣言，誓在"抗美援朝"斗争中贡献一切。签名几百人，前五人为陈垣、杨成章、柴德赓、鹿怀宝①、李连英②。③

11月10日，听唐明照④"关于朝鲜问题"的报告。辅仁大学成立"保卫和平反对美国"委员会⑤，主席陈垣，副主席柴德赓、徐炳鑫⑥、金永龄、吴景生。

11月13日，参加辅仁大学反美会分会汇报会，重点在宣传，准备慰问信、慰问袋。志愿军与朝鲜人民军分开。

11月14日，参加辅仁大学校委会常委会会议。⑦工会改选后成员：主席柴德赓；副主席朱乃鑫⑧、何锡铎；秘书处处长邢宝根⑨；秘书启功、葛信益、周安进、崔光寰、陈志刚⑩、张仁⑪。

11月16日，至教育部向马叙伦、韦悫、张宗麟副司长、周副司长汇

---

① 鹿怀宝（1903—1967），字楚善，山西潞城人。时为辅仁大学生物系教授、北京师范大学生物系教授。
② 李连英，时任教于辅仁大学历史和辩证唯物论教研室。
③ 《人民日报》1950年11月8日。
④ 唐明照，时任抗美援朝总会联络部副部长。
⑤ 刘乃和：《陈垣年谱》，第183页记为12月9日，待核。
⑥ 徐炳鑫，辅仁大学学生代表。
⑦ 现尚存柴德赓所写"辅仁大学工会工作"报告。
⑧ 朱乃鑫，时为辅仁大学职员。
⑨ 邢宝根，时为辅仁大学职员。
⑩ 陈志刚，时为辅仁大学职员。
⑪ 张仁，时为辅仁大学职员。

报，出席人员有陈垣、张重一、徐乃乾、赵光贤、柴德赓及学生会主席。

下午至长安戏院，听彭真作"抗美援朝"形势报告。

11月17日，参加工会座谈会，讨论美国社会问题。

11月18日，与启功、张鸿翔、赵贞信、赵光贤、萧璋、刘乃和、尹敬坊、余逊于上林春①小酌。

11月21日，至北顶娘娘庙②宣传"抗美援朝"。

11月23日，参加反美运动报告大会，许立群③讲解四个问题：1. 我们部队去朝鲜后，形势有什么改变；2. 苏联为什么不出志愿兵；3. 对美国一些看问题的方法，仇美问题，对帝国主义本质要研究；4. 加强国防建设。

参加辅仁大学写慰问信及送慰问袋活动。

12月1日，听徐乃乾关于国防建设的报告。晚听潘大逵④、谢邦定⑤讲"一二·一"运动。

12月12日，参加公理会反美座谈会。

12月13日，参加北京市"抗美援朝"大会及游行。

12月19日，参加学生参军校座谈会。

是年，马叙伦为《墨缘》册页题旧作诗：

> 鼓涛渐渐入苍冥，碧水长连太白星。
> 心境欲融浑莫碍，大鹏何事徙南溟。
> 汹汹天下争民主，我丧微生岂足悲。
> 长物一无能饱腹，鱼龙识字应馋诗。
> 太白初沈见海鸥，孤飞随处不须舟。
> 人间铁网重重是，羡尔翱翔独自由。

---

① 北京"八大春"餐馆之一，位于西长安街。《启功年谱》记为11月19日。
② 北顶娘娘庙，位于现"水立方"体育馆南，奥运会场馆建设时拟定拆除，因故保留。
③ 许立群，时任中共中央青年宣传委员。
④ 潘大逵，时任职于西南军政委员会文教部。
⑤ 谢邦定，第一届全国政协学联代表。

碧水长天无片云，浪头织得海成文。
凭阑不忍归房去，颜色分明似画裙。
榜人齐唱是何歌，但见轩眉乐趣多。
我自无言观落日，只将微意属沧波。

由马叙伦、陈伯君为介绍人，申请加入中国民主促进会（批准时间为1951年3月）。

○ 1951年 四十三岁

- 任北京辅仁大学史学系教授、系主任。[①]
- 加入中国民主促进会[②]，任民进北京市理事会理事。

1月7日，于赵光贤宅开思想总结报告会，出席者徐乃乾、欧阳湘、唐文悌、叶苍岑、赵光贤、林传鼎、魏重庆、杨荣春、柴德赓、李景汉[③]、贾世仪等。参加史学系基层小组会。

1月10日，参加工会基层委员会会议。

1月12日，晚参加辅仁大学校委会会议。

1月13日，听伍修权[④]"关于维辛斯基[⑤]控诉美国侵略中国"的演讲，反美的三大理由：美国第七舰队侵占中国，封锁中国，轰炸东北。

1月14日，参加九三学社座谈会，控诉美帝国主义暴行。许德珩[⑥]讲话，会上发言有：华中大学副校长黄涛，教授高庆赐；之江大学校长黎照寰；齐鲁大学校长杨德斋；金陵女大须沁华、舒泽湖同学；沪江大学校长余日宣；东吴大学校长杨永清；圣约翰大学教务长潘世兹；震旦

[①] 北京辅仁大学校友会编：《北京辅仁大学校史》，第581页。
[②] 据柴德赓个人简历，1951年1月经马叙伦、陈伯君介绍加入中国民主促进会。
[③] 李景汉，时任辅仁大学社会经济系主任。
[④] 伍修权，时任外交部苏欧司司长。
[⑤] 维辛斯基，时任苏联外交部部长。
[⑥] 许德珩，时任九三学社理事长。

大学校长胡文耀，尚贤堂、聂传贤教授；金陵大学代理教务长李方训；燕京大学校长陆志韦，国文系教授、系主任高名凯；协和医学院院长李宗恩；辅仁大学柴德赓、张孝骞；华东教育部副部长唐守愚；西南教育部陈孟汀；沪江大学董事长包哲庆；农业经济学家郑林庄等。

1月15日，杜平[①]、张世俊[②]来访。

1月17日，隋唐史考试。开始进行"辛亥革命史"编辑工作。

1月18日，参加民进中央召开的文化教育座谈会，吴研因主持。参加人员有：之江大学黎照寰、华中大学黄溥、齐鲁大学杨德斋、沪江大学余日宣、东吴大学杨永清、金陵女大吴贻芳、金陵大学李方训、津沽大学钱君晔、圣约翰大学潘世兹、震旦大学胡文耀、辅仁大学陈垣、岭南大学周仲岐等。

1月25日，参加对"一贯道"的控诉会。贾世仪、俞启人、海俊延来访。

1月30日，撰写《新辅仁》创刊周年"社论"。[③]

2月2日，参加区选举。写"辛亥革命"编书工作计划，张次溪来辅仁大学史学系资料室工作，参加"辛亥革命"资料整理。

2月4日，至军管会听李乐光[④]"关于土改运动"的报告，为参观土改作准备。

2月5日，即将离京赴中南参观土改，与历史系同人交代事务。

2月6日，旧历初一。上午至陈垣寓所拜年，与陈璧子同至兴化寺街余嘉锡宅，南魏胡同杨敞宅。来贺年者本校同人及学生有：叶苍岑、启功、张重一、赵锡禹、赵贞信、黎世俊、张怀、杨成章、田纶、李镛、俞启人、姚华廷、米华和[⑤]、张鑫明、秦晋、乐静芳、陈述、邰爽秋、张鸿翔、刘翰屏、宋崇阁等。

---

① 杜平，辅仁大学史学系1949级学生。
② 张世俊，辅仁大学史学系1949级学生。
③ 《新辅仁》1951年1月30日第22期第1版。
④ 李乐光（1902—1955），河北乐亭人。时任中共北京市委统战部部长。
⑤ 米华和，辅仁大学史学系1939级学生。

得北京市中南区土改参观团通知，定 8 日晚出发，同行 18 人：

北京大学：郑天挺（团长）、杨人楩、朱光亚、邢其毅。

清华大学：曾炳钧（副团长）、张维。

北京师大：孙一青、包天池、李庭荟、戴涯、冯文慈（秘书）。

燕京大学：俞敏。

辅仁大学：柴德赓。

华北大学工学院：胡庶华、孙确基。

中央美术学院：吴冠中、王式廓、冯法祀。

其余，西北区 14 人，华东区 30 人。辅仁大学参加西北区的是张重一，华东区的是叶苍岑、魏重庆。

与范文澜通电话，约 8 日上午到中国史学会参加会议。

2 月 7 日，上午贾世仪、郭预衡、海俊延及学生 30 人来贺年。午至陈垣家吃饭。下午杨荣春、唐文阶、李陶钦、刘乃和姐弟及父亲、朱泽吉、曹家琪、杨仁[①]一家、周祖谟、余淑宜、余逊夫妇、张玉真、沈风林、程述之、卞淑闻、张德润、张怀父子来访。

晚访魏建功、金毓黻，诣杨曾威，与之夜谈，忆辅仁大学逸事。刘乃和、刘乃崇合赠笔记本，题"在参观土改中改造自己的思想！青峰师南行纪念"。

2 月 8 日，上午到金钩胡同[②]中国社会科学各研究会联合办事处（简称"社联"）参加中国史学会座谈会。[③]范文澜为主席，特邀林伯渠、吴玉章、徐特立、郭沫若讲话，主张新旧史家团结，共同开展史学研究。郑振铎[④]代新史学会报告与近代史有关会务。叶恭绰[⑤]参加，叶未足以言史学，殆以一身与近代史有关耳。

陈垣提出，中国科学院何以无历史研究所，而只有考古、近代两个

---

① 杨仁，傅任敢妻子，时任北京第三十九中教师，杨敞侄女。
② 北京南河沿金钩胡同，中国史学会会址。
③ 中国史学会成立的预备会议，1951 年 7 月 1 日正式成立。
④ 郑振铎，时任中国文学工作者协会（作协）常务委员，文物局局长。
⑤ 叶恭绰，时任北京画院院长，后任中央文史馆副馆长。

研究所。范文澜解释言本欲设历史研究所，因本人不敢当此任，故只设近代史研究所；郑振铎解释谓考古研究所即包含历史一门，故考古所已负担此种责任。陈垣言如此则史学为附庸，如平汉铁路只有北京、汉口两站，中间都看不见了。最后，郭沫若希望陈垣能为此计划，科学院当谋设历史研究所。林伯渠主张取消新史学之"新"字。徐特立特别提陈述，对北京师范大学（以下简称"北京师大"）历史系不满意，久已蓄之于怀，唯今日公开之。

汪丽琴自重庆来京。张士弘、贺允清、朱乃鑫来访。谌亚达[①]、陈垣来送别并合影。晚七时陈继祖来送行，到御河桥军管会，18人成集，赴中南区参观土改，光明日报社记者丘林来送，约写稿。

2月10日，午达汉口，武汉市人民政府、中共中央中南局统战部、土改委员会在站招待。土改参观行程：武汉—长沙—衡山—长沙—武汉。

晚土改委员会在军管会请客，主人方面到者有杜润生[②]、赵毅敏[③]、潘梓年[④]、陈剑翛[⑤]、李步青[⑥]、吴德峰[⑦]等出席，席上谈及本团行程，先至湖南，折返湖北。

2月11日，作家书并致陈垣、刘乃和书。学习《土改手册》、简报等文件。刘颂尧来访。

2月12日，听中南土改委员会秘书长任雷远"关于中南土改一般情形"的报告，分析地主阶级、农民和干部各方面情况。听中南土改委员会副主任杜润生"关于中南土改的情况"的报告。致书历史系诸君。张遵俭来访。

---

① 谌亚达，曾任教于辅仁附中，时任北京师范大学地理系教授。
② 杜润生，时任土改委员会副主任。
③ 赵毅敏，时任中共中南局宣传部部长。
④ 潘梓年，时任中南文教委主任、中南教育部部长。
⑤ 陈剑翛，时任中南教育部副部长。
⑥ 李步青，时任中南教育部副部长。
⑦ 吴德峰，时任武汉市市长。

2月13日，晨到达长沙，至交际处。①湖南"土改委"主任金明、秘书长宋惠介绍参观行程安排。中南军政委员会发布"关于干部在土地改革时期的八项纪律"。致书陈绍杰、卞淑闻、陈璧子、刘乃和。

2月14日，听金明"有关土改概况、土改过程及土改中的问题"的报告。

2月15日，光明日报社送来索稿信，人各一封。寄广州章佩瑜、南京陈绍闻各一明信片，告以行止。写答谢武汉市人民政府、中共中央中南局土改委员会、中南统战部、中南教育部各一书。听湖南省教育厅厅长朱凡报告衡阳土改概况。

2月16日，到衡山县，县长高怀亨相接。借阅弘治《衡山县志》。听中共衡山县县委宣传部部长崔一秀报告衡山县土改情况。

2月17日，听中共衡山县县委书记李心田报告全县土改情况。

2月18日，土改实地参观开始，至松坳乡。衡山第十一区②区长程五云介绍基本情况：阶级情况，政治情况，经济剥削情况，解放后乡村情况，未土改前地主活动。

2月19日，参加松坳乡妇女诉苦会，团中汇报访贫情况。

2月20日，参加斗争地主谭庆元大会（日记摘录）：

  参观松坳乡斗争地主谭庆元大会。十一时开始，群众分层坐地，民兵或持红缨枪，或持鸟枪，或背大刀，往来巡视。搭一台，台上有贫雇农男三女二人为主席团，说明谭庆元是恶霸地主、顽固地主，今日当有冤诉冤，有苦诉苦，已予民兵带一长袍老头至，脸是苦相，无须，至台上即自动跪下，听群众诉苦……

  斗争会上诉苦者共十六人，诉苦可分类：1.民国十六年农民协会失败后，谭逼死农民二人，一个送县坐班房死，一个在乡被谭吊了一天一夜，手腕断了遂即死去；2.诬赖偷东西，要禁山请客；

---

① 长沙交际处原为何健府宅。
② 按当地当时的行政划分：区——为后来的乡镇（公社）一级，乡——为单一自然村（或几个），联防——为自然村。

3.加租逼租；4.高利贷。

2月21日，继续斗争谭庆元，访贫问苦（日记摘录）：

由农会同志领导，参观地主谭庆元、谭辑珪、谭咏秋住宅。家中对联均嵌"咏秋"二字，家有光绪二年唐启瑞写匾，叫做"仪范一家"。谭自署二品顶戴前任广西大主考现任衡永郴桂道家人，盖联宗拉拢者也……晚在小学开小组联会检讨会，检讨昨日斗争会情形……检讨昨天斗聂彭氏诉苦时台下有人发笑，是没有阶级觉悟，贫雇农要团结更紧，地主虽顽固，我们连蒋介石都打垮了，还怕谭庆元这样顽固地主？……另一批农民正斗谭庆元，谭子（种田的）亦到场，群众情绪高涨，吾等入屋，已具绳索，要谭退押金。谭仍言无有，群众激昂，大有非吊不可之势，区长程同志言和他算账再说，群众不允……劝说不果，农民即捆谭之手背，抽绳勒紧，谭哭号，仍未说出分散财物，后由区长与群众商量，一方清算，一方再与谭说理，群众接受。

2月22日，参观团中讨论对土改的认识（日记摘录）：

开检讨会，谈昨晚我等在会场究竟应取如何态度，曾炳钧、杨人楩等认为不应表示意见，吴冠中则谓我等虽为参观，究非旁观置身事外之人，支持农民，亦理所当然。……晚开会，每人联系思想述来湘以后对于土改看法，孙确基言地主可恨，吾亦欲打，及闻其嚎叫声，不觉腿酸，杨人楩亦言，到此方知革命尚未完了。

2月23日，继续参加斗争地主大会。

2月24日，写中南土改参观团"致北京统战部李乐光书"。下午与农民代表七人座谈体会，发表翻身经过及本人思想上所起的变化。农民计算地主的家当，就可以了解谁养活谁。农民要提高阶级觉悟，诉苦越多觉悟越高。

2月25日，离开松坳乡至石山乡参观土改。

2月26日，发朱乃鑫、赵光贤书。参观石山乡地主破坏土改情况。

2月27日，参观划地主成分会，对象刘大成，先不承认地主，称自己劳动，经辩论后承认附带劳动。封存其财物，家中房屋陈设无值钱处，八口人一头耕牛。致陈垣第二书，汇报参观土改过程。

2月28日，参观划康庆源的阶级成分会，初自认为贫农，经群众证明其田亩，乃承认为地主；对答可笑，吴冠中速写其形象一幅。听区政委刘正平介绍石山乡土改情况。

3月1日，与杨人梗至衡阳。借道走亲访友。

3月2日，到长沙交际处，听湖南省副主席程星龄"关于南下、支前、剿匪、救灾等问题"的报告，听中共长沙县县委曾直关于"长沙土改情况"的报告。定参观日程。

致书于陈璧子、余逊。致陈垣第三书谈参观土改经过。

3月3日，至醴陵参观土改，由第五区土改负责人刘伯坚介绍。参观没收地主黄其瑞家。一路儿童团守望。至黄宅，正值农民挑抬家具，妇女在中堂斗争黄及其母妻等，索要押租及赔偿。有人登记发票，有人点查验收，秩序井然。男妇老幼，参加工作，农村组织力由此可见。观农民勘地分田。

3月4日，至长沙榔黎区，马区长介绍土改情况。观农民分财产。一个老婆婆在会场上放鞭炮，感谢毛主席，她分了一个立柜，欢喜得了不得，说结婚那时就想，到现在达到了目的。樊塘乡有一个老太太，分了镜子笑死了，又给她分了一口棺材。参加和平乡农民座谈会。晚中南土改委员会召集本团团员与天津参观团举行座谈会，天津团团长资耀华。

3月5日，参观长沙榔黎区樊塘、金坨、百祥三乡联合举行翻身庆祝大会。

3月6日，参观高山乡乡政委员宣誓就职。观农民报名参军。观人民法庭第四庭就地开庭审判地主王沛霖。发刘乃和、陈正飞书。

3月7日，参观锦绣乡农民分田地。土改参观讨论会，"参观土改中改造自己的思想"为宗旨。

3月8日，开总结会，参加讨论人员：戴涯、李庭荟、谌亚达、朱光亚、郭树志、柴德赓。提纲如下：1. 参加土改参观以前对土改的看法；2. 听报告后，我们对土改的认识；3. 松坳乡反复；4. 石山乡划阶级成分；5. 长沙没收勘田；6. 长沙分组讨论及农民住地主房；7. 庆祝翻身大会；8. 人民法庭和参军；9. 分田、分房讨论会。

王首道①来交际处，与团中同人见面，谈湘西剿匪情况。

3月9日，中南土改参观团总结会。晚王首道宴请，李达②在座。

3月10日，到武昌。致书北京方管、诸暨张恩发。

3月11日，于汉口交际处，参加中南土改委员会座谈会。晚过江访刘颂尧、陈素子。

3月13日，火车中起草"土改参观报告"。

阅3月10日《香港周末报》，言"2月20日，自美飞台北的蒋梦麟、胡适的死党钱思亮为台湾大学校长。3月4日上午零时到六时止，台北匪警突击检查，逮捕了男女400余名，并未宣布理由，全台人民更加惶惶如也"，亦念台静农不止。

3月14日，参观团回到北京，赴校，谒陈垣，校长下午传达北京人代会报告。接民进中央信，已经于3月10日批准入会。③

晚贺允清、汪丽琴、周蓟章、陈伯君来访。接周志远④、倪祯棠、李旭、柴德诚、俞启人函。

3月15日，至历史系与张次溪谈"辛亥革命资料"编辑工作。与叶苍岑、魏重庆晤谈土改参观经过。与陈垣、徐炳鑫、张汉民⑤至中山堂开会，两旁有图片及特务活动证件、武器展览。由彭真致词，公安局副

---

① 王首道，时任湖南省人民政府主席。
② 李达，时任湖南大学校长。
③ 柴德赓加入民进介绍人陈伯君，见柴德赓档案材料：《在苏州建立民进组织》，1969年。
④ 周志远，柴德赓同学。
⑤ 张汉民，时任辅仁大学生物系教师。

局长冯基平报告，中间参观特务罪行，见美谍山口隆一、李安东计划去年10月1日用迫击炮打天安门主席台案。其余九宫道首妄欲称帝，吉世安捕李大钊等。

3月16日，送林传鼎、张启元①赴朝慰问至车站。刘家和、陈继民来访。

3月17日，陈师母②来访。谒余嘉锡、杨敞。访赵锡禹。

3月18日，至协和礼堂听萧三③关于"保卫世界和平理事会"的报告。

金永龄、徐炳鑫来访，谈传达政治协商会议扩大会关于"镇压反革命"事。陶麐来访。金永龄来访，谈符定一④家乡土改事。朱乃鑫、周蓟章来访。刘启戈请饭，杜任之⑤、赵光贤、陈正飞同席。

3月19日，陈垣传达周恩来报告。柴德赓传达北京市政治协商会议（以下简称北京政协）3月15日扩大会议"关于镇压反革命"的报告。

3月24日，在校音乐堂召开教育工会会议，参加人：张重一、刘景芳、徐侍峰、张德润、魏重庆、吕烈扬⑥、金永龄、柴德赓、朱乃鑫、邢宝根、刘乃和、何锡铎、叶苍岑。晚，于青年会作"新民主主义论"讲座⑦及"从参观土改中认识阶级斗争"的报告⑧。

3月25日，金毓黻来访。参加中南土改参观总结会。刘家和来借阅《元西域人华化考》、《通鉴胡注表微》。

3月27日，参加联席会议，彭真作总结。李永禄谈："这次铁路特务枪毙19人。今天我们能开会讲话，我们仗着什么？前天枪毙了199

---

① 张启元，时任教于辅仁大学。
② 徐蕙龄，陈垣夫人。
③ 萧三，时任政务院文化部文化联络局局长。
④ 符定一，辛亥革命后任湖南全省高等中学校长（毛泽东曾在该校读书），时任政务院文教委员，后为中央文史馆馆长。
⑤ 杜任之，辅仁大学史学系教师。
⑥ 吕烈扬，时为辅仁大学数理系教师。
⑦ "新民主主义论"讲稿尚存。
⑧ 该手稿尚存。

人①，一个冤枉的也没有，中间也有辅仁大学毕业或在辅仁读过书的特务。三大任务②不能分离，是一贯的。"

3月29日，刘家和来系中商量请徐特立、翦伯赞来校讲演事。午后与刘以珍、杨成章、朱乃鑫等谈工会改选工作。谒陈垣，言前日参加教育部召集之课程小组会议，力主大学历史系应设"中国史籍目录学"课。

3月30日，上午上课。刘家和、董芝灵③来访，徐特立已经请到。晚陈垣、张重一来寓，约赵光贤同谈辅仁大学校委会改组事。

3月31日，下午二时徐特立来校，在系中座谈会讲话，与其在会客室晤面。晚至陈垣书斋谈天。

4月1日，至清华大学访张子高，谈土改观感。参加土改小组总结会。访吴景超、龚业雅。赴燕京大学访俞敏、聂崇岐④、戴涯、包天池等。

4月2日，与朱乃鑫、刘以珍谈工会事。金永龄来谈土改报告大会事，并谈及符定一问题。晤荣孟源，谈陈垣《天主教徒英敛之的爱国思想》一文发表经过。

4月3日，至叶苍岑宅，参加"关于土改问题"的座谈会。谈政策执行等十个问题。

4月4日，至中共中央统战部（以下简称"中央统战部"）参加座谈会，徐冰⑤主持，廖鲁言⑥、李乐光、齐燕铭⑦出席，参加人有吴景超、郑天挺、楼邦彦⑧、柴德赓、张宗炳⑨等。寄出关于土改和抗美援朝文章。

---

① 据时在北京市公安局工作的柴祖衡后来讲述，刑场于先农坛，为北京市历次枪决人数最多一次。
② 抗美援朝、土地改革和镇压反革命。
③ 董芝灵，辅仁大学史学系1948级学生。
④ 聂崇岐，时任中国科学院近代史所研究员。
⑤ 徐冰，时任中共中央统战部副部长。
⑥ 廖鲁言，时任中共中央政策研究室副主任。
⑦ 齐燕铭，时任中共中央统战部副部长。
⑧ 楼邦彦，时任北京大学教授。
⑨ 张宗炳，时任北京大学生物系教授。

4月5日，与张重一、叶苍岑、魏重庆开会商"土改报告"事。

4月6日，辅仁大学"土改传达报告"，叶苍岑讲地主的剥削，张重一讲党的领导和干部执行政策，魏重庆讲农民的翻身，柴德赓讲土改后农村的新气象。

4月7日，至教育部参加民进分会会议。辅仁大学工会改选，柴德赓、郑宝珊、贾世仪、刘以珍、叶苍岑、杨成章当选工会委员，候补周奎润、刘乃和。

4月8日，参加中国史学会会议，范文澜、邵循正、荣孟源、尚钺、宋云彬①、郑振铎、郑天挺、柴德赓、叶蠖生②、胡华、翦伯赞、齐思和出席座谈会。讨论编写《中国历史概要》问题，分工：旧民主主义荣孟源、邵循正、宋云彬、尚钺；新民主主义荣孟源、胡华；古代史郑天挺、翦伯赞、郑振铎、齐思和、柴德赓。

下午至中山公园参加民盟北京市委会召开的参观土改报告会，演讲人马特③、李广田④、柴德赓及楼邦彦。晤史树青。周蓟章来访。

4月9日，刘乃和来谈工会事。史念海⑤自西安来访。参加工会基委会第一次会议，被选为主席。

将土改工作队所发土改工作照片38帧整理成集⑥，并记：

> 中南区土改参观摄影，一九五一年二月八日出发，三月十四日返京。同行十八人，至衡山廿四人。四月九日，柴德赓识。

4月10日，下午寿振黄⑦来谈家乡土改后情形，枪毙人不少，欲求

---

① 宋云彬，时在出版署任职。
② 叶蠖生，时在出版署任职。
③ 马特，时任北京师范大学教育系教授。
④ 李广田，时任清华大学副教务长。
⑤ 史念海，辅仁大学史学系1932级学生，时任教于陕西师范学院历史系。
⑥ "土改参观影集"现藏于苏州市档案馆。
⑦ 寿振黄（1899—1964），浙江诸暨人，时任辅仁大学生物系教授。

校方出一信接其夫人来京。

4月11日，参加历史系下乡动员会。金永龄来访，谈本校"抗美援朝"宣传工作进行情况，以及如何推动天主教"三自革新"①运动。

4月12日，参加北京四区三次代表会，区长魏彬作"关于镇反问题"的报告。

4月13日，晚与刘启戈、刘乃和、尹敬坊、陈正飞、陈桂英、张鸿翔及陈垣至政协文化俱乐部②聚餐。

4月14日，下午参加天主教革新运动演讲会，到会的辅仁大学教区教徒、非教徒七八百人。谢斯骏③主席，李君武副主教到场讲"三自革新"运动真义，南堂刘福栋神父讲斩断与美帝国主义联系，陈垣亦有发言。

4月15日，参加"中国历史概要"座谈会，除上次出席者外，加入白寿彝、金灿然。

4月16日，参加中国史学会"中国通史分段"座谈会。

4月19日，参加辅仁大学校委会第一次会议，陈垣、张重一作报告。

4月20日，听钱俊瑞"关于发扬爱国主义，克服主观主义"的报告。

4月22日，参加关于教育方法问题会议，胡锡奎④致词，冯文彬⑤讲话，钱俊瑞讲话。代表发言：清华大学吴景超、朱镕基⑥，北京大学张景钺⑦，北京第八中学校长朱学等。

4月25日，北京市召开南苑斗争大会，辅仁大学参加人员：杨成章、毛礼锐⑧、邢宗江、柴德赓、欧阳湘、鹿怀宝、寿振黄、赵光贤、杨曾威、陆宗达、叶苍岑、魏重庆、张德润、刘景芳、任扶美、萧璋。

---

① "三自"即"自治、自养、自传"。
② 全国政协文化俱乐部位于南河沿25号。
③ 谢斯骏，时任辅仁大学心理学系副教授。
④ 胡锡奎，时任中国人民大学副校长。
⑤ 冯文彬，时任共青团中央书记。
⑥ 朱镕基，时为清华大学机电系学生会主席。
⑦ 张景钺，时任北京大学植（生）物系主任。
⑧ 毛礼锐，时于辅仁大学教育系任教。

4月28日，撰写土改参观总结，"从参观土改中，我认识了地主阶级"：

> 我这次到中南区参观土改，从实践中得到很多教育。我出生地主家庭，虽然二十多年来和家庭没有经济关系，北京解放以来，经过不断地政治学习，我也要求站在农民这一边。可是，对于地主阶级本质的认识还是模糊的。就是说，在理性上，我反对地主阶级，在感情上我没有痛恨地主阶级。直到参观土改以后，我才真正认识了地主阶级，真正痛恨了地主阶级。

4月29日，至北京大学参加隋唐史座谈会，出席人员：柴德赓、傅振伦①、周一良、白寿彝、冯家升②、林允汉、傅乐焕③、许大龄、贾敬颜④、邓广铭等。访魏建功。

5月5日，参加高等学校历史组招生考试座谈会。

5月6日，参加中国史学会通史组会议。

5月11日，参加辅仁大学校委会第二次会议，本会常务委员改组，名单：陈垣、张重一、徐侍峰、赵光贤、赵锡禹、刘景芳、柴德赓、贾世仪、徐炳鑫。

5月17日，柴德诚当日被政府镇压。柴得到此消息是5月31日，由其外甥张恩发⑤家书所报，后记："得家书，5.17事。"

5月18日，参观高碑店汉墓，由裴文中⑥作报告。

5月19日，周蓟章、陈垣、金永龄、刘乃和、朱乃鑫夜来访。

5月20日，参加北京市"镇反"大会，彭真、罗瑞卿作报告。

---

① 傅振伦，字维本，河北邢台人。时任中国历史博物馆研究馆员。
② 冯家升，时任北京考古所研究员。
③ 傅乐焕，傅斯年之侄。
④ 贾敬颜，时任职于中法大学。
⑤ 张恩发因当民国上海特刑庭庭长于1958年被镇压（此事柴德赓一直未知）。
⑥ 裴文中，时任职于文化部。

5月27日，参加隋唐史座谈会，参加人程溯洛①、韩维纯、漆侠②、贾敬颜③、邓广铭、柴德赓。邓广铭讲"岳飞问题"。

5月28日，陈垣、刘乃和等参加西南区土改，前往送行。

5月29日，参加人民日报社关于《武训传》批判的讨论会。参加人：翦伯赞、邵循正、荣孟源、尚钺、金毓黻、柴德赓、郑天挺、胡华、雷海宗④、谢兴尧⑤、邓拓。

6月2日，参加中共辅仁党支部召开的座谈会，徐乃乾总结工作。

6月6日，参加民进中央欢送赴朝慰问团会议，雷洁琼讲话。《武训是不是历史罪人？》一文发表于《进步日报》。

6月9日，至中山公园参加抗美座谈会，李乐光、崔月犁⑥、向达讲话。

6月10日，宫廷璋、周蓟章、金凤林、汪丽琴、徐宝相等来访。

6月11日，与赵康海、欧阳湘晤谈土改经过。参加天主教问题座谈会，发言者：李凤楼⑦、张怀、穆尔茹、韩克礼、张德润。

6月12日，发陈垣书。晚参加辅仁大学校委会会议。

6月13日，参加市工会报告会，慰问伤病员。

6月15日，至北京大学监印联合招生历史试题。访马特、罗志甫。

6月16日，参加民盟分区座谈会，到会人：张重一、徐乃乾、欧阳湘、张恩裕、柴德赓、任扶善、张永懋、董延闿、叶苍岑、金永龄、吴文金、杨成章、唐文播、刘永慧、赵光贤。

6月17日，至区中心小学参加四区人民临时代表会，商讨捐献物资问题。赵忠尧、寿振黄、魏重庆来访。⑧

---

① 程溯洛，时任职于中国科学院考古所。
② 漆侠，时任职于中国科学院近代史所。
③ 贾敬颜，时任职于中国科学院考古所。
④ 雷海宗，时任清华大学历史系教授。
⑤ 谢兴尧，时任北京大学历史系教授。
⑥ 崔月犁，时任中共北京市委统战部副部长。
⑦ 李凤楼，体育教育家。时任辅仁大学体育系教授。
⑧ 赵忠尧（1902—1998），浙江诸暨人。核物理学家，时任中国科学院研究员。赵、寿、魏、柴四人同为诸暨同乡。

6月18日，得卞孝萱函，介绍《湘阴李氏日记》，七十万字，七百万元，交荣孟源转范文澜定夺。

6月19日，赴陆军医院慰问志愿军伤病员。

6月20日，到辅仁大学女院（恭王府）参加四年级毕业分配会。赵光贤来访。刘家和、董芝灵、陈继珉来谈张鸿翔事。参加校常委会会议。

6月21日，接刘乃和重庆函。荣孟源来谈课程、文化史事。参加慰问座谈会。

6月22日，致郭书志、卞淑闻书。周耿来访，谈清河镇发掘汉墓事。李瑚、阎承志申请研究生，为之报送签字。阅《新唐书》武后时代大臣传。

6月23日，备课，阅《资治通鉴》高宗及武后两代。陈伯秀、果敬莲、陈仲益夫妇、张本师①、董增凯来访。

6月24日，上午至中国史学会参加隋唐史组讨论会，讨论武则天问题。出席人：邓广铭、聂崇岐、郑天挺、漆侠、徐道邻、王家琦、林允汉等。

下午，中国通史组开会，翦伯赞、郑天挺、邓广铭、孙毓棠②、楼异骧讨论历史形势、社会经济制度、政治斗争、文化思想。

6月25日，至芳嘉园35号叶恭绰宅，叶报告亲历辛亥革命等问题。晤章士钊、李书成③、王孝缜④。访王星贤、黄炎培⑤。

收刘乃和、章佩瑜函，发陈垣书。参加教务会议，赵光贤报告教育部会议为军事干校保送生问题。

6月27日，参加隋唐史考试。致书胡华，并送还"范氏自我检讨"。学校成立军事干校保送委员会，任主任。听蒋南翔⑥关于军事干校保送生报告。

---

① 张本师，辅仁大学国文系1947级学生。
② 孙毓棠，时任清华大学历史系教授。
③ 李书成，同盟会会员。中共一大在他家中召开。时任农业部部长。
④ 王孝缜，同盟会会员，武昌起义领导人。
⑤ 黄炎培，时任轻工业部副部长。
⑥ 蒋南翔，时任团中央书记处书记，1952年12月起任清华大学校长。

6月28日，到校代陈垣监考国文。接四区公安局文，传登记反动党团18人学习开会。

仿膳小聚，徐侍峰、赵锡禹、赵光贤、欧阳湘、柴德赓，为贾世仪洗尘。

6月29日，参加外交学会大楼由社联召开的庆祝中国共产党三十周年纪念会。范文澜为主席，周鲠生①发言，叶恭绰讲帝国主义支配中国政治。陈伯君、陈素子、余逊来访。

6月30日，与张士弘、何秀琴等至天坛参加中共成立三十周年大会。毛泽东到会，彭真、刘少奇、陈叔通讲话，民盟章伯钧、民建黄炎培发言，郭沫若赋诗一首。战斗英雄、志愿军代表、劳动模范讲话。

7月1日，晚六时与徐侍峰、张重一、赵锡禹、赵光贤、叶苍岑至怀仁堂。毛泽东到会，与到会年长者略事周旋，即落座。刘少奇、朱德均出席"七一"招待会。柴德赓第一次见到毛泽东。与于立、蓝公武②、黎锦熙、张子高、葛志成、罗常培、吴景超、叶筱、叶鼎彝③、严景耀、白寿彝、林汉达、翦伯赞晤面。

黄元起来函，介绍别后情况。

7月2日，参加历史系毕业生及全校毕业生欢送会。

7月3日，奉陈垣、刘乃和各一书，禀报辅仁大学近况。④与陈璧子、孙敬之夫妇、胡华夫妇共饭于五芳斋。⑤

7月4日，接黄元起复函，云现任教于河南大学历史系。参加第六次校常委会会议。

7月5日，参加北京各大学就"朝鲜停战谈判"问题联合发言的签名⑥，贾世仪、赵光贤等五人参加"朝鲜停战谈判"问题座谈会。

---

① 周鲠生，教育家。时任外交部顾问。
② 蓝公武，时任最高检察院副检察长，蓝文和父亲。
③ 叶鼎彝，原名丁易。时任北京师范大学副教授。
④ 邱瑞中：《刘乃和诞辰百年周年纪念专辑》，第318页。
⑤ 胡华新婚，夫人史文娟在中国人民大学工作，后就读于北京师范学院历史系。
⑥ 《人民日报》1951年7月9日。

7月6日，欢送参军学生。得张春华、卞淑闻函。与张重一等至劳动剧场，参加高等学校暑期学习团开幕礼，马叙伦、马寅初、曾昭抡讲话。

7月7日，访严景耀。午保送委员会招待参军同学于同和居聚餐。

7月8日，米华和、杨祝华、易克俊、白自治、王星贤、贾世仪、金永龄来访。访启功。

至辛寺胡同民进中央参加座谈会，马叙伦谈美国人民93%反战。讨论朝鲜问题，发言人冯宾符①、胡哉之、马叙伦。参加土改报告会，报告人严景耀、柴德赓。参加校朝鲜问题座谈会。

7月9日，得汪明瑞、赵菊生函。

7月10日，参加系委会、工会会议。下午参加校常委会会议，发聘书。

7月11日，许幼豪来访。萧璋、启功、叶苍岑来访。下午参加校常委会会议，讨论升级教授、副教授，启功暂不计入本次提级。与严景耀、吴景超同午饭。

7月13日，支援抗美援朝，捐献月薪3%，自本月起发薪扣除。

7月14日，张星烺西去，写挽帐，至张宅吊唁。金家瑞来访。

7月15日，至中国史学会，听叶恭绰讲辛亥革命亲历。晚至刘启戈寓，翦伯赞、俞巴林②在座。寿振黄、朱乃鑫、邢宝根来访。

7月17日，郑楠来访，谈贵州事。致书刘乃和，与刘乃崇通电话。晚听胡乔木③"关于中共党史"的报告。

7月18日，与张重一、刘福惠至文化宫观新中国展览。

7月20日，参加吴晗④主持保护文物及精神文化改造座谈会。辅仁大学出席人有柴德赓、赵光贤、启功⑤。

---

① 冯宾符，时任职于外交部研究室。
② 俞巴林，时任职于神州国光出版社。
③ 胡乔木，时任中共中央宣传部部长。
④ 习之：《吴晗年谱》（政务篇），群言出版社2014年版，第159页（未见相关记载吴晗出席）。
⑤ 习之：《吴晗研究史料考丛谈之十七》，北京市档案馆。

7月22日，至石碑胡同访蔡善昌①、沈瑞汾。午俞巴林请客于峨嵋酒家，到席翦伯赞、郑天挺、金毓黻、刘启戈、齐思和、聂崇岐。

7月24日，阅《新辅仁》稿。王学礼、张琳来访。在会客室开座谈会，到会徐侍峰、贾世仪、张重一、赵光贤、欧阳湘和柴德赓。

7月25日，就朝鲜问题，中国政府发表"抗议美机侵入辽阳等地"，学校开座谈会，出席者：唐悦良、张重一、欧阳湘、任扶善、贾世仪、杨成章、张阜权、刘启戈、毛礼锐、柴德赓。

7月27日，至北京大学参加阅考卷。午与刘启戈、尹敬坊、陈桂英同饭于菜根香。

7月28日，到人民外交学会开中国史学会成立大会，范文澜主席。

郭沫若提出历史研究几大课题：1. 由唯心转向唯物；2. 由个人转向集体；3. 由名利事业转向群众；4. 贵古贱今转向近代史；5. 大汉族主义转向少数民族；6. 欧美中心转向东方。

范文澜：1. 交换意见；2. 联系教学；3. 编近代史资料；4. 亚洲史组拟编亚洲史目录。

与朱士嘉、余逊同饭于江南春。接陈垣、刘乃和函。

7月29日，至中国史学会听聂崇岐"关于李密研究"的报告。周蓟章、汪丽琴、米华和、荣孟源来访。参加辅仁大学天主教革新委员会会议。

7月31日，参加毕业生报告会。陈仲益来访。出席庆祝"八一"建军节晚会。

8月1日，阅《文山集》。晚与陈璧子访赵忠尧，寿振黄、齐振祎在座。

8月2日，至中国历史博物馆参观京郊出土古物。晤史树青、傅振伦。

8月3日，复陈垣、刘乃和书。致李何林②一书。

8月5日，参加中国史学会通史组座谈会，范文澜讲《中国通史提纲》意见。会后，至范文澜寓，谈"辛亥革命"编纂问题。范谈张次溪

---

① 蔡善昌，时于北京铁道学院任教。
② 李何林，未名社成员。时任北京师范大学教授。

历史问题。汪丽琴来访。

8月7日，陈素子来访。黄树摹来访，为介绍黄文相、史念海。党支部召集"三自革新"座谈会，出席者：徐乃乾、刘以珍、任理民、柴德赓、朱乃鑫、杨成章、邢宝根、周崇森、张仁、姚以、李凤竹、马贤、陆文治。

8月8日，与翦伯赞通电话，谈辅仁大学聘吴泽事。

8月9日，王启元来函，谈文史馆与辅仁大学合作之事。

8月10日，徐蕙龄邀陈乐素、陈仲益于五芳斋，前往陪同。参加工会座谈会。

8月11日，与赵光贤、张重一同往张星烺宅送殡。石础、史怀璧来访。

8月12日，与周蓟章、陈乐素、杨梦骥、陈继珉同去中国史学会听李书城"关于辛亥革命"的报告。

8月13日，与徐乃乾、贾世仪商吴泽来辅仁大学任教事。开始写《苏联大百科全书》中国史唐宋部分，共十三题。[①]

8月17日，至启功寓所，晤潘素、陶心如、溥佺[②]等，正议旧艺术家"思想改造"问题。

8月19日，至中国史学会，参加《苏联大百科全书》中国古代史编写讨论会，郑振铎、柴德赓、翦伯赞、郑天挺参加。陈乐素来访，周耿、倪素存、靳玉霞来访。

8月20日，与董浩[③]谈李雅书聘任事，齐思和言李雅书功课极佳。

参加市协商委员会召开的座谈会，晤吴景超、赵承信[④]、刘盼遂[⑤]等，座谈内容李安东等案。得赵忠尧、柴绍武[⑥]函。

8月21日，写隋唐宋辽金概要。孙淑贞、李雅书、邬沧萍来访。

[①] 终稿一万字。
[②] 潘素、陶心如、溥佺均为画家。
[③] 董浩，时任辅仁大学保险专科副教授。
[④] 赵承信，时任燕京大学社会学系教授。
[⑤] 刘铭志（1896—1966），字盼遂，河南信阳人。时任北京师范大学中文系教授。
[⑥] 柴绍武，诸暨浦阳柴家村人。地方志专家，柴德赓族亲。

8月23日，写《苏联大百科全书》（中国历史部分）"唐五代宋元史"稿。访陈乐素，约翌年来辅仁大学任教。

8月25日，参加四区第四次代表会，听赵相如"关于镇压反革命问题"的报告。得陈垣四川函。

9月5日，参加中国史学会讨论，钱俊瑞作报告，谈思想领导的贫弱是当前教育工作严重的问题；学习和贯彻毛主席的教育思想是我们的中心任务，正确地开展教育阵地上的思想斗争。

9月6日，至翦伯赞寓所参加《苏联大百科全书》（中国历史部分）稿讨论会。

9月9日，至中国史学会参加通史稿会议。吴泽自上海来函，因华东师范大学（以下简称"华东师大"）初创及身体状况暂缓应聘辅仁大学。

9月10日，参加辅仁大学开学典礼。[①]

9月11日，参加教育部初等教育会议闭幕式，钱俊瑞讲话，运用革命办法办教育，五年内儿童入学率达80%，今后五年需要大量教师。

9月13日，参加史学系迎接新生会。参加工会基层委员会，至北大红楼参加四区区长、副区长、政府委员就职典礼。参加工会基层委员会、常委会会议。谭孝涟来访。得徐家楣函。

9月15日，徐蕙龄宴请柴家于小小酒家。

9月16日，至民进，在政协文化俱乐部，葛志成传达三届三中常委会决议：1.新民主主义性质的政治党派，人民民主统一战线的成员之一，团结进步知识分子，文教工作者、中小学教师为主要发展对象；2.发展与巩固组织，北京发展半年90%，整个来说半年50%，总部想在年内发展200%以上。

9月17日，代表辅仁大学工会参加北京天主教代表会议，介绍辅仁大学天主教徒反帝斗争。填写《北京辅仁大学教员调查表》（以下简称《调查表》）[②]，月收入1086斤小米。

---

① 1951年是新辅仁大学第一届新生入学，也是最后一届。

② 柴德赓填写《北京辅仁大学教员调查表》是其个人档案中第一份履历表（时有誊录件保存）。档案原件现由苏州市档案馆收藏。

9月18日，填《调查表》，写履历经过、证明人。

9月19日，送陈璧子赴中南参加土改，晤陈梦家[1]、刘沪生。

9月21日，辅仁大学史学系参军的董芝灵自沈阳东北防空军校离队，劝其返校。

9月22日，与梁明通电话，得朱士嘉函。参加学生代表会，徐乃乾传达蒋南翔报告。参加九三学社孙承佩"关于开城谈判停止经过"的报告。

9月27日，陈垣自西南参加土改归。

9月29日，至怀仁堂听周恩来报告，讲立场问题、态度问题、为谁服务问题、思想问题、知识问题、民主问题、批评和自我批评问题。

9月30日，列席中共辅仁党支部会议，徐乃乾讲辅仁大学群众的思想问题。

10月1日，参加"十一"天安门游行。

10月2日，谒陈垣，同至北海。参加辅仁大学晚会。

10月4日，往听中共中央、教育部组织会议，尤金讲斯大林论语言学问题。

10月5日，汤家庆、刘乃和来访。参加校常委会会议。

10月6日，参加辅仁大学校庆委员会会议。

10月7日，刘家和来谈吴世俄[2]、李雅书事，并谈图书馆、系务委员会诸问题。贾世仪来谈学校参加土改人员事宜。

10月12日，参加辅仁大学校庆活动，着装新制服。

10月14日，辅仁大学返校节[3]，马叙伦到校讲话。留有校庆活动照片。

10月15日，访刘启戈、启功、汤家庆。

10月17日，陈垣传达周恩来报告。

10月24日，赴天津参观华北物资交流展览会三日。

10月29日，陈垣来商北京政协第三次会议发言文稿。与贾世仪谈学委会事。邓拓报告如何推进批评和自我批评问题。在校干事会议讲话。

---

[1] 陈梦家，时任清华大学教授。

[2] 吴世俄，时为辅仁大学史学系助教。

[3] 此为新辅仁返校节。

10月31日，听徐乃乾报告辅仁大学情况，思想改造是一个复杂的阶级斗争。余逊来谈北京大学情况，启功将赴江西参加土改①，往访。

11月2日，参加教育部召集会议，交流北京大学、清华大学教学经验。钱俊瑞讲话。

11月3日，参加市协商会邀开区协商委员座谈会。与陈垣参加中国人民大学科学讨论会，何干之报告。

11月4日，参加学委会第四次会议，陈垣报告领导中心、学习时间、中心问题、试点小组、首长负责。

11月5日，上课。晚贾世仪、金永龄来访，同访赵锡禹、张重一，谈解放以来思想改变，以及教务长、图书馆主任人选，三时半散。

11月6日，参加工会基委会。陈垣来寓。

11月7日，陈家康②来校讲演，与陈家康、李儒勉③同至叶君健④家晚餐。

11月8日，为《新辅仁》写停刊词。⑤陈垣生日，与张重一、张鸿翔、刘乃和、余逊、萧璋于全国政协文化餐厅为师祝寿。

11月10日，参加史学系座谈有关抗战及汉奸问题。

11月11日，参加中国史学会会议，高崇民⑥讲西安事变。参加人民日报社座谈会，陈白尘⑦主持，周扬讲话，意为我们歌颂历史人物分两种：一是失败的农民革命领袖；二是成功了的帝王（有贡献的将相）。

11月12日，补通史课。晚陈垣于文化餐厅回请。

11月13日，得杨曾威、吴世俄、陈继珉函。

11月14日，晚观辅仁大学操场拍"开国大典"电影。⑧

---

① 《启功口述历史》（《启功全集》第9卷，第128页）谓赴湖南澧县参观土改，历时半年。此《人民日报》报道未见。从历时半年看，启功此行不是"参观"，而当为"参加土改"。

② 陈家康，时任外交部亚洲司司长。另据柴德赓档案，柴德赓为外交委员会委员。

③ 李儒勉，时任职于中共对外联络局。

④ 叶君健，时任职于中共对外文化委员会。

⑤ 《新辅仁》共发行二年。

⑥ 高崇民，时为中央人民政府委员。

⑦ 陈白尘，时任上海市文联秘书长。

⑧ "开国大典"纪录片很多镜头是后来苏联协助补拍的，辅仁大学大操场为拍摄点之一。

11月17日，发参加土改的陈继珉、刘启戈、杨曾威、赵光贤、启功书。① 听传达周恩来、彭真、李富春②等的讲话报告。

11月18日，听彭真"关于三大运动"的报告。文怀沙来访，未值，留名片及字条而去。③

11月20日，陈垣传达张勃川④关于高等教育的讲话。

11月21日，至教育部参加高校汇报会，祁开智（师大）、陈岱孙（清华）、雷洁琼（政法）、楼邦彦（北大）、蔡善昌（清华）、解沛基（清华）、刘子久（美院）、柴德赓（辅仁）参加。

11月23日，致书陈璧子、张恩发、俞巴林。

11月24日，参加关于抗美援朝讨论会。

11月27日，参加教务会议，检查教学计划。

11月28日，参加校委会扩大会议，听经济系的报告。

12月2日，参加《苏联大百科全书》（中国历史部分）座谈会。

12月3日，与刘一凡、叶向忠向陈垣汇报。参加校民主党派会议，徐乃乾讲发挥潜力，陈垣讲教学问题。

12月21日，参加教育部召开"三反"和"思想改造"运动的动员会，马叙伦要求两场运动同时进行。

是月，经钱端升介绍，加入中国人民外交学会。⑤

○ 1952年 四十四岁

- 任北京辅仁大学史学系教授、系主任。
- 9月任北京师范大学历史系教授、系主任。

---

① 此五人均在参加土改运动。
② 李富春，时任中央财经委员会副主任。
③ 文怀沙，曾于国立女子师范学院附中任教，与柴德赓相识，此次来访留下一张"文怀沙——上海市立戏剧学校教授"名片（上海市立戏剧学校1945年停办）。时任人民文学出版社编辑。
④ 张勃川，时任教育部副部长。
⑤ 据柴德赓个人简历。

1月18日，参加教育部检查委员会会议，辅仁大学出席人：陈垣、张重一、林传鼎、贾世仪、柴德赓。会议主题检查高校"三反"运动情况，布置开展节约运动。晚参加辅仁大学"三反"运动会议。

1月19日，参加校内"三反""节约"会议，贾世仪传达教育部18日会议。

1月23日，在史学系作"对系里工作的态度"检讨，学生认为"比较深刻"，通过。

1月25日，参加校长扩大干部会，陈垣谈"文牍主义"。晚参加史学系张鸿翔作第二次检查。

2月1日，参加教育部节约委员会主任会议，曾昭抡讲话，北京师大丁浩川、北京大学汤用彤、清华大学周培源、农业大学孙晓邨、燕京大学蒋荫恩、辅仁大学陈垣、北京工业学院谢篯发言。李乐光总结，强调高等教育学校的"三反"运动实际是"思想改造"运动。

2月2日，下午参加校务会议，各系汇报工作。晚参加校办公室会，要求继续发动群众，揭发贪污浪费资产阶级腐朽思想，展开批评与自我批评，继续发扬民主。

2月4日，参加史学系批评会。对柴德赓（第一次检查）的主要批评为：

> 开完会事没有办。整天忙于校长的事，耽误系内的事。是否帮校长是为了巩固自己的地位，往上爬，表现风头，掌握一部分权力。是否和校长仅仅私人感情，还是有别的动机。同学一般认为柴先生很希望做系主任，是否有地位观念、名利观念。……宗派主义当然不成立，但每人都有意见，当面不肯说，背后发牢骚，柴先生一在，没有意见，走开就有意见。接近某几个先生是否单纯为了感情，还是有其他动机。

2月5日，史学系教师继续给柴德赓提意见。发言者：赵贞信、杨曾威、刘乃和、尹敬坊、张鸿翔、陈正飞、李雅书。

2月6日，写检查材料。参加节约检查委员会和学习委员会会议。

2月9日，参加史学系检查会，陈正飞、刘乃和作检讨。

2月10日，柴德赓在史学系作检查（第二次检查），其他人批判帮助。有发言称：

> 总的印象，完全不够深刻。片面，某一方面有深入，每件事的思想根源未指出。柴举事实，求分析思想。其次，每件错误事所造成的损害未谈及。只要认识错误的严重性，才能提高自己。不够全面，隐蔽大家所提不到的。我提的他检讨，我未提的，他未检讨出来。还有学校工作方面的未提出来。我们每一个人应就自己见到的提出来。过去我也见到，未提高到原则，仅仅是对我个人利害，又有自私自利。我在背后发牢骚，没有向柴先生提出来。现在，我们应该以人民利益为主，帮助柴先生改造。

发言的还有杨曾威、陈正飞、张鸿翔、赵贞信、张豫杰、李雅书、黄心平、梁希孔、黄绮文、刘乃和、陈日新、蔡泓培、赵健生、郑振择、朱莱英、王光宇、张静如、柯昆仑、赵成义、王玉珠、艾新超、李巨芳。①

2月11日，参加史学系杨曾威检讨会。

2月12日，致书陈继珉，谈校中"三反"运动，气象一新，并检讨自己的"宗派主义"。

2月14日，参加史学系李雅书、尹敬坊检讨会。

2月15日，参加史学系张鸿翔检讨会。

2月17日，参加数理系刘景芳检讨会。

2月18日，杨曾威、沙林、贾世仪来帮助柴德赓检讨，提三方面意见："打老虎"；浪费问题；资产阶级思想问题。

2月19日，写检查。晚参加陈正飞检讨会。

---

① 其中辅仁大学史学系1950级学生陈日新、张静如、梁希孔、李巨芳、黄心平、郑振择、朱莱英、蔡泓培、艾新超；1951级学生王光宇、柯昆仑。

2月21日，参加校干部会（学生代表参加），陈垣作检查：1. 我和辅仁的关系；2. 反帝斗争中我的思想转变；3. "三反"中进一步认识自己。

参加人员：张重一、程舜英、刘景芳、林传鼎、萧璋、王玉芬、李意然、赵锡禹、徐乃乾、郝惠庄、艾斯超、周思虎、李巨芳、黄玉梅、王光宇、陈世兰、蔡泓培、黄绮文、张家驹、黄心平、赵贞信、梁希孔、杨荣春、杨曾威、张鸿翔、葛信益、尹敬坊及柴德赓。会上对陈垣检查提出意见。

收到陆和九辞辅仁大学史学系教授之职辞呈。

2月22日，参加陈垣、林传鼎检讨会。

2月23日，参加叶苍岑检讨会。

2月25日，沙林、贾世仪、张玉如来谈柴继续检讨问题。

2月26日，在史学系、国文系（师生参加）柴德赓作检讨（第三次检查）。发言者：李巨芳、陈世兰、黄绮文、艾斯超、李秀生、黄心平、张豫杰、刘淑镇、赵贞信、尹敬坊、刘乃和、葛信益、萧璋、王绍光等。有人发言说：

> 相当深刻。1. 柴先生对自己的孩子参加革命工作，当时不愿意，应认识；2. 我的弟弟要去重庆和解放区，他说都好。

2月27日，余逊来谈北京大学"三反"运动情况，杨人楩已经过关。谒陈垣。

2月28日，收到中国史学会寄来《中国历史概要》。①

参加学生"三反"运动典型报告会。

3月2日，诣毛礼锐、欧阳湘，晤胡德煌②、葛信益，谒陈垣。参加校节约委员会会议。

3月3日，参加赵贞信、叶苍岑检讨会。

---

① 即《苏联大百科全书》（中国历史部分），翦伯赞主持，柴德赓负责撰写唐五代宋元部分。

② 胡德煌，时任教于北京师范大学历史系，后调政法学院。

3月5日，上午讨论叶苍岑检讨，提意见。下午参加赵贞信检讨会。

3月6日，参加张重一第二次检讨会。余逊来访。

3月7日，参加有关批判"董维宪、鹿怀宝反动言论"小组会。参加外语系学生邓复华检讨会。

3月8日，参加校核心小组会，柴德赓负责文学院，金永龄、刘景芳领导理学院，姜立勋、林传鼎领导教育学院。

3月9日，黄淑范[①]来访，商谈工作事。参加邓复华、董维宪、鹿怀宝检讨会。

3月10日，参加讨论董维宪、鹿怀宝检讨评议。金永龄召集会议，讲校内阶级斗争动向。

3月11日，上午参加黄心平检讨会。下午参加董维宪、鹿怀宝检讨评议会。

3月13日，与赵光贤、刘启戈谈"三反""洗澡"运动收获。余逊来谈北京大学运动四大重点是郑天挺、朱光潜、周炳琳、杨振声。

3月14日，参加北京市四区"三反斗争万敬书"大会。

3月15日，参加辅仁大学核心小组会，杨诚总结辅仁大学"三反"运动情况。

本季度，写"三反"运动检查一份[②]：

从"三反"运动深入开展以来，我的思想一直在波动斗争，初步认识了自己。一月廿三日在系内全体留校师生面前已经做过一次检讨，自己的认识虽然还是很浅的，觉得自己负了一个系的责任，工作没有做好，对不起同学，对不起人民，心里很难过。但是在思想上还不能深入分析，彻底清算资产阶级腐朽思想。这几天来因为系中同仁、同学和同志们各种的帮助，从前所认识不到的渐渐有了更深的认识。现在，我愿再检讨一次，诚恳地希望各位先生和同学

---

① 黄淑范，国立女子师范学院同事。

② 手稿尚存。

多多地提意见。我因为出身地主家庭受了资产阶级的教育，纯粹是个旧的、腐化的思想体系。

检查分为：1. 夸耀思想；2. 保守思想；3. 个人利益；4. 不民主作风；5. 宗派主义等五个方面。

在"三反"运动中写"我和陈校长的关系"一份[①]，结束语如下：

> 我和校长的利害关系，是这样血肉相连，我对校长当是自己的靠山，没有想到他是人民的大学校长。校长对我，当是最忠实的信徒，没有想到我是人民的教师，在这样一种封建的师生关系之下，校长只看见我的长处，看不见我的短处，我也只想校长的优点，想不到校长的缺点，因此校长的好恶，和我的好恶，成为一致，就是有些问题看法不一样，也不竭力纠正，反复辩论，这样情况之下，严重影响了校长和我的进步，尤其是影响了学校的进步。

4月20日，提交新《辅仁大学人事调查表》[②]，工资565分。

4月28日，写"历史交代问题"一份。[③]

7月25日，在校大礼堂听钱俊瑞"关于爱国主义和国际主义"的报告。

7月26日，参加校常委会会议。

7月27日，与史学系一年级学生同游北海。[④]

7月28日，林传鼎病，校常委会会议决定由柴德赓代理校副教务长，陈正飞代理史学系系务。与刘启戈谈"检讨"问题。

7月30日，参加教务处会议，讨论目前工作。与启功谈"检查"，参加赵光贤"检查"。

---

① 手稿尚存。
② 抄件亦存。
③ 手稿尚存。
④ 留有照片数帧。

7月31日，得徐家楣上海函，知其去年四月被捕，七月起被管制，尚未恢复自由。学校连日有防疫讲座、卫生宣传报告，均参加。

8月1日，为陈垣"检查"拟稿。余逊来谈"检查"问题。龚梦飞来函。下午至北京师大与白寿彝开会，谈任课"中国史学史"问题。

8月4日，至民主广场听南汉宸"关于国际经济会议的成就"的报告。

8月5日，全国院系调整开始，辅仁大学整体并入北京师范大学。丁浩川、刘孟白①来谈校舍问题。参加防疫卫生大会，讨论总结。

8月6日，参加赵光贤对学生的"检查"。

8月7日，参加院系调整委员会会议，由丁浩川报告。

8月9日，致倪祯棠书。

8月10日，至中央统战部参加座谈会，由徐冰报告统战工作。

8月11日，到政协文化俱乐部，听胡绳"关于思想改造问题"的报告。参加常委会会议，通过派黄德琇、梁熙彦、吴育麟入留苏预备班。

8月12日，检查清洁卫生，巡视校园。参加史学系毕业联欢会。

8月13日，参加辅仁大学毕业生分配会议。

8月14日，参加校节约委员会会议和"打老虎"庆功会。

8月15日，与白寿彝、陈正飞一同至新街口外北京师大新校址看历史系在建教学楼。

8月17日，与陈垣、康海、柴令文、刘乃和游颐和园。晤莫桂新②、蓝公武等。

8月18日，至教育部参加院系调整会议，钱俊瑞报告北京师大、清华大学、北京大学三校系科设置。北京师大新校安排由傅仲孙、张重一、贾世仪、祁开智、陈兆蘅、贾世明负责。

8月20日，至教育部，钱俊瑞报告政法学院、财经学院设置。晚参加教师学习座谈会。

8月21日，与金永龄、张士弘谈教师学习问题。到人事部开会，讨论毕业生分配工作问题。晚参加市毕业生总结会，朱德、李济深、郭沫

---

① 刘孟白，柴德赓北平师范大学同学，时任职于高等教育出版社。
② 莫桂新，原国立女子师范学院音乐系教师，时任中央歌剧院指挥。

若出席。

8月27日，与丁浩川谈院系调整工作。

8月28日，与陈正飞、刘启戈、尹敬坊商谈史学系调整工作。

8月30日，与丁浩川、傅仲孙访苏联专家普式金。参加校中团拜。

9月2日，陈垣、刘乃和来寓贺陈璧子生日。参加校院系调整办公室会议。

9月3日，与陈垣同往教育部，参加院系调整校长、副校长任命会议。

人民大学：吴玉章，胡锡奎、周洛丰。

北京大学：马寅初，江隆基、汤用彤。

清华大学：校长缺，于毅夫（黑龙江省主席）、刘仙洲。

师范大学：陈垣，何锡麟（东北大学副校长）、傅仲孙。

天津大学：天津市副市长兼，张国藩。

南开大学：校长缺，杨石先。

马叙伦、张勃川、曾昭抡、杨石先讲话。

致陈乐素函。

9月4日，陈正飞、启功、徐宝相来访。午谒陈垣。党支部召开民主党派积极分子会，丁浩川谈院系调整问题。

9月5日，尹敬坊、杨曾威、任波涛、陈少敏、张士弘来访。到北京师大开讨论会。

9月6日，至清华大学参加高等教育工作会议，晤魏建功、李何林、张子高、杨人楩、王太庆、翦伯赞等。

9月9日，傅仲孙、丁浩川召集核心组会议，宣布教育部关于各校校长、副校长任命。参加北京师大历史系小组会，讨论院校调整人员调出问题，发言人：白寿彝、何兹全、胡德煌、尹敬坊、邝平章、刘乃和、陈正飞、赵光贤、丁则民[①]、吴宏中、张文淳、张鸿翔、贾善长、穆广文、程德全，柴德赓作总结。

9月10日，参加北京师大中文系会议，讨论人员调出，发言人：陆

---

① 丁则民，时任教于北京师范大学历史系。

宗达、冯成麟、钟敬文、黄药眠、刘盼遂、启功、萧璋、蒋宛如、王古鲁、何挺杰，表示有困难，但服从分配；金永龄宣布调动名单。

9月11日，至南校（北京师大和平门校区）参加教学大纲会议。

9月12日，至新校（北京师大新街口外校区），出席专家座谈会，丁浩川介绍两校教师思想情况："'三反'前资产阶级思想占统治地位。'三反'后，个人主义自由教学思想被否定，但还建立不起新的教学体系，只有在工作中学习，建立工作信心。"晚邀陈垣、张重一吃饺子。

9月13日，至北京师大南校听普式金报告，介绍苏联师范教育体系，共15个题目。

9月14日，至北京大学访周祖谟、杨人楩、郑天挺，郑将调南开大学。在陈垣办公室看北京、清华、师大三校调出名单，张子高留清华大学，邓文如、邓以蛰退休。晚谒李飞生。

9月15日，参加历史系关于教学大纲的讨论会。新北京师大校及各系领导名单公布，校长、副校长、教务长、总务长、各系主任。柴德赓任历史系主任，系主任一级原辅仁大学仅一人担任。

9月16日，陈垣、何锡麟、傅仲孙于来今雨轩①招宴，与丁浩川、祁开智及新调入北京师大教员朱庆永、彭飞②、张宗燧、董愚得、张禾瑞、柴德赓和张重一讲话。

9月17日，将辅仁大学办公室腾出为傅仲孙副校长办公室，历史系办公室移至南校。至新校与白寿彝、张云波③、何兹全商专修班教学大纲。至地理系诣周廷儒等，中文系诣黎锦熙。

9月18日，参加校教务会议，丁浩川谈教育大纲问题，教育系王焕勋、中文系黄药眠、物理系祁开智、数学系傅仲孙、生物系汪堃仁发言。

9月19日，徐乃乾邀约和陈垣、刘乃和叙谈。陈垣自言：

---

① 位于中山公园内。
② 彭飞，时任北京师范大学心理学系教授。
③ 张云波，时任北京师范大学历史系教授。

对胡适，知道他是错的，但无仇恨。对宗教看法和以前不一样，以前总以为宗教对人类社会可以有一些好处，现在觉得实在无用。

9月20日，发陈乐素一书。接罗志甫明信片，言下周来京报到，以诗一首①寄方管。

9月21日，诣荣孟源、范文澜。夜二时与张重一、康海、贾世仪、叶苍岑、徐乃乾、王振家至天安门观阅兵演习。

9月22日，与张鸿翔、赵光贤交换"明清史大纲"意见。本日辅仁大学校牌摘除，换上北京师范大学校牌。②

9月23日，参加公共课"中国史大纲"讨论会。出席校方欢送调出人员于萃华楼的招待会。

9月24日，到教育部，听钱俊瑞报告政治形势。

9月25日，写庆祝国庆稿。听传达钱俊瑞"关于高等教育状况及五年规划"的报告。为教师月报社写"中学历史已有课本是不是还要写笔记"的回答。③

9月28日，应进步日报社、大公报社之邀，在工人日报社举行亚洲文化座谈会，到会人：范文澜、季羡林、万斯年、荣孟源、柴德赓、向达、周一良、陈垣、翦伯赞、郑振铎、翁独健、梁思成、钱伟长、邵循正。

9月29日，得方管函，言罗志甫事。

10月1日，参加国庆观礼，为三年来第一次。④

10月3日，至刘启戈寓，翦伯赞夫妇在座，庆刘夫人生日。与陈垣、刘乃和至南校参加外宾招待会。

10月5日，谒陈垣。翁独健、邝平章夫妇来寓。傅任敢、陈伯君来访。

---

① 未见诗稿。
② 柴德赓分别在辅仁大学和北京师范大学校牌前面留影，见柴念东编著《瓣香终不负此生——柴德赓图志》（商务印书馆2023年版）。
③ 《教师月报》1952年10月号。
④ 国庆观礼胸签尚存，现由苏州大学博物馆收藏。

10月6日，参加北京师大校务会议，傅仲孙谈教学，徐乃乾谈接待外宾事项。

10月8日，谒陈垣。参加历史系系务会议。

10月9日，至中共北京市委统战部参加民主党派人士座谈会，内容为"思想改造"及今后的工作。到会人：萧璋、祁开智、张重一、何兹全、马特、钟敬文、白寿彝、柴德赓、朱纯治、叶向忠、鲁明、徐云、宋堃。

10月10日，谒李飞生，请任教世界史课。

10月12日，至北京大学理学院，听钱端升报告教育工作会议，以及谢沛基①关于工会工作的报告。

10月15日，听普式金"关于教育学"的报告。

10月16日，参加新生座谈会。得胡华自教育部寄"中学现代史大纲"。

10月17日，参加历史系"世界古代史大纲"会。访荣孟源，请任教近代史课。至中苏友好协会，听赵朴初传达"亚太和平会议"精神。

10月18日，新北京师大开学典礼，与刘乃和商陈垣讲话稿。来宾马叙伦、吴玉章、胡锡奎、马寅初、刘仙洲、陈岱孙、曾昭抡、吴晗、柳湜②、林砺儒③、程今吾④等。

10月19日，与白沙旧友魏建功、方管同至东来顺⑤为吴白匋来京参加调演接风。唐锦廉、汪丽琴来访。

10月20日，听普式金讲教育的阶级性。写"中国历代文选"课提纲。

10月21日，上课，讲"中国历代文选"：1. 现在中国史学界的情况；2. 怎样对待历史遗产的问题。参加教务会议，讨论教学方针。

中央统战部鲁明、徐云到家见访，谈今后团结争取知识分子，学校

---

① 谢沛基，时任教于清华大学。
② 柳湜，时任教育部视导司司长。
③ 林砺儒，时任教育部副部长，1950年任北京师范大学校长。
④ 程今吾，时任文教委员会处长，1962年后任北京师范大学副校长。
⑤ 位于东安市场北。

党的支部应如何重视的问题。

10月22日，至辛寺胡同民进中央，参加民进分部理事会会议。

10月24日，上课，讲《廉颇蔺相如传》，白寿彝听课。参加工会小组长会，祁开智报告工作总结，丁浩川代表中共党总支讲话，言教学内容上要以无产阶级的思想来替代资产阶级思想。

10月25日，访黄药眠、萧璋、杨大钧[①]。新发工资级别对照表。[②]

10月26日，陈垣、欧阳湘、冯亦吾[③]来访。访赵锡禹、张重一谈教师评薪、调房诸事。

10月27日，诣范文澜、荣孟源。与黄药眠、彭飞、老志诚[④]一同接待湖南第一师范来宾。[⑤]赵贞信来谈历史教学法。

10月28日，上课，续讲《廉颇蔺相如传》。参加校工资评议会。

10月30日，到北京师大北校，晤陈垣、张重一。参加工资评议会议。

10月31日，工作组开会，黄药眠、彭飞请降级，彭飞由650（工资分）降至600；柴德赓请700降至650。

是月，参加亚洲及太平洋区域和平会议，并在会上发言。[⑥]

11月1日，写工会提案报告。下午参加工会代表会，陈垣讲话，祁开智主持。

11月5日，参加工资评议会。至民进参加理事会，任组织委员。参加工会基层委员会第二次会议。

11月7日，上课，讲《赤壁之战》。

11月9日，参加新校规划会议。与陈垣、陈正飞同往中国科学院主

[①] 杨大钧，古琴演奏家，柴德赓国立女子师范学院时同事，时任教于北京师范大学音乐戏剧系。

[②] 工资对照表未保存。北大院系调整前"工资表"尚存，北大柴德赓友人中700工资分一级有周一良、王铁崖、游国恩等。

[③] 冯亦吾，辅仁附中时同事，时于北京大学任教。柴德赓书友。

[④] 老志诚，时任北京师范大学艺术系教授。

[⑤] 来宾为张干（69岁）、张有晋（75岁）、罗元鲲（72岁）、李漱清（80岁）、邹普勋（53岁），多为毛泽东老师及同学。

[⑥] 见周谷城11月15日来函。

办的欢迎苏联历史学家叶菲莫夫座谈会，出席人：范文澜、胡华、尹达、丁名楠、翁独健、王冶秋、金毓黻、荣孟源、翦伯赞等。

11月10日，人民教育出版社送来"隋唐至宋元初中课本草案"，准备审定，整理隋唐史资料。

11月11日，学校收到教育部发文，个人工资标准审核批复，参加讨论会。

11月13日，写中国通史讲稿。

11月14日，参加苏共十九大文件和马林科夫、斯大林的报告的学习活动。列校学习委员会委员。

11月15日，周谷城来函询及"北京亚太区域和平会议"[①]情况。

11月16日，至政协文化俱乐部参加民进中央"十月革命"纪念会，周建人、马叙伦等出席。

11月17日，听何兹全"东汉三国经济"课，并参加评议。

11月18日，上课，讲《范滂传》。至东四六条吴玉章寓讨论苏联专家叶菲莫夫报告的影响，范文澜、刘大年[②]、尹达、翦伯赞在场。

11月19日，参加历史系中国史小组会，白寿彝、何兹全、陈继珉参加。编写通史讲稿。

11月21日，上课，续讲《范滂传》，何兹全听课。编写讲稿。

11月23日，陈垣、张重一来访。与陈桂英同访刘启戈。余逊来商为陈垣作寿事。

11月24日，午与启功、刘盼遂、萧璋、赵光贤同饭。陈垣来寓。下午参加民进中央宣传会议，马叙伦、周建人、葛志成出席。

11月25日，上课，讲《秦晋殽之战》，何兹全、马国靖听课。

11月26日，听何兹全课，讲"魏晋南北朝文化"。至东安市场森隆饭庄为陈垣祝寿，参加人：张重一、张鸿翔、尹敬坊、刘乃和、萧璋、启功、陈璧子、柴德赓。

---

① 该会议10月13日在太庙开幕。
② 刘大年，时任中科院近代史所研究员。

11月27日，听吴宏中课。寄人民教育出版社"初中中国史稿"，并附一信，谓"史稿"总的缺点是不明确配合中学教学时间。

11月28日，上课，讲《秦晋殽之战》，史籍选文，根据《十三经注疏》，同学提出落"郑穆公使视客馆"七字，下课查《四部丛刊》本《春秋传集释》，果有此七字，感"不知注疏本何以无此，阮元又不说明，幸同学提出，不然忽略过去了"。

11月29日，参加系中讨论薪金会议，每人谈体会。

11月30日，搬家，从松树街24号搬至西单武功卫6号[①]北京师大宿舍。

12月1日，上课，讲"唐太宗与贞观之治"。

12月5日，参加教务会议，何锡麟报告中央文委、教育部关于院系调整后的动态。丁浩川、彭飞谈新北京师大教学情况。

12月7日，备课，阅"牛李党争"。马锐、周蓟章、方管、陈伯君、陈秋帆、孙一青夫妇来访。徐嵩龄来访，嘱其写"自传"。

12月8日，上课，讲"牛李党争、宦官及农民起义"，何兹全、吴宏中、陈继珉听课。

12月9日，参加校福利委员会第一次会议，傅仲孙讲教职工家属补贴、宿舍分配、托儿所等问题。谒陈垣。晚赴北校参加校委会扩大会议。

12月10日，上课，讲隋唐史。

12月11日，参加校福利委员会、工会基层委员会会议。

12月15日，听吴宏中课，并参加评议。

12月16日，上课，讲"陆宣公请罢琼林、大盈二库状"。参加教务处会议。

12月17日，听龚书铎讲"中央集权下的封建经济"。听杨钊[②]上课。

12月18日，启功来谈图画制图历史课问题，何兹全等参加。

12月19日，上课，讲"陆宣公请罢琼林、大盈二库状"。荣孟源来

---

① 武功卫为清代衙门，时为北京师范大学教工宿舍。
② 杨钊，时为北京师范大学历史系助教。

谈历史问题。周蓟章来访。

12月20日，与方管、罗志甫至同春园饭庄。[①] 至新校听陶大镛[②] 报告。至南校参加庆斯大林生日会。

12月21日，至全国总工会参加马叙伦、吴玉章宴请赴朝慰问团教育界代表。晤严景耀、雷洁琼、张锡钧、徐献瑜[③]。北京师大出席者为祁开智、柴德赓、武兆发[④]、郭一岑[⑤]。团员严仁赓、张鋆、叶恭绰、裴文中、严景耀、张修竹、盛瑾均讲话。

12月22日，上课，讲历史文选"柳子厚墓志铭"。阅《文山集》，欲选《指南录后序》为教材。访钟敬文。

12月23日，听陈继珉课"秦始皇到汉武帝"。听王桧林讲课。与王桧林、杨钊谈教课问题。

12月24日，与钟敬文听杨钊课。至民进听孙晓邨[⑥] 关于"学习马林科夫报告（第二部分）"的体会。

12月25日，参加民主党派市级学习讨论会，讨论马林科夫报告。

12月26日，至北校参加并校后第一次校务会议，讨论规章制度。

12月27日，参加刘启戈教学评议会。参加历史系讨论资本主义总危机问题。

12月28日，诣刘乃和，谒陈垣。

12月29日，至政协文化俱乐部参加民进成立七周年纪念会。

12月31日，魏建功来访。参加校中团拜活动。

---

① 位于西单北大街。
② 陶大镛，经济学家、教育家。后任北京师范大学教授、民盟中央副主席。
③ 徐献瑜，曾任教于辅仁大学数学系，时任北京大学数学系教授。
④ 武兆发，曾任教于辅仁大学生物系，时任北京师范大学生物系教授。
⑤ 郭一岑，时任北京师范大学心理学系教授。
⑥ 孙晓邨，时任职于政务院财经委。

卷四

1953 年—1956 年

此期间重要事件有：参加赴朝慰问；参加《中华人民共和国宪法》草案讨论；从北京师范大学调到江苏师范学院工作，创建江苏省属高校第一个历史系；当选民进中央委员及江苏省政协委员，组建民进苏州地方基层组织。

○ 1953年 四十五岁

- **任北京师范大学历史系教授、系主任。**
- **任民进北京市理事会理事。**

1月1日，元旦，陈垣、何锡麟、傅仲孙来访。丁浩川、钟敬文、张重一、黄药眠来访。访宋君复、白寿彝、陈正飞。晚至怀仁堂观剧，晤吴景超、龚业雅夫妇，严景耀、雷洁琼夫妇。

1月2日，介绍吴宏中、尹敬坊、邝平章加入中国民主促进会。

1月6日，上课，讲《史通·自序》。

1月7日，魏建功来访。下午听白寿彝"明清经济"课，并参加评议。

1月9日，魏建功来访。参加教务会议。

1月10日，听陈正飞"世界史"课。至北京师大女附中参加"纪念太平天国历史晚会"并讲话。[1]

1月11日，傅任敢、杨仁夫妇，汪丽琴等来访。至民进参加人民代表大会问题讨论。

1月12日，至怀仁堂听周恩来的报告。

1月13日，《光明日报》报道北京市各民主党派组织座谈会，就新的一年迎接和参加大规模建设交换意见，柴德赓代表民进发言。

1月14日，参加市工会扩大会议。

1月15日，晚参加北京市各党派联席会议。民进出席者：余之介、雷洁琼、富公寿、柴德赓。发言人：民革蒋光鼐（许宝骙代）、民盟吴晗（吴煜恒代）、民建孙晓邨、民进雷洁琼（代冯宾符）、九三薛愚、农工李伯球。

1月18日，陈乐素自杭州来函，寻求"历史教学法"教材及学龄前教育方面教材。

2月4日，周谷城来函，谈中国历史分期问题。

---

[1] 阎应清：《我们的历史晚会》，《光明日报》1953年3月2日。

5月30日，神州国光社①俞巴林自上海来函，商讨"辛亥革命"交稿印刷问题。

5月31日，民进北京师大支部成立，会员柴德赓（支部主任）、胡梦玉（支部副主任）、邵鹤亭②、包天池、朱庆永、吴宏中、张守常、吴世俄、尹敬坊。③

6月17日，周谷城来函，请代为查询北京师大附中情况。

7月23日，高等教育部长马叙伦发聘书④，聘柴德赓任1953年选拔留学苏联预备班学科考试评卷委员。

8月1日，致复旦大学周谷城书，询问世界史师资问题。⑤

8月8日，周谷城自上海来函，言及复旦世界史教师亦缺匮，未可援助北京师大。

8月20日，与余逊谒邓之诚。⑥

9月2日，方管来函，云罗志甫要求，为吴柔曼⑦提升讲师事。

9月25日，得北京市抗美援朝分会通知，邀参加赴朝慰问。丁浩川、林传鼎、祁开智等言当往，方管、张重一、刘家和等劝行。下午至和平门南校，何锡麟传达教学工作报告，傅仲孙传达调薪工作报告。

9月26日，至中山公园参加北京市赴朝团员会议，团员30人，分三组，队长赵凡⑧、刘仲华⑨、柴德赓。

9月28日，从西单武功卫6号搬家至龙头井26号。学生艾思超、何无忌、陈世兰协助清理《四部丛刊》。陈垣、张重一、宋之问来访。至民进参加晚会。

---

① 神州国光社，1954年并入新知识出版社。
② 邵鹤亭，时任北京师范大学教育系教授。
③ 据《民进北京师范大学史》（内部资料）。
④ 聘书现由苏州大学博物馆收藏。
⑤ 由于当时北京师范大学世界史任课教师缺少，后调派青年教师赴东北师范大学进修。
⑥ 邓之诚著，邓瑞整理：《邓之诚文史札记》，第736页。
⑦ 吴柔曼，时为北京师范大学历史系助教。
⑧ 赵凡，时任中共北京市委副秘书长。
⑨ 刘仲华，时任北京市房管局局长。

9月29日，参加历史系系务会议。谒陈垣，始知中共北京市委因陈垣年迈，不能同行前往朝鲜慰问。

9月30日，至新校与金永龄谈教师提级问题。刘乃和来谈教学。张重一来访。参加历史系系务会议。晚陈继珉、王桧林、王绍岳①、黄元起来访。

10月1日，参加国庆观礼②，与丁浩川、张重一、林传鼎、祁开智同往。与钟敬文访朱庆永。晚与陈璧子访王自申③。

10月3日，晨补写历史系教学计划、教师调薪名单，交龚书铎。陈垣亲自至车站送行④，还有陈正飞、汪丽琴、张重一、陈继珉、王桧林、陈桂英来送行赴朝慰问。

10月4日，赴朝慰问团离京，至天津住泰来饭店。赵凡介绍华北分团组织情况。与刘仙洲、陈士骅⑤同在四分组。平杰三分团长讲话，天津市委书记黄火青、市长吴德来看望北京团员。

10月5日，讨论平杰三报告。访辅仁大学旧生张春华等。下午民主党派会议，分队情况：一队资耀华，副戴文赛⑥（民盟）；二队刘仲华，副薛品轩（民建）；三队陈士骅，副王赣愚⑦（民建）；四队柴德赓，副范绍韩（民革）。召集人毕鸣岐⑧，第二召集人陈士骅。正组长兼支部委员，支委共五人。民进四人，李霁野一队，余文⑨二队，方郁文三队，柴德赓四队。刘澜涛⑩举办招待晚会。

10月6日，慰问团四队队长：李权超⑪；副队长：柴德赓、康洛、李

---

① 王绍岳，时为北京师范大学历史系助教。
② 国庆观礼胸签尚存，现由苏州大学博物馆收藏。
③ 王自申，时任华中师范学院副院长，来北京参加国庆观礼。
④ 陈智超编注：《陈垣来往书信集》（增订本），第592页。
⑤ 陈士骅，水利学家，时任清华大学副教务长。教育工会代表。
⑥ 戴文赛，时任北京大学数学系教授。科普届代表。
⑦ 王赣愚，时任南开大学经济系教授。
⑧ 毕鸣岐，时为天津企业家。1951年曾捐赠飞机一架。
⑨ 余文，时任北京第二中学教导主任。
⑩ 刘澜涛，时任华北行政委员会主席。
⑪ 李权超，时任天津市工会副主席。

孝芳[①]、范凌霄[②]；秘书长：贾云龙（山西长治区副专员）；秘书：方光宇、乔树椿、张连文、黄春辉、郝长江、何文建。慰问团共64人，分8组。

10月7日，到沈阳，听总团长贺龙报告。

10月10日，致书陈垣，汇报离京后一周见闻。

10月11日，过鸭绿江，到新义州。

10月14日，参加战斗英雄座谈会。

10月16日，至后勤部慰问志愿军。志愿军作报告。

10月18日、19日，慰问朝鲜人民，赴电影院、疗养院、学校、朝鲜人民军驻地、朝鲜公安局工地，共五处。

10月20日，至金城前沿130师驻地慰问志愿军。

10月21日，听志愿军战斗报告。

10月23日、24日，听战斗报告。

10月25日，至医院慰问伤员。

10月27日，至烈士陵园献花。

10月28日，听战斗英雄谭飞云事迹报告。

10月29日，至前沿阵地慰问，于806高地顶听志愿军报告。

11月1日，整理材料，准备写宣传志愿军文章。

11月2日，参加志愿军功臣报告会。

11月3日，至135师驻地慰问。

11月4日，赴非军事区祭扫烈士公墓。参谋长介绍志愿军英雄事迹。晚慰问团小结。

11月5日，至医院慰问，听报告。

11月6日—8日，写"424.2高地红旗故事"一文，整理资料。

11月9日，任政委报告金城战役经过。

11月10日，至13支队9连慰问，指导员刘铭报告夏季反击战。

11月14日，至8支队4连，听张苏连长报告。

---

① 李孝芳，时为北京大学讲师。九三学社社员。
② 范凌霄，时任河北省副秘书长。

11月15日，至昌道高中参观。

11月17日、18日，至2大队，听蓝副政委报告。

11月19日，整理谭飞云烈士资料。

11月21日，参观桥岩山，当日日记：

徒步上山，山甚高，上有坦克路，天欲雪，飞霰飘拂，四望云雾，不能远瞩，登至山巅，流汗如洗，山顶战士导入宿舍，喝水烤火，重上顶点，巨石危峙，皆含沙石殆冰川时期遗物。

11月22日，入炮兵阵地，参加联欢。

11月23日、24日，写"424.2高地"材料。

11月27日，听24军谢主任报告。

11月29日、30日，至江原道元山市参观学校、医院等处。

12月1日，参观元山高中、华侨小学。

12月2日，听朝鲜江原道报告。

12月4日，前往志愿军司令部（桧仓郡）。

12月5日，参观志愿军事迹展。

12月6日，参观成兴金矿。

12月7日，至开城。

12月8日，在开城，参观板门店。

12月9日，从开城经大同江至平壤。

12月10日，听263师杨师长作战报告。

12月12日，听志愿军功臣报告。返途至丹东，晚与王世英[①]、毕鸣岐、陈士骅、资耀华五人共餐。

12月14日，到天津，寓天津饭店。黄润萍[②]、资耀华、李权超[③]来访。

[①] 王世英（1905—1968），山西洪洞人。时任山西省省长，"文化大革命"中被迫害致死（《伪证是怎样制造出来的？》，《人民日报》1980年12月6日）。

[②] 黄润萍，全国劳动模范。

[③] 李权超，时任天津市工会副主席。

12月15日，至华安戏院听平杰三赴朝慰问总结报告。

12月16日，参加慰问团民主党派会议。电至北京，知陈垣病，殊为焦急。

12月17日，全体团员合影。听吴砚农"关于国家建设总路线"的报告。

12月18日，随赴朝慰问团回到北京前门站，至衙门口[1]（志愿军归国驻地）参加活动。至此赴朝慰问活动结束。

12月19日，谒陈垣，视病况。

12月23日，参加历史系系务会议，交流教学经验。

12月24日，李书兰[2]来谈新生政治情况。赵贞信、尹敬坊、张次溪来访。龚书铎、刘家和来访。访陈正飞。下午听何锡麟"关于过渡时期"的报告。晚访宋君复。

12月25日，与张次溪商《辛亥革命》一书编辑事，与吴世俄商世界史组工作。刘启戈、金永龄来访。与范文澜通电话。下午听苏联专家崔可夫报告。晚至民进，送雷洁琼参加赴朝慰问。张重一来访。

12月26日，上午参加教育实习总结大会。白寿彝来访，谈中国科学院拟调去工作。下午政治学习。谒陈垣、余嘉锡。

12月27日，至政协文化俱乐部参加史学教材编委会会议。晚石础、杨祝华、傅任敢来访。

12月28日，程树[3]、管治钧[4]来访。听李维汉"关于公私合营"的报告。

12月29日，与刘乃和谈陈垣病况。参加历史系讨论考试、考查。

---

[1] 衙门口村位于京西石景山。
[2] 李书兰，时为北京师范大学历史系辅导员、助教。
[3] 程树，志愿军军官。
[4] 管治钧，时为北京师范大学历史系教师。

○ 1954 年 四十六岁

- **任北京师范大学历史系教授、系主任。**
- **任民进北京市理事会理事。**

1月2日，陈韶来访，谈陈仲益事。至北京医院谒陈垣。

1月4日，为郑葆珊作担保，写担保证明。[①]

至民进参加第四次大学委员会会议，严景耀传达章乃器"关于粮食问题"的报告。

1月7日，访陈正飞、罗志甫，谈升级加薪之事；与吴柔曼、张文淳谈涨工资事；与丁浩川谈历史系工作。

1月9日，至中山公园参加赴朝慰问团会议，商讨传达方案。下午至怀仁堂听贺龙"关于抗美援朝战争"的报告。

1月10日，看望范文澜，汇报《辛亥革命》一书编辑问题。

1月11日，至历史系谈考试工作。下午至民进中央参加校学委会会议，传达过渡时期总路线。

1月12日，写赴朝慰问传达报告。至历史系与张文淳谈世界史工作，与白寿彝谈考试工作，与赵光贤谈经费问题。

1月14日，在北京师大校工会报告赴朝慰问情况。

1月16日，得校人事部通知，写李滨荪的材料。与陈璧子同访启功。

1月17日，至民进中央汇报赴朝经过。

1月19日，参加历史系教研室会，讨论教学情况。晚至府学胡同作"赴朝慰问经过"的报告。

1月20日，参加历史系助教培养会议。

1月25日，参加历史系系务会议，白寿彝、刘启戈、何兹全、朱庆永和赵光贤出席。

1月29日，参加历史系系务会议，讨论总结，对柴德赓提建议意见。

---

① 郑葆珊，时任铺仁大学工会生活委员会主任。当时所记保单号：美国储蓄会保单 91630CD 癸巳 E 第 2570 号。

1月30日，与丁浩川谈历史系系务工作。陈乐素来访。

2月2日，参加校部会议，何锡麟传达贯彻"总路线"八大问题。

2月3日，农历正月初一，来贺年者：周廷儒夫妇、林传鼎、杨成章、欧阳湘、龚书铎、王桧林、王绍岳、吴柔曼、荣孟源、管治钧、刘颂尧及其一家。

2月4日，周祖谟来访，言余逊住中央医院，已至弥留之际，急往医院。呼吸全仗氧气，危险万状。与启功、赵光贤为其物色棺木，准备后事。不由感叹："同年兄弟，乃至此境，辛酸泪下，不能自己。"张文淳、刘乃和来访。

2月6日，参加校部提意见会，参加者：张云波、谭丕谟[①]、郑华炽、周廷儒、盛叙功、王钧衡、胡明、汪堃仁、武兆发、萧璋、穆木天、朱智贤[②]、鲁宝重[③]、董谓川。主要议题：向苏联学习，加强政治思想教育。

2月11日，赴北京医院探视陈垣病情。晚与历史系四年级学生座谈学习问题。

2月12日，晚访志愿军战斗英雄杨育才、黄在渔于和平宾馆。[④]

2月14日，至河北师范专科学校[⑤]作"赴朝慰问经过"的报告。

2月15日，上午张子高来访。下午至教育部开考试大纲会，晤尹达、尚钺、周一良、郭伯年、洪源。

2月17日，至车站送陈叔通[⑥]去华东地区。

3月1日，至民进中央参加针对"四国外长会议"[⑦]的座谈会，吴研因主持。

3月3日，龚书铎来谈教学问题。

丁浩川召集历史系系务会议，会上柴德赓作检查，主要问题：学习

---

① 谭丕谟（1899—1958），湖南祁阳人。历史学家，时任北京师范大学教授。
② 朱智贤（1908—1991），字伯愚，江苏赣榆人。心理学教育家，时任北京师范大学教授。
③ 鲁宝重，时任北京师范大学化学系教授、系主任。
④ 杨育才，1953年金城战役"奇袭白虎团"战斗英雄；黄在渔为杨育才战友。
⑤ 即后来的河北北京师范学院，位于和平街北口。
⑥ 陈叔通，爱国民主人士，时任全国政协副主席、全国工商联主任委员。
⑦ 即美、英、法、苏四国。

不够努力，缺乏群众观点，对工作没有认真负责，工作无计划，粗枝大叶等。

3月10日，参加北京师大校务会议，丁浩川报告教学情况及中心工作。

3月11日，参加历史系系务会议。

3月13日，至民进中央听严景耀传达薛暮桥"关于过渡时期总路线"的报告。金家瑞来访。

3月15日，与林传鼎谈留苏学生问题。

3月26日，参加政协全国委员会分组座谈"宪法草案"问题会议。

第11组，召集人：马寅初；副召集人：张奚若、韦悫。

小组名单：习仲勋、杨秀峰、刘仙洲、林砺儒、汤用彤、钱端升、陈垣、傅仲孙、张友渔、陈岱孙、尹赞勋、周培源、钱伟长、翦伯赞、叶企孙、向达、郑昕、冯友兰、王铁崖、周炳林、费青、楼邦彦、柴德赓、何思敬、蒋南翔、吴恩裕、马约翰、樊弘、李宗恩、严仁赓、杨人楩、沈其益、张锡钧、马文昭、吴英恺、戴芳澜、吕复、吴之椿、潘家驹、金涛、魏寿昆、韩寿萱、朱智贤、李达。

秘书：贾铤；记录：傅随贤、张兴华。

开会地点：南河沿25号政协全国委员会文化俱乐部正厅（电话5局0649）。

3月29日，参加全国政协"宪法草案"第二次讨论会。发言者：马寅初、费青、吕复、吴之椿、吴恩裕、冯友兰、楼邦彦、王铁崖、严仁赓、柴德赓、朱智贤。

3月31日，参加全国政协"宪法草案"第三次讨论会。发言者：冯友兰、严仁赓、尹赞勋、柴德赓、钱伟长、杨人楩、刘仙洲、潘家驹、王铁崖、何思敬、朱智贤、韩寿萱、吴之椿、蒋南翔、向达、吴恩裕。

4月2日，参加全国政协"宪法草案"第四次讨论会，讨论"总纲"。发言者：金涛、马寅初、吕复、严仁赓、朱智贤、费青、叶企孙、周炳琳、韩寿萱、楼邦彦、潘家驹、钱伟长、冯友兰、杨人楩、吴恩裕、钱端升、吴之椿、向达、柴德赓、朱智贤、尹赞勋、韦悫。

4月3日，与白寿彝谈历史系系务工作。晚至前门区政府礼堂，参加长子柴祖衡与谭景莹结婚仪式。出席人：石础、徐宝相、刘乃和、周蓟章、陈艺君[①]。

4月4日，宋君复夫妇、祁开智夫妇及刘乃和、杨祝华来贺柴祖衡新婚。

4月5日，参加全国政协"宪法草案"第五次讨论会。发言者：马寅初、田家英[②]、汤用彤、陈岱孙、王铁崖、吴之椿、周炳琳、吕复、钱端升、韩寿萱、尹赞勋、钱伟长、柴德赓、马寅初、费青、李宗恩、王铁崖、向达、刘仙洲、翦伯赞、周炳琳、何思敬、杨秀峰。

4月6日，谒陈垣，执1930年北平师范大学历史系记分册示师，"十九年六月廿五日试卷，师大史系一年生柴德赓、王兰荫、雷震、李焕绂四卷极佳"[③]。傅任敢来访。

4月7日，参加全国政协"宪法草案"第六次讨论会。发言者：楼邦彦、吴恩裕、吕复、马寅初。

4月9日，参加全国政协"宪法草案"第七次讨论会。发言者：吴之椿、马文昭、吕复、周炳琳、金涛、严仁赓、楼邦彦、朱智贤、柴德赓、王铁崖、杨人楩。

4月10日，晚与陈璧子谒陈垣。

4月11日，访罗志甫、管治钧、刘启戈。

4月12日，参加全国政协"宪法草案"第八次讨论会。发言者：马寅初、吕复、马约翰、何思敬、张有渔、周炳琳、钱伟长、王铁崖、金涛、刘仙洲、冯友兰、韩寿萱、杨秀峰、潘家洵。

4月14日，参加全国政协"宪法草案"第九次讨论会。发言者：吴恩裕、韩寿萱、费青、吴之椿、吕复、柴德赓、钱端升、朱智贤、周炳琳、傅仲孙、王铁崖、向达、何思敬、楼邦彦、杨秀峰。

---

① 陈艺君，陈伯君之女。
② 田家英，时为毛泽东秘书。
③ 陈垣著，陈智超编：《中国史学名著评论》，商务印书馆2013年版，第174页。

4月19日，参加全国政协"宪法草案"第十一次讨论会。发言者：汤用彤、韩寿萱、张锡钧。

4月21日，参加全国政协"宪法草案"第十二次讨论会。发言者：翦伯赞，他主张"省州县乡一律称长，行政区称主任"。

4月22日，谭丕谟来访。听白寿彝"关于中国历史分期"的报告。

4月23日，参加全国政协"宪法草案"第十三次讨论会。主题：国家权力的地方机关。

4月24日，下午听田家英"关于第二次国内革命战争（1927—1937）时期"的报告。

4月26日，参加全国政协"宪法草案"第十四次讨论会。主题：民族自治机关。发言者：马寅初、韩寿萱、费孝通、周炳琳、王铁崖、翦伯赞、钱端升。晚至民进参加会议，向达示陈寅恪诗：

> 八股文章试帖诗，尊朱颂圣有成规。
> 白头学究心私喜，眉样当年又入时。①

4月27日，参加历史系培养助教经验交流会，白寿彝、陈正飞、赵光贤、罗志甫、刘蓬、张文淳、王桧林、刘家和、荣国汉、杨钊参加。晚丁浩川来访。

4月28日，谒陈垣，讨论康熙十八年己未（1679年9月2日）地震问题。下午参加全国政协"宪法草案"第十五次讨论会，主题：法院。发言者：张有渔、吴之椿。

4月29日，在师大二附中参加历史系实习教师世界史教学交流会，并做听课记录，讲课人李淑勤，张守常、刘家和等发言。

4月30日，参加全国政协"宪法草案"第十六次讨论会，马寅初传达毛泽东关于"宪法草案"修改的讲话。

5月1日，参加"五一"游行观礼。

---

① 此为当时流传版本，与后来出版物有出入。

5月3日，参加全国政协"宪法草案"第十七次讨论会，并就"革命军人"问题发言。晚至民进参加日内瓦会议、宪法、中小学劳动教育等问题的讨论。

5月4日，谒陈垣。何兹全、陆和九、李瑚来访。

5月5日，参加全国政协"宪法草案"第十八次讨论会，到会42人，照相。请假者：习仲勋、张奚若、林砺儒、陈垣、戴芳澜。翦伯赞与谈金家瑞工作问题。

5月6日，听白寿彝继续作"关于封建社会分期问题"的报告（第二部分）。

5月7日，听林志纯[①]"向苏联学习"的报告。

5月12日，听何兹全"关于初期封建社会"的报告。

5月13日，参加师大党总支召开党派会议，讨论民主党派在学校中的作用问题。

5月17日，上午参加历史系世界古代史教学大纲会。下午参加校系主任座谈会。得李国宪[②]来函，即复。

5月19日，参加历史系助教进修座谈会。

5月28日，至中国科学院参加报告会，钱三强主持，尹达、裴文中报告访苏经过。

5月29日，至全国政协学习小组，听程子华"关于工业手工业问题"的报告。

5月30日，至民进参加基层工作会议。至北京饭店听田家英报告会。

5月31日，听中国人民大学胡绪奎"关于学习苏联及贯彻教育方针"的报告。晚参加"过渡时期总路线"学习。高等教育部部长马叙伦发聘书，聘为1954年度大学生留苏考试评卷委员。[③]

6月4日，参加北京师大校委会会议，总结教育实习。

6月7日，参加傅仲孙主持校科研座谈会。

---

① 林志纯，历史学家，时任东北师范大学历史系教授。
② 李国宪，柴德赓北平师范大学同学，时任西南农学院教授。
③ 聘书现由苏州市档案馆收藏。

6月14日，参加校招生委员会第一次会议。

6月17日，至和平宾馆参加中学教科书座谈会，董纯才[①]、叶圣陶[②]主持，范文澜、翦伯赞、向达、胡华、杨人楩、翁独健、金灿然等参加。

6月19日，参加民进"宪法草案"座谈会。许广平传达毛泽东讲话[③]：学习的时候提出5900多条意见，大多数没有采用，只采用100条。一部分不大正确，一部分不适合，而为什么要收集这么多的意见，从这里可以看出民主和水平，这就是八千多人对宪法的看法。

6月20日，访李飞生。

6月21日，参加"工人阶级历史地位问题"政治学习。

6月24日，至民进参加小组会。

6月29日，尹达来函，致柴德赓和白寿彝，将遣戴逸[④]等人前往取考试卷。

7月26日，参加中国科学院、高教部召开的"综合大学文史座谈会"。参加民进"关于印度支那问题"座谈会。[⑤]

9月1日，女柴令文考取北京师大地理系（四年制）。陈垣戏称"小妹，祝贺你与你父亲同学"。

9月27日，长孙出生，时第一届全国人民代表大会选举毛泽东为国家主席，遂取名"念东"。

12月21日，邓之诚日记有北京师大世界史教研室问题，涉及柴德赓作检查。[⑥]

是年，《对师范学院暂行历史系教学计划的一些看法》一文在《人民教育》发表。在论述专业必修科目设置中，提出要设立"中国历史要籍

---

① 董纯才，时任教育部副部长。
② 叶圣陶，江苏苏州人。"苏州五老"之一，时任教育部副部长、人民教育出版社社长。
③ 《民进、农工民主党、九三学社地方组织积极参加宪法草案宣传和讨论》，《光明日报》1954年6月20日。
④ 戴逸，时为中国人民大学历史系讲师。
⑤ 《民主促进会总部和北京市分会举行座谈会，热烈庆祝印度支那问题达成协议》，《光明日报》1954年7月31日。
⑥ 邓之诚著，邓瑞整理：《邓之诚文史札记》，第844页。

介绍及选读"课目。

写"学习宪法（草案）的体会"文章一篇。

○ 1955 年 四十七岁

- 任北京师范大学历史系教授、系主任。
- 9月调江苏师范学院，任历史系教授、系主任。
- 12月聘为苏州市政协文教组委员。

1月1日，元旦，至陈垣寓所贺年。邝平章、石础、张遵俭、陈乐素夫妇、刘乃和等来访。

1月2日，诣翁独健，与之长谈。吴柔曼来访。观新凤霞《刘巧儿》。

1月3日，至历史系，何兹全、朱庆永与谈柴检讨问题。当日日记：

> 谈检讨会中有的检讨问题，二君诚恳希望系中团结，可感。我近日思想波动已平静些，从前见难思退，被打击想抽身的那种思想，开始批判。如此局面，别人亦难收拾。我不入地狱谁入地狱。为党为校、为自己工作一场着想，决不能一丢了之。纵有千种困难，也当克服。自己工作缺点很多，当先检查、改正，不管别人有何成见，我当为此处之。

1月4日，谒陈垣。

1月5日，与张云波谈亚洲史教学计划。

1月7日，读胡绳《论胡适派腐朽的资产阶级人生观》。谒陈垣，还中国科学院信。

1月9日，至天坛医院视刘颂尧疾。至杨敞宅。

1月10日，与白寿彝谈新校历史系房屋问题。校工会基委会扩大会议上通过：柴德赓、徐乃乾继续为市总工会代表。①

---

① 《师大教学》1955 年 3 月 18 日。

1月12日，晚至民进北京市委会开理事会。

1月14日，参加历史系核心小组会，讨论教学问题。

1月15日，至民进中央，许广平传达周恩来1月13日在全国政协常委会上"关于国际问题"的报告。

1月18日，致徐慧娟书。

1月19日，至教育部，听柳湜"教育工作问题"的报告。

1月20日，预付张次溪稿费50万元[①]。参加北京师大学委会会议，会上由地理系周廷儒、教育系鹏飞、生物系汪堃仁分别介绍教学工作经验，柴德赓表示历史系要向先进单位学习。[②] 晚王文瑞、龚书铎、陈伯君来访。

1月21日，参加历史系"批判胡适资产阶级思想"座谈会。

1月24日，正月初一。鲁宝重、汪堃仁、谢思骏、张重一、傅仲孙、周廷儒来拜年。周祖谟来谈余逊病况。

2月1日，至民进市委会参加组委会。

2月2日，至中山公园参加北京政协"关于台湾问题"的讨论。

2月6日，至民进市委会，冯宾符传达"解放台湾问题"。

2月7日，参加系教学会议，谈教学问题。

2月8日，讨论李书兰辅导员工作。

2月9日，参加北京师大校务会议，何锡麟传达"开展批判胡风运动"问题。

2月18日，与王文瑞、龚书铎同访陈正飞，商选拔留学生问题。

2月19日，参加教务会议，布置教务工作。

2月20日，参加北京师大校务会议，傅仲孙布置教学检查工作。

2月21日，参加柳湜在北京师大"关于教学检查"的报告会。邓之诚得柴德赓复书。[③]

---

① 相当于改币制后的50元。
② 《师大教学》1955年2月8日。
③ 邓之诚著，邓瑞整理：《邓之诚文史札记》，第854页。

2月23日，与杨钊、白寿彝、何兹全商讨历史系教学检查工作。

2月24日，上午上课，讲"中国历史要籍介绍"。姚绍华来谈《明史纪事本末》后记问题。

2月25日，下午参加近代史组讨论。写有关张恩发的材料。

2月26日，至长辛店机车修理厂参观。陈伯君来访。

2月27日，至民进参加大学组会议。覃英自上海来访。

2月28日，至北京师大校委会参加讨论"崔可夫教学"。

3月5日，下午至中国科学院讨论批判胡适思想。① 顾颉刚：考据学是反封建的（不知考据学也有拥护封建的一面②），考据学有革命性。

3月9日，听哲学课。参加北京师大校务会议，讨论"检查工作"。

3月10日，上课讲《宋史纪事本末》。

3月11日，与白寿彝、何锡麟、杨钊商讨"检查工作"。

3月12日，下午参加校部会议，听何锡麟传达"批判胡风运动"动员报告，会上发言批判胡适的考据学思想。③

3月18日，至北京第三十九中学观摩教学。

3月19日，参加历史系检查小结会。

3月22日，上课。听刘乃和《出师表》课。参加北京师大校务会议，何锡麟小结"检查工作"并开展第二阶段"检查工作"。

3月23日，童书业④、胡宁晋来访，谈教学问题。

3月24日，陈乐素来访，谈中学历史教学问题。

3月25日，参加历史系科研工作检查会。

3月26日，至中央统战部参加"批判胡适大会"。⑤ 到会者：翦伯赞、童书业、柴德赓、王力、刘大年、郑昌淦、戴逸。

---

① 葛剑雄编：《谭其骧日记》，广东人民出版社2013年版，第18页，记"下午赴科学院胡适思想批判会"。

② 括号内为柴按。

③ 会后写有批判胡适考据学文章，未完成，稿件现由苏州大学博物馆收藏。

④ 童书业（1908—1968），字丕绳，浙江鄞县人。历史学家，时任山东大学历史系教授。

⑤ 柴德赓撰写批判胡适史学观的文章尚存。

3月28日，收到中国科学院文件。① 黄元起、张舜徽②来函。至民进参加北京、天津汇报会。

3月29日，谒陈垣。

3月31日，参加北京师大校委会，交流经验。

是月，参加北京师大召开的"开展批判资产阶级唯心主义思想座谈会"并发言："我正在研究胡适考据与乾嘉考据的关系。通过批判胡适思想，学习马克思列宁主义，要实行自我批评，才能深入。批判资产阶级唯心主义思想，即可提高自己的思想水平。"③

4月2日，陈乐素来访，谈中学课本。致书徐家楣、倪祯棠、朱守范④。

4月3日，至民进中央参加国际形势报告会，杨东莼作"有关亚非会议"的报告。

4月7日，陈伯君送来《三国会要》校注稿，转中华书局姚绍华。

4月8日，与陈正飞、杨绍萱至中国科学院近代史所开会，范文澜讲话。成立各学术小组，翦伯赞、向达、尹达、刘大年、柴德赓、马鸿模、李新、黎澍为抗战胜利十周年学术筹备委员。

4月14日，上午上课，听欧阳湘课。谒陈垣。晚参加民进市委会召集各高校在北京师范学院（以下简称"北京师院"）召开的实习座谈会。

4月15日，张次溪送"辛亥革命"整理稿目录来，即交付印。下午教学经验交流，听赵贞信"唐代经济及赋税"课。

4月16日，参加历史系学生实习动员会并发言。下午至中山公园参加"四一一"殉难烈士纪念座谈会。吴晗主持⑤，出席人员：张曼筠⑥、乐

---

① 胡适思想批判参考资料之五《胡适文辑》。
② 张舜徽（1911—1992），湖南沅江人。历史文献学家，时任华中师范学院教授。
③ 《师大教学》1955年3月18日。
④ 朱守范，柴德赓妹夫，时于上海做会计工作。
⑤ 习之编《吴晗年谱（政务篇）》未载此条。
⑥ 张曼筠，李公朴遗孀。

松生[①]、张克明[②]、雷洁琼、李伯球。晚与陈璧子至陈伯君处，转交中华书局送来《三国会要》点校费186元。归途遇雷洁琼、严景耀。

4月17日，下午至中山公园参加"四一一"烈士追悼会。至武功卫诣朱庆永、白寿彝。

4月18日，至中山公园参加市工会联合会议。

4月19日，上午上课。下午访黄彦平[③]，谈资产阶级教育思想问题。访石磬[④]，谈现代史教学问题。

4月20日，上午至中山公园参加民进小组学习，关于基层党派如何发挥作用。

4月22日，下午至中山公园参加市工会代表会，彭真出席。

4月23日，下午至北京饭店听孙定国"学习辩证唯物主义"的报告。晤孙敬之、张子高、宋君复。

4月24日，至民进，招待来京参加高校院校长会议的代表。谒陈垣。

4月25日，与白寿彝商研究班及小结事。与何兹全、赵光贤、刘启戈、龚书铎等访毡子房谢家花园。下午与张守常至北京第四十一中学[⑤]，听实习生课。

4月27日，上午上课。与赵光贤、何兹全谈研究班问题。至北京师大女附中听实习课。

4月28日，上午上课。下午至北京师大女附中听实习课评议。与杨钊谈宋史。

4月29日，听苏联专家"关于教学问题"的报告。晤张文奇[⑥]、张子高。与赵光贤谈研究班事。

4月30日，至北京展览馆参加教育部"关于贯彻教育方针"的报告会。

---

① 乐松生，同仁堂第十三代传人，时任北京市副市长。
② 张克明，时任民革北京市主委。
③ 黄彦平，时任北京师范大学教务长。
④ 石磬，时任北京师范大学教授。
⑤ 北京第四十一中学前身为陈垣创办的北京平民中学，位于西四帅府胡同。
⑥ 张文奇，时任北京钢铁学院教授。

5月1日，参加"五一"观礼。

5月2日，陈伯君来访。谒陈垣，同访启功，未值。

5月3日，至北京第三十九中学听实习生课，与校长谈观摩教学意见。至中国科学院参加批判"胡适五步法"的会议。

5月4日，至民进参加第七次理事会，介绍陶麐、傅任敢、石础、袁筱舟①、朱泽吉加入民进。

5月6日，与历史系四年级学生谈考研究生问题。至北京大学参加关于《红楼梦》讨论会，翦伯赞报告。晤魏建功、郑天挺，访邓之诚、余逊。约请侯仁之②来北京师大作报告。

5月8日，谒陈垣。至研究生考场监考。

5月12日，至北京师大附中，听实习生课并参加点评，柳湜及苏联专家库茨涅佐夫参加。

5月13日，来新夏、魏鸿运来访。听柳湜"关于学习苏联及师范院校办学"的报告，费拉托夫"关于提高教学质量"的报告。

5月18日，夏承焘得柴德赓自北京书，为借《白石词》事。③

6月11日，得夏承焘函，致马叙伦书，附夏承焘函，并寄"辛亥革命"目录。至民进中央参加汇报会。下午参加民进声讨胡风大会，由马叙伦主持，许广平作报告。

6月12日，诣李飞生，得辛亥文献多种。至民进参加汇报会。得马叙伦函，谈浙江辛亥光复史料。谒陈垣，得知日本学者对陈垣近况颇有担心。

6月13日，至历史系与龚书铎、王桧林谈批判胡风问题。参加北京师大校部大会，何锡麟动员"彻底肃清粉碎胡风反革命集团，肃清一切暗藏的反革命分子"。停课两日开展运动。

得夏承焘函，寄"白石词"三种，并附宣楮一纸求书④，得马叙伦

---

① 袁筱舟，辅仁大学国文系1938级学生。
② 侯仁之，时任北京大学副教务长、地质地理系教授。
③ 李剑亮：《夏承焘年谱》，光明日报出版社2012年版，第163页。
④ 李剑亮：《夏承焘年谱》未载此事，记是月夏承焘完成《白石歌曲校记》等。

函，寄杭州光复史料。启功来访。何兹全来谈考古、亚洲史问题。晚谒陈垣。访李飞生。

6月14日，参加历史系批胡风问题讨论会。张守常来访，借去《宋人轶事汇编》。

6月15日，至民进中央，赵朴初传达李富春"关于反浪费问题"的报告，并介绍前出访缅甸情况。

6月18日，下午参加北京师大校务会议，传达粮食供给问题。

6月19日，周蓟章、张重一来访。谒陈垣。

6月22日，与徐伯昕同访马叙伦，谈杭州辛亥光复事。

6月23日，至北京市文化局参加"还我台湾"座谈会。

6月28日，卞孝萱自南京来函，就英政府《中国问题》蓝皮书编辑入"辛亥革命"事商榷。[1]

7月3日，至民进中央高教组参加关于胡风问题座谈会。

7月8日，与张次溪确定"辛亥革命"分册问题，原拟九册，后定为八册。参加民进召开的中学教材编写座谈会。访张重一。

7月9日，改写张苍水文[2]。张次溪、李秋媛、高光耀来访。

7月10日，至怀仁堂观蒙古人民歌舞团演出，晤吴晗、王群峰等，始知王世英住院。

7月11日，参加历史系系务会议，讨论教学计划及教研组设置问题。张守常来函，协商调动工作事。

7月15日，至北京医院探王世英疾。

7月16日，至北京大学视余逊疾。至体育学院看望宋君复，宋谈亲睹丁未年秋瑾被害事。

7月17日，周蓟章来访。至前门西单饭店看望郑楠。

7月19日，参加高考阅卷。晚参加人民外交协会会议，听张闻天[3]

---

[1] 《蓝皮书》后编入《辛亥革命》资料集。
[2] "张苍水文"疑为金家瑞修改文章，1955年9月金有《张煌言》一书出版。
[3] 张闻天，时任外交部第一副部长。

"关于国际形势"的报告,以及"潘汉年反革命案"的通报。①

7月20日,参加历史系全体教师会,何锡麟总结一年来历史系纠纷,以"无原则纠纷"定论,宣布人事调动:柴德赓调南京,陈正飞调天津,刘蓬调河南,罗志甫去向未定。晚朱庆永、刘启戈、何兹全、张重一、刘蓬、杨成章来访,谈调动之事。

7月21日,李秋媛、龚书铎来访。陈璧子拟将调动工作,从北京第三十九中学将调往北京实验工农速成中学。

7月22日,张云波来访。与刘淑娟②谈工作调动手续。晚至陈垣宅,报告工作变动。徐慧娟自南京来函,谈论近况,并询北京"思想改造"运动进展。

8月2日,至南校参加高等师范理学院教学大纲讨论。陈乐素来访。

8月3日,访张重一。得新知识出版社复函。

8月4日,晚至陈垣宅夜谈。

8月5日,参加北京师大校委会第20次会议。何锡麟又宣布柴德赓工作调动去向改为西南师范学院,任副教务长兼历史系系主任。

8月6日,宋君复、雷洁琼来访。晚访何锡麟。陶麐、何兹全夫妇来访,未值。周蓟章来访。

8月7日,陈伯君、张重一等来访。

8月8日,上午至教育部人事司见李冰洁司长,适吴贻芳在座。由吴力争,旋改调江苏省③,由吴负责联系陈璧子工作及小儿柴君衡转学事宜;入川之行终止。

8月10日,参加北京师大"肃反"运动,何锡麟做运动动员报告。

8月11日,至历史系,何锡麟宣布历史系新主任为王文枢④,柴调动

---

① 潘汉年,任中共中央华东局统战部部长、上海市副市长,1955年4月在京参加中共中央会议时因"内奸"问题被逮捕。

② 刘淑娟,时为北京师范大学历史系办公室秘书。

③ 当时南京师范学院、江苏师范学院均无历史系,都需创建。江苏教育厅决定先建立江苏师范学院历史系。

④ 政教系与历史系合并,合系后称为"历史政治系",王文枢原为政教系主任。

在北京师大参加"肃反"运动后执行。参加批胡风,"肃反"运动。

8月12日,参加系分组讨论会,内容为给"肃反"运动提意见和评议刘启戈历史问题。

8月13日,上午参加校民主党派会议。下午揭批刘启戈。

8月15日,参加历史系大组会,继续揭批刘启戈。

8月16日,周祖谟来访。参加历史系小组会,继续揭批刘启戈。

8月17日,次子柴邦衡考取清华大学动力机械系(五年制)。参加历史系"肃反"运动会议,继续斗争刘启戈。

8月18日,参加校部欢送会,丁浩川调长春东北师范大学,柴德赓调苏州江苏师范学院(以下简称"江苏师院"),林传鼎调北京师院。下午参加历史系"肃反"运动,批判陈正飞。

8月19日,下午参加历史系"肃反"运动,继续批斗陈正飞,陈垣参会。

8月20日,历史系、政教系联合"揭发"陈正飞,会后陈递辞职书。

8月22日,继续参加"肃反"运动,张刚①谈刘启戈、罗志甫、陈正飞问题。小组批判罗志甫。

8月23日,参加"肃反"运动小组长会。白寿彝指出罗志甫问题性质,揭发批判。柴德赓亦发言。

8月24日,参加历史系大组会,"肃反"运动,揭批罗志甫。晚胡华来访。

8月25日,参加历史系小组会,"肃反"运动,揭批张次溪。

8月26日,晨送祁开智赴西安出差。参加历史系大组会,揭批陈正飞。

8月27日,参加揭批罗志甫大会,进行思想批判。柴在会上发言。

8月29日,参加校"肃反"运动大会,何锡麟报告北京师大运动开展情况。写检查材料,交代反动社会关系,参加及退出国民党原因。

8月31日,参加历史系大组会。报告会上被检举的人员有80多人,

---

① 张刚,时任历史系马列教研室教授,"肃反"运动领导小组副主任。

主要为"现行反动言论和行动,过去反动言论和行动,历史和现在的社会关系"。以斗争会、漫谈会形式,开展内部批判斗争,谈思想收获。

9月1日,参加小组会,张次溪问题交代。校人事处来了解周蓟章问题。

9月2日,上午参加斗争陈正飞,下午参加斗争张次溪。校人事处干部来了解柴德赓在1942年—1946年和1948年活动情况。

9月3日,参加斗刘启戈会,王文枢讲话,揭发刘反动言论76条,交代仅29条。

9月4日,参加斗张次溪会。写1946年辅仁大学时期交代材料。

9月5日,上午与张次溪谈话。下午参加斗罗志甫会。

9月6日,参加历史系大组会。系"肃反"运动领导总结及布置后期工作。继续参加揭批刘启戈会议。

9月7日,柴德赓于北京师大"肃反"运动检查。发言者:张守常、刘蓬、张云波、张文淳、王文瑞、朱庆永、白寿彝、赵光贤、何兹全、邝平章、龚书铎、吴宏中、陈桂英、尹敬坊、陈继珉等。

9月8日,参加毕业生分配工作会议,摄影,聚餐。

9月9日,汤家庆、龚书铎、林传鼎来访。陈垣于恩元居请客。①

9月12日,听何锡麟"关于肃反总结"的报告。"肃反运动"中柴德赓写有"高中时期的政治活动"。②

9月17日③,离京赴南京江苏省教育厅报到。据刘家和回忆④,离京时刘家和送至火车上包厢,包厢是一人间,一张床和一个办公桌。柴先生上车后,放下行李即打开手提箱,取出资料。刘问:柴先生在火车上还要看书?柴答:是,坐火车不能总是躺着,还是要看看书的。随后,陈乐素先生赶来送行,刘即离开。

9月18日—20日,经停南京办理调动手续。访亲友。

---

① 恩元居清真饭馆位于前门大街。
② 底稿尚存。
③ 日期为推算。
④ 2016年10月18日于北京师范大学,在场人:杨共乐、丁波、柴邦衡等。

9月21日，到江苏师院报到，递交离开北京师大前填写的新履历表。

9月23日，至办公室与张晓江谈教学工作，与何保罗谈学生工作。下午参加系科主任会议。致章佩瑜、倪祯棠、徐慧娟书。

9月28日，听张梦白讲"私有财产的萌芽和氏族社会的解体"课。

9月29日，发何锡麟书。听杨巩"关于学院五年计划"的报告。

9月30日，接陈璧子函，即复一书。

10月2日，至常熟陈绍闻、缪景湖①家访亲，考察常熟文物，发现"忠王报恩碑"，抄录碑文。游常熟虞山兴福禅寺，抄录崇祯年立碑。

10月4日，黄文浩来谈民主党派工作。听"近代史"课。

10月8日，致书与梁明、吴白匋、方管，怀想白沙旧友，念念不已，当日有记："昔日比邻而居，灯火相望，今则两楼危坐，枫叶萧瑟，良夜迢迢。"下午随历史系参观忠王府，阅书肆，再游拙政园。

10月9日，逛书肆，购得道光刻本《翁注困学纪闻》及《南北史表》、《庸庵笔记》。徐嗣山来访。得新知识出版社函，知《辛亥革命》待印。

10月10日，上课。发薪，每工资分2角4分6厘3，差北京1厘。

10月11日，参加院全体大会，听李鹤皋"有关防空问题"的报告。得缪镇藩②南京函。

10月12日，得陈绍闻寄照片。得陈璧子函。下午上课。发尹敬坊书及家书。

10月13日，参加课堂讨论。致书吴宏中。晚阅《列宁主义问题》。

10月14日，参加中国史教研组讨论会。

10月15日，得陈璧子函，得知前寄高等教育出版社王辑五《亚洲史讲稿》、班书阁《中国历史要籍介绍》讲稿均收到。逛旧书市，购得《系年要录》、《碑传补集》，文学山房购到《谈浙》、《雪门诗钞》等。

---

① 缪景湖，陈璧子弟媳。毕业于西南联大历史系，祖居常熟中巷74号（后为常熟市文物保护建筑）。

② 缪镇藩（1895—1957），江苏常熟人。缪景湖父，国立女子师范学院同事，原中央图书馆代馆长，时任南京图书馆古籍部主任。

10月16日，与段本洛、王畅访葛贤墓，墓在民居院中，以及邻院有"五人墓"，均荒弃，后游虎丘及灵岩山。得王文瑞函。晚访黄文浩。

10月18日，参加历史系"五年计划"讨论。

10月19日，参加历史系世界史组会议。

10月20日，杨巩、秦和鸣、李鹤皋来访。

10月24日，上午陪同东德史学家尼希托惟斯游览拙政园、沧浪亭。下午尼希托惟斯在江苏师院作"德国人民反法西斯历史"的报告。发陈璧子家书。

10月25日、26日，继续陪尼希托惟斯游览苏州园林、周家花园[1]等。[2]

10月27日，得刘乃和来函。收新知识出版社函。收陈璧子自北京家书，24日函已得阅。

10月29日，听张晓江"世界史"课，并讨论彼得大帝、雅各宾党。参加工会活动。

10月31日，校《贵州民党痛史》。

11月1日，致陈桂英、荣孟源、新知识出版社书。得方管自北京来函。

11月3日，致陈璧子家书。听蒋健平课，听杨巩哲学报告。

11月5日，校"辛亥革命"稿。

11月13日，刘乃崇自北京来函，谈《剧本》编辑部工作及家中近事。

11月14日，致书陈垣，汇报到苏州工作进展。

11月15日，在苏州市政治协商会议（以下简称"苏州政协"）一届一次会议上当选委员[3]，并就教育向学习苏联问题作大会发言，题目"历史教学的任务"[4]。并提出保护"五人墓碑"古迹的意义。

11月16日，陈垣来函。[5] 责怪通信不勤，并谈刘仙洲已经入党，当

---

[1] 周瘦鹃寓所，时为甫桥西街（后改为凤凰街）王长河头3号。
[2] 游览存照尚存。
[3] 《苏州民进成立五十周年纪念集》，自印本，第217页。
[4] 《新苏州报》1955年11月15日。讲稿现由苏州市档案馆收藏。
[5] 陈智超编注：《陈垣来往书信集》（增订本），第593页。

迎头赶上。

11月21日，与历史系一年级新生游虎丘、留园。再访"五人墓"，已经修葺整理。①

11月23日，上课。修书贺陈垣生朝。

11月24日，听"唯物论"课。备课，写讲稿。

11月25日，至医科进修学校讲课，以1955、1956两年高考试卷为例，讲中学历史课本问题。晚阅《翁同龢日记》。

11月27日，得陈璧子函，勉摒挡杂事、从事学术，阅之深有感叹，远离师门，已即自懈。得南京徐慧娟函。晚阅《翁同龢日记》。

11月28日，听陈志安"纪念恩格斯诞辰135周年"的报告。得毕腾青函，云知昔日安定同窗，亦在苏州，思至惊人。阅《翁同龢日记》。

11月29日，与纪庸谈考试问题。阅《翁同龢日记》至十四卷毕。刘乃和来函，长信以代面谈，详介北京师大历史系两月情况。

11月30日，与纪庸等至江苏师院附中听陆钦墀实习课，讲"1948年奥地利革命"。至苏州政协参加苏州市"取缔反动淫秽荒诞书籍"座谈会，并发言②，范烟桥、汤国梨③等与会。

12月1日，王绍鏊到苏州，往访。民进拟在苏州发展组织，成立筹备委员会。与范烟桥同访周瘦鹃。听陈志安讲"唯物论"课。徐嗣山来谈辛亥革命资料事。卞孝萱自南京来函，提议出版"辛亥革命资料补充"（后未采纳）。

12月2日，诣汤国梨，谈"章太炎文集"整理事。至五爱中学访毕腾青，发现一元代碑刻竟弃之西阁，叹不惜文物。

12月3日，日本前首相片山哲（第46届，1947年—1948年）访华，至苏州游览，市政府要求参加接待工作，晚阅《长庆集》、《吴县志》做准备。

---

① 柴德赓于政协会议上呼吁保护苏州文物，特别提到葛贤墓和五人墓。
② 《新苏州报》1955年12月2日。
③ 汤国梨（1883—1980），浙江乌镇人。章太炎夫人。

12月4日，与惠廉、钱端升等陪片山哲往虎丘、沧浪亭等处游览。汤国梨来访，未得见。晚诣张晓江、张焕庭。致陈璧子家书。

12月5日，至开明戏院听吴仲邺"关于工商业改造"的报告。晤金兆梓，谈民进在苏州建立组织事。晤汤国梨。得卞孝萱函，言续编"辛亥资料"事。苏州市政协常务委员会聘为文教组委员。

12月6日，蒋吟秋来访。听杨巩传达杨秀峰[①]报告。致书与刘乃和，谈近况，达二千言。

12月7日，叶圣陶来江苏师院考察，吴研因、徐伯昕陪同，与之见面。得陈璧子函。访秦和鸣谈民进筹建工作。

12月8日，得王绍鏊函，谈在苏州建立民进基层组织事。

12月9日，阅《〈吴县志〉杂记》。

12月10日，发薪，代扣北京师大借款100元。杨巩、秦和鸣来访。

12月12日，向行政借款100元。至顾家花园[②]访金兆梓。

12月13日，至工农速成中学听课，讲"辛亥革命"。因推普通话教学，阅黎锦熙《国语运动》。

12月14日，上课。得陈璧子函。参加院教务处系科主任会，讨论考试、考查工作。晚列席苏州政协常委会会议。

12月15日，听陈志安"关于辩证唯物论"的报告。阅读汉语规范化教材。

12月16日，至工农速成中学，参加实习生评议。参加苏州军分区授衔仪式大会活动。陈晶晶、郭家生[③]来访。

12月17日，至苏南工业专科学校讲课。

12月18日，诣秦和鸣、高扬芝，商院工会之事。游寒山寺。

12月19日，参加历史系教师工资待遇讨论会。参加教研组会议。阅《寒山寺集》，致陈璧子家书。

---

① 杨秀峰，时任教育部部长。
② 顾潮：《顾颉刚年谱》（增订本），中华书局2011年版，第402页。当时金兆梓租寓顾颉刚旧居悬桥巷4号。
③ 郭家生，江苏师范学院历史系1955级学生。

12月20日，参加纪庸课堂教学讨论。参加行政会，通过个别调薪名单。刘孟白复书，谓江苏师院张焕庭、徐嗣山皆为北平师大同窗，盼推新书，谈高校教材问题。

12月21日，晚徐嗣山来访。诣张焕庭。阅《白氏长庆集》，拟写"白居易与苏州"文。[①]

12月22日，得陈璧子家书。得刘乃和长函一通。听徐嗣山"近代史"课。晚召集学生干部会。阅《旧唐书·地理志》。

12月23日，得陈垣函[②]，命推荐科学论文。即复。新知识出版社寄来《辛亥资料》第三册印稿两份。五年辛勤今始见刊本，亦一慰也。晚阅范成大《吴郡志》，朱长文《吴郡图经》，陆广征《吴地记》，龚明之《中吴记闻》、《刘梦得集》等。

12月24日，上"中国历史要籍介绍"课。阅《吴门表隐》。

12月25日，上午与毕腾青至玄妙观访碑，当日日记：

由道士引导观"没字碑"，此碑相传方孝孺所撰，永乐间划平，碑高丈余，其承碑龟趺不见痕迹，计地下所埋不止五尺。又至机房殿观雍正间"禁止叫歇碑"，"叫歇"即今所谓"罢工"，此碑极有史料价值，当拓有之。

下午诣纪庸，告已访"叫歇碑"事。陈璧子自北京寄家书，谈及学校近况及调动至苏州事宜。

12月26日，接中国史学会函，并收到资料抄写费200元，正解之急。致书陈璧子、尹炎武。阅《潜园友朋书问》。启功自北京来函，分别数月，谈近况，并言"思想改造"诸问题。

12月27日，接张次溪函，询问《辛亥革命》一书稿费事宜。上课。晚陈晶晶、郭家生来访。

---

① "白居易与苏州"一文提纲尚存。
② 陈智超编注：《陈垣来往书信集》（增订本），第593页。

12月28日，汇款20元与张次溪。诣张焕庭、何保罗。得黄文浩长春函。朱师辙自杭州来函，举荐华南师范学院教授李稚甫至江苏师院任教，并言与《清史稿》相关著作的编辑近况。

12月29日，得启功26日函，阅后感内容及见性格。

12月31日，寄单士魁、陈垣书。得陈璧子函，知《辛亥革命》第二册已经寄出。陈晶晶等学生来访。

是年，撰写《关于当前中学历史教学中的基本问题》。[①]

筹建民进苏州市基层组织。柴德赓"文化大革命"档案材料《在苏州建立民进组织》记：

> 1955年秋我来苏州，这里没有民进组织，我也没有参加政治活动。这年冬，民进秘书长徐伯昕来苏州，开始和我谈起，准备在苏州建立民进组织，我已和统战部谈过了。后来，民进中央副主席王绍鏊来苏州，找我到统战部，并和范烟桥见面，范当时是苏州市文化处长，王和范是同乡，在我来苏州以前，王和范早已谈过在苏州建立民进组织的打算。

○ 1956年 四十八岁

- **任江苏师范学院历史系教授、系主任。**
- **任民进中央委员、江苏省筹委会副主任委员、苏州市筹委会主任委员。**
- **任苏州政协常务委员、江苏省政协委员。**

1月1日，元旦，历史系师生团拜。陈晶晶、郭家生来访。

徐嗣山邀观赵艳侠《春香传》。晚校《辛亥革命》稿。

1月2日，发陈璧子书。陈晶晶等来协助整理《史学周刊》、《历史学》。

---

① 未公开发表，手稿现由苏州大学博物馆收藏。

1月3日，刘桂东来访。至苏州博物馆查阅辛亥革命文献。至陈照清书摊购《汉族光复史》、《秋瑾选集》、《中国革命史》、《三冈识略》。下午学习资本主义工商业改造文件。晚校《辛亥革命》稿。

1月4日，听杨巩关于1956年江苏师院招生计划报告。参加历史系行政会议，落实院部号召。继续校《辛亥革命》稿。

1月5日，与纪庸、刘桂东谈工作。至书肆购旧书《民国月刊》、《平报》、《广西边事旁记》等。得尹炎武自上海复函，知有辛亥文献，颇喜。

1月6日，与徐嗣山至院教务处谈科研工作。复朱师辙书。考"永禁纱缎业机工叫歇碑"。

1月7日，天寒遇感，未出屋。考"叫歇碑"："高其倬初为总督，继以总督管理苏州巡抚后只巡抚苏州，碑乃以为巡抚江宁，恐有误字。"

1月8日，寄出《辛亥革命》第三册校稿及原稿。刘乃和来函，介绍北京师大提职近况。

1月9日，上课。参加教研组会。与张晓江、何保罗至江苏师院附中参加实习评议会。致陈璧子、刘乃和各一书。继续校《辛亥革命》稿。

1月10日，听秦和鸣传达苏联专家德古金政治理论教学报告。许国樑来访，商段天煜[①]转移民进组织关系事。晚阅《资本论》计件工资论述，阅孙珮《苏州织造府志》、钱思元撰《吴门补乘》。

1月11日，致陈璧子、刘乃和、朱守范各一函。

1月12日，听钱兆隆课。寄北京书稿及校稿邮包。

1月14日，刘乃和来函，告北京友人近况。

1月15日，校《辛亥革命》稿。与纪庸同访书肆，购得《社会世界》、《徐锡麟》、《沈北山哀思录》、《太平杂志》、《仁学》、《共和平议》、《时事新报选粹》、《侠恋记》、《伤心人语》、《通州事业报告》、《史阁部集》和《长江流域观势》。接北京寄来《辛亥革命》第四册样稿。

---

① 当时段天煜由南京师范学院调入江苏师范学院，已经是民进会员，后任江苏师范学院支部主任。

1月17日，得刘乃和书，因重印《廿二史朔闰表》，询问勘误问题。至中山堂①听惠廉"关于公私合营"的报告。

1月18日，应邀观礼苏州公私合营大会。发刘乃和、张次溪、荣孟源各一书。

1月19日，至苏州政协听吴仲邠关于《全国农业发展纲要四十条》报告。

1月21日，得陈垣寄来《中国佛教史籍概论》。下午继续自我检查，与张梦白谈检查工作。

1月22日，至上海，访周谷城。

1月23日，至新知识出版社晤陈建堂，谈《辛亥革命》印刷问题。访尹炎武，阅辛亥文献及清末史料。下午至华东师大访吴泽、李季谷。

1月24日，致书陈垣，禀见尹炎武况。再访尹炎武寓，晚回苏州。

1月25日，参加历史系教育史讨论会。得中国史学会函，商《辛亥革命》付印手续。得陈垣来示。写苏州市人民代表委员会（以下简称"苏州人代会"）发言稿。复史学会、陈璧子、张次溪各一书。

1月26日，得陈垣寄书一扎，交纪庸。列席参加苏州人代会一届三次会议，作大会发言"迎接文化高潮的到来"：1. 历史教学的意义；2. 苏州地方史的整理与宣传。②

1月27日，参加苏州政协讨论会，讨论知识分子团结问题、师生问题。写发言稿。

1月28日，得新知识出版社函，知中国史学会最后审定意见。阅《祝枝山集》。校《辛亥革命》第二册。列席苏州人代会会议并发言。

1月29日，徐嗣山交来近代史论文题目。至苏州人代会，继续参加会议。蒋吟秋赠《红兰逸乘》、《沧浪亭志》、《吴中藏书家考略》等。购罗振玉《扶桑二月记》、《清史览要》等书。晚继续校《辛亥革命》第二册。

---

① 位于玄妙观三清殿后。
② 据苏州市档案馆资料。

1月30日，参加苏州人代会会议，听传达周恩来"关于知识分子问题"的报告。

1月31日，参加苏州人代会会议。晚会餐，周瘦鹃、汤国梨及江苏师院同人参加。

2月1日，至江苏师院附中与杨若枬谈陈璧子工作事。晚车赴京，杨巩、秦和鸣为柴饯行。

2月3日，到北京家中，遂谒陈垣，细禀离京数月情况。吴宏中、尹敬坊、贾世仪来访。

2月4日，谒陈垣。李秋媛来访。与刘乃和至琉璃厂为张晓江、蒋吟秋代购文房用品。

2月5日，至北京师大新校访祁开智、赵光贤。诣王文枢，王谈历史系"中国历史要籍介绍"课，柴走后任课有困难。谒陈垣。陈伯君、陈如子、傅任敢、李瑚来访。

2月6日，诣范文澜、荣孟源，谈《辛亥革命》编辑和"叫歇碑"问题。荣孟源力促尽快写成"胡适为什么要捧章学诚"文章。谒陈垣，陈校长请晚餐于马凯饭庄①，启功、刘乃和作陪。晚与启功谒余嘉锡。

2月7日，龚书铎、王文瑞来访。至中国科学院历史所，所方希望柴提供更多苏州发现碑刻拓片。

2月8日，谒陈垣。至民进中央报到。与张次溪谈《辛亥革命》不能列名原因②，预付50元资料费。

2月9日，参加民进中常会。听陈毅"国际形势与和平解放台湾问题"的报告。谒陈垣。

2月10日，致书秦和鸣、徐嗣山、纪庸。晚至祁开智宅。

2月11日，参加民进小组讨论会。诣李平心、郑天挺。访潘慎明，晤施建农。

---

① 位于鼓楼大街。

② 柴德赓1951年8月7日日记："范文澜嘱予张次溪历史太糟，将来《辛亥革命》署名不可列入。"

2月12日，正月初一，与陈璧子往兴化寺陈宅拜年。上午李秋媛、刘乃和、刘乃崇、陶麐、金永龄等来拜年。下午龚书铎、王文瑞、陈继珉、启功、汪丽琴等来访拜年。与陈璧子同诣陈乐素夫妇。晚诣张重一、金永龄。

2月13日，祁开智来访。至和平宾馆访沈炼之[①]。诣陈伯君。至杨敞宅拜年。诣傅任敢。傅仲孙夫妇来访。参加中央统战部宴会，毛泽东、刘少奇莅会。晤吴景超、冯友兰、魏建功、林传鼎、资耀华、黄药眠、陶大镛、平杰三等。

2月14日，参加民进中央大会，李霁野、郑天挺、曹鸿翥、周煦良[②]等发言。

2月15日，与顾颉刚谈苏州掌故及编"苏州史"。晤姚绍华。诣方管，谈选注顾亭林诗文，初有定局。谒陈垣，借《亭林诗集》。汪丽琴、牛继斌来访。

2月16日，谒陈垣，以"叫歇碑"稿代转向达。继续参加民进会议。启功来访，同饭。陈垣、刘乃和、刘乃崇、李瑚来送行。与陈璧子同离京返苏，陈垣亲送行至前门站[③]，朱泽吉亦往送。

2月20日，得尚钺函，索"永禁机匠叫歇碑"拓片，对此碑之发现评价甚高。

2月21日，金兆梓来明信片，约3月7日面谈。致书尚钺，详细介绍"叫歇碑"的发现经过及对于中国资本主义萌芽历史发表意见，并附拓片及释文，随即寄出。[④]

2月24日，致书吴宏中。

2月26日，何保罗来访。致陈垣、刘乃和书。潘慎明夫妇来访，看望陈璧子。

---

① 沈炼之，历史学家，时任浙江师院历史系教授。
② 周煦良，翻译家，时任华东师范大学教授，民进上海市副主任委员。
③ 柴念东编注：《柴德赓来往书信集》，第296页。
④ 尚钺：《中国资本主义关系发生及演变的初步研究》，生活·读书·新知三联书店1956年版，第278页。

2月27日，秦和鸣、张梦白等来打桥牌。

2月28日，陈晶晶来访。致书吴泽，附"永禁机匠叫歇碑"拓片。

2月29日，致新知识出版社、中国青年出版社书。吴宏中自北京来函，叙春节晤面及别后情形。

3月1日，致陈垣、刘乃和书，汇报到苏州后近况。苏州市人民委员会聘为苏州市市政建设委员会委员。

3月2日，吴增芥、张梦白来访。参加校工会基层委员会会议，历史系系务会议。

3月3日，参加江苏师院院委会扩大会议，杨巩传达北京高教会议的报告。

3月4日，与陈璧子拜访潘慎明。何保罗、徐嗣山来访。

3月5日，列席参加苏州政协常委会会议。

3月6日，向马崇儒汇报北京之行。

3月7日，致荣孟源、刘乃和、张次溪、新知识出版社、中国青年出版社各一书。诣秦和鸣汇报近期工作。尚传道自长春战犯管理所来函，托寻找其妻韩浩德[①]之事，信由陈垣校长处转寄苏州。

3月8日，与朱正元、乌叔养[②]、金兆梓、汪旭初同行至南京参加江苏省政治协商会议（以下简称"江苏省政协"[③]）。访徐慧娟。

3月9日，参加江苏省政协第二次会议，与司晓南谈开展民进工作。晚参加民进南京筹委会会议。

3月10日，诣缪镇藩，得其子缪志涵纂写《中国农村诗选》。下午参加小组讨论。查阅江苏省近代史资料、生产发展史料。

3月11日，访司晓南、周俟松[④]。致陈璧子家书。

3月16日，至江苏省文教办公室，观览南京图书馆新馆规划。刘乃和来函，谈北京师大历史系近况。

[①] 韩浩德，陈璧子于北京大学学习时同学，后与尚传道结婚。
[②] 乌叔养，时任江苏师范学院艺术专科教授。
[③] 柴德赓为第一届增选委员。
[④] 周俟松，陈璧子亲戚，许地山夫人，时为南京五中教师。

3月24日，至怡园①参加苏州市人民委员会（以下简称"苏州人代会"）小组会。至书肆购书两扎。

3月26日，致刘乃和、陈乐素书，均附"叫歇碑"拓片。

3月27日，参加苏州人代会，讨论省人代、政协春季视察计划。得宋君复函，原拟来苏州一游，因故未成行。

3月30日，启功来函，言因受俞平伯②之托，作《红楼梦》注，并讨论《三国演义》与《三国志》问题。

3月，致书陈垣，嘱咐夜间难寐，不可提灯上书房，恐有危险。陈垣复函：

> 半夜提灯入书库是不得已的事情，又是快乐的事情，诚如来示所云，又是危险的事情，但是两相比较，遵守来示则会睡不着，不遵守来示则有危险，与其睡不着，毋宁危险。因睡不着是很难受的，危险是不一定的，谨慎些、当心些就不致出危险。因此每提灯到院子时，就想来示所诫，格外小心。如此，虽不遵守来示，实未尝不尊重来示。请放心，请见谅为幸。③

4月16日，讨论陈志安"杜威是怎样攻击马克思主义唯物论"论文。参加中学历史教师座谈会。

4月17日，荣孟源自北京来函，谈"叫歇碑"和《辛亥革命》书稿事。

4月18日，刘乃和来函，收到前寄去尚钺信。

4月21日，致书刘乃和。

4月30日，致书刘乃和。

是月，民进中央派副秘书长徐伯昕等有关负责人专程来苏，与中共

---

① 怡园位于乐桥西北，为清顾文彬氏私家园林，1953年顾氏第四代传人顾公硕将其捐赠给国家。

② 俞平伯，江苏苏州人。"苏州五老"之一，时任中国科学院文学所研究员。

③ 陈智超编注：《陈垣来往书信集》（增订本），第594页。

苏州市委统战部（简称"苏州统战部"）就筹备民进苏州市委会工作进行了研究①。

尚钺发表专著《中国资本主义关系发生及演变的初步研究》，将"叫歇碑"的拓片及柴给他的信札作为该书附录，并评价了发现"叫歇碑"的意义：

> 从柴德赓教授发现此碑的经过，使我们体会到一个研究学问的方法，即一切的机会和材料，都是为有思想有准备的人而设的。柴先生对于明清资本主义萌芽及增长有了研究，因而有了思想准备。所以，他到苏州才去翻检书籍，搜寻史料，从而就发现了这个碑文。

5月3日，刘乃和来函，谈及得前二书，知柴已经提出申请加入中国共产党②，援师极为欣悦。

5月4日、5日，至南京参加江苏省政协常委会第一次扩大会议。

5月11日，张重一自北京来函，其云得柴前书，感激逆境中友人关怀，介绍组织审查已经有结论，"肃反"运动被揭发问题为不实之词，予以平反，尚未恢复工作。

5月20日，刘乃和来函，再谈张次溪于《辛亥革命》一书的列名问题。

5月23日，参加苏州统战部召开民主党派会议，吴仲邨谈统一战线。

5月25日，参加师院教务会议，讨论考试问题，选拔研究生。

5月26日，寄出《辛亥革命》第四册校稿。

5月27日，至常州省立中学作报告，与常中教师座谈。致书陈垣，汇报近况。

5月28日，至南京参加江苏省政协会议。游天宁寺，观藏经。

5月29日，访胡颜立，晤陈鹤琴③。下午参加省政协会议，讨论"农

---

① 《大事记 1956—1959 年》，苏州民进网。
② 柴德赓"入党申请书"底稿现藏于苏州大学博物馆。
③ 陈鹤琴，时任南京师范学院院长，江苏省政协副主席。

村过渡时期及公社化道路"问题。

5月30日，致书陈垣、赵光贤。至南京图书馆，晤缪镇藩及沈燮元①，阅近代史资料。晤朱士嘉、柳定生②。访卞孝萱于寓所。

5月31日，至南京图书馆查阅资料。至民进南京筹委会晤吴贻芳、胡颜立、司晓南等。

6月1日，回到苏州，中国史学会寄《中日战争》叙言供参考。第二个嫡孙（柴祖衡二子）出生，陈垣赐名"柴立"。

6月2日，听杨巩"关于知识分子问题"的报告，会上发言。陈垣来函③，言收到自常州、南京两书。

6月8日，参加民进苏州市筹备小组座谈会，严景耀、雷洁琼、金兆梓、周瘦鹃、顾公硕、范烟桥、蒋吟秋、张兆星、孟心平、段天煜、陈璧子、柴德赓等到会。刘乃和来函，谈北京近况。

6月14日，中国史学会刘兼林来函，附上辛亥革命资料数种。

6月19日，杨千里④为《墨缘》册页题绝句一首：

握手有怀如日月，凭阑无语看风云。
匆匆昨日今故事，江上青峰最信君。

一九五六年六月十有九日，访青峰同志谭近代史料。出此册召题，率书二十八字。

6月23日，中国史学会来函，转来对《中国历史概要》意见四则，请答复读者意见。

7月6日、7日，参加苏州政协第二次会议。谢孝思补选为副主席。

7月13日，与汪旭初、杨天骥至周瘦鹃处会谈。参加院学术委员会

---

① 沈燮元，时任职于南京图书馆。
② 柳定生，柳诒徵之女，时任南京图书馆（颐和路）主任。
③ 陈智超编注：《陈垣来往书信集》（增订本），第594页。
④ 杨天骥（1882—1958），号千里，江苏吴县人。书画家，民革会员，时为华东文管会顾问。费孝通男父。

分组审查。

7月14日、15日，讨论教师升职名单。朱士嘉自北京来函，告《辛亥革命》资料整理收集情况。

7月20日，参加苏州统战部民主党派负责人座谈会，介绍"长期共存、互相监督"方针。

7月31日，刘乃和来函，谈及北京师大诸友近况。

是月，民进苏州市筹备小组成立，柴德赓、范烟桥、谢孝思、钱辉唐、范崇鑫五人为筹备小组成员，召集人为柴德赓。①

8月1日，至苏州地委交际处②参加苏州统战部各党派负责人会议。

8月4日，荣孟源来函，谈论《辛亥革命》稿校对问题。

在共青团苏州市代表大会上发言，题为"向科学文化进军"。③

8月8日，到北京参加民进第二次全国代表大会。

8月9日，谒陈垣，访刘乃和、李瑚、王慎楼④、鲁宝重、张重一。

8月12日，陈垣于大同酒家⑤为其接风。

8月13日，启功请客。

8月14日，写发言稿。晚李瑚来访。

8月15日，荣孟源来访。晤夏承焘⑥、任访秋⑦、刘启戈、周易。致书杨巩。

8月18日，听董纯才报告。下午周恩来、朱德接见各党派代表，于怀仁堂合影。⑧徐宝相夫妇来访，同往中山公园。杨巩复函，言教育部柳湜所需书籍已通知照办，并望了解京中历史系教学计划事宜。

---

① 《大事记1956—1969年》，苏州民进网。
② 位于十全街，即苏州专区招待所，亦称"高干招待所"。
③ 该文未发表，手稿现藏于苏州大学博物馆。
④ 王慎楼，吴宏中夫人。
⑤ 大同酒家位于华侨大厦一层。
⑥ 李剑亮：《夏承焘年谱》。当时夏承焘在北京师范大学参加中文、历史教学大纲讨论会。
⑦ 任访秋，柴德赓北平师范大学同学。
⑧ 照片见肖芃主编：《清正长留——纪念谢孝思先生110周年诞辰》，文汇出版社2015年版，第123页。第一排右11人为柴德赓。

8月19日，上午大会，听陈毅报告。董纯才于新桥饭店招宴参加会议的教育届代表。晚至兴化寺街（现更名为兴华胡同）陈垣宅、能仁寺（该寺今已不存）刘乃和宅。

8月20日，尹敬坊、赵光贤、刘启戈来访。访古籍出版社王乃夫，晤人民教育出版社丁晓光等。

8月21日，参加主席团会议，讨论中央委员名单。

8月23日，参加大会选举。当选为民进第四届中央委员会委员。[1]

8月26日，撰写"连横《台湾通史》版本说明"二页。[2]

8月30日，回到苏州，参加院毕业生分配人员会议。

9月6日，参加苏州统战部召开各民主党派负责人会。

9月8日，刘乃和来函，介绍学校工资改革和《辛亥革命》整理诸问题。

9月11日，听李声振传达苏州人代会报告。

9月15日，人民日报社寄来《论书法》文章小样。

9月16日，在民进苏州市筹委小组传达民进第二次全国代表大会决议精神。[3]

9月19日，朱士嘉自北京来函，谈论《辛亥资料》编辑情况。

9月27日，参加苏州市人代、政协会议，吴仲邨传达中共八大会议文件。

10月1日，与秦和鸣夫妇、纪庸、丁静[4]游洞庭东山，归来得三绝句，《席家河中书所见》、《入太湖》、《游雨花禅寺》，题跋：

　　一九五六年十月一日，与秦和鸣夫妇、纪庸、丁静游洞庭东山，

---

[1]　《光明日报》1956年8月24日。

[2]　《台湾通史》曾出现过两份：1.北京荣宝斋拍卖有限公司2018年6月14日《缥香·古籍善本》（拍品5510#）；2.北京传是国际拍卖有限责任公司2012年5月16日春季拍卖会《文心雕龙——近现代文化名人墨迹》。经笔者辨认（未见实物），传是拍品存疑。因此取荣宝斋拍品日期为准。

[3]　讲稿提纲尚存。

[4]　丁静，时任中共江苏师范学院党委副书记。

归来得三绝句。七年不作诗，诗本不佳，念鼓动诗兴殊非易事，聊志游踪，赖有此耳，遂存之。

10月5日，《"百花齐放"中论"一花独不放"》①一文于《人民日报》发表。《百花》一文提倡大力弘扬中华文化一定要提倡毛笔书法，书法被新社会边缘化，应当重视，大力弘扬：

> 自从中共中央提出百花齐放、百家争鸣的方针以来，文化界、科学界出现了前所未有的活泼气象，这是应该高兴的事情。……本来，群芳皆歇，一花独放，未免有些单调。可是，在万紫千红之中，如果有"一花独不放"，并且逐渐枯萎下去，那也未免煞风景。

10月17日，刘乃和来函，言援师一直怪柴书信少，并叙北京师大新况。

10月21日，民进苏州市筹备委员会举行成立大会，出席大会的会员28人。柴德赓、谢孝思、范烟桥、金兆梓、钱辉唐、陈涓隐、范崇鑫组成筹委会，柴德赓及谢孝思、范烟桥分别任筹委会正副主任委员。②

11月4日，尚传道自抚顺战犯监狱来函，谈监狱生活、学习情况，欣喜获读柴《论书法》文章。

11月10日，听吴仲邨"关于国际形势"的报告。

11月12日，刘乃和来函，介绍北京纪念孙中山诞辰90周年及陈垣生日活动情况。

11月14日，听吴甡传达教育方针报告。

11月22日，荣孟源来函，讨论《章太炎年谱》出版问题及《辛亥革命》稿已校对毕。

---

① 该文是柴德赓参加民进全国第二次全国代表大会上的发言稿，整理后由《人民日报》发表。

② 《大事记1956—1969年》，苏州民进网。

12月2日，参加苏州市人代、政协组织之考察省立苏州高级中学（以下简称"苏高中"）。①

12月30日，刘乃和来函与柴德赓、陈璧子②，报喜已成为中共党员。

是月，人民日报社总编沙英③和中央政研室黎澍到苏州了解明清碑刻。④

是年，新知识出版社来函，寄书附条，有关《辛亥革命》资料等事。

写《民进在江苏师范学院建立支部的经验》⑤一文。

本年全国教授评定，定为高校三级，工资231元（四类地区）。

柳诒徵为《墨缘》册页题字。

---

① 《新苏州报》1956年12月2日。
② 邱瑞中：《刘乃和百年诞辰纪念专辑》，第634页。
③ 沙英，时任人民日报社社长。
④ 据柴德赓档案资料：《我和邓拓的关系》，1966年。
⑤ 该文未发表，尚存。

卷五

1957年—1958年

此期间主要为各项政治运动:"鸣放""反右""一般整风""双反整改""反五气""双献五比""交心运动""大跃进""大炼钢铁""人民公社""教育革命"等。

○ 1957年 四十九岁

• 任江苏师范学院历史系教授、系主任。

• 任民进中央委员、江苏省筹委会副主任委员、苏州市筹委会主任委员。

• 任苏州市人民代表大会代表、政协常务委员,江苏省政协委员。

• 主编《辛亥革命》(8册)出版。

1月1日,在苏州政协二届一次会议上发言,题为"为实现1956—1957年知识分子纲要而奋斗"。[1]

1月3日,与范烟桥等赴南京协商江苏省、无锡、南通、扬州等市地方组织筹建事宜。[2]

1月7日,三联书店来函,约撰写"章太炎与辛亥革命"和"辛亥革命中的农民作用"等文章。黎澍来函,谢忱此前在苏州接待,并称苏州陆续发现有关明清手工业石碑,意义重大,希望组织人力全部拓下来。

1月11日,苏州市第二届人代会第一次会议召开,柴德赓列主席团名单。[3]就"文化界百花齐放,学术界百家争鸣"专题作大会发言。

1月17日,至南京参加江苏省政协常委扩大会议(第十五次),许家屯作"开展增产节约运动"的报告。

是月,在华东师大作"辛亥革命史料研究"的学术报告。[4]

2月8日,《新苏州报》刊登柴德赓整理《辛亥革命》资料情况的介绍[5]:此为受中国史学会委托,从1951年开始,组织北京师大、故宫博物院、中国科学院历史研究三所等专家整理,已进行校对、抽改,即将完

---

[1] 据柴德赓档案资料。
[2] 《苏州民进大事记》,《苏州民进成立五十周年纪念集》,2006年。
[3] 《新苏州报》1957年1月11日。
[4] 华东师范大学有照片赠送,照片由苏州大学博物馆收藏。
[5] 《新苏州报》1957年2月8日。

成出版①。

2月10日，刘乃和来函，就柴德赓所撰写的《辛亥革命》叙言提出修改意见，并称"老师已看过，无甚意见"。

2月20日，刘乃和来函，收到前托人带给陈垣校长礼物。

是月，应叶恭绰之派，启功到上海画院考察②，借道苏州江苏师院访友，并与陈璧子、柴德赓合影多帧。

柴君衡寒假赴苏州，回程给北京带去礼物，陈校长收到回复道："'采茶扑蝶'惠山泥人一对在远不遗，至可感纫。谨谢青峰九兄暨璧子夫人。陈垣载拜 二月十八日。"

3月31日，江苏省民进筹备委员会成立，吴贻芳、古楳、胡颜立、柴德赓、金兆梓、范烟桥、黄应韶③、李公威④、吴志仪⑤、司晓南、徐允昭⑥担任民进江苏省筹备委员会成员，吴贻芳为主任委员，古楳、胡颜立、柴德赓为副主任委员，司晓南为秘书长。⑦

是月，许广平到无锡、苏州考察。柴德赓、陈璧子前往无锡陪同⑧，随后同至苏州，许广平于江苏师院钟楼南草坪作报告⑨，并留有合影。

4月7日，《新苏州报》报道，江苏师院"广泛开展科学研究工作"，历史系纪庸和刘桂东教授研究"商鞅变法的性质"，柴德赓研究"章太炎与辛亥革命"。⑩

4月14日，《新苏州报》报道，就《人民日报》4月8日社论及刘少奇《关于中小学毕业生参加农业生产问题》一文，柴德赓在江苏师院学

---

① 《新苏州报》1957年2月8日。
② 姚刚、章景怀：《启功年谱》，第63页。
③ 黄应韶，时任扬州民进筹委会主委。
④ 李公威，时任无锡民进筹委会主委。
⑤ 吴志仪，时任南通民进筹委会主委。
⑥ 徐允昭，时任南京民进副主委。
⑦ 《江苏民进简介》，江苏民进网。
⑧ 柴、陈无锡合影留存有照片，背面记日期为3月7日。据曹永年回忆，许广平报告地点在钟楼南广场。
⑨ 据当时江苏师范学院历史系学生曹永年回忆。
⑩ 《新苏州报》1957年4月7日。

习座谈会上表示拥护和贯彻。①

4月18日，至南京参加江苏省政协会议，贯彻"双百方针"及"正确地处理人民内部矛盾"讲话，会议号召政协委员带头"鸣放"。

4月20日—30日，在南京参加江苏省政协一届三次会议。22日会议上，省委书记刘顺元、许家屯要求本着"知无不言，言无不尽""言者无罪，闻者足戒"的精神，号召政协委员带头"鸣""放"，把会议开好。②

4月25日，民进苏州专区、市筹备委员会成立，柴德赓为筹备委员会主任委员。③

5月2日，应柴德赓邀请，尚钺在江苏师院作演讲，在演讲结束时，柴德赓作总结发言：

> 范文澜提出什么教条主义，尚钺先生解释这个教条主义，很有意思，我想八句话，两首不成韵的诗，作为大会结束。
> 那边大讲台，这里小讲台；讲台虽然小，文章大于天。
> 你说我教条，我说你教条；哪个说的对，事实见分晓。④

5月4日—10日，至上海参加民进中央召开"两省一市（沪、江、浙）工作经验交流会"。大会要求进一步贯彻"百花齐放，百家争鸣""长期共存，互相监督"的方针，传达周恩来4月29日讲话。10日闭幕式，林汉达作总结发言，中共上海市委副书记魏文伯讲话。在上海期间与曹鸿焘、金兆梓、金观海⑤、尹炎武晤谈。为参加经验交流会，撰写《民进在江苏师范学院建立支部的经验》⑥一文。

5月11日，刘乃和写来长函，谈北京师大教学及"整风运动"诸情况，以及有人再提"三反"运动中所及"陈柴刘宗派主义"问题。

---

① 《新苏州报》1957年4月14日。
② 1957年大事记，江苏省政协网。
③ 《新苏州报》1957年4月25日。
④ 发言记录整理稿尚存。据曹永年回忆，尚钺报告地点在钟楼礼堂。
⑤ 金观海，浙江诸暨人。
⑥ 手稿尚存。

5月16日，江苏师院"鸣放"开始，在动员大会上柴德赓谈在南京参加江苏省政协会议的精神和体会。

5月17日，参加苏州政协一届三次会议，会上发言，关于民主协商问题：

> 我们建议：今后有些重大事情要协商，最好党先分别征求民主党派的意见，然后做出初步打算，再召集大家来开会协商，这样容易使有不同意见的有发表自己的意见的机会。如果不是这样做，一下子拿党所决定的意见往桌上一摆，有时甚至提出的人是面对面的，大家还能说什么呢？除非提了意见真能改变。事实上，通过这次的"鸣"和"放"，大家经过锻炼，对互相监督的意义又有比较深切的认识，我想今后一定不再全是"诺诺"而是经常"谔谔"。尽管如此，我们始终不会变地拥护党的领导，应当是无可怀疑的。[①]

5月18日，在九三学社江苏师院支社成立大会上发言，提出江苏师院党群关系一般说来是好的，但不要以此满足，要提意见，不然没有进步，民主党派要带头，否则会落在群众后面。

5月19日，参加民进中小学教师支部[②]座谈会，希望大家消除顾虑，大胆"鸣放"，讲出心里话。

5月20日，江苏师院党委召开第一次全院"鸣放"会议，柴德赓介绍南京、上海会议的精神，号召积极行动，勇于"鸣放"。

5月23日、25日，江苏师院两次召开"整风鸣放"大会，邀请全校百人代表参加（后称为"百人大会"），柴德赓发言：

> 我们学校对上级指示，不管下面是什么情况，都往下贯彻，这是很典型的。北师大对教育部的指示且常怀疑的。而我们这里，却

---

① 据柴德赓档案资料：《帮助党搞好整风》。
② 民进苏州初创时共三个支部：文化支部、江苏师范学院支部和中小学教师支部。

无独立思考，只是贯彻，贯彻！而且不重视群众的意见。不在运动内，提意见是不理的。所以毛病很多。对附中，我对领导提过几次意见，这个学校搞得最糟，我提了没有用处。请问附中是哪个领导，教务处不管，院长也不管，请问哪个管！总之我们学校没有制度。思想教育哪个管没有交代，附中大小宗派都有。对党员有偏向，我希望马上改进。对学生要进行思想教育，系主任要看学生材料，看不到。院务委员会等于虚设，是党委的附设机构，很多事要保密，我不懂为什么，我没有顾虑，把心里话说出来。有次关于房子问题，杨院长与我意见不同，我还是争，争得面红耳赤。后来是怎样处理了的，杨院长未找我谈。为什么不找我谈呢！还是因为照顾民主人士情绪，还是没有法子，就算了。杨院长讲话每次都有疙瘩，吞吞吐吐，不会报复的，什么的，说话转弯抹角的没有力量，要干脆。有报复，要法律制裁，为什么不讲呢？①

5月24日，苏州政协邀各党派举行座谈会，吴仲邨主持，部署各党派的"鸣放"工作，各党派主委出席，柴德赓代表市民进筹备组参加。

5月26日，参加苏州地委交际处（高干招待所）举行的"整风鸣放"会议（后称为"高干会议"）。

5月27日，参加苏州政协小组会②，讨论"大鸣大放"。致陈垣书，询老师病况。

5月30日，民进苏州筹委会会议，柴德赓传达吴仲邨指示，要求人人"鸣放"。下午参加历史系给徐嗣山提意见会，晚上参加政协会议，落实"鸣放"任务。

5月31日，参加江苏师院民主党派负责人会议，会议再次动员"大鸣大放"。

5月底至6月初，吴晗到苏州来看望柴德赓，陪同游览苏州并邀请

---

① 《江苏师院报》1957年5月23日。

② 即"高干会议"。

至江苏师院历史系作"定陵发掘情况"的报告。①

6月5日，在苏州政协会议上，民主党派代表对政协工作缺点提意见，潘慎明、柴德赓等委员发言。②柴谈统战工作中的问题，并希望克服文化教育工作中的缺点，就党和民主党派工作关系来说，从"长期共存，互相监督"方针的提出已经一年，但感觉统战政策贯彻不够，有些基层民主党派的性质和任务还不够明确。江苏师院召开全校大会，杨巩再次动员"鸣放"，给党委和学校提意见。③

6月7日，陈垣复函④，问及是否看到6月5日《人民日报》报载教育问题；希望柴着力于历史师资教育，冀此为重任。

6月8日，中共中央发出《关于组织力量准备反击右派分子进攻的指示》，同日《人民日报》发表社论《这是为什么》，反右运动开始。

6月12日，参加苏州统战部召开民主党派负责人会议，开始反右派运动。柴德赓发言："驳斥右派言论是有必要的。"⑤

6月15日，民进筹备组召开会议，柴德赓主持，谢孝思发言批判葛佩琦、储安平等右派言论。

6月17日，与秦和鸣畅谈近况及思想。

6月18日，参加苏州统战部会议，参加人：陈志安、汪旭初、夏宗宝⑥、李绪文⑦、浦亮元⑧，马崇儒作反右派运动的动员报告。晚参加江苏师院教师会，李绪文、王盈朝⑨、许国樑、郭有余⑩、蔡敏之⑪发言。

---

① 见柴德赓"文化大革命"检查，《和吴晗的关系》。据《陶涛日记》（团结出版社2016年版，第131页）为6月3日；另据曹永年回忆，吴晗报告地点在钟楼礼堂。
② 《新苏州报》1957年6月6日。
③ 《新苏州报》1957年6月8日。
④ 陈智超编注：《陈垣来往书信集》（增订本），第594页。
⑤ 《新苏州报》1957年6月14日。
⑥ 夏宗宝，时任苏州农工民主党主委。
⑦ 李绪文，时江苏师范学院民盟负责人。
⑧ 浦亮元，时任苏州工商联主委。
⑨ 王盈朝，时任江苏师范学院政治专科教授。
⑩ 郭有余，时任教江苏师范学院体育专科。
⑪ 蔡敏之，时任江苏师范学院物理系副教授。

6月19日，至长春巷22号参加民进筹备组座谈会。发言人：蒋吟秋、孟心平、陆尹甫、尤墨君[①]、顾公硕、张建初、张兆星、刘铨、金兆梓、钱克仁、谢孝思、蔡焌年、沈志直、陈涓隐等。

6月22日，参加苏高中的民进组织生活。

6月24日，参加苏州政协列席会议。民进参加人员：程小青、范烟桥、金兆梓、周瘦鹃、余彤甫[②]、张建初、顾公硕、汤山源[③]、纪庸、尤墨君、范崇鑫、陈旧村[④]、骆腾龙。

刘乃和来函，寄来《中日战争》资料叙言供参考。

6月25日，参加民进苏州市筹委会议，柴德赓主持会议，号召全体投入反右派运动，要求会员认清政治方向，在思想和政治路线斗争中站稳立场。[⑤]

6月26日，江苏师院召开全校大会，中共党委书记杨巩部署立即投入反右派运动，民进代表柴德赓、九三代表许国樑、民盟代表李绪文发言。[⑥]会上柴德赓发言：

> 全国范围内展开反右派的斗争，这是一场严重的资产阶级思想和社会主义思想的斗争，从北京、上海、南京、苏州到处有，实际上是阶级斗争。对我们每个人是一种考验，就看是不是真心拥护党的领导和社会主义。真是拥护党的领导和社会主义的人，在当前右派分子猖狂进攻的关头，只有站稳立场，投入战斗，才能击退右派分子的进攻，巩固党的领导和社会主义。
>
> 右派分子的言论并不是偶然的，而是有线索可寻，有历史可考的。我们应该实事求是去分析，去认识，加以驳斥。现在，毛主席

[①] 尤墨君，时为民进苏州市文化支部成员。
[②] 余彤甫，苏州人。画家。
[③] 汤山源，时任苏州二中校长，后为民进苏州市委委员。
[④] 陈旧村，画家，时为民进苏州市文化支部成员。
[⑤] 《新苏州报》1957年6月26日。
[⑥] 《新苏州报》1957年6月27日。

的报告全文发表了，根据毛主席的六项标准来衡量，我们相信可以明辨是非，不会迷失方向。①

6月27日，刘乃和来函，谈北京师大反右派运动开展情况，言有人借反右运动再提"陈垣、柴德赓、刘乃和宗派小集团"旧话，并就整理《辛亥革命》资料工作量问题、编者排名问题提出意见。

6月28日，参加苏州评弹工作会议，就黄异庵②"光裕书场事件"进行讨论。

6月30日，参加民进苏州市筹委会第十五次会议，民进成员参加政协、人民委员会25人，发言共16人，认为"争鸣"思想仍不够明确。

上半年，故宫博物院陈万里③到苏州考察，陪同参观苏州市博物馆，随行有学生薛炳南④。

7月1日，参加民进江苏师院支部会，蔡焌年就"鸣放"言论作检查。发言人：朱凤德、邹仁海、刘铨、邱光、纪庸、钱克仁、范崇鑫、邵静波⑤、孟心平、金式如⑥。

7月2日，夜，参加民进师院支部会，张再远、金轮海⑦就"鸣放"言论作检查。柴写自我检查提纲并检查（第一次检查），梳理"鸣放"以来的活动，自己的"右派"思想：1. 以为整风只能说坏的，不能说好的。我对三位代表提意见，立场不稳，所以气愤，因代表中有吴增芥⑧。2. 党群关系。不下来了解，只听念报，至今我以为正确，积极分子，有沟有墙，我也筑。3. 没有发表的稿，关于肃反问题，认为宗派打击宗派，

---

① 《江苏师院报》1957年6月30日。
② 黄异庵，评弹艺术家。黄被污指操纵"光裕书场"，反对政府的管理。后黄被划为右派分子。
③ 陈万里（1892—1969），陶瓷专家。
④ 薛炳南，江苏师范学院1956级学生。见薛炳南《永不消退的怀念》稿。
⑤ 邵静波，时任职于江苏师范学院总务科。
⑥ 金式如，时任职于江苏师范学院图书馆，后被划为右派分子。
⑦ 金轮海，时任江苏师范学院教育专科教授。
⑧ 吴增芥，时任江苏师范学院教育专科教授。

党内有个人情绪。

7月5日，参加苏州统战部召集各民主党派负责人会议，统战部部署反右派和整风运动。

7月8日，参加民进师院支部会议蔡焌年检查，蔡暴露真实想法，柴发现问题严重，已经不能在民进内部解决。此前一直未向中共江苏师范学院党委会（以下简称"师院党委"）及苏州统战部汇报，试图在民进内部解决，犯了"脱离党的领导"的错误。①

7月9日，民进江苏省筹委会作出整风反右派决议，成立以吴贻芳为组长、谢孝思为副组长的整风领导小组，民进苏州市筹备小组的反右派运动由谢孝思领导。②

民进苏州市筹备小组成立整风领导小组（以下简称"民进整风小组"），组长谢孝思，成员邹仁海和汤山源，开始对苏州市民进会员"右派"言行揭发批判。柴德赓被排除在外，始为被斗争对象。

随后民进江苏师院支部和历史系成立联合整风领导小组（以下简称"师院整风小组"），在师院党委和历史系党支部领导下开展反右派运动。江苏师院民进支部共17人，其中纪庸、蔡焌年、张再远被内定为右派分子，纪庸和蔡焌年、张再远、黄乃松被内定为"反党小集团"，对此柴德赓负有领导责任；此时柴德赓是否定为右派分子需要由省级整风领导小组确定。③

7月10日，谢孝思组织民进整风小组会议，此时柴德赓已经不是以筹委会主委身份与会，属于需要向组织（整风领导小组）检查交代的疑似问题分子，问题性质待定。会上蔡焌年、黄乃松、纪庸相继交代"右派"言行问题。

7月12日，参加师院历史系会议，会上纪庸检查交代问题，段本洛、何保罗、黄文浩、刘桂东、谢随知、张梦白发言。晚参加师院整风

---

① 柴德赓在苏州市二届人代会二次会议上的"自我检查"，1957年。
② 《大事记1956—1969》，苏州民进网站。
③ 《大事记1956—1969》，苏州民进网站，及柴德赓在1968年材料。

小组会议，金轮海作检查交代。

7月13日—15日，连续三天参加批斗纪庸的会议。柴开始写检查作备忘，再次梳理自己的"右派"言论。15日开始对柴德赓进行揭批，准备检查稿（第二次检查）。

7月15日，刘乃和来函言，收到寄去三信，《辛亥革命》一书即将出版。

7月16日，写自"鸣放"以来的系统检查，并在会上作检查。

7月18日，在师院整风小组会上苏州统战部副部长马崇儒谈柴德赓问题，要求站稳立场，才能划清界限。会上张再远、黄乃松交代问题。苏州民进筹委会第十八次会议，确定开始"深入开展反右派斗争，揭开柴德赓问题的盖子"①，停止柴德赓一切职务，"18日会议"后被称为民进反右派运动的转机。②

7月19日，师院整风小组召开会议，批斗蔡焌年和纪庸，并提出蔡柴、纪柴的关系问题。

7月20日，谢孝思召集师院整风小组会议，会议内容：1.纪庸检查；2.柴德赓检查。揭批柴德赓问题，柴作检查（第三次检查）。邱光、钱兆隆、段天煜、钱克仁、徐嗣山、吴静渊、黄正藩、何荣昌、傅泽瑛③等发言。有人发言说："柴德赓同志在反右派斗争中不积极，群众是有怀疑的。"

7月21日，师院整风小组会议，纪庸补充交代和柴的关系问题，会议继续揭批纪柴关系问题。谢随知、刘桂东、沈颜闵、黄文浩、蒋健平、段本洛、施毅④、张圻福、钱兆隆、张梦白等发言。

7月22日，在师院整风小组会议上发言，集中批判纪庸历史问题，后半场为对柴的揭批（第四次检查）。发言者：许稼祥⑤、施毅、柳树人、

---

① 邹仁海代表整风领导小组发言，1957年8月7日。
② 王建安在民进第五次讨论党派整风问题的发言，1958年1月25日。
③ 傅泽瑛，时为江苏师范学院历史系教师。
④ 施毅，时为江苏师范学院历史系1955级学生，后被划为"学生右派"。
⑤ 许稼祥，时任江苏师范学院化学系教授。

徐正、邵晓堡[①]、段本洛、何保罗、沈颜闵、蒋健平、钱兆隆、张梦白、谢随知、钱克仁、张士铮、孟心平、邹仁海、秦和鸣。有人指责"纪庸利用柴，柴也利用小集团"。柴亦作发言，批判纪庸汪伪时期的文章。秦和鸣指出，柴在反右派斗争中有右倾情绪及其表现。

7月24日，晚在民进整风小组会议上柴德赓作检查（第五次检查），吴贻芳从南京到苏州参会。段天煜、孟心平、刘铨、金式如、金立藩[②]、钱兆隆发言。

7月25日，民进整风小组会议，谢孝思主持，柴德赓作检查（第六次检查）。吴贻芳出席，要求柴"主动拉下面子，争取主动"。钱克仁、邱光、段天煜、邹仁海、谢展、范烟桥、金兆梓、钱辉唐[③]等发言：

> 总的说来，检查不够深刻。第一个要求，要求柴为检查而检查，从自己思想深处去挖掘，即使群众未提到，应更深刻，有两问题，对党的领导和群众路线。
>
> 最后一句话，要自己把自己的面子拉下来，非但逮不住，被人拉下来，更难堪。具体事实来说明，要把自己在大众面前拉下来，你要自己拉的下，不要别人来揭发，现在实事求是，不要等别人挤牙膏。如此方不辜负同志的帮助，我们对你有很大的希望。

7月26日，师院整风小组会议，张晓江发言。吴贻芳要求柴写出检查初稿，28日再作检查。

7月27日，师院整风小组会议，纪庸作检查。

7月28日，民进整风小组会议，按照吴贻芳的要求，柴德赓作书面检查（第七次检查），普遍认为没有交代出问题，"掩盖很多"，谢孝思

[①] 邵晓堡，1963年任江苏师范学院教育专科副主任。
[②] 金立藩，时任江苏师范学院化学系教授。
[③] 钱辉唐，江苏太仓人，当时任苏州第一中学副校长。原民盟盟员，后为民进会员。1958年后任民盟苏州市副主委。

先定调"此次检查群众不能通过"。谢孝思、刁则纯①、汤山源、金兆梓、邱光、段天煜、稽同耀、谢展、钱兆隆、邹仁海等参加。发言有:"今天应是在反右派斗争中揭发自己,而不是帮助审查发言稿。""应向人民作交代,从这个角度看,空洞,立场、政治路线错误。""粉饰自己,个人、资产阶级观点。'鸣放'中,为什么采取这样摇摆态度,又怕反对他个人,置反对党于不顾。""今天不是迈进,是倒退,拉不下脸。""今天抱希望来,大失所望,为什么要检查还未弄清。"

金兆梓、谢展均有发言。

最后总结,扼要地讲:

> 1. 对党的领导,有哪些错误。2. "鸣放"当中,在上海常委、师院发言,哄动大家大鸣大放;对别人发言怎么看法。3. 与右派分子的关系,影响斗志不力。4. 个人的企图,家长作风。5. 为什么脱离群众。

7月29日,民进整风小组会议,柴德赓作检查(第八次检查)。发言人:邱光、谢孝思、刁则纯、段天煜、汤山源、钱辉唐。有人发言道:"事实有了,应有分析,思想根源,每段要说明。你对纪庸为何利用?利用他什么?杨院长报告,群众不满。用纪庸之才,不顾德。"

7月31日,师院整风小组会议,柴德赓全天检查(第九次检查):个人英雄主义;名位思想;与蔡焌年、纪庸关系;对群众意见的看法;对民进、个人、领导,考虑时间少,临时决定,江苏师院支部尤甚。吴静渊、何保罗、徐嗣山、邱光、钱克仁、黄文浩、谢展、邹仁海等参加并发言。有人发言说:"思想挖的不深,领导思想脱离社会主义原则。党的看法,'鸣放'目的。反右派不坚决,实际未投入,保护过关。还要考虑,要把实际问题弄清,才能提保证。不能单纯把思想压缩在'鸣放'。"

---

① 刁则纯,文史学家。民进会员。

8月3日，参加苏州人代会会议，吴仲邲总结反右运动成果。

柴德赓检查提纲：

1.反右斗争是两条道路的斗争，人头落地的事情，有他的严肃性。自己犯了错误，是严重的。2.立场问题，思想方法问题。五年来思想觉悟究竟提高到多少，自己来总结，这次从具体的工作中暴露出来，对自己的教育意义很大。3.一方反右斗争，一方要加强学习，自我改造。

8月4日，在苏州市人代会二届二次大会上作自我检查（第十次检查）①：

我自己在"鸣放"期间的发言也有很多错误，如五月十六日在政协对全国政协、省政协派列席代表不开常委会这件事提意见，这是对党的不信任，不从民主集中的原则考虑问题，而是从资产阶级的民主观点来看问题。又如我在政协大会发言中，有严重错误……

到了反右派斗争开始，我的错误更严重，当《人民日报》社论发表以后，对于右派分子向党进攻的策略，开始注意分析，最初只注意全国性的大右派分子，后来看到省和苏州市，发现自己的发言有问题，思想上背了包袱，即是上面所举的错误。一个人认识自己的错误，思想上是有痛苦的，这种情绪，影响了自己反右派斗争的积极性。

---

① 按照柴德赓后来日记所记，在大会上公开检查，实际是给自己一颗定心丸，始知自己不至于被划为右派分子。题目为"中国民主促进会苏州市筹备委员会主任委员柴德赓同志在苏州市第二届人民代表大会第二次会议上的自我检查"，发言稿印成大会传阅文件，目前尚存一份。

柴德赓在1958年的"交心"运动中记述："反右开始，群众意见大，我对自己的错误还未认识，民进成立整风领导小组，没有我，是应当的，那时我不好办事，但我却时时注意党对我的态度，到8月4日，我在人代大会上发了言，我才放下了心。"

8月5日，民进整风小组会议，柴德赓作检查（第十一次检查）。钱辉唐主持，谢孝思、范烟桥、刘铨、钱辉唐、陈涓隐发言。中共苏州市委书记吴仲邨参加，指出柴德赓在反右派运动中犯了"温情主义"的错误。

8月7日，民进整风动员大会，段天煜主持。

刘铨传达苏州人代会"反右"情况，对柴的检查：

> 1.事实交代不够；2.思想根子应再挖深一些，或说轻描淡写，未接触思想深处；3.对党领导的态度根据以往事实有问题，当检查；4.家丑不可外扬，思想界限、立场是什么；5.最末后的结语中，具体事情在民进整风中再作检查，希望实际愿望行动。

钱兆隆、邹仁海、邱光发言。邱光报告民进整风小组成立以后工作成绩。

8月10日，民进整风小组会议，柴德赓作检查（第十二次检查）。谢孝思质问柴为什么利用纪庸；业务和政治，个人企图在中间；消极情绪，更勇敢地站好队；鼓励纪庸、蔡焌年"大鸣大放"，指导思想是什么；安排纪庸在苏州政协发言，并修改其发言稿，是否有个人的企图在内；柴是民主党派最红的一个人，想添一个师院的业务院长[①]。

8月11日，师院整风小组会议，柴德赓作检查（第十三次检查），8月10日的检查没有通过。钱兆隆、邵静波、邹仁海、邱光、刘铨、钱克仁、段天煜、孟心平、钱辉唐、谢展发言。有的人发言道：

> 我们帮助柴先生次数很多，到昨天为止，对这次检查，对挖掘自己思想深处，痛恨自己，还有距离。但昨天好像提了许多意见，从意见来考虑，还不是自己考虑。我亦以为有继续端正态度的必要。回北京[②]，对你不利，说不过去。与其克服消极情绪，不如说端正态度。

---

① 据1957年5月25日《江苏师院报》，增加副院长的提议是杨作仁在百人大会上的发言，提到江苏师范学院仅潘慎明一个副院长太忙了，应该增加，朱正元、程有庆很合适。

② 柴德赓在检查中曾暴露其想回北京，进中国科学院从事科研的想法。

你名位思想，为什么想回北京？自己想一想，究竟为什么离京！你来苏州，以名教授身份来，今天身为中央委员，转到学术方面来，苏州来，进行学术，通过纪庸，衣锦荣归。人民对一个人的荣誉，看他是不是全心全意为人民服务，而不是沽名钓誉得来的。即使得来，也不巩固。我又有一个想法，四六年以前，跟反动派，危害人民，今天应该五十而知非。为社会主义服务，要把思想中难以见人的东西拿出来，不要躲躲闪闪。

首先克服消极情绪。回北京，想掩蔽自己政治意图，有抗拒情绪。不克服，检查有影响，对"整风"有影响。

会上要求柴按以下准备检查。

1."鸣放"反右立场；2.言论和家丑；3.支持蔡焌年、纪庸；4.个人主义思想严重，还在哪些人面前谈过什么；5.对党有何不满。

8月13日，师院整风小组会议，柴德赓作检查及交代（第十四次检查）。同日，民进整风小组会议，柴德赓作检查（第十五次检查）。范烟桥、范崇鑫、谢孝思、钱辉唐、嵇同耀、汤山源发言。

会上针对柴的言行有人写对联一副：

夸夸今古，随时炫能，自我抬高要手段。
赴之沪宁，连夜赶稿，经验锻造费心机。

8月14日—19日，参加江苏师院揭批金轮海会议。

8月22日，师院整风小组会议，柴德赓作检查（第十六次检查）。柴就九个方面问题再次检查。

8月23日，参加批斗纪庸会，纪庸交代受柴的影响："柴从上海、南京归来，带鼓动的情绪，来谈南京、上海情况。希望别人向党进攻，到处听之，引为得调。"

8月24日，参加蔡焌年检查会，涉及与柴关系问题。参加民进整风小组会议（第十七次检查）。邱光、谢展、邹仁海、谢孝思、金轮海发言。

有人发言称：

> 柴转不过弯，不认识反右斗争的伟大意义，是抵触的。金轮海、张再远能打，纪庸、蔡焌年得意人打不尽。群众提意见，被动，考虑"鸣放"。保护过关手段，包庇，散布温情主义。对纪庸是否也有保护过关思想？

8月28日，陈桂英来函，谈对《辛亥革命》整理酬劳之事意见，并询问江苏师院反右派运动开展情况。

8月29日，参加批斗纪庸会。

9月2日，民进整风小组会议，柴德赓作检查（第十八次检查）。会上认为检查仍是避重就轻，很多问题认识不深刻。有人发言："对党不满，后面没有提到，可以和对党的态度和个人主义思想联系起来。"

9月5日，师院整风小组会议，柴德赓作检查（第十九次检查），会议对柴展开批判。钱兆隆、钱克仁、刘桂东、张晓江、胡金礼、段本洛、张梦白、何保罗、王淑珍①、曾炳祥②、吴静渊、顾豪、徐嗣山、黄文浩、孟心平、段天煜发言。有人发言道：

> 柴在民进小组二十多次帮助，今天检查有些进步，挖掘根源不够。特别是反右派斗争两次发脾气，实在是破坏反右派斗争，恐怕自己认识还不清楚。党所以采取挽救帮助，为了帮助柴自觉地走社会主义道路。我同意民进支部的意见，名利思想某种程度是个人英雄主义，拍胸，保证要好好认识，看行动。个人主义突出，必然个人崇拜，存这样思想的人，很难集体领导，走群众路线。
>
> 几点希望：
>
> 1. 加强群众观念，历史系发脾气，个人作用太大，这种思想到

---

① 王淑珍，时任中共江苏师范学院历史系党支部书记。
② 曾炳祥，时为江苏师范学院历史系教师。

业务上成为英雄创造历史；2. 提高政策水平，贯彻党的方针政策路线，离开了这个拥护党是假的；3. 最后希望认真地、自觉地改造自己，这些意见是外因，决定性作用是自己，加强马克思列宁主义学习，历史系的方向问题。改变立场、观点和方法。这样，才能走到历史学科的方向。思想教育进行不够，如果社会主义思想教育不够，资产阶级思想必然……

9月6日，苏州政协会议，苏州市委统战部对柴德赓的错误给出定性结论：

1. 政治觉悟不高，右派分子的界限未划清，事实上是思想斗争，政治斗争；2. "鸣放"期间政策界限不清；3. 对党的态度，很大的问题未发现；4. 重才没有注意德，气节问题；5. 个人与组织的关系，个人与群众的关系，应早就注意，严格地分析、批判。

9月7日，民进整风小组会议，吴贻芳到会。柴德赓作检查（第二十次检查）。董蔡时、顾公硕、刘淑筝、段天煜、沈志直、范烟桥、胡达修[1]、汤山源、钱辉唐、谢孝思发言。谢孝思指出针对柴德赓检查提意见告一段落，由钱辉唐代表整风小组鉴定意见。

根据历次领导小组的分析，根据自我检查，根据师院支部意见，希望：
1. 检查基础上投入反右斗争，继续检查；2. 改领导作风；3. 努力学习马列主义立场观点。

9月9日，刘乃和来函，提及8月24日及9月2日往函均到，收到送陈垣校长中秋苏式月饼，言及张重一被划为右派，启功未卜。

---

[1] 胡达修，时为苏州一中教师，苏州民进筹委会委员。

中国史学会来函，言委托编辑《辛亥革命》一书已经出版，多年辛劳终有结果，并盼《中国历史要籍介绍》一书早日付梓。

9月17日，听传达李维汉"关于党派性质问题及整风反右派运动"的报告。

9月21日，致书张鸿翔，商《辛亥革命》一书稿费分配意见。

9月28日，参加院行政会议。民进整风小组会议，谢孝思传达9月15日民进中央在北京召开全国整风工作会议精神，谢孝思代表苏州民进整风小组出席①。

10月2日，参加苏州人代会扩大会议，刘裕嘉报告机关整风情况："目前取得一定成绩，大鸣大放高潮还未到。"

10月3日，听刘烈人②作江苏师院"继续整风"动员报告，"通过鸣放，能揭发许多毛病和建议，感谢右派分子的创造"。

中国史学会秘书处来函，转黄汉纲③对《辛亥革命》一书的意见两条。

10月4日，参加历史系座谈会，谈整风与反右派的意义，以及为何还要继续整风。孟心平、张晓江发言。

10月8日，参加历史系业务会，讨论开始正常教学活动，以及历史系是否迁系至南京师范学院问题。

10月14日，晚，参加民进整风小组会议，马崇儒到会并讲话，谈贯彻苏州市委统战部部署民主党派整风以反右为主，深入反右斗争；要不断克服右倾思想，要深入挖掘是否还有右派。"一般整风"运动开始。

10月18日，参加历史系会议，讨论继续整风和系中部署工作。

10月21日，至长春巷参加民进整风小组会议，听吴仲邠报告。

10月26日，到南京参加江苏省民进筹委会会议，吴贻芳、古楳来探望。

10月27日，在南京参加江苏省民进筹委会第三次会议，苏州参加

---

① 《大事记1956—1969》，苏州民进网站。
② 刘烈人是反右派运动后新调入的中共江苏师院党委书记。原书记杨巩为院长。
③ 黄汉纲，时任职于广东省博物馆。

人员：邱光、邹仁海、汤山源、顾公硕、马成烈、董蔡时、袁建平[①]、柴德赓、范烟桥、谢孝思。

是月，复书黄汉纲，就《辛亥革命》资料搜集问题作答。

11月3日，参加民进整风小组会议。参加历史系系务会议。诣徐嗣山、秦和鸣、许国樑。崔曙庭来访。

11月4日，参加历史系系务会议。

11月8日，参加刘烈人召集会议，谈"整风、反右"九个方面问题。陈伯君自北京来函，谈《胡林翼集》事。

11月9日，学校停课搞运动，学生反右派运动开始。

11月10日，参加学生反右派运动，陶涛[②]作检查。

11月15日，参加学生反右派运动，陶涛再次检查。

11月19日，听刘烈人报告，关于江苏师院反右派运动情况，已揪出43个右派分子。

11月22日，参加苏州人代会第五次会议，施建农报告苏州市"鸣放"情况，下一步开展一般整风。

11月，汪旭初为柴德赓《墨缘》册页题诗三首，盛誉苏联人造卫星上天。

12月2日，参加苏州政协各民主党派负责人会议，讨论开展一般整风。

12月3日，陈垣来函[③]，言及11月11日和29日往函收到，谈斥向达文章一事。

12月4日，听杨巩关于整风运动第三阶段动员报告，运动至1月20日止。

12月8日，参加苏州政协组织苏州农村社会调查，赴金山和平社参观。

12月16日，参加历史系学生工作会议。

---

① 袁建平，时为苏州一中教师。
② 陶涛，江苏师范学院历史系1956级学生，后被划为"右派"。
③ 陈智超编注：《陈垣来往书信集》（增订本），第595页。

12月20日，参加一般整风讨论会，马崇儒报告民主党派整风内容，12月开始整风学习会，民进市筹备组自我检讨。

12月25日，参加整风学习会。谢孝思、钱辉唐、柴德赓、嵇同耀、谢展、孟钱、邹仁海、范烟桥、陈涓隐参加。

12月29日，参加苏州统战部关于民主党派整风交流会。民主党派市委委员相互贴大字报。马崇儒讲话，并观看大字报。

是年，中国近代史资料《辛亥革命》由上海人民出版社出版。该书为中国史学会第一期计划编辑出版的近代史资料十种最后一种。柴德赓主编并作《叙言》，参加人员为荣孟源、单士魁、张鸿翔、刘乃和、陈桂英、张次溪。全书分为四个部分，共八册，320万字，选编资料120余种。自1951年起接受中国史学会委托，该书经搜集、整理、编校至出版，耗时近六年。

1957年秋季开学后，教育部安排柴德赓带研究生[①]三名：长春师范学院王健群、华中师范学院崔曙庭和曲阜师范学院郭克煜。学制一年（后延至二年），主要学习课程包括"中国史学名著介绍""目录学"和"清代学术史"等。

1957年苏州市委统战部评审柴德赓政治表现为"中右"。[②]

○ 1958年 五十岁

• 任江苏师范学院历史系教授、系主任。

• 任民进中央委员、江苏省筹委会副主任委员、苏州市主任委员。

• 任苏州市人民代表大会代表、政协常务委员，江苏省政协委员。

---

① 据1957年5月23日《江苏师院报》，根据教育部的指示，为适应高等师范教育发展的需要，1957—1958年度，开办数学分析、理论物理、中国历史要籍介绍及选读等三个高等师范院校教师进修班。

② 据柴德赓档案资料。

1月2日，参加民进苏州市筹委会会议，市委委员互相批评。

1月6日，荣孟源来函，云《辛亥革命》八册精装本收到，并收到稿费，并言"弟犯错误，反省检查，无心他事……"①

1月9日，民进整风小组开始"一般整风"，柴德赓检查（第一次检查），检查组织路线、政治方向等22个问题。马崇儒作指示，"专题鸣放"，自我暴露，联系实际是"专题鸣放"的关键。

1月10日，参加各民主党派向苏州统战部汇报会，汪旭初发言，马崇儒作指示。

1月12日，致书民进中央徐伯昕、杨东莼。参加民进小组会。

1月17日，参加江苏师院附中座谈会，卢毅②、潘慎明等发言。讨论《中学教学研究组工作条例（草案）》。

1月19日，参加民进整风小组会议，讨论"民进组织的性质和任务"。汤山源、谢展、嵇同耀、王建安、陈涓隐、邹仁海、谢孝思、柴德赓发言。有人发言道："民进是有特点，十多年历史，顺利，中小学教师，和民革有所不同。尽管有区别，不妨碍资产阶级性。"

1月20日，参加"民进组织的性质和任务"第二次讨论。谢展、汤山源、范崇鑫、王建安、范烟桥发言。

1月22日，参加"民进组织的性质和任务"第三次讨论。钱辉唐、丁杰发言。

1月24日，参加"民进组织的性质和任务"第四次讨论。邹仁海、范烟桥、谢展、嵇同耀发言。

1月25日，参加"民进组织的性质和任务"第五次讨论。汤山源、谢孝思、谢展、柴德赓、范崇鑫、王建安发言。总结发言道：

> 鸣放和反右初期，我们总的情况是受右派路线的影响。毛主席教导我们要和风细雨，我们没有贯彻。思想深处还是不相信党，把

---

① 当时荣孟源为史学界"四大右派"之一。
② 卢毅，时任江苏师范学院附属中学校长。

三个主义看成大问题，没有想到党的伟大是主要的。我们自己鸣放有毒素，今天感到很痛心，不是真正的帮助党"整风"。师院问题发生，我亦惊惶。

1月27日，参加"民进组织的性质和任务"第六次讨论。参加民进整风小组会议，钱辉唐传达赴北京会议精神，民进中央委员右派8人，各部门3人，占11.4%；地方组织主副委、委员82人，占15.8%；林汉达撤副主席。谢展、王建安、范崇鑫、钱辉唐、袁建平、范烟桥、邹仁海发言。

1月29日，参加历史系教学会议，徐嗣山、张晓江、纪庸、张梦白、刘桂东参加。参加江苏师院整风委员会会议，刘烈人报告"处理右派学生及开展社会主义竞赛"问题。

1月31日，参加民进整风小组会议，吴仲邮到会讲话，党派辩论组织路线问题。晚苏州统战部会，吴仲邮报告："主席讲，感谢右派，唱对台戏。对台戏有两种，一是大是大非，二是人民内部。处理右派，两条出路：一是坚持错误，一是接受改造。总的精神：1.有所处分，不处分不足以平民愤；2.要处理，不可太严，分别情况。"马崇儒作一般整风情况的报告。

2月1日，参加江苏师院扩大会议，公布右派学生处理办法。下午参加民进辩论会，会上讨论关于各党派中央处理右派分子办法。

2月2日，参加民进会议，讨论组织路线。

2月3日、4日，参加民进整风小组会议，辩论小结，讨论右派处理工作。

2月6日，民进整风小组会议，马崇儒讲话。柴德赓检查（第二次检查），重新检讨"鸣放"整风、反右派以来的路线、问题。钱辉唐、谢展、范烟桥、谢孝思、邹仁海、嵇同耀发言。总结发言道：

柴有个地方特别要谈，"鸣放"到反右，主要是反右，看法如何？如何转变，可透彻谈，暑中不够突出检查。动员不力，政治难搞，说明对反右看法有问题。对纪庸、蔡焌年的看法，互相之间情况，可深透一步。对民进组织进行的过程，是带一个什么看法，后来又想脱手，是什么缘故。业务和政治要以很深刻的东西来分析，通过整风对自己改造的必要性，建立一个正确的人生观，要从心之深处谈谈。……参政的问题，柴德赓同志不是聚精会神地参加，尤其是党派负责人。人代、政协，是党派的主要工作。思想上怎么看法，怎么贯彻方针？对社会主义怎么看法？三大高潮以前，各个运动中如有某一方面值得提，有意义的也可以带一带，如来苏州的原因。

2月7日，在苏州统战部，柴德赓检查（第三次检查），马崇儒及整风小组成员等出席。谢孝思、范烟桥发言。总结发言道：

暑中已检查的，现在认识如何？一种事实有否出入？一种是否已经放松了？反右无力和鸣放积极，对反右的看法究竟如何？动员无力、感情不够热烈、对党说政治工作不好搞。业务和政治的矛盾？通过整风之后，今后方向到底如何？热情高涨。

2月9日，在苏州统战部，柴德赓继续检查（第四次检查），马崇儒及整风小组成员等出席。谢孝思、钱辉唐、范烟桥、谢展发言。

2月11日，民进整风小组会议，柴德赓作检查（第五次检查）。孟心平、钱兆隆、尤可①、范烟桥、蒋吟秋、邹仁海、谢孝思、谢展、段天煜、范崇鑫、钱辉唐发言。总结发言道：

参政的问题，未提及。名位的问题，今天未突出，要谈谈，最痛的要穷追猛打。对反右斗争又赞成又疑惑，思想要追一追，可以说出道理，尽说认识不够，不足。贯彻政策法令、中心任务，不够。如文字改革，作风，突出的也可以谈，享受、汽车、资产阶级思想

---

① 尤可，时为民进苏州市文化支部成员。

分不开。

2月12日，民进整风小组会议，柴德赓作检查（第六次检查）。刘淑华、孟心平、钱辉唐、胡达修、段天煜、马成烈、钱兆隆、嵇同耀、王光武、范崇鑫、施仁夫①、谢展、邹仁海、张建初发言。有人发言道：

  柴主委自认为重业务，轻政治，我看还是一本书，二级教授，如重视历史系行政业务还有可说。事实上要写书，进科学院，我敢谈重业务轻政治的情况和别人不一样。另外整风的收获，我感到决心和信心不强，今天有所进展，但检查前真正收获不大。最后三七开开不到，到现在为止，在改变立场问题上，作一定的估价。

2月13日，民进整风小组会议，柴德赓作检查（第七次检查）。马崇儒到会。谢孝思、汤山源、范崇鑫、谢展、邹仁海、范烟桥、马崇儒、钱辉唐、嵇同耀、钱兆隆发言。总结发言道：

  派北京列席，为什么派谢②，而不派柴。也许柴不了解我是苏州市政协副主席。子路与孔子的关系，子路是最野的人，不夹杂私意不可能。
  抵触情绪，只说群众的一面，党掌握不是如此。当时领导同志对你的问题是考虑过的。

2月14日，民进整风小组会议，柴德赓作检查（第八次检查）。会上共检讨了30个问题。范烟桥、谢孝思、钱辉唐、谢展、范崇鑫、邹仁海、嵇同耀、谢展、马崇儒发言。有人发言道：

---

① 施仁夫（1893—1983），江苏常熟人。时任教于新苏师范学校，民进苏州市委会委员。
② 指谢孝思1957年至北京参加民进中央会议。

反右为什么不积极，还要说鸣放谈过。罗列，就事论事，并没比过去谈的深入。我们提为什么对党态度不正常，究竟是怎样一个态度，怎样一个看法？是否真心真意接受党的领导。绝力避免鸣放时对党的不满，一定有东西。党能不能领导高等教育和高级知识分子有问题。对接受党的领导，那么党委会来领导更不行了。说徐嗣山对古书不重视，你来了徐才重视起来。柴和纪庸对才德是一致的。五六年当选中央委员，从这个角度对其它民主党派负责人怎么看法？对统战部怎么看法？骄傲自大滋长，对地方领导同志一定有看法。因此一副监督面孔。今天说的还是避重就轻。反右为什么不积极，和上一个问题有关。

2月22日，参加苏州政协农村调查活动，至五合社。

2月23日，民进整风小组会议，柴德赓作检查（第九次检查），此次整风要求在3月5日结束。

2月24日，民进整风小组会议，柴德赓作检查（第十次检查），范烟桥、钱辉唐、范崇鑫、王建安、邹仁海发言。范烟桥同会作检查。

2月25日，参加苏州市举办"庆祝苏联建军40周年"大会。

2月26日，参加民进筹备组会议，谢孝思作补充检查。

3月2日，参加民进筹备组会议，谢孝思、范烟桥作检查。

3月5日，前一个运动结束，一般整风运动，中共苏州市委统战部评审柴德赓。[1] 参加江苏师院"双反运动"[2]动员会，听刘烈人的动员报告。

3月6日，参加苏州统战部会议，施建农作报告，"双反"以整改为中心。抄录"双反"大字报。做"交心"自查，柴归纳出十方面问题。

3月8日，历史系开展"双反"运动。参加中共江苏师院党委统战部（以下简称"师院统战部"）会议，听部署"双反"运动报告。

---

[1] 据柴德赓档案资料，政治表现为右（当时没有立即戴帽）。
[2] 反保守、反浪费。

3月9日，参加苏州政协"跃进"誓师大会[①]，吴仲邺作报告。

3月12日，参加历史系学生"双反"运动，柴德赓检查"五气"[②]。何保罗、钱兆隆、张梦白、王淑珍、张晓江、吴竞、乔传习、陈象恭、沈颜闵、徐嗣山、吴静渊、张群如[③]发言。有人发言道：

> 反右后，有一段时间热情不高，科研方面保守思想，教研组督促检查很差。工作计划性不强，对青年助教培养原则性不强，一团和气，不提意见。对同学正面批评不多。

3月13日，参加历史系系务会议。

3月20日，中国史学会来函，关于邀请柴德赓参加编写《中国历史概要》事。

3月21日，在历史系系务会议汇报五年规划。张晓江、吴静渊、郭克煜、柳树人、钱兆隆、张梦白、王健群、周仪琼、何荣昌、陈玲珍[④]、吴竞、刘桂东、沈颜闵、何保罗、王畅、陈象恭、乔传习参加。

3月26日，赴上海华东师大，"双反"取经。常溪萍[⑤]介绍经验。林举岱[⑥]、蔡颖来访。

3月27日，林举岱介绍"历史系运动和教学情况"。

3月28日，参观华东师大化学系、物理系、数学系"教育革命"。

3月29日，访李季谷、吴泽。晚访曹鸿翥、周煦良。

3月30日，从上海回到苏州。

3月31日，至孔副司巷，击锣放鞭围剿麻雀。李旭寄来"考古参观报告"。王健群来访。

---

① 后柴德赓写有"个人跃进计划"，稿尚存。
② 官气、暮气、阔气、骄气、娇气。
③ 张群如，时为江苏师范学院历史系教师。
④ 陈玲珍，原为江苏师范学院历史系学生，后留校任助教。
⑤ 常溪萍，时任华东师范大学副校长。
⑥ 林举岱，时任华东师范大学历史系教授、系主任。

4月2日，上课，讲"孙道"，杨巩听课。参加民进整风小组会议，听传达右派处理初步意见。

4月3日，上课，讲"中国历史要籍介绍"。接陈垣3月31日函[①]，谈《通鉴胡注表微》重刊，即复。复书何茗钧[②]。

4月4日，于南京参加民进江苏筹委会办公会议。吴志仪、李公威、刘顺元、黄应韶、桂庆和[③]发言。

4月5日、6日，继续参加民进江苏筹委会会议，汇报苏州情况。会议决议省撤销整风领导小组和整风办公室，市撤销领导小组，运动统一由省筹委会领导。

4月8日，晚参加民进筹备组办公会，讨论规划、检查。

4月9日，参加历史系"个人红专"规划会。发言人：孟心平、柳树人、张梦白、钱兆隆、何保罗、翁福华[④]、周仪琼。晚参加交心动员会。

4月10日，参加讨论历史系规划。收到中国史学会《中国历史概要》稿费。

4月12日，至苏高中、工农速成中学参加民进小组会。参加灭蚊蝇活动。参观校物理工厂。

4月13日，写稿。至校东河岸城墙捕蚊蝇。诣秦和鸣、徐嗣山、刘桂东谈教研组长问题。

4月14日，参观苏州博物馆、拙政园。晚参加助学金会议。

4月15日，补课。参加选举。至民进，夜参加民进筹委会会议。

4月16日，补课。参加民主党派会议，讨论一般整风。参加院整风委员会及行政联席会议。

4月17日，参加江苏师院大会，会议内容为"勤工俭学，教育革命"规划。谢展、邹仁海来访。

4月18日，参加苏州统战部召开的现场会议，马崇儒作报告。会议

---

① 陈智超编注：《陈垣来往书信集》（增订本），第595页。
② 何茗钧，时为华南师范学院教师。
③ 桂庆和，时任民进南京市筹委会副主任。
④ 翁福华，时为江苏师范学院历史系教师。

确定"基层整风"结束,转向"整改"。

4月19日,参加江苏师院"整改"会议。

4月20日,参加院内捕杀麻雀运动。王健群来访。

4月21日,参加历史系教师动员会。晚至民进写"交心"大字报。

4月23日、24日,参加历史系"厚今薄古"问题讨论。

4月25日,至苏州市委统战部参加规划评比。

4月26日,参加江苏师院处理右派分子大会,杨巩讲话。

4月28日,参加民进文化支部会,马崇儒谈"交心运动"。

4月30日,参加民建改组会,施建农讲话。下午参加历史系讨论会,批判柴德赓教学中"厚古薄今""缺少马列主义"思想。郭克煜、吴静渊、张梦白、柳树人、孟心平、黄文浩、何保罗、刘桂东发言。

5月1日,参加苏州市庆祝"五一"劳动节活动。诣顾公硕。参加民进会议,马崇儒出席。

5月2日,晚参加民主党派经验交流会。历史系"交心运动"开始。

5月3日,司晓南到苏州,至民进与之晤面。王健群来访。

5月4日,民进苏州市委会正式成立,市委委员:柴德赓、谢孝思、范崇鑫、胡达修、邹仁海、施仁夫、袁建平、范烟桥、汤山源、陈涓隐、顾公硕、嵇同耀、曹汉昌。马崇儒、司晓南参加成立大会。

5月5日,上课,讲"编年史"。参加民进苏州市委第一次会议,选举主委柴德赓,副主委谢孝思、范烟桥,常委胡达修、陈涓隐、袁建平、范崇鑫。司晓南到会讲话。

5月6日,听刘桂东《三国志》课。晚参加民进市委扩大会,范烟桥传达学习社会主义建设总路线精神,总路线之后,进一步开展"交心运动",订"红专规划",马崇儒补充。

5月7日,上课,讲《石奋传》。下午历史系召开"交心会",柴德赓作检查(第一次,就1957年整风反右运动以来重新认识,再次检查),共检查12个问题。

5月8日,为研究生上课,在图书馆讲"目录学及杂史"。与黄文浩至医院探望学生。晚至民进写小字报。

5月9日，马崇儒到江苏师院，召集民主党派负责人谈话，到会。收到《辛亥革命》稿费，分寄单士魁、荣孟源、张鸿翔、张次溪、陈桂英及刘乃和六人①。晚王健群、郭克煜来访。

5月10日，至民进，谈文化支部工作，提出"自梳自理，自识自炼，自取红心"。晚参加院工会基层会员大会。

5月11日，至苏州政协参加苏州市九三学社成立大会。参加院工会选举大会。发上海人民出版社书。

5月12日，参加历史系古代组会，评议刘桂东课。

5月13日，至校图书馆为研究生讲目录学课。刘烈人召集会议，部署"交心运动"工作。

5月14日，历史系"交心运动"，柴德赓作"交心"检查（第二次检查）。郭克煜、刘桂东、沈颜闵、张梦白、钱兆隆、吴静渊、柳树人、徐嗣山、张群如、孟心平参加。有人发言道：

> 建议主动地挖，不必等别人提，做答案。我也不同意一团和气的说法，你自信很有魄力。专家名教授思想，名到什么程度，专到什么程度，应画画像。思想性不够，有的地方思想性很强，强在哪一方面的问题。对人的关系，同志之间，甚至我们二人之间，是否完全一致，不一致，你有哪些想法。有什么谈什么，不要包。

5月16日、17日，备课"中国历史要籍介绍"。

5月18日，参加党派交心汇报会。潘慎明、谢孝思、王承舜、浦亮元、吴凤林、柴德赓、费钧胤、孙灿君参加②。

5月19日，历史系"交心运动"，柴德赓作检查（第三次检查）。有人发言道：

---

① 未记录稿费总金额，从刘乃和、荣孟源各得513.2元（8%）来看，总计（包括预付抄稿费）约6000元。

② 《新苏州报》1958年5月18日。

1.徐有意见,总务处有意见;2.中央来的,先进经验支援来的,指导意味,对学校具体领导如何看法;3.拥护党,我无怀疑,具体问题上是否通;4.与同学联系,极端有意见,亲切则家长对子女,旧的私人感情;5.与纪庸的关系问题。

5月21日,历史系"交心运动",柴德赓作检查(第四次检查)。贾宗镕、罗庆谋、徐玉华①、郑作克、段放鄢、何景行、吴奈夫、徐嗣山、刘桂东、张梦白发言。学生发言道:

"历史要籍介绍选读",据说培养读古书的能力,做时代的主人,还是奴隶?"古书靠你们传下去",作大量文字考证,一个字祖宗三代说到了。人物怎样批判很少,课堂上鼓励同学读古书,一年级读古书风很盛,问题是脱离了政治。

迷信自己,封专家,白色还是红色。鸣放,反右,教学思想,观点,走的是什么道路。就是专家,专到什么程度,自己考虑,同学们也要讨论。

5月23日,访秦和鸣、张梦白。历史系"交心运动",柴德赓作检查(第五次检查)。柳树人、何保罗、郭克煜、张梦白、周仪琼、陈象恭、王士楹、成振弟、曹永年、顾心佩、何伯辰、薛炳南发言。学生发言道:

两种情绪,一种愤恨,一种惋惜。老师背了两个包袱:一个进步,一个名教授。第一个包袱"鸣放",反右斗争丢了一些,还不丢尽。张梦白老师说要一年入党,即包袱。第二个问题,最难丢,必要认识。

---

① 贾宗镕、罗庆谋、徐玉华,江苏师范学院历史系1955级学生。

1. 要籍介绍只讲史料。娘家，只此一家，立场未谈。只讲"臣光曰"有毒素，其实全书都有毒素。2. 奇闻逸事以前高兴听，"四海习凿齿，弥天释道安"，从小故事中就贩卖了自己的私货。厚资产阶级个人主义的今。王安石和司马光政治立场不同，但私人交往还好。我就喜欢小故事，影响学习方法。3. 希望柴主任对运动中的看法谈出来，很好改造自己，欢迎马上有社会主义柴主任出现。

"叫歇碑"的发现，尚钺书[1]后，苏州又发现一些碑帖，纪庸借了去，从《人民日报》才知道纪庸的文章，腐朽的资产阶级思想，纪庸之说。吹嘘自己，也喜欢招摇。

5月24日，参加民主党派负责人会议，施建农介绍江苏师院交心经验，并指出柴德赓的"交心"内容。马崇儒作"交心大字报总结"。

5月26日，参加苏州市人代会三届一次会议，为主席团执行主席。

5月28日，历史系"交心运动"，柴德赓作检查（第六次检查）。何保罗、孟心平、钱兆隆、张梦白、黄文浩、徐嗣山发言。

5月30日，历史系"交心运动"，柴德赓作检查（第七次检查）。孟心平、张梦白、黄文浩、徐嗣山、钱兆隆发言。总结发言道：

老师同学帮你揭露的不少，主动考虑的远不够，是否可以更高地要求自己。如解放以后各种运动，方针政策的贯彻，大问题。1. 教育部要我来的，夸大，在师大的情况，可以向大家说清楚；2. 和你接近同学的大字报，你是什么思想指导的？

在"交心运动"中写"关于加入国民党的经过""关于政治历史问题"等材料。[2]

5月31日，参加苏州人代会闭幕式，吴仲邨传达中共八届二中全会

---

[1] 指尚钺《中国资本主义关系发生及演变初步研究》一书。

[2] 手稿尚存。

精神，吴迪人作报告。

6月1日，刘烈人来摸底，谈家常。

6月2日，听吴甦传达中共八大二次会议精神。

6月3日，上午上课，下午继续"交心"，历史系"交心运动"，柴德赓作检查（第八次检查）。吴静渊、何保罗、郭克煜、徐嗣山、孟心平、何荣昌、张晓江、陈象恭、王健群、张梦白、黄文浩发言。有人发言道："思想活动还可以挖，论交心有些不够。有些地方危害性挖得不够，不管重复，要深透。"

6月7日，俞启人来函，谈1951年分别后到上海情况。近有人到俞处外调柴在中学时期的政治情况。

6月14日，写检查稿。自1956年停写日记，今方始恢，当日日记：

> 日记中辍已久，念社会主义建设一日千里，工农业生产大跃进，一天等于二十年，安可不记。从个人说，既有决心改造，要力争上游，亦当时时检查，兴无灭资，故决心重作日记。亦冀还我新生，以余生贡献祖国，不计个人利实也。

晚观看校内"交心"文娱晚会，均以江苏师院运动中事实为题材。①

6月15日，参加学校游行活动，宣传总路线。

6月16日，至民进支部，谈交心情况。至玄妙观参观日本书法展。

6月17日，在图书馆为研究生上课，讲"传记类书"。得俞启人函。历史系"交心运动"，柴德赓作检查（第九次检查）。吴竞、郭克煜、黄文浩、柳树人、张梦白、刘桂东、张晓江、沈颜闵、孟心平、乔传习、

---

① 崔曙庭《难忘而幸福的一生》记："到1958年上半年的教育革命中，要进行批判资产阶级教育思想，活动就比较多，而且要我们揭发、批判柴先生的资产阶级思想在教学中的表现，使我们感到很为难。一方面是教学活动并未发现柴老师有明显突出的资产阶级思想；其次是彼此之间也碍于情面，难于启口。记得在一个文艺晚会上，一定叫我们出一个批判柴先生的文艺节目，最后只好要山东人郭克煜说一段山东快书，把柴先生和我们在平时接触中说的话，认为是有问题的编入快板书，这样才算过关。"

王健群、徐嗣山、吴静渊、钱兆隆、张群如、何保罗发言。总结发言道：

> 检查很不够，特别是思想活动，首先交心要交"鸣放"、反右，右派分子猖狂进攻，你还是真不知道，还是不让反右。我也不同意重业务轻政治，有强烈的政治活动，问题是资产阶级的政治活动，思想教育进行资产阶级改造。这团结在什么思想基础之上，符合你所需要，没有如愿。事后是否有些歪曲反右的斗争形式。说历史系的同志对你不谅解，或个别人对你有意见？交心，是自觉的思想革命，自己不努力，别人帮助无能为力。我帮助少，别人是否也帮助少呢，是否怨天尤人。你来了以后，我们大力支持，反右以后，弄成私人义气，不对，你应好好交心。

当日日记：

> 谈余检查内容，余静心听之，人苦不自苦，知人亦腹不易，然以此益知自觉革命不可一日缓。

晚阅《三国志》、《曝书亭集题跋》。

6月18日，上课。阅《藏图寻书题记》。江苏师院党委会（以下简称"师院党委会"）决定"交心"及"教改"至7月15日结束，开始讨论大炼钢铁。

6月19日，历史系"交心运动"，柴德赓作检查（第十次检查）。发言者：钱兆隆、张福曾、张梦白、刘桂东、崔绪治、黄石弢[①]、吴竞、陈玲珍、翁福华、郭克煜、何柏辰、李金林[②]、陈晶晶[③]、王健群、王畅、何保罗、张江、张云霞、顾心佩19人。秦和鸣参加，最后宣布柴德赓"交

---

① 黄石弢，江苏师范学院历史系1955级学生。
② 李金林，江苏师范学院历史系1956级学生。
③ 据陈晶晶（后改名为陈晶）2016年回忆，系领导安排几个学生发言，每人规定题目和内容。领导原未安排学生张云霞参加，故参会时十分紧张。

心"至此告一段落，交书面报告。

"交心运动"经过十次检查，柴德赓开始写有"自我检查"[1]，总结本次"鸣放"、反右、整风、"交心"四次运动的经验教训。下分"政治立场、组织路线、几个存在问题及解决办法"几个部分。

当日日记：

> 秦和鸣同志最后发言，说明余检查略告一段落，今后小组可谈，交心报可写。党之爱护关切，此又一例。

据中共苏州统战部评审柴德赓档案材料，"交心运动"中政治表现"中中"。[2]

6月20日，上课，讲《诸葛亮传》。历史系其他教师开始"交心"。黄文浩来访。汪继英、王绮华[3]等来访。

6月21日，江苏师院中动员下乡抗旱。当日端午，崔曙庭来寓，应景吃粽子。

6月22日，四时即起，半小时后至操场集合，五时许整队出发参加院支援郊区抗旱下乡队，至城郊抗旱劳动，七时始降大雨。得柴邦衡函，言好友张子高在清华大学为最先"插红旗"之人，可敬之至。

6月23日，上课，讲"唐五代宋会要"。参加张晓江"交心"检查。晚参加民进师院支部小组会，刘铨谈"交心"。

6月24日，上课，讲"目录学"。参加张梦白"交心"检查。与王健群长谈，涉及柴在各种运动中的思想及对党态度。

6月25日，补课。听何景行传达吴仲邨报告。交人事处"个人历史档案补充材料"[4]。

---

[1] 检查稿尚存，近万字。
[2] 据柴德赓档案材料。
[3] 汪继英、王绮华，时为江苏师范学院历史系学生。
[4] 在"交心"时提到中学时期参加国民党事，经组织上汇报给人事处后，要求补充入档案。

6月26日、27日，至藏书乡参加抗旱劳动，27日大雨。

6月28日，至南园宾馆①，参加苏州政协召开双周座谈会，李芸华作"国内外形势及任务"的报告。

6月29日，参加民进庆"七一"活动。晚与谢孝思、范崇鑫见马崇儒。

6月30日，参加历史系张晓江、张梦白"交心"检查会。晚参加师院民进支部会。

7月1日，参加民进市常委会会议。下午参加历史系"交心"检查会，柳树人、孟心平等"交心会"。

7月2日，补课。参加历史系会议，孟心平"交心"检查。

7月3日，参加苏州人代会会议，李芸华作"苏州行政体制变革"的报告。崔曙庭来访。

7月4日，上午自行梳理问题。下午参加崔曙庭自查会。

7月5日，上午自行梳理对照检查。

7月6日，参加历史系刘桂东"交心"检查。晚听传言"柴德赓将调去苏北师专"降级使用，颇感不安。

7月7日，参加历史系郭克煜、王健群、沈颜闵"交心"检查。

7月8日，参加历史系陈象恭"交心"检查。赴民进苏州市委与马崇儒、顾公硕、程小青、范烟桥商民进文化支部事。

7月9日，参观戚墅堰钢铁厂。

7月10日，法院来江苏师院宣判"纪庸管理办法"，管制两年。徐嗣山本安排柴与张晓江会上发言，下午徐通知撤销。

7月11日，参加师院院务委员会会议，刘烈人作"两个必须教育方针"的报告，传达刘少奇和杨献珍讲话。

7月12日，周鸿猷②、顾公硕来访。与吴甡谈现代史稿问题。晚与陈璧子携柴念东③至大公园观荷。

---

① 位于十全街。
② 周鸿猷，时任苏州市南园宾馆经理。
③ 柴念东，柴德赓长孙，时在苏州生活。

7月14日，参加苏州政协双周座谈会，钱辉唐介绍上海黄浦区"整风展览会"。参加系讨论小组规划。

7月15日，全体老师讨论教学计划。阅《经学博采录》。

7月16日，与吕敏颖①谈甪直保圣寺文物保护问题。

7月20日、21日，参加历史系讨论"跃进"规划。

7月22日、23日，至南京参加哲学社会科学联合会（社联）筹备委员会会议，许家屯作报告。参加南京史学会成立大会。参加南京小组讨论，晤王可风②、韩儒林、陈方恪③、王绳祖、陈荣禄等。诣徐慧娟。

7月24日，应王可风之邀参观南京史料整理处。

7月25日，访徐嗣山、王健群，晤秦和鸣、黄文浩。与刘烈人等打网球。

7月26日，参加民进干部会，通知准备辩论"民主党派的任务和性质"。

7月27日，至民进参加"民主党派的作用问题"辩论会，看大字报。汤山源、钱太初④、施仁夫、钱兆隆、蒋吟秋、范烟桥、曹汉昌⑤等参加。

7月28日，抄写"交心自我检查"。

7月29日，中国科学院近代史所转来《辛亥革命》读者殷勤⑥对《江苏光复记事》一文意见。

写完"交心运动"检查，近万字，从政治立场、组织路线检查自我批判。

关于政治立场，检查中写道：

---

① 吕敏颖，时为江苏师范学院外语系教师。
② 王可风，时任中国科学院近代史所资料管理处（现中国第二历史档案馆）主任。
③ 陈方恪，陈寅恪之弟。
④ 钱太初，诗人、书法家，民进苏州市委会委员。
⑤ 曹汉昌，时任苏州评弹团团长，民进苏州市委会委员。
⑥ 殷勤，时为南京大学教师。

五月中旬，江苏师范学院开始整风，政协亦开会"鸣放"。我以为民主党派应该在帮助党整风中有些表现，可是由于自己对"长期共存，互相监督"方针体会有偏面，接受党的领导三心二意，加以资产阶级思想作祟，要在运动中表现自己，抬高和扩大民进组织的作用和影响，开座谈会也好，大会发言也好，我一味支持"鸣放"，没有强调善意的和风细雨帮助党整风的精神。当听到有人说党员的坏话，我信以为真，说的越尖锐，我以为真是心里话，甚至恶意攻击，我亦分不清香花毒草，总是多方予以鼓励，仿佛党不定有多大的缺点，而我们却同铁面御史一样，专门替人伸冤似的。这种做法，心目中已经不像把党看做是我们民主党派的领导者，而像是平起平坐，对等地位的党派一样。

　　特别是我自己在大小会上的发言，从态度论，在师院党委第一次座谈会和政协一次常委会上，我却是声声俱厉地提意见。提意见当然应该，为什么要声色俱厉呢？这充分说明我对党不是热爱，而是单纯庸俗地表示监督。更卑鄙的是在大庭广众之间，表示我敢于向党提意见，也明明知道党有这个度量，却利用这个机会表现一下自己。更重要的还不仅是态度而已，我自己"鸣放"的东西中，确有好多错误极严重的议论，属于右派的言论，例如："我们建议：今后有些重大事情要协商，最好党先分别征求民主党派的意见，然后做出初步打算，再召集大家来开会协商，这样容易使有不同意见的有发表自己的意见的机会。如果不是这样做，一下子拿党决定完的意见往桌上一摆，大家还能说什么呢？"

　　这条意见很荒谬，我从前也检查过，本是为协商政协副主席而发，当时我只归之于资产阶级民主思想作祟，今天看来，问题更严重的在于政治影响极坏。我是参与协商工作的，党的协商工作，我也承认是做得好的，究竟党是不是拿党所决定的意见往桌子上一摆，不让大家发表意见呢？还是我们这些人对党不忠实，有些意见，吞吞吐吐，不肯明目地说呢？或是随时随地以资产阶级个人主义思想指导看党的眼色来行事呢？应该肯定地说，党是愿意大家提意见的，当面有意见不提，背后有意见的正是我自己，说明自己和党不一条心。但是我在大会上竟这样说了，让群众得一错误印象，以为党和民主党派协商工作原来还是形式主义的，这种影响很大，极坏。

关于组织路线，检查中写道：

> 在组织工作，我是不够认真严肃来对待的。首先对民主党派的性质任务不够明确，依靠党的领导思想不够强烈。因此，把民进工作摆在一个不大重要的地位上，没有争取党的领导监督来改进工作，而是凭自己的资产阶级思想自由泛滥去指导工作。因此，民进在"鸣放"和反右初期受了右派路线的严重影响，应当由我负责。清除这些影响，只有改造个人与组织。

7月31日，发陈垣书，另发柴令文、柴祖衡各一书，告陈璧子将北上行期。

8月3日，因柴令文北京师大地理系毕业，柴君衡北京第四中学毕业，报考北京大学，陈璧子赴京。

8月5日，电台发表"毛泽东和赫鲁晓夫签署会谈公报"，参加苏州市集会并游行。参加郭克煜婚礼。

8月6日，参加学院各系主任教研组长会议，讨论教学计划。接陈璧子函，得知住兴化寺陈垣家中。

8月8日，讨论系计划。下午至南门实验小学，参观"交心展览会"预展。各党派省秘书长来苏州。晤司晓南。寄柴祖衡、缪景湖各一书。周仪琼来访，言欲赴武汉一行。

8月9日，谢展来谈"自我刻画"，讨论教学大纲。至第一宿舍劳动，拔草。

8月10日，至民进市委会晤陈涓隐、顾公硕。

8月11日，与吴甡谈"现代史大纲"，蒋健平、黄正藩参加。至苏州市政协参加双周座谈会，施建农主持，汪旭初传达江渭清[①]讲话，陈志安传达梅村[②]讲话。报载早稻亩产已至一万零七十斤，当日记："恐尚不止此。"

8月12日，与刘桂东、吴静渊、何永昌讨论教学大纲。与崔曙庭入市。至民进晤范烟桥、谢孝思。

8月13日，讨论"中世史大纲"。参加院党委召集教学计划会议。得陈璧子家书，携柴念东诣许国樑。

8月14日，与秦和鸣、徐嗣山设席为张焕庭、萧毓秀夫妇饯行[③]。

8月15日，开始校注《顾亭林诗文集》。参观"苏州民主党派交心展览会"。

8月16日，吴甡来谈校东护城河城墙将由学校负责拆除填河。[④]

8月17日，陈晶晶来访。携柴念东至黄炳然家。

8月18日，苏州成立业余大学，邀柴德赓讲授中国古代史。

8月19日，至师院附中听统配动员报告。至苏州政协听吴迪人、吴仲邺报告。

8月20日，陈璧子自北京来函，得知柴令文毕业分配在安徽，拟去合肥报到。致孙瑞书、王西彦[⑤]明信片。

8月21日，参加历史系首届毕业生[⑥]聚餐。阅《宋人轶事汇编》。朱彤来函，言收到出版社寄去《辛亥革命》一套，代转周志。

8月22日，得王西彦回信。收崔曙庭自河南来函。

8月23日，苏州各党派茶话招待，晤司晓南。阅耿毅所述《辛亥时期的广西》。

8月24日，陈晶晶分配至徐州实习，来辞行。阅吴甡编写"现代史

[①] 江渭清，时任江苏省委第一书记。
[②] 梅村，时任中共江苏省委统战部部长。
[③] 张焕庭时赴徐州筹建师范专科学校（今江苏师范大学）。
[④] 学校东侧原有城墙，在拆除过程中塌方，曾造成两名学生死亡。
[⑤] 王西彦，时为华东师范大学中文系教师。
[⑥] 1955级提前毕业实习。

教学大纲"及《十国春秋》荆南及闽部分。

8月25日，阅《文史哲》批判童书业、王仲荦[①]文，评语："童善变，独出新意，不能自守。解放后关于奴隶社会四变其说，称为实用主义，当之无愧。"

8月26日，阅《文史哲》关于《官场现形记》评价文章，阅24日《光明日报·文学遗产》刊载《林庚先生在"建安风骨"的解释上所表现的阶级本质》一文。

8月27日，得柴君衡函，始知北京大学物理系已录取。得柴令文函，言分配至安徽宿县中等师范学校任教，即复书以贺。参加苏州人代会第三次会议，李芸华作"关于苏州工农业情况"的报告。得陈绍闻函。

8月28日，参加历史系会议，讨论建高炉炼铁问题。

8月29日，崔曙庭来访。朱正元、刘真来访。参加院行政会议，杨巩提出"政治挂帅、勤工俭学、创造性教学、体育四高涨"。当前集中大炼钢铁。

8月30日，致陈垣、刘乃和、柴邦衡、柴令文、柴君衡各一书。得作家出版社来函。得民进中央来函，通知将于11月召开民进中央全会。晚阅《明史纪事本末》。

8月31日，与蒋健平、吴甦讨论"现代史大纲"。钱兆隆来访。

9月1日，崔曙庭、黄文浩、徐嗣山来访，许春在来访，携其家父手书一通。读近期民进"文教学习资料"中有张秋华撰文《且看我们这一家》；阅后，益念好友张子高。

9月2日，潘毓秀[②]、柳哲纯[③]来访。江苏师院各系开始"大炼钢铁"运动，造"土高炉"，参加历史系建造高炉。崔曙庭、朱巽英[④]、张善萍来访。

9月3日，吴甦宣布历史系设中共总支部，李明中任书记。抄关于

---

① 王仲荦，魏晋南北朝、隋唐史专家。章太炎弟子，时任山东大学历史系教授。
② 潘毓秀，时任苏州实验小学副校长。
③ 柳哲纯，时任苏州胥江中心小学校长。
④ 朱巽英，江苏师范学院历史系1956级学生。

"永康方岩胡公大帝——胡则"材料。学陆定一关于教育"两个必须[①]"文章。

9月4日，阅《困学纪闻注》，复陈伯君兄问颜延之、谢庄诗文问题。

9月5日，李明中、徐嗣山来谈历史系工作。阅《简明中国通史》，谓金圣叹荐申甫，盖金声之误。

9月6日，参加历史系讨论会，讨论为什么要学习历史，批判轻视历史科学学习的思想，历史系究竟应该学些什么、如何学习、如何学好。张晓江、黄正藩、吴竞、庄福铭[②]、蒋听法、吴奈夫、陈惠娟、童炳根发言。

9月7日，学校通知晨二时半集合，三时开会，宣读《周恩来关于台湾海峡地区局势的声明》，早六时开始游行。

9月8日，至民进市委会参加为邹仁海调南京体育学院送行。

9月9日，江苏师院决定9月份停课大炼钢铁，李明中作动员报告。

9月10日—12日，历史系承担炼焦任务，忙于工地。

9月13日，参加苏州政协双周座谈会，施建农作"以钢为纲、以粮为纲"方针报告。强调"双献五比"[③]运动的意义。参加"双献五比"座谈会。得史树青函，言正在南疆调查，整理有《南疆农村社会调查》。

9月14日，王健群来访。历史系开始炼铁，上午做土高炉炼铁准备工作，下午一时举火，由邮电局炼铁工人指导，但因冷却器漏水，未及加矿石便停工。

9月15日，购公债，每双月购50元[④]。公债抽签还本付息得84.54元。寄柴君衡30元，柴邦衡40元。

9月16日，江苏师院成立民兵师，全民皆兵，柴德赓任副团职。柴君衡来函谈入北京大学物理系后详情，复书勉励。

9月17日，学校开展爱国卫生运动，要求每人每天消灭蚊子50只，

---

① "教育必须为无产阶级政治服务，教育必须与劳动生产相结合"。
② 自庄福铭始皆为历史系学生。
③ "双献"即献技、献计。"五比"即比接受党的领导、比接受职工监督、比参加体力劳动、比贡献技术才能、比政治理论学习，为社会主义建设总路线服务。
④ 据江苏师范学院《1958年国家经济建设公债缴款/转移通知书》（署名柴德赓），现存。

苍蝇 20 只，外出捕杀，完成定额。收到史树青寄来《南疆农村社会调查》，评语："搜集典型农牧资料，甚可贵。"晚参加杨巩院长召集民主党派负责人会谈"双献五比"具体办法。

9 月 18 日，江苏师院动员"双献五比"，听刘烈人作报告。历史系三号高炉炼铁成功，晚刘烈人、杨巩到现场祝贺；然四号炉炉底凝结。

9 月 19 日，读 18 日《人民日报》广西环江县中稻亩产 13 万斤，日记中加批语"真一跃到天上"。

9 月 20 日，河北北京师范学院①来人，外调赵九兴情况。参加教研组长会。得柴令文、柴君衡函。得陈述民②函。

9 月 22 日，参加师院召开民主党派会议，声讨美帝和讨论全民皆兵。晚参加院民主党派座谈会，张晓江、邵甲一、罗聚源、王盈朝、毛凤翥③、许国樑、张梦白、钱克仁、孟心平、顾树森④等发言。二号炉点火，值夜班。

9 月 23 日，得柴令文函。得柴邦衡函，言报名清华大学民兵师未准。在日记中加注："右派⑤自然不能执戈以卫社稷，此理渠未参透。"

历史系二号高炉共出铁 237 斤，至午后炉身有裂缝，铁水冻结，不得已停火，感叹殊可惜。学习陆定一《教育必须与生产劳动相结合》一文，总结九年来教育成绩及存在问题，不外是资产阶级教育思想与社会主义教育思想斗争，根本即立场问题。

9 月 25 日，师院党委作出决定：建先锋式 15 米高炉，历史系建两座。得刘乃和函。致陈伯君、王西彦各一书。

9 月 26 日，历史系建先锋式高炉，彻夜在工地打地基。

9 月 30 日，出席苏州市庆祝国庆九周年活动。⑥

---

① 即今河北师范大学。
② 陈述民，原杭州一中国文教师，时任教于四川师范学院。
③ 毛凤翥，时为进修生，其他皆江苏师范学院教师。
④ 顾树森，时任江苏师范学院教育专科教授。
⑤ 柴邦衡于 1958 年年初在清华大学被划为"学生右派"。
⑥ 《新苏州报》1958 年 9 月 30 日。

午约黄文浩、王健群、秦和鸣吃螃蟹面。晚约徐嗣山、李明中，略备鸡鱼之类，共度五十生朝。

10月1日，参加慰问一线炼铁工人，至交通局慰问。参加苏州市政府大会，观民兵分列式。

10月3日，赴上海华东师大、交通大学学习"教育革命"经验。晤常溪萍，继由林举岱及袁英光①介绍"单课独进"经验。

下午至上海师范学院晤覃英，略谈师院教改情况。晤魏建猷②，谈历史系情况，上海师院无炼铁任务。晤韩之荃、郭豫明③。

10月4日，在交通大学考察学习。

10月6日—11日，参加江苏省人代、政协联合会议，由江渭清、惠浴宇④作报告，与章伯钧之子章师明同小组参加会议。访吴贻芳、胡颜立。聆京剧李少春《草船借箭》、杜近芳《玉堂春》。发柴令文、陈璧子书。周瘦鹃自北京参加国庆观礼毕，赴南京参会。致谢孝思、崔曙庭各一书。

10月12日、13日，至宿县师专看望柴令文。

10月14日、15日，回南京，继续参加江苏省政协会议。谢孝思来南京参会。

10月17日，回到苏州与李明中、徐嗣山谈历史系中工作。至苏州市委统战部汇报南京会议情况。阅《元史》本纪部分。

10月20日，得悉中国文化代表团出访飞机失事，郑振铎、蔡树藩、谭丕谟均遇难，且有各国专家四十余人在内，无一得幸；其中郑、谭皆熟悉，颇悲痛。致书夏承焘。

10月21日，至开明戏院，听吴天石⑤报告，阐明教育方针。在院内听董纯才作报告。

---

① 袁英光，时为华东师范大学历史系教师。
② 魏建猷，时任上海师范学院历史系主任。
③ 韩之荃、郭豫明，北京师范大学历史系1957届毕业生。
④ 惠浴宇，时任江苏省省长，苏州惠廉副市长之叔。
⑤ 吴天石，原任中共江苏师范学院党委书记，后任江苏省教育厅厅长。

10月23日，江苏人民出版社来接洽"江苏辛亥史""江苏城市发展史"稿，与李明中、徐嗣山、黄文浩共商。刘烈人提出历史系全系下乡调查"江苏十年材料"，要求集体创作，集中备课，分散教学，就地取材，边做边学，约两个月。

10月25日，历史系宣布下乡调研计划。南京大学殷勤再次来函，商讨《辛亥革命》资料问题。

10月26日，吴泽托秦和鸣转来批判王国维文章①，嘱提意见。

10月27日，金兆梓派中华书局上海编辑部刘德麟来访，询《中国历史要籍介绍》编写及《晋书斠注》点校进展。晚参加历史系五年制班一年级学生"教育革命"辩论会。

10月29日，得夏承焘函，询柴赴杭州行期。王健群来访。参加苏州市中学历史教师"中国近代史"课本编辑讨论会。

10月30日，得陈垣28日函②，言知即将北行。得柴君衡、柴祖衡函。华东师大林远、梅公毅、牟晓君、简修烨来历史系，交流"教育革命"情况。

10月31日，刘烈人邀打网球，与许国樑、朱凤德对打。参加历史系《共同纲领》③讨论。

11月1日，得王西彦信，知调至华东师大中文系工作。庄福铭来访。

11月2日，王健群来访。苏州市沧浪区人民公社成立，成为公社成员。

11月3日，刘烈人陪邓克生来访。

11月4日，晚干部会。得柴邦衡函，即复一书，与谈学衔、家庭等问题。崔曙庭来访。

11月5日，参加民进市委会会议，范烟桥、谢孝思、陈涓隐参加，听梅村作报告。

---

① 吴文尚存。
② 陈智超编注：《陈垣来往书信集》（增订本），第595页。
③ 全称为《中国人民政治协商会议共同纲领》，1949年9月29日。

11月6日，参加历史系社会调查队至无锡。致殷勤、刘乃和、尚钺各一书。

11月7日，至无锡图书馆与秦溶①晤面，谈收集资料问题。听中共无锡市委秘书长介绍无锡概况。晚至江阴。

11月8日，继续在无锡调研考察。

11月10日，参加历史系"苏州调研考察队汇报会"。

11月11日，闻顾公硕准备捐赠一批书画与苏州市文管会，欣悦，"当力促其成"。

11月12日，得柴君衡函。赴京开会，行前向苏州市委统战部施建农汇报，得示：1.至北京参加会议，应本着"整风"精神，展开辩论；2.看成员进步与否要从本质看，不要光从现象看；3.开好会议，带回精神，做好民主党派工作。

11月14日，到北京参加民进第三次全国代表大会，同行有谢孝思、范烟桥、汤山源和陈涓隐，住北京西郊宾馆。②与王绍鏊、杨东莼晤面。晚六时至兴化寺街谒陈垣，谈至十时始离。

11月15日，看望杨敞，下午谒陈垣。晚赵朴初、冯宾符邀开预备会。周煦良携祝枝山、傅青主字各一求鉴定。

11月16日，全日开会，访陈伯君、李霁野。

11月17日，大会预备会。胡梦玉、宋君复、姚绍华来访，访周谷城。江苏小组座谈"美帝是纸老虎问题"。顾颉刚、吴研因、雷洁琼、许广平、梁明等参加小组会。

11月18日，参加小组会，批判"唯武器论"，许广平传达毛泽东在最高国务会议讲话。晚谒陈垣，遇张重一。

11月19日，参加小组会，赵朴初传达周恩来"关于台海形势"的报告。晚看望李瑚。

11月20日，至北京展览馆参观"工业成果展"。晚陈垣寿辰，同至

---

① 秦溶，时任无锡图书馆馆长。
② 西郊宾馆位于阜成门外南营房。

华侨饭店聚会。陈垣赠新印《南宋初河北新道教考》及《中国佛教史籍概论》，亲为题字，即署"七十九生朝"。

11月22日，听钱俊瑞报告"文化艺术大跃进"问题。晤魏建功、牟小东①、陈嘉②、刘开荣③。

11月23日，参观石景山人民公社，参加田间收大白菜劳动。

11月25日，致施建农、马崇儒、陈晶晶各一书。访赵光贤。参加第三小组会，胡通祥、黄伟胜、顾颉刚发言。参加江苏小组会，桂庆和、范烟桥、胡通祥、谢孝思、汤山源、李家修发言。

11月26日，至怀仁堂听陈毅作"国际形势"的报告。晤李何林、资耀华、吴煜恒、金颂、程希孟④、陆宗达等。高熙增⑤来访。前访赵光贤未值，赵来函。

11月27日，至陈垣寓所，谈《元西域人华化考》⑥问题。访尚钺。

11月28日，姚绍华来访，谈校《晋书斠注》，催《中国历史要籍介绍》稿尽早完成，并告友人中石础、丁晓先皆为出版界"右派分子"。

11月29日，听刘皑风⑦"当前教育方针"的报告。观马连良、谭富英《借东风》。

11月30日，柴君衡、柴邦衡来视，谈思想情况，嘱柴邦衡当心服口服，努力改造。下午至陈垣寓所，遇丁浩川，并合影，同至大同酒家用餐。得陈晶晶函。

12月1日，写发言稿⑧。本日大会闭幕，由王绍鳌作报告。晚参加民

---

① 牟小东，时为时代出版社编辑。
② 陈嘉，时任南京大学外文系教授。
③ 刘开荣，时任南京大学中文系教授，后调入江苏师范学院中文系任系主任。
④ 程希孟，时任中国贸促会研究室主任。
⑤ 高熙增，辅仁大学历史研究所1944年学生。
⑥ 当时刘乃和出示一本从旧书摊买回的《元西域人华化考》，已经被鼠啃咬，破烂不堪，此本正是当年陈垣所赠阅。《华化考》为多年前被学生借去，未归还者。现由北京师范大学图书馆修复及收藏。
⑦ 刘皑风，时任教育部副部长。毕业于北平师范大学国文系，柴德赓同学。
⑧ 柴德赓留存有一份铅印《我的立场问题到底解决了没有？》发言稿，内容为1957—1958年这一年半来的整风、反右、交心、教学革新的认识和检查，共6000字；即为参加此次大会的发言。

进江苏团会议。陈璧子从苏州寄来与许广平合影照片。写改造规划。晤魏建功、牟小东。

12月4日，听杨东莼传达周恩来的报告。

12月6日，金少英[①]、章川岛来访。致陈璧子、柴令文各一书。柴邦衡来视。

12月7日，大会发言，听曹鸿翥、顾颉刚发言深受鼓舞。

12月8日，民进新一届中央委员会选出，柴德赓仍为中央委员。

12月9日，杨东莼报告，大会闭幕。姚绍华来谈三年出版计划。李霁野来谈，言见台静农，依然无改；约李至苏州一游。谒陈垣。

12月10日，上午至北京师大看望金永龄、周廷儒、叶苍岑、祁开智、何锡麟等。晤张文淳、杜平[②]。

12月12日，上午至兴化寺与陈垣辞行，遂与杨东莼至民进中央听传达报告。会后乘火车离开北京。

12月13日，火车经徐州，陈晶晶于月台迎送。经宿县，与柴令文于月台见面。回到学校诣秦和鸣，秦诚以处顺境时勿骄，晚记："此金玉之言，当铭诸绅。"

12月14日，晤李明中、徐嗣山。与谢孝思、范烟桥、汤山源、陈涓隐谈向苏州市委统战部汇报工作。

12月15日，诣杨巩、潘慎明。晤刘桂东。

12月16日，与徐嗣山、李明中商谈历史系工作。

12月17日，参加苏州政协工业检查小组座谈会。接刘乃和函，索周恩来报告的记录稿。

12月18日，至胥江钢铁厂参观。

12月21日，与李明中、徐嗣山谈五年制工作。与陈玲珍、吴竞、乔传习谈五年制问题，拟改课程计划。与陈绍闻、陈璧子陪黄松游虎丘。

12月22日，参加历史系五年制计划讨论。

---

① 金少英，时任甘肃师范学院历史系教授。

② 张文淳、杜平夫妇均为北京师范大学历史系教师。

12月23日，与沈颜闵谈五年制语文教学问题，听课一小时。初步发觉沈教法尚未革新，学生课外读书不管，作文次数少，改文亦粗。参加杨巩召开行政会议，讨论科研、工作安排时间问题。

12月25日，得柴令文函。民进江苏省筹委会来函谈传达北京会议问题。与徐嗣山谈五年制问题。阅近代史编写小组交来"课本参考资料"，提出意见。

12月27日，参加历史系大会。至民进市委会谈传达北京中央全会事宜。王健群来访。

12月29日，晚至苏州人代会商新年慰问工人工作。晤马崇儒。与惠廉等至苏州电厂参观。

12月30日，苏州市公布庆祝建国十周年筹备委员名单，柴德赓在列。① 致书刘乃和。

12月31日，晨至业余大学上课②。至南林饭店③，李芸华传达中共八届六中全会精神。晚各党派负责人代表发言，祝五八年胜利，五九年开始。九时与潘慎明步行归。近来副食品紧张，今日供应肉每人四两，鱼每人六两。晚王健群、郭克煜来访，下围棋。陈绍闻自望亭来过新年。得柴祖衡函。

当日的日记写道：

> 此一年中，国家建设与生产"大跃进"，余思想收获极大，然政治理论提高有限，科学研究无一成。"顾亭林诗文选""要籍介绍"皆未写出。行年五十，残月隐息，书此以悲吾过，今后志当努力。

---

① 《新苏州报》1958年12月30日。

② 柴写有"苏州政协第一业余政治学校近百年历史学习"讲稿（未发表），现存。

③ 位于十全街。

卷六

1959年—1961年

此期间主要经历为：学校"教育革命""反右倾"运动等。

○ 1959年 五十一岁

- 任江苏师范学院历史系教授、系主任。
- 任民进中央委员、江苏省筹委会副主任委员、苏州市主任委员。
- 任苏州市人民代表大会代表、政协常务委员，江苏省政协常务委员（12月）。
- 撰写《我的老师——陈垣先生》。[1]

2月3日，刘乃和来函，谈北京近况，张重一又一次遭受批斗，在中山公园。

3月26日，至南京参加江苏省政协会议。

3月27日，听刘顺元"关于国民经济形势"的报告，后分组讨论。晤吴贻芳、古楳、胡颜立。

3月28日，参加民进小组会。

3月29日，继续参加民进小组会，讨论西藏平叛、"大跃进"等问题。陈垣来函[2]，言叠收柴德赓书，念陈璧子离开北京足有七月，感"眼前事物，样样大跃进，思想时赶不上"，并附康有为掌故以供谈资。

3月30日、31日，继续参加民进小组会，讨论西藏问题。

4月6日，与无锡六中师生座谈，解答高中生升学和就业问题："愿意做工人是工人阶级；做先生，要学习，是资产阶级知识分子。师院同学如何学习、生活。"

4月11日，参加民进市委会会议，讨论当前时事政治。

4月16日，参加历史系教改讨论会，就"单科独进"教学法问题进行讨论。

---

[1] 此文为柴德赓1959年阅《人民画报》有感而作，后经刘乃和修改发表于《文献》1980年第2期。

[2] 陈智超编注：《陈垣来往书信集》（增订本），第595页。

4月19日，参加民进市委会会议，讨论反右运动以来思想状况。

5月10日，周瘦鹃自京参加全国政协会议归，民进苏州市委会座谈欢迎。

5月17日，参加中学教师座谈会。

5月25日，听吴甡传达陆定一关于贯彻教育方针的讲话以及康生、杨秀峰和周恩来的讲话。

5月27日，参加历史系政治学习，李明中报告有关"大跃进"认识及西藏问题。

5月29日，参加历史系关于曹操问题的讨论。

6月5日，参加历史系关于曹操问题的讨论，撰写短文一篇。①

6月8日，刘乃和来函，告知广播电台将有关于北京师大的报道，并采访陈垣校长，示收听。

6月18日，听焦康寿"关于当前经济形势"的报告。

6月28日，离苏州，至京津高校考察，交流"教育革命"经验。

6月29日、30日，在南开大学考察"教育革命"经验；由蒋子绳②、郑天挺介绍。与李霁野、来新夏晤面。访顾随③，未值，留条去。

7月1日，至北京，考察北京师大，晤王文枢、何兹全、刘盼遂等。访李瑚，至兴化寺谒陈垣。

7月2日，上午至北京大学访翁独健，晤杨人楩、邓广铭、周一良。下午至北京师大访何锡麟、白寿彝、李雅书、刘家和等。王文瑞介绍北京师大"教育革命"经验。晚谒陈垣。晤尹敬坊、陈继珉。

7月3日，至北京大学历史系学习"教育革命"经验，周一良介绍。晚谒陈垣。

7月5日，至北京大学访余逊、周祖谟、胡梦玉。观话剧《蔡文姬》。

---

① 题目为"为曹操翻案，不要过分美化曹操"，柴在自述历史研究时谈到不写有关历史热门话题的文章，如曹操、武则天等，故未发。

② 蒋子绳，时任南开大学教授。

③ 顾随，时任天津师范学院教授。

7月6日，至北京师院考察"教育革命"，由滕净东①介绍。晤成庆华②、陈日新③等人。至河北北京师范学院考察，晤张恒寿④等。晚晤中华书局姚绍华、金灿然等人。

7月7日，访黄肃秋⑤、覃必陶⑥。谒范文澜。诣葛信益、祁开智、朱庆永、何兹全等。谒陈垣，谈中国历史古籍卷数之最问题。

7月8日，至新华书店购《江苏省明清以来碑刻资料选集》、《李贽年谱》。谒陈垣。访白寿彝。牛继斌来访。

7月9日，至陈垣宅辞行。

7月10日，回到苏州。

7月11日，参加历史系行政会。备课，参加暑期高师培训班。

7月20日，参加历史系会议，讨论任课教师安排。

与范烟桥、顾公硕、周瘦鹃、陈涓隐、谢孝思游灵岩山。拟诗二首：

钟声梵吹出灵岩，犹是东南第一山。
去春耕耘勤手足，不须托钵向人间。

法王空相依然新，十藏琳璆文物珍。
莫道山僧遗世事，如今生产又修行。⑦

7月22日，周祖谟自北京来函，就其子周士琦病问诊黄一峰⑧，并述"余嘉锡文集"整理进展。参加苏州政协二届三次会议，听焦康寿报告。

---

① 滕净东，时任北京师范学院历史系教授、系主任。
② 成庆华，时任北京师范学院历史系教授。
③ 陈日新，辅仁大学国文系1948级学生，时任北京师范学院历史系总支书记。
④ 张恒寿，时任河北北京师范学院历史系教授、系主任。
⑤ 黄肃秋，时为人民文学出版社编辑。
⑥ 覃必陶，时为中国青年出版社主任编辑。覃英之弟。
⑦ 诗文多有润色的痕迹，后面日记中有"不须托钵向人间，养猪何须佛门事"和"钟声梵吹出灵岩，千藏琳璆宝满山"斟酌句。
⑧ 黄一峰，中医学家，时任苏州市中医院院长，柴德赓好友。

在大会发言，题目是"调动积极因素，发挥革命干劲，为建设繁荣美丽苏州而努力"①。

7月24日，参加江苏师院院委会会议，讨论师资培养问题。

7月26日，参加苏州人代会会议，听焦康寿"关于市场供应问题"的报告。

7月31日，参加历史系会议，讨论教师任课安排及贯彻教学大纲。

8月7日，至杭州参加民进上海、江苏、浙江（两省一市）会议，与倪祯棠等晤面。

8月8日，参加民进两省一市领导小组会。

8月9日、10日，参加大会，周建人作报告，分组讨论，大会发言。发言核心：党的领导，结合中心，思想改造，积极工作。

8月11日，参加江苏小组汇报会，讨论"又红又专"问题。

8月12日，继续参加会议，致陈璧子家书。与夏定域②通电话，拟赴浙江图书馆查阅文澜阁本《四库全书》。

8月13日，参加大会，浙江介绍经验。

8月15日，参加大会，上海介绍经验。

8月16日—19日，至文澜阁查阅李焘《续资治通鉴长编》版本及校对，写有校勘记③。对于《长编》的版本，意见为：

> 从以上各条观之，可以说四库本虽有错误，个别篡改也很严重。但以经过校对的数十卷而论，错误究竟比浙本少，仍不失为第一手的抄本。所以我主张，如印《长编》，应以四库本为底较妥。同时，四库本没有印过，如果影印出来，多一种版本，对研究工作者可能也有些方便。

---

① 发言稿现由苏州市档案馆收藏。
② 夏定域，时任浙江省图书馆古籍部主任。
③ 笔者根据校稿整理《关于李焘〈续资治通鉴长编〉的版本问题》，载柴德赓：《史学丛考》（增订本），第251页。

8月19日，致书中华书局，通报文澜阁查阅《续资治通鉴长编》的情况，结论"浙本底本胜于库本"；谈有关《历朝通俗演义》的整理情况，并及"余嘉锡文集"的整理收集意见。

8月23日，参加历史系行政会，李明中传达"关于国民经济形势"的报告，全面落实、宣传"三面红旗"（总路线、大跃进、人民公社）。

是月，陈垣来函，言得本月1日寄"余嘉锡文集"目录，并答钱大昕《网师园记》不入钱集原因，关于《续资治通鉴长编》的版本问题亦以为库本靠不住①。

9月2日，参加历史系行政会，讨论教学及开学安排。

9月5日，参加苏州人代会会议，李芸华报告全市工农业情况，柴德赓汇报江苏师院历史系"教育革命"情况。

9月16日，参加苏州政协会议，贯彻第二个"五年计划"提前实现，以及"总路线"，中共中央八届八中全会"反右倾"精神。

是月，师院党委作出"柴德赓反右期间问题鉴定"：②

柴历史上早期参加国民党，并担任区分部执行委员，有一般的罪恶活动。社会关系中与回归分子周蓟章的关系今后必须注意掌握。介［解］放前长期执教，抗战中尚有一定的民族气节，但资产阶级的学术观点和名利思想较为突出。介［解］放后由于剥削阶级的本质未得到彻底改造，骄傲自大，闹不团结，进行宗派活动，仍存在较为严重的资产阶级学术观点和名利地位思想，并有政客作风。"鸣放"、反右中政治上动摇，倾向右派，曾有不少的错误言行，后虽作过检查，但目前在工作上表现较差，怕负责任，与我党有一定的距离，故政治上应属中中③。

---

① 陈智超编注：《陈垣来往书信集》（增订本），第598页。《书信集》将此信系于1962年10月，然据柴1959年日记，当为1959年10月事。

② 中共苏州市委统战部档案，苏州档案馆藏。"鉴定"二字原作"介定"，"解放"为"介放"。

③ 柴德赓在中共人事组织内部排队：整风反右（中右）；一般整风（右）；交心运动（中左）。

但柴在学术方面资历较长，并有一定的水平，在旧知识界中仍有一定联系和影响，故现有职务，可不予变动。①

10月6日，参加院民主党派会议，杨巩布置学习中共八届八中全会"反右倾"精神。

10月7日，参加历史系教研组长会。

10月8日，参加江苏师院院委会会议，刘烈人布置"反右倾"运动。

10月12日，上午听中国古代史课。下午听杨巩"反右倾"动员。

10月17日，参加历史系全体教师会议，李明中布置当前主要工作：反右倾、鼓干劲、抓思想、抓教学、学先进、超先进。

开始撰写"论唐代苏州经济的繁荣"一文②，搜集资料，摘录《全唐诗》有关诗篇。

10月22日，参加院行政会议，杨巩作"江苏师院五年赶超南京师院和北京师大计划"的报告。

10月24日，参加江苏师院系主任会，听杨巩、吴甡作报告。

10月26日，参加历史系教研组会，制定个人"红专计划"。

10月27日，参加江苏师院院系主任会。

10月28日，参加历史系教研组会，李明中传达院系主任会决议。

11月1日，参加历史系教师"教材教法"会议。

11月3日，参加中共江苏师院历史系总支部（以下简称"历史系党总支"）、教研组长会。

11月7日，参加历史系"反右倾"讨论会。

11月11日，听刘桂东"东周列国"课。

11月13日，参加江苏师院行政会议。

11月16日，参加师院系主任会，刘烈人报告教学计划。

11月21日，参加刘桂东授课评议会。陈垣来函③，告生朝无举动，

---

① 据中共苏州市委统一战线工作部档案资料。
② 手稿尚存。
③ 陈智超编注：《陈垣来往书信集》（增订本），第596页。

启功已摘"右派"帽。

11月24日，参加师院"反右倾"运动，听秦和鸣作报告。继续搜集唐代经济史料。

11月25日，参加历史系刘桂东授课评议会。

12月2日，参加师院附中行政会。参加小组会。备课"中国历史要籍介绍及选读"。

12月14日，参加历史系教研组会议。

12月15日，听金波[①]中国近代史课。

12月19日，听吴甡"关于科教发展规划"的报告。

12月20日，至南京参加江苏省政协会议。

12月21日，至民进省筹委会。下午参加江苏省政协一届三十二次会议。

12月22日，参加江苏省政协会议，听惠浴宇"关于江苏省政治经济形势"的报告。

12月23日，参加省政协小组讨论。

12月24日，参加省政协小组会，发言谈工农业和1960年经济指标。

12月25日—28日，继续参加江苏省政协、民进会议。得陈晶晶函及陈璧子家书。

12月29日，当选为江苏省政协常务委员[②]。参加江苏省政协二届一次政协常委会会议。与杨巩谈杜甫诗。

○ 1960年 五十二岁

• 任江苏师范学院历史系教授、系主任。

• 任民进中央委员、民进江苏省筹委会副主任委员、民进苏州市主任委员。

[①] 金波，时为江苏师范学院历史系教师。
[②] 《江苏省政协大事记》，江苏人民出版社1994年版，第397页。

- 任苏州市人民代表大会代表、政协常务委员，江苏省政协常务委员。
- 撰写《从白居易诗文中论证唐代苏州的繁荣》。①

1月1日，参加民进苏州市委会座谈会。搜集唐代江南经济史料。

1月5日，抄录报刊关于"不断革命与革命发展阶段论"文章。

1月9日，搜集唐代江南经济史料。参加系教学会议，会上人员对柴德赓提意见。

1月15日，书奉陈垣："我写了一篇小文《从白居易诗文中论证唐代苏州的繁荣》，恭请诲正见示为感。"②

1月20日，查阅唐代资料。作长歌一首③，拟贺陈垣八十寿，未呈稿。

  真积力久者，夙昔称二陈。有清三百年，经重史乃轻。
  钱赵当感此，议论徒纷纷。室远人则迩，同德思古人。
  黄顾何巍巍，谢山亦铮铮。晚岁探鉴注，身之固晶莹。
  南宋三教主，其始皆遗民。后先圣一揆，傲霜飧黄荁。
  我昔辞夫子，挥涕出旧京。剑阁风雨夜，支柱怀艰辛。
  竭来十五载，天地见清明。吴门秋月彻，清光照北辰。
  博施尧犹病，济众舜未能。神州六亿五，公社力万钧。
  朔从解放来，渐觉议理真。炎暑入西蜀，阶级辨淄渑。
  翻身歌祖国，先路启等伦。温良恭俭让，得之以其诚。
  三学推祭汤，德高望盍尊。主非一时出，志与□□□。
（阙数行）
  得天寿而乐，味道腴以淳。会当泽流长，岂独在晚晴。
  春风兼化雨，左卷操遐龄。

---

① 《从白居易诗文中论证唐代苏州的繁荣》为1979年6月在《江苏师范学院学报》发表时的题目，原拟题目为"论唐代苏州地区的经济发展"。该文手稿尚存，现藏于苏州市档案馆。

② 邱瑞中：《刘乃和百年诞辰纪念专辑》，第378页。

③ 未完，待改。

1月21日，参加历史系教师会，听李明中传达贯彻"反右倾、鼓干劲"运动的报告。

1月27日，参加师院院务委员会会议，总结"大跃进""反右倾"、社会主义建设总路线成绩及教学、科研成果。拟定撰写有关唐宋经济题目，以唐诗证历史。

1月29日，刘乃和来函，谈对《白居易诗文中论证唐代苏州的繁荣》的修改意见。

2月5日，参加历史系讨论近代史大纲及"红专计划"。起草关于政治态度及教学的自我检查。拟写"唐代毁佛的影响"的研究题目。

2月10日，参加苏州政协视察，参观苏州三吴化工厂及焦化厂等地。起草唐代苏南经济文章。

2月12日，参加历史系系务会议，听李明中关于"反右倾"、教学计划的形势和任务的报告。

写历史系汇报提纲，"中国历史要籍介绍讲义"拟在7月交稿一半。

2月15日，参加历史系系务会议。写唐代苏南经济文章。

2月16日，参加历史系教研组会，讨论课时计划。继续写唐代苏南经济文章。

2月17日，下午参加院行政会议，听吴甡、刘烈人作报告。

2月18日，上午参加苏州民进、苏州人代会、苏州政协座谈会。

2月21日，参加苏州政协全体会议，听焦康寿"关于苏州政治运动及经济发展"的报告。

2月22日，参加师院院务委员会会议，刘烈人作"关于六十年代赶上英国问题"的报告及江苏师院落实措施。

2月24日，刘乃和来函，对柴撰《我的老师——陈垣先生》[①]一文提出修改意见。

2月28日，参加历史系总支召开的民主党派座谈会，讨论群众性

---

① 《我的老师——陈垣先生》一文，写于1959年10月，当时陈垣批准为中共党员，文章回顾陈垣先生的治学及思想改造，最终成为一个新时代的知识分子典型代表的过程。因陈援庵先生谦逊，文章未发表。

"鸣放"问题。

是月，写定"论唐代苏州经济的发展"一文。

3月1日，罗浚自广州来函，云数年未通音问，思友惦念。

3月10日，至江苏师院附中，听刘烈人"关于六十年代经济指标"的报告，十年后将建成三个现代化国家。

3月19日，致王健群、刘乃和各一书，刘书附"中国历史要籍介绍"（部分油印稿70页）。参加苏州市委统战部"双周"座谈会。

3月21日，参加历史系行政会，讨论教学计划。

3月24日，参加民进苏州市委会，提交个人"红专计划"。查阅有关唐代农民起义资料。

4月1日，参加师院院务委员会扩大会议，听吴甦书记介绍当前形势、教育革命、教育战线的成就。

4月2日，参加苏州市委统战部"双周"座谈会。参加历史系世界史教研组讨论会。

4月4日，下午参加历史系教学计划会。

4月7日，刘乃和来函谈"收到中国历史要籍介绍"稿，校长已经过目。

4月9日，参加江苏师院先进工作者大会，听吴甦"关于加强党的领导和群众路线问题"的报告。

4月11日，听吴甦传达"中小学教育革命会议"。

4月13日，听吴甦传达师院学制、教法、教学计划会议。

4月14日，参加师院院务会议，听刘烈人"关于教材问题"的报告。

4月19日，参加历史系系务会议，讨论学制问题。

4月21日，参加民进苏州市委会，评选先进个人。起草"试论唐代苏州经济的发展"文章。

4月30日，致书中华书局编辑部，收到15日函言，将按要求修改"中国历史要籍介绍"，脱离目录学框框，成为新的体系。

5月7日，参加历史系行政会，讨论教材问题。参加苏州市委统战部"双周"座谈会。

5月8日，至苏高中，听实习教师课。

5月11日，参加师院院务委员会会议，听杨巩"关于江苏师院规划"的报告。

5月15日，参加学生实习汇报会。

5月19日，参加学生实习评议。

5月30日，参加师院院务委员会会议，听杨巩讲贯彻"劳逸结合"问题。

6月2日，参加民进文化支部总结会。

6月6日，检查教学过程中"少慢差费"问题。

6月11日，参加苏州市委统战部会议，听茅於一①"关于技术革命、文化革命和教育革命"的报告。

6月15日，参加讨论教改计划。

6月22日，参加历史系教材编辑会议，李明中、吴甦讲近代史要点。

6月23日，继续讨论近代史教材。

7月6日，参加四党派座谈会，讨论"三面红旗"。晚参加汇报会。

7月8日，参加苏州市委统战部"双周"座谈会，讨论人民公社、食堂、托儿所等问题。

7月11日，参加历史系近现代史、世界史教材讨论会。

7月24日②，至北京参加民进中央五届二中全会（扩大）会议。整理唐代文选。周蓟章、李平心来访。

7月25日，参加大会并小组会，讨论美国发动战争问题。宋君复、胡梦玉、邝平章来访。

7月26日，参加民进小组会，讨论印尼排华问题。

7月27日，参加民进小组会，讨论国际形势。

7月28日，起草文件，当前五大任务：反帝、反修、投入"三大运

---

① 茅於一，时任苏州市副市长。
② 据柴德赓《我的老师——陈垣先生》一文，"今年七月初，我到北京，还见这位八十岁的老人拿着放大镜孜孜不倦地校订《册府元龟》和《旧五代史》"。时间有出入，根据日记，当为"七月下旬"。

动"、城市人民公社、学习《毛泽东选集》。

7月29日、30日，参加民进小组讨论，讨论"输出革命"问题。

是月，为薛炳南① 书写扇头，录陆游《六月十四日宿东林寺》诗。

8月1日，参加民进小组总结。陈晶晶来函，言拟至京出差，可面谈近况。

8月3日，参加民进小组会，讨论"列宁论帝国主义"问题。

8月4日，参加民进小组会，讨论国际形势问题。

8月5日，至怀仁堂听李富春"关于国内建设问题"的报告。

8月6日，至全国政协礼堂听陈翰伯、楚图南作报告。下午参加民进小组讨论。

8月8日，参加民进小组会。

8月9日，参加民进小组会，讨论"大跃进"后市场供应、粮食供应问题。

8月10日，参加民进小组会，讨论教育问题。

8月11日，继续参加教育问题讨论。

8月12日，参加民进大会，听徐伯昕"关于修正主义问题"的报告。

8月13日，至人民大会堂，听周恩来"关于国际问题及国内形势"的报告。

8月14日，至全国政协礼堂，听李维汉"关于学习毛泽东著作，改造世界观问题"的报告。

8月15日、16日，参加民进小组会，讨论国际形势。

8月17日，参观军事博物馆。

8月18日，参加民进小组会，进行"反右倾"运动检讨。

8月19日、22日，参加民进小组会，讨论接受党的领导的问题。

8月20日，朱正元自苏州来函，为家境困窘者谋苏州文化局空缺职事。

8月23日，参加民进小组会，讨论知识分子问题。

---

① 薛炳南，时为江苏师范学院历史系1960届毕业生。扇面仍保存。

8月24日，参加民进小组会，讨论阶级斗争问题。

8月26日，听先进工作者李瑞环作报告。参观中国历史博物馆，记录新出土文物信息。

8月27日，参观人民大会堂、中国历史博物馆。下午参观工业展览。

8月28日，参加民进分组会，讨论民主党派的作用问题。

8月29日，参加民进小组会，讨论民进发展及改造问题。下午至政协礼堂，参加四党派交流会。

8月30日，继续参加党派经验交流会。

9月1日，参加民进小组会，讨论接受党的领导问题。

9月2日，上午参加经验交流会，下午学习总结。与冰心、梁明等起草大会文件。

9月3日，参加民进大会，汇报学习问题。

9月4日，至兴化寺，与陈垣、刘乃和等同游颐和园。

9月5日，参加民进大会和小组会。

9月6日，大会闭幕，杨东莼、徐伯昕发言谈民主党派的作用问题。

9月7日，谒陈垣，谈史学观点问题。

9月8日，上午至中华书局与萧项平、姚绍华谈"中国历史要籍介绍"编书事宜。下午至北太平庄谒范文澜，谈《中国通史简编》编辑进展等事。

9月9日，送王季思南行。奉陈垣命，访陈乃乾[①]，谈编目录学书籍事。至兴化寺与陈垣辞别。

9月10日，回到苏州，向李明中汇报赴京情况。许春在来访，晤陈志安、李鹤皋。

9月11日，参加历史系迎新生会议。

9月12日，学习《毛泽东选集》。陈晶晶、潘明玉[②]来访。致书陈伯君。

[①] 见嘉德四季第42期拍卖会图录，第1208号。
[②] 潘明玉，江苏师范学院历史系1956级学生。

9月13日，上午听沈颜闵"关于对前人评价问题"课。阅尚钺《中国资本主义关系发生及演变的初步研究》一书，按要求拟写批判文章。

9月14日，阅读尚钺文。听吴甡关于本院出现反动标语的破案动员报告。

9月15日，至南京参加江苏省政协、人代会会议，贯彻以钢为纲、增产节约问题。晤余光烺、吴白匋等。

9月16日，参加江苏省政协小组会。与朱凤英[①]同游燕子矶。

9月17日，参加苏州市委统战部"双周"座谈会，谈思想改造问题及在北京开会之收获。

9月19日，师院党委召开民主党派座谈会，民主党派负责人潘慎明、沈叔良、柴德赓、刘开荣、段天煜、陈志安、张晓江、周孝谦、许国樑、罗聚源等参加[②]。谈参加北京会议收获体会。接到通知，月粮食定量10月起减至26斤。

9月20日，收中华书局寄古籍出版简报。致陈垣、刘乃和、丁浩川各一书。

9月23日，参加师院院务委员会会议，谈工作总结。

9月24日，至怡园参加苏州人代会大会，听焦康寿"关于苏州增产节约情况"的报告。诣陈晶晶。

9月25日，至怡园继续参加大会。下午参加院党派传达会议，传达中共苏州市委报告。

9月26日，学习毛泽东著作。阅尚钺《明清社会经济形态的研究·序言》一文。

9月27日，阅《历史研究》黎澍驳尚钺文[③]。陈晶晶来访。下午参加师院院务委员会会议，讨论学年计划。

9月28日，参加师院院务委员会会议，讨论江苏师院赶超综合性大学问题。阅邓春阳批评尚钺《中国历史纲要》文章。

---

① 朱凤英，江苏师范学院历史系1956级学生。
② 田晓明主编：《苏州大学大事记》，第51页。
③ 黎澍：《是马克思列宁主义还是私人科学？》，《历史研究》1960年第1—2期。

9月29日，阅《历史研究》文。得姚绍华函，邀柴德赓参与《晋书斠注》整理工作。

10月1日，参加苏州市国庆大会。购《毛泽东选集》第四卷。至菜地劳动[①]。陈晶晶来访。阅刘大年批判尚钺文章。

10月2日，参加民进市委会会议和国庆座谈会。

10月3日，得中华书局函，欲刊印李焘《续资治通鉴长编》，盼邮寄浙江书局刻本。

10月4日，参加历史系行政会。参加"批判尚钺资本主义萌芽问题论文"讨论会。重阅《山居录》。

10月5日，至菜地捉虫。与曹永年等讨论中学历史教材教法。致书王健群。诣钱仲联谈文廷式年谱（《文芸阁先生年谱》）问题。

10月6日，至火车站，参加苏州市迎接吴奈温访问活动。

10月7日，至火车站欢送吴奈温一行。晚参加历史系古代史小组讨论教材。

10月8日，曹永年与钱家栋来访。与李明中谈工作。参加政治学习，至历史系菜地劳动。复书姚绍华。刘乃和来函，寄来柴德赓、陈璧子与陈垣校长于"励耘书屋"小照。

10月10日，晚至西美巷裕社访顾颉刚，顾谈前去井冈山见闻。

10月11日，至历史系菜地劳动。参加教研组讨论课本大纲。收到中华书局寄来爱日精庐本《续资治通鉴长编》。阅《东华录》。顾颉刚来家中小坐，谈吴中旧事。

10月13日，至院内菜地劳动。阅《毛泽东选集》第四卷，购《斯大林全集》阙本。

10月14日，阅《历史研究》关于屈原之文。晤王丽英，诣陈晶晶。陪顾颉刚游灵岩山，访住寺僧渊明。

10月15日，曹永年来，告分配至内蒙古师范学院任教。

10月16日，至网师园参加民进师院小组活动。学习《毛泽东选集》

[①] 当时供应紧张，江苏师范学院校园中各系均开辟有菜地，以补供应之不足。

第一卷，写心得。曹永年来辞行，致书刘仁成由曹面呈。①

10月17日，诣顾颉刚，以《墨缘》册页求墨宝，遂题前作诗：②

一路梨花次第看，此春应不见花残。
新来学得延年术，直上西倾挽岁寒。

晚至车站为顾颉刚送行。陈晶晶来访。阅谈迁《北游录》。

10月18日，阅《北游录》。

10月20日，参加苏州市委统战部"双周"座谈会，谈参加北京会议心得。与历史系教材编写组谈论编写问题。

10月22日，参加苏州政协常委会会议，传达政治学习总结。

10月23日，至新艺剧场，传达江苏省政协会议文件。

10月25日，写定批判尚钺文章。③

10月26日，参加历史系批判尚钺会议。

10月27日，陈晶晶来访。下午继续参加批判尚钺会议。阅平步青《霞外攟屑》。

10月28日，参加历史系教材编写会。得中国科学院历史所刘英章函，言范文澜嘱购中成药。

10月29日，阅《民国通俗演义》、《斯大林全集》、《三冈识略》。

10月30日，修改批判尚钺文章。

10月31日，参加民进市委会座谈会，会议对柴提出批评。至文学山房阅《诸暨诗存》等书。许春在来访。

11月1日，钱仲联、顾树森来访，携沈觐民④所赠清代条幅求证。刘乃和来函，云前函未复，焦急盼望。

---

① 刘仁成，1955年从北京师范大学调内蒙古师范学院，时任历史系教授。书信由曹永年携往。
② 《顾颉刚日记》第九卷（中华书局2011年版）未记《墨缘》册页题诗事。
③ 该文未发表，三份手稿尚存。
④ 沈觐民，浙江钱塘人。辛亥革命活动家，时居苏州。

11月2日，誊写批判尚钺文稿。查阅西湖老人《繁胜录》，阅《听雨丛谈》。

11月4日，至文学山房阅《诸暨诗存正续》、《杨园先生集》等书。

11月5日，至网师园参加民进师院小组会。

11月7日，参加历史系行政会。晚讨论中古史教材问题。

11月8日、9日，至南京参加江苏省政协常委会会议。茅於一传达陈毅"关于国际及国内形势"的报告。抄录《关于农村人民公社当前政策问题的紧急指示信》（简称《农业十二条》）。

11月10日，为完成历史系储蓄千元指标，认缴一百元。

11月11日，参加历史系教材《明清史中学教材》讨论。阅《朱批谕旨》。

11月12日，参加师院党委统战部会议。阅《毛泽东选集》第四卷，发现《丢掉幻想，准备斗争》与原报载内容有许多改动。

11月13日，至网师园参加民进师院小组会。发陈垣书，贺陈垣师生朝。

11月14日，至怡园，参加苏州人代会会议，听吴迪人、李声振传达江苏省会议精神。

11月15日，至苏州市博物馆诣范烟桥、顾公硕，观戴文进《归舟图》。参加历史系教材讨论会，吴静渊谈教材编写情况。

11月16日，听吴甦"关于国际形势"的报告。发薪还中国青年出版社100元预付款。阅《毛泽东选集》第四卷。致书郭克煜。

11月18日，阅苏州文管会新购得《磷血丛钞》，以为杂书。

11月19日，参加苏州市委统战部座谈会，听传达陈毅报告。

11月20日，学习《毛泽东选集》第四卷并作笔记。访罗和尚[①]一家，了解农村实际生活情况。

11月21日，听吴甦讲"列宁主义万岁"课。

11月22日，汤国梨来访。听吴静渊讲"隋末农民起义"课并参加

---

① 罗和尚，本名希增，农民，罗秀英父亲，居葑门内二郎巷14号。

评议。参加民进市委会。阅《己畦集》、《二林居集》。

11月23日，参加历史系行政会。下午听"列宁主义万岁"课第二讲并讨论。继续阅《朱批谕旨》。

11月24日，听吴静渊"唐代农民起义"课。

11月25日，得曹永年自呼和浩特函，言已在自治区教育厅报到。

11月26日，听吴静渊"唐宋经济"课。诣程小青，送《鲒埼亭集》、《续碑传集》、《居易堂集》等书，以供写徐俟斋一文。

11月30日，阅《宋书》刘穆之、王弘传及《二林居集》。

12月1日，听吴静渊课两节。陈晶晶来访。程小青来访，借《徐俟斋先生年谱》。

12月3日，参加师院院务委员会会议，杨巩动员参加"整风整社"运动，为期四月，停课进行。

12月4日，足疾近半年，至柳巷殷铁珊医生处讨论病源。得通知，学生参加"整风整社"缓行。

12月5日，参加历史系教材讨论。陈晶晶来访。黄炳然来谈"整风整社"、《农业十二条》。

12月6日，终日讨论赵文博讲稿。许春在来访。

12月7日，参加师院院务委员会会议，杨巩讲农业形势，正式传达《农业十二条》。与潘慎明、陈志安、刘开荣、许国樑四人一同向师院民主党派成员传达民主党派中央会议的报告。[1]

12月9日，参加党派政治学习，传达刘顺元谈国际国内形势，并小组讨论。

12月10日，闻顾随已于10月作古，为之太息。

12月11日，至网师园参加民进师院小组会。阅明史诸书。

12月12日，足疾，居家读书。"近闻人言《毛泽东选集》第四卷《论人民民主专政》中论'中立是虚伪的'一小节已删去，核对良然，以是知经典著作之版本之重要。"

---

[1] 田晓明主编：《苏州大学大事记》，第51页。

12月15日，上课三节。至菜地施肥。

12月17日，至网师园参加民进师院小组会。许春在来访。得刘乃和函，谈北京市井。

12月18日，阅《居易堂集》。

12月19日，阅徐俟斋《吴稽田墓志铭》。

12月22日，寄北京陈垣处食品包裹，范文澜处药品。

12月23日，至民进苏州市委参加学习会。至文学山房为曹永年购线装本前四史（据曹言书一直保存）。致书姚绍华。

12月24日，参加苏州政协"双周"座谈会，汇报前阶段学习情况。至教研组参加修改清史教材。郭克煜寄来还款20元。

12月28日，刘乃和来函，言叠收柴19日、22日书，并收到食品多种，视为珍贵。刘英章来函，言收到所寄范文澜所需药品，申谢。

12月29日，致书崔曙庭。

12月31日，到上海，寓黄松宅。往视徐家楣。庄福铭自内蒙古喜桂图旗发贺年电报。

○ 1961年 五十三岁

- 任江苏师范学院历史系教授、系主任。
- 任民进中央委员、江苏省副主任委员、苏州市主任委员。
- 任苏州市人民代表大会代表、政协常务委员，江苏省政协常务委员。
- 发表《天堂苏杭说的由来》[①]、《陆秀夫是否放翁曾孙？》。
- 撰写《明末苏州灵岩山爱国和尚弘储》[②]。

1月1日，在上海，至复旦大学诣陈绍闻。

[①] 《天堂苏杭说的由来》一文为《从白居易诗文中论证唐代苏州的繁荣》中第三章"天堂与苏杭"的摘录。

[②] 本文生前未发表，后载于《史学丛考》。手稿现藏于苏州市档案馆。

1月2日，访俞启人，俞家境困窘，感之凄然，昔日同窗，仍未脱贫，拟每月支援15元以解暂时之需。

1月4日，参加师院党委召集文史政体四系会议，贯彻劳逸结合具体措施。

1月7日，参加民进小组及市委会负责人会。黄炳然来谈诸暨、萧山乡里旧事。

1月8日，至南京参加江苏省政协、人代会会议。

1月9日，参加江苏省人代及政协联席会，听惠浴宇作"关于1960年江苏省经济情况"的报告。晚与汪旭初、范烟桥、潘慎明共话海外旁闻。

1月10日，上午会上发言。下午大雪，汪旭初谈陈三立家族逸事。

1月13日，刘桂东来谈中学教材问题。接范文澜函。

1月14日，参加苏州市委统战部党派交流会。

1月15日，阅吴晗新发表文章《冼夫人》。抄写《农业十二条》全文。

1月16日，发薪，给裘华华[①]、俞启人各汇款15元。晚诣钱仲联。

1月17日，参加历史系教研组会。得陈晶晶自济南函，谈山东灾情。

1月18日，查阅"隆中对"殿本《三国志》中"猖獗"二字，以《资治通鉴》核则为"猖蹶"。

1月19日，当日日记：

> 途经小公园，见一三岁多女孩痛哭找母，旁观者慰问之，终不止哭，盖其母亲弃之而去矣。近来此等事时有所闻，人而至于弃其儿女，必有难言之苦，不审何以至是……历史系中二人皆带一小孩，均不知其父母为何人也。

1月21日，参加民进市委会座谈会，蒋吟秋、钱太初、张建初、范体乾[②]、范烟桥等参加。

[①] 裘华华，柴德赓中学同学裘胜嘉之女，时就读于南京大学，柴负责其每月生活费。
[②] 范体乾（1925—1992），江苏苏州人。小学校长。时为民进会员。

1月22日，至南京参加民进省筹委会会议。

1月23日，参加民进市委会组织汇报会，贯彻中央精神及1961年工作安排。

1月24日，参加民进市委会座谈会，讨论中共八届九中全会文件。

1月25日，在座谈会上发言，农业问题就是吃饭问题。

1月26日，参加民进师院小组会议，讨论"神仙会"①贯彻及思想改造问题。阅《星火燎原》、《苦菜花》。

当日日记："梦与邓文如②师谈话，娓娓如平生。"

1月27日，继续参加讨论，听中共江苏省委统一战线工作部（以下简称"江苏统战部"）叶胥朝"关于国内形势、思想改造、今后任务"的报告。参观原国民政府总统府。

1月28日，讨论叶胥朝的报告。徐慧娟来访。

1月29日，回到苏州，得柴邦衡电报，始知分配至吉林工业大学任助教。致书王健群，询问长春生活情况，告二子将赴长春工作。许春在来访。刘乃和来函，言得18日书，并谈北京市场供应紧张情况。

1月30日，柴祖衡来函，言数月前患重病，已大愈；今日得函始知。

1月31日，参加苏州人代会、政协联席会议，听吴迪人"关于当前经济生活问题"的报告。刘仁成来函，索"中国历史要籍介绍"讲义。

2月1日，与徐嗣山、黄文浩谈工作。得曹永年来函。

2月2日，阅《不远复斋见闻杂志》。

2月3日，得刘乃和函及赠中华香烟。邓珂③自北京来访。

2月4日，至大公园观文联举办"周瘦鹃新作《和鸣集》、《苏州好》讨论会"。

2月5日，致刘乃和、陈晶晶、徐家楣各书。

---

① 即中共与民主党派缓和沟墙的座谈会，原则"自己提出问题，自己分析问题，自己解决问题；不打棍子，不戴帽子，不抓辫子"。后重提"阶级斗争为纲"中辍。

② 邓之诚，字文如。

③ 邓珂，邓之诚之子，柴德赓学生。时为北京第101中学历史教师。

2月6日，认领建设储蓄200元，分6个月缴纳。①

2月8日，审阅明清史中学教材。诣黄炳然。

2月9日，与刘桂东、吴静渊讨论教材序言。得王健群函，知长春近况。

2月10日，董蔡时来借《消永昼》。罗和尚借支20元度岁。南来五年，三儿女始齐聚姑苏，亦足慰藉。

2月11日，至民进市委会参加新春座谈会。得胡华函，言在无锡疗养，拟来苏州一访游，会友游览。黄文浩还故账，吕传庆②借去10元，寄俞启人15元过节。

2月13日，至南林饭店参加苏州专区、苏州市春节座谈会。

2月14日，约许春在过春节，至松鹤楼订餐。诣黄炳然，谈家乡年俗。

当日日记：

> 此一年来，写论文两篇，病足半年，半年中赴宁四次，赴沪一次，鹿鹿道路，学殖不增，良可自警。

2月15日，今日春节，院内团拜。

2月16日，杨巩、刘桂东、许国樑等来拜年。诣潘慎明、朱正元、陈志安、张梦白、吴静渊等。

2月17日，诣钱仲联、段天煜、何保罗、黄炳然、顾公硕等。

2月18日，诣王立吾③、周瘦鹃、顾荫庭、程小青等。得刘乃和函，询张舜徽近况，兼告张重一已经摘"右派"帽子。致书胡华，邀来苏州一游。

2月19日，至苏州照相馆拍摄全家福合影。

---

① 同时，陈璧子于江苏师范学院附属中学认领100元。
② 吕传庆，江苏师范学院历史系1962级学生。
③ 王立吾，时任江苏师范学院中文系副教授。

2月20日，徐家楣从上海来访。

2月21日，至苏州政协参加国际时事座谈会。参加历史系系务会议，修改教材大纲。

2月23日，至苏州市民进委员会讨论会务。审教学提纲毕，交刘桂东。

2月25日，参加历史系行政会，讨论课程及教师安排。许春在来，为其抄稿。得顾公硕函，欲借《墨缘》册页一阅。

2月26日，阅《新古文辞类纂稿本》。

2月27日，阅《柳河东集》。

2月28日，参加历史系行政会议，本学期任课"中国历史要籍介绍"及"中国语文"。得陈伯君函。

3月1日，得章佩瑜自广州函，称拟来苏一游。

3月2日，参加苏州人代会、政协会议，听王人三"关于政治、经济形势"的报告。

3月3日，继续参加苏州市人代会、政协会议。阅《新唐书》张巡、许远传。

3月4日，上课，讲韩愈《张中丞传后叙》。阅《书林馀话》。

3月5日，诣杨巩，谈落实"劳逸结合"，正是做学问的佳机。

3月6日，得丁浩川自长春函，谓已见过柴邦衡。

3月7日，上课四节。阅《古文辞类纂》，以今衡昔，可选者少。阅《明史纪事本末》、《明史》。得中华书局函，询《民国通俗演义》事。

3月8日，阅《人民文学》载陈白尘《鲁迅传》文。

3月9日，上午上课二节。晚章佩瑜、曾敏之[①]来访。

3月10日，上午上课。购《解放战争回忆录》、《文史参考资料》。阅张宗祥《蒋方震传》。吕传庆来还款，"近正匮乏，竟赖其力"。

3月11日，上午上课三节。下午听刘烈人作报告。阅皮定均《铁流

---

① 曾敏之（1917—2015），广东梅县人。章佩瑜丈夫。时为暨南大学中文系讲师，后为香港作家联合会会长。

千里》。

3月13日，参加历史系教研组学习《毛泽东选集》。阅《解放战争回忆录》。收到中国科学院历史所新编《中国历史初稿》，开始阅读。

3月14日，上午上课四节，"通史"课讲毕。阅《中国历史初稿》。

3月15日，阅《中国历史初稿》隋唐五代史部分。听刘烈人作报告。奉书陈垣。阅《碑传集》。

3月16日，发薪，扣建设储蓄50元，汇俞启人15元、裘华华15元，储蓄20元。阅《中国历史初稿》，核对"宋夏战争"诸事。

3月17日，听杨巩传达中共江苏省委关于高校的八字方针（调整、巩固、充实、提高）和四固定（任务、专业、规模、编制）。阅《中国历史初稿》金元部分。刘乃和来函，谈京中近况。

3月18日，阅《永乐大典》，校《民国通俗演义》稿。

3月19日，阅《中国历史初稿》隋至宋元文化部分。整理《民国通俗演义》。

3月20日，接刘乃和函。致书中华书局，告审《民国通俗演义》进展。

3月21日，第一、二节课讲"中国历史要籍介绍"，以"四库样本"及《永乐大典》排印本示诸生。收到柴邦衡汇款，第一次领工资（一个半月）以资家需。

3月22日，寄南京裘华华15元，上海柴小湘[①]20元。阅《民国通俗演义》。

3月23日，接章佩瑜函，言已返广州。许春在来访。

3月24日，至大公园参加苏州市文联举办"范烟桥·苏州百诗讨论会"。

3月25日，上课讲《新唐书·艺文志》。下午听刘烈人讲党课。

钱仲联来谈中华书局邀请整理陆游诗文集，钱已任《剑南诗集》整

---

① 柴小湘，柴德赓之妹，时居上海延安中路。

理，夏承焘负责《陆游词集》，希柴加入整理《渭南文集》工作。[①]

3月26日，至文学山房，携回《历朝通俗演义》初印本。晚诣杨巩，杨赞成加入中华书局整理陆游文集事。

3月27日，与钱克仁、钱兆隆、范崇鑫谈民进工作。钱仲联来谈《渭南文集》点注问题。

3月28日，上课，讲"中国历史要籍介绍"，讲史料阶级性。阅《陆放翁年谱》。

3月29日，阅《民国通俗演义》。阅《渭南文集》，以《宋史·本纪》、《宋史·宰辅表》核对。

3月30日，至苏州政协参加"文史资料座谈会"。得中华书局函，知《民国通俗演义》五月集稿付印。

3月31日，王世华来访，求教"杨颙见诸葛"，检《资治通鉴》引黄初四年示之。阅《民国通俗演义》。

4月1日，上课二节。午至南林饭店访胡华，胡谈及尚钺、孙敬之均受批判。下午至民进参加学习，布置工作。

4月2日，陪胡华游览留园、西园、五人墓等地。请黄一峰为胡华诊脉。

4月3日，参加院行政会议，讨论全院落实"教育八字方针和四固定"。

4月4日，上课，讲"中国历史要籍介绍"。足酸筋胀，足病近一年。黄炳然来视。

4月5日，致书蔡福源[②]询蔡东藩事迹。发陈晶晶明信片，询问近况。收到中华书局寄《文史参考资料》。

4月6日，与吴甦、徐嗣山商学生思想问题。至交际处视胡华。

4月7日，写《天堂苏杭说的由来》文。

4月8日，上课二节。胡华来访，饭后去。参加苏州市委统战部

[①] 《渭南文集》整理后在柴德赓指导下由周国伟完成，手稿尚存，由周氏亲属藏。
[②] 蔡福源，蔡东藩之孙，1959年柴曾寻访，后有通信联系。

"双周"座谈会,会议传达许涤新①、孙维国的报告。

4月9日,陪胡华登灵岩山、天平山。

4月10日,至图书馆借《七修类稿》、《分类杜诗》及《金石录》二种,缪刻《金石录后序》等。

4月11日,上课。诣胡华于南林饭店。

4月12日,介绍历史系近代史教师访胡华。汪旭初转陶叔南②所赠《历朝通俗演义》四十四册,以助研究。

4月13日,上课二节。得全国文史资料委员会函,有关辛亥革命资料事。发牛继斌书,托抄录"定陵注略"。复裴华华函。

4月14日,与陈璧子至交际处为胡华送行。听第26届乒乓球锦标赛实况转播。

4月15日,上课,讲"苏东坡《日喻》"。接中华书局函,正式邀校《渭南文集》。与钱仲联商《南唐书》不列校注范围。晚至上海。

4月16日,于上海展览馆参观"苏联人造卫星展"。

4月17日,回到苏州,接陈晶晶函。

4月18日,至图书馆借《说郛》。阅《光明日报》白寿彝《刘知幾论文风》。

4月19日,参加历史系学生会议。诣钱仲联。许春在来谈山东大饥荒,灾情甚重。

4月20日,上午上课。至苏州政协参加"声援古巴座谈会"。

4月22日,上午上课。陈家庆③来访。

4月24日,阅《人民日报》陈垣《双塔寺海云碑》文,《光明日报》刘乃和《浡泥国王碑》文。阅《说郛》四十册毕。

4月25日,至文化宫参加"苏州市表彰六一年劳模大会"。

4月26日,阅《民国通俗演义》。

---

① 许涤新,时任中共中央统战部秘书长。
② 陶叔南(1897—1977),浙江绍兴人。苏州民族企业家。时任工商联苏州市主委,苏州市副市长。
③ 陈家庆,北平女子师大学生,许广平同学。

4月28日，上午上课。

5月1日，与徐嗣山谈教学计划。阅《民国通俗演义》。许春在来谈撰写论文问题。

5月2日，指导学生做"二十四史表"之法。参加《中国历史初稿》讨论。开始写《历朝通俗演义与蔡东藩》文。

5月3日，介绍许春在论文与《江海学刊》。收到陈绍闻寄《宋史翼》。

5月4日，上午上课。下午与吴甦谈教学计划。

5月5日，至苏州政协听茅於一"关于苏州行政划分问题"的报告。中国科学院古籍整理小组派中华书局赵诚来谈古籍整理规划。

5月6日，上午上课。至上海科学会堂参加上海史学会会议。晤周谷城、束世澂①、吴泽、金兆梓、谭其骧、尹达、杨宽②、张家驹、李平心、李旭。晚至茂名路58号上海政协文化俱乐部晤吴长安、曹鸿焘、陈云涛、李楚材、赵传家。

5月7日，参加上海史学会会议。

5月9日，上午上课，讲《清史稿》。参加江苏师院院务委员会会议。

5月10日，阅《宋史》文天祥、李庭芝传。

5月13日，上课，讲《指南录》。阅《宋史》南宋初列传。

5月14日，阅毕《民国通俗演义》。晤明开、妙真③二僧，谈《续嘉兴藏》至西园事。

5月15日，阅《宋史》汪应辰等传。致姚绍华书。

5月16日，上午上课。午后参加历史系汇报会，商讨教学安排。

5月17日，校《民国通俗演义》毕。阅《宋史·理宗纪》。当日日记：

> 晚钱仲联来访，谈及《放翁年笺》，始知朱东润《陆游传》乃据《宋史》作嘉定二年卒，年八十五，不知钱竹汀撰《放翁年谱》

---

① 束世澂，史学家，其《后汉书选》校注经柴德赓审核，后于1966年1月由中华书局出版。
② 杨宽（1914—2005），江苏青浦人。历史学家，时任上海社会科学院历史所副所长。
③ 妙真（1895—1967），字达悟，湖北枣阳人。苏州西园寺和尚，柴德赓好友。

明著嘉定三年八十六。不审何以至此疏忽。

5月18日，至资料室借阅朱东润《陆游传》、齐治平《陆游传论》。上午上课。

5月19日，至范烟桥寓，商民进工作。至乐乡饭店[①]参加"苏州市政协、人代会代表产生规则会议"。

5月21日，阅《宋史》赵范、赵葵传。

5月22日，得《江海学刊》编辑部函，知许春在稿将刊出。寄雪相和尚书，告以六朝年代事。读《宋史》钱若水、苏易简、李志传。阅《光明日报》载陈垣论教育一文，提及与当年一学生商讨文字，常有小条，现今小条仍保存柴处。

5月23日，上课，讲《资治通鉴》。写《历朝通俗演义与蔡东藩》一文。

5月24日，致书蔡福源，再询蔡东藩是否有遗稿等物。得刘乃和函，谈在《光明日报》发文章事。崔曙庭自武昌来函，谈武汉讨论《中国历史初稿》情形。参加师院院务委员会会议，讨论"培养共产主义道德品质及双百方针"问题。晚许春在等来访。写《历朝通俗演义与蔡东藩》文。

5月25日，为许春在审稿。为王世华题字。[②]

5月26日，晚写《历朝通俗演义与蔡东藩》文。

5月27日，寄许春在论文至《江海学刊》。阅《顾端文公元卷遗迹》。

5月28日，至乐乡饭店，参加苏州政协、人代会代表选举。

5月29日，上午未出，读书。晚许春在来录《宋史翼》传目。

5月30日，上午上课。致书姚绍华，告《民国通俗演义》校注进度。苏州市文管会送来陶叔南捐赠《历朝通俗演义》，阅《清史通俗演义》。

6月1日，阅《通鉴·晋孝武帝纪》。

---

① 位于观前街大净巷。
② 题字现由苏州大学博物馆收藏。

6月2日，至苏州市文管会，讨论文物展览事。与许春在、居心龙①等谈读书方法。

6月3日，上课，讲《吴同初行状》。

6月4日，参加苏州政协组织郊区参观，至苏站大队。晚写毕《历朝通俗演义与蔡东藩》一文。

6月5日，收李平心寄《毛泽东论历史科学》文。得陈垣函，谈《嘉兴藏》问题。② 午与金兆梓、陈向平③谈注《渭南文集》整理问题。与沈飚民谈诸暨旧闻。下午听吴甦传达周扬的报告。

6月6日，至南京参加江苏省政协、人代联席会议。与陶叔南讨论《历朝通俗演义》校注问题，改订本有《蔡东藩事略》。

6月7日，听王一香"关于江苏农业情况"的报告。

6月8日，返回苏州。许春在来访。读《光明日报》关于岳飞问题的讨论。

6月9日，至阊门参加区选举。听焦康寿关于"整风整社"运动动员。

6月11日，《新华日报》刊载《天堂苏杭说的由来》一文：

"上有天堂，下有苏杭"，这是今天还流传的谚语。但是，这个谚语究竟从什么时候开始的？为什么单称苏杭为天堂？为什么苏杭并称、苏在杭前？这都是和历史有关的问题。

范成大《吴郡志》谚曰："天上天堂，地下苏杭。"范成大是南宋初年的人，至少南宋初就流行这样的谚语了。……

清代翟灏作《通俗编》根据刘焘的《树萱录》说："员半千有庄在焦戴川，极风景之胜。里谚曰：上有天堂，下有员庄。"以为"上有天堂，下有苏杭"的谚语是从员庄的谚语仿来的……④

---

① 居心龙，江苏师范学院历史系1961级学生。
② 陈智超编注：《陈垣来往书信集》（增订本），第596页。
③ 陈向平，时任中华书局上海编辑所副主任。
④ 柴德赓：《史学丛考》（增订本），第390页。

以此作为开端，依次做了详细考证。

6月12日，至苏州政协晤陶叔南，陶又赠《历朝通俗演义》目录一册供校注。黄炳然因患肝炎，往视疾。下午讨论教学计划。王丽英、许春在、陈佩、孔亚南[①]等来访。

6月13日，至乐乡饭店参加苏州政协会议。汤国梨与谈整理"章太炎文集"事。得尹达来函，盼为《中国历史初稿》做官制方面审核。阅《宋宰辅编年录》。

6月14日，写定教育计划稿，交付印。得刘乃和函，述陈垣病状，殊以为念。

6月15日，复刘乃和书。晚与司晓南、范烟桥、谢孝思共商民进工作。阅《五四运动文选》、《蒙古人民共和国史》。吴贻芳到访苏州，临行发函，言谢在苏工作期间款待。致书李平心。

6月16日，上课，讲"中国历史要籍介绍"。发薪，寄俞启人15元，储蓄50元。读《伍子胥传》。

6月17日，与司晓南、范烟桥、谢孝思谈民进苏州市委会事宜。顾蓓蒂携其母及陈氏表姊来寓，同至周家花园观览盆景。得蔡福源来函，得知蔡东藩卒日。读《通鉴·五代唐纪》。

6月19日，至乐乡饭店参加苏州人代会会议，讨论政府工作报告。

6月20日，上午上课。下午历史系中讨论教学计划。晚陈佩、孔亚南、许春在来访。

6月21日，至民进市委会研究发言稿。致书陈晶晶。

6月22日，上课。参加苏州政协会议，听王人三作报告。

6月23日，参加苏州人代会会议。

6月24日，上课。与徐嗣山谈教学计划。参加苏州人代会会议。

6月25日，上午参加苏州人代会会议。下午参加苏州政协主席团会。

6月26日，参加苏州政协大会，并发言。

6月27日，参加苏州政协选举。

---

① 陈佩、孔亚南，江苏师范学院历史系1957级学生。

6月28日，上午与徐嗣山谈教学计划。下午参加苏州人代会会议。刘乃和来函，言接14日书，谈京中高等学校教材编辑事。

6月29日，为《中国历史初稿》订正年代官制。

6月30日，继续校《中国历史初稿》。刘荣芳①来抄写"校勘实例"。上课。

7月1日，上课。继续校《中国历史初稿》。得陈晶晶函，谈近日心情及工作并寄相片一帧。

7月2日，至民进市委会参加中小学教师"七一"座谈会。得刘乃和函，言《北京日报》载《老教师的喜悦》一文，介绍陈垣校长。

7月3日，上午至历史系。校《中国历史初稿》。

7月4日，复书尹达，并寄已校毕《中国历史初稿》三至六册。参加沧浪区卫生检查。与历史系一年级学生同访周瘦鹃，并赏周家花园盆景。致书陈垣，谈阅《老教师的喜悦》观感。

7月5日，参加卫生检查。

7月6日，王金铎②到苏州，来寓。

7月7日，上课。下午至民进市委会协商改选工作。

7月9日，上午听传达《高教六十条》③报告。得中国史学会函，言拟重印《辛亥革命》一书。至苏州博物馆参观历史文物展。

7月10日，致书刘乃和。读《资治通鉴》武帝元封至元帝止。

7月11日，上午上课，讲"中国历史要籍介绍"毕。

7月12日，写《民国通俗演义》序。

7月13日，得陈伯君函，谈治学当从博入手。

7月14日，吴甦来历史系，共谈教学计划。得章佩瑜函附江南行所摄照片。

7月15日，寄中华书局《民国通俗演义》二礼及信札一通。发薪，

---

① 刘荣芳，时为江苏师范学院历史系资料员。
② 王金铎，时任北京师范大学体育系教研室主任。1961年7月与柴令文结为伉俪。
③ 即《中共中央关于讨论和试行〈教育部直属高等学校暂行工作条例（草案）〉》，简称《高教六十条》。

寄裘华华20元，俞启人15元。下午参加民进市委会组织学习。晚至上海。

7月17日，与金兆梓至上海国际饭店访钱仲联，商中华书局整理《渭南文集》意见。

7月18日，回苏州参加市人代会会议，听王人三"关于苏州农业情况"及李声振"关于征兵动员"的报告。阅荣孟源寄来《辛亥革命》第一册校记。收北京师大历史系寄来《中国史学史资料》三册，中华书局寄来《出版消息》第九号。

7月19日，至苏州人代会参加小组讨论。《文汇报》来函索《历朝通俗演义与蔡东藩》文，欲先行刊载。

7月21日，为一年级生辅导。读《人民日报》载陈垣《佛牙故事》文。

7月22日，参加师院院务委员会会议，决定教学计划，教师提职。

7月24日，参加师院院务委员会会议，安排下学期工作。阅《人民日报》载刘乃和《关于〈册府元龟〉》文。阅《中国版刻图录》。

7月25日，参加师院院务委员会会议。黄炳然来访，借与柴300元以解柴令文结婚急需，并赠40元。另从上海亲属处筹借100元。

7月26日，至历史系参加行政会。张寒月①为柴令文结婚，治印一枚。

7月27日，阅包世臣《艺舟双楫》。

7月29日，得张次溪函。发陈晶晶书。收中华书局上海编辑所寄工作本《渭南文集》。

柴令文与王金铎结婚，在京亲友参加。

7月30日，致书陈向平，附赠邓之诚诗札。发章佩瑜书，谈柴令文婚事。阅《资治通鉴》景平元年蔡廓事。得中华书局函。

7月31日，接刘乃和函。读《资治通鉴》至南齐末，批注渐多。

8月1日，参加苏州人代会会议，讨论集市问题。得中华书局函，言寄去《中国历朝通俗演义》书稿仍未处理，需等金灿然回京后定夺。

8月2日，得柴君衡29日函，始知柴令文结婚详情，刘乃和代为主持。

---

① 张寒月，苏州篆刻家。印章仍存。

8月3日，至文学山房购《灵岩志略》、《灵岩纪略》。改定历史系教学计划，交徐嗣山。

8月4日，阅《广阳杂记》。复《文汇报》函，允为其写文稿。

8月5日，得司马光《资治通鉴》永昌元年手稿影印本[①]，颇喜。

8月6日，得荣孟源函，言正在校邹容《革命军》。得张鸿翔函，附医生证明，谓身体不适，不参加此次校注《辛亥革命》工作。

8月8日，参加学生统一分配会议。致书陈垣、刘乃和，附张鸿翔函。致荣孟源书。惊悉梅兰芳辞世，悲痛万分。

8月9日，参加毕业生分配动员会。

8月10日，参加毕业生分配会议。

8月11日，至师院院委会参加毕业生分配会议。与历史系毕业生合影，参加欢送会。

8月13日，参加全院毕业典礼，历史系本届毕业生留校任教约20人，许春在分配在南京栖霞中学。得悉上海民进市委会将组织来苏交流参观，致曹鸿翥书。

8月14日，至民进市委会，以自书扇头赠朱公亮[②]。诣黄一峰。

8月15日，至范烟桥寓[③]，同谢孝思商民进工作。刘乃和来函，言得8日书，谈张鸿翔医生证明书等事。

8月16日，方诗铭[④]来访，谈编写《上海辛亥革命史》。

8月17日，与朱正元、许国樑等赴无锡疗养院疗养。

8月18日，在无锡疗养，继续校《辛亥革命》第三册。

8月19日，午后返苏。阅许春在、刘乃和来函。

8月20日，至拙政园同民进市委诸君晤曹鸿翥。

8月21日，与汪旭初、周瘦鹃、陈涓隐、顾公硕、王言、谢孝思、

---

① 时正读《资治通鉴》，得司马光手书影本，"颇喜"。司马光真迹现藏于中国国家图书馆。
② 朱公亮，时任中共苏州市委秘书长。
③ 临顿路温家弄17号。
④ 方诗铭，时在上海社会科学院历史研究所工作。

朱公亮、范崇鑫一行登灵岩山。访明开法师、妙真和尚。鉴定寺中文物。妙真示《灵岩退翁和尚编年备谱》、《南岳继起和尚语录》等有关弘储史料。① 夜宿禅舍。

8月22日，与妙真等座谈，观藏经。收全国政协文史资料组寄来《辛亥革命资料》。

8月24日，至民进市委会参加学习。得俞启人函，其为之子入学事，请求支援15元，即汇。

8月25日，至怡园参加苏州人代会会议，听李声振"关于减少城市人口，整顿粮食统销问题"的报告。

8月27日，送许春在至火车站。参加市人代会召开"欢送工人返乡生产大会"。方诗铭介绍刘惔祖来访，并得旧书数种。谢孝思将北行赴中央社会主义学院学习一年②，往寓③送行。

8月28日，裘胜嘉、裘华华来苏，宿寓。

8月29日，陪同裘家游览苏州园林。下午参加苏州人代会会议。晚观昆剧，晤吴白匋。

8月30日，至资料室借《归玄恭先生年谱》。下午至历史系参加行政会。

8月31日，向工会借支80元。至历史系商补课问题。阅《毛主席论历史科学》。

9月1日，全国政协文史资料编辑部寄来《辛亥革命资料》第二册。

9月2日，致陈垣、张次溪各一书。参加历史系行政会。参加小组会。

9月3日，读《光明日报》，见钱仲联发表《关于陆游和陆秀夫的新材料——〈会稽陆氏族谱〉读后记》，存疑。阅《陆放翁诗集》、《陆放翁年谱》、《剑南诗稿》和"陆秀夫师友录"④等。

9月4日，阅《陈白沙集》、《新会县志》、《陆游传》及《陆游传论》。

---

① 此访为搜集弘储史料，备撰写文章。
② 肖芃主编：《清正长留——纪念谢孝思先生110周年诞辰》，第128页。
③ 潘儒巷。
④ 疑为《昭忠录》。

9月5日，阅《盐城县志》、《绍兴志》、《畿辅通志·选举表》等。

9月6日，参加历史系行政会。阅《宋史纪事本末》、《楚州丛书》、《桑海遗编》等，继续考证陆秀夫身世。写定"陆秀夫文"，寄北京光明日报社。阅《四库全书概述》。

9月7日，补课，讲"中国历史要籍介绍"。致书陈垣、刘乃和，谈"陆秀夫文"。发中华书局书，谈"陆秀夫文"。读《文汇报》周汝昌歌颂陆游、陆秀夫宗亲关系诗，为之一笑。

9月10日，阅《辛亥革命回忆录》。

9月11日，参加历史系行政会。收到《辛亥革命资料》第三册。

9月12日，得柴邦衡函，惊悉丁浩川病故噩耗，闻之泣然哀恸。听邓克生在江苏师院演讲。得钱仲联函，讨论陆秀夫问题。

9月13日，校《辛亥革命》稿。

9月14日，上课，讲"历史科学的地位和作用问题"。阅《辛亥革命资料》。

9月15日，得陈晶晶函，言即将回苏。阅《辛亥革命资料》。阅《宋人轶事汇编》，陆秀夫有遗谱，未提及放翁。陈垣来函[①]，言7日书收悉，对"陆秀夫文"给予肯定，盼早日刊出，冀文章从此源源不断。[②]

《陆秀夫是否放翁曾孙？》一文在《光明日报》刊出，文章针对钱仲联《关于陆游和陆秀夫的新材料》并夏承焘颂赞二陆关系之《减字木兰花》词二首，提出质疑，文章提出三点证据：1.陆秀夫的先世，当以龚开《陆君实传》、《宝祐四年登科录》为实；2.陆秀夫名字与陆游子孙排行不符；3.《会稽陆氏族谱》的陆秀夫画像识别问题，清康熙年间的画像不足证宋祥兴年间的陆秀夫。

9月16日，得新华日报社函，请写"刘知幾文"。得许大龄函，言代抄"定陵注略"。阅《光明日报》，始知15日刊载《陆秀夫是否放翁曾孙？》文。致书陈晶晶。

---

① 陈智超编注：《陈垣来往书信集》（增订本），第596页。
② 自1947年后，柴鲜有文章发表，陈垣校长颇为不满，刘乃和书信中多次提到。

9月17日，阅《花当阁丛谈》。

9月18日，至南京参加江苏省政协常委会会议。阅溥仪《我的前半生》。

9月19日，听惠浴宇"关于江苏经济形势"、吴天石"关于教育问题"、张许晋"关于城镇人口下乡情况"的报告。

9月20日，读报，见《光明日报》载《对〈关于陆游和陆秀夫的新材料〉的质疑》，作者蒋逸雪，否认陆秀夫为陆游后裔说。

9月21日，回苏州得陈垣函[①]。得顾公硕函，代王世襄向江苏师院图书馆借《钦定工部则例》。

9月22日，参加江苏师院院委会会议。阅白寿彝报载教学文章。

9月23日，阅《光明日报》载钱仲联《读〈山阴陆氏族谱〉后记补》文。参加中共苏州地委、市人代会座谈会。晚阅《民报》，校《辛亥革命》稿。

9月24日，钱仲联来谈"陆秀夫文"事。校"中国历史要籍介绍"讲义。得吴贻芳函，谈有关辛亥革命文章等问题。

9月25日，上课。参加师院院务委员会会议。

9月26日，晚诣陈晶晶，谈半年来情况，当日记："月光如水，心事若焚，念其操心之苦，言志之坚，亦殊非凡人所解。"

9月27日，参加江苏师院院委会会议。得裘胜嘉自新疆函，言思东归，谋返故里。晚与陈晶晶、陈佩观电影。

9月28日，上课。下午参加毕业生调查准备会议。

9月29日，上课。下午参加院行政会议。诣陈晶晶。

9月30日，上午参加历史系行政会。下午参加苏州市庆"十一"大会。晚阅《宜兴荆溪县志》，拟翌日往游宜兴善卷洞。

是月，陈垣读到柴德赓、蒋逸雪分别于《光明日报》刊文，作诗一首：

[①] 陈智超编注：《陈垣来往书信集》（增订本），第595页。

家谱从来爱造谣，望之竟嗣酂侯萧。

苏州驳后扬州继，双矢同时贯一雕。①

10月1日，致周国伟书，得知求访，回复月底晤面。

10月2日，至苏州政协参加座谈会，谈学校工作和党群关系。得中国史学会通知，邀请至武昌参加"庆祝辛亥革命50周年纪念会"。

10月3日，致书张遵俭、崔曙庭，告月中到武汉参加"辛亥革命50周年纪念会"。

10月5日，到徐州考察江苏师院毕业生任教情况。

10月6日，至徐州师范学院②，进行教学交流。

10月7日，至徐州师范学院，作"纪念辛亥革命50周年"报告。

10月8日，游云龙山，参观徐州博物馆，观东汉石刻。作诗三首：③

四面环山独缺西，莽茫云树与天齐。
当时若有平湖水，放鹤诗书更一奇。

悲凉莫问大风歌，何处云龙通网罗。
石佛无灵双鹤杳，一亭犹自忆东坡。

九里山前好战场，任从楚汉决兴亡。
如今换得新工业，遍地楼台种白杨。

10月9日，至徐州市第一中学听课。下午至徐州师范学院参加教导

---

① 《陈垣全集》第22卷，安徽大学出版社2009年版，第563页。
② 2011年改为江苏师范大学。
③ 张承宗《柴德赓先生的三首佚诗》跋："1988年秋，柴先生子女衰集柴德赓先生遗墨《青峰诗存》、《偶存草》及其珍藏之师友墨迹，合印为《柴德赓教授纪念册》。其中《六一年十月游云龙山作》已缺，仅存标题。1990年，柴先生之子邦衡来苏州，与苏州大学历史系共商编印柴先生纪念文集事，将柴先生1961年游云龙山诗三首抄件送来。抄件虽已非作者墨迹，但诗的风格、气派、神韵，均属先生所作无疑。"何荣昌、张承宗编：《青峰学记》，第204页。

主任会。

10月10日，致书李明中，寄全国政协挂号信。阅何香凝《辛亥革命回忆》。参加徐州师范学院教师座谈，为于院长①写新作诗。

10月11日，致书许大龄，申谢抄录"定陵注略"。离徐州，经郑州转车往武汉，巧遇邵循正、成庆华同车。

10月12日，到达武汉。致刘乃和、司晓南各一书。

10月13日，阅《浙案纪略》。晤白寿彝等。崔曙庭、龚书铎来访。

10月14日，祁龙威、张锦贵②、茅家琦③来访。白寿彝来访，为《史学史研究》约稿。汪诒荪④、彭雨新⑤来访。徐绪典⑥来访，欣然话旧。崔曙庭来访，遂同入市阅旧书。

10月15日，下午参加辛亥革命50周年纪念会预备会、分组会。金灿然来谈《历朝通俗演义》整理进展。黎澍、刘导生⑦来访。晚杨熙时⑧等来长谈。

10月16日，参加辛亥革命纪念大会，晤何干之、范文澜、吕振羽、吴晗等。

10月17日，参加小组讨论会。晚晤张舜徽、崔曙庭。杨熙时来邀至华中师范学院作报告。

10月18日，访唐长孺，邀其到苏州讲学。下午至武汉大学听范文澜"纪念辛亥革命50周年"的报告。

10月19日，参加小组讨论会。武汉师范学院、华中师范学院来邀作报告。

10月20日，得刘乃和书，提出借调柴到北京为陈垣点校《五代史

---

① 于院长原名孙思湘，孙楷第三叔。
② 祁龙威、张锦贵，任教于扬州师范学院。
③ 茅家琦，时任教于南京大学历史系。
④ 汪诒荪，时任武汉大学历史系教授。
⑤ 彭雨新，时任武汉大学历史系教授。
⑥ 徐绪典，时任教于山东大学历史系。
⑦ 刘导生，时任中国科学院学部副主任。
⑧ 杨熙时，时任华中师范学院历史系系主任。

记》，为期三月。下午参加小组会。

10月21日，参加大会闭幕式，徐特立讲话。下午参加师资培养座谈会，刘导生主持，黎澍、吴晗、金灿然、何干之、白寿彝、李新均出席。

10月23日，上午至武汉师范学院作"关于读书问题"的报告。下午至华中师范学院作"关于教学工作问题"的报告。晚离开武汉，乘江轮而下。

10月24日，船经安庆，登岸觅旧，颇念亡女，昔景难觅。

10月25日，到南京。蒋才喜[①]携蒋逸雪《陆忠烈公年谱》来，再证陆秀夫盐城身世。吴贻芳、胡颜立、司晓南来访。

10月26日，访曾昭燏[②]。邓克生来访，陪同参观孙中山办公室，梅园新村等旧址。

10月27日，参观南京博物院，晤陈乔[③]、史树青一行。

10月28日，至扬州参加扬州市民进市委会成立活动。阅《俞曲园书札》。

10月29日，游览扬州名胜，访清代遗墨。

10月30日，至扬州市政协，参加民进扬州市委员会成立大会。

10月31日，返回苏州。得李平心、崔曙庭、王健群、张次溪等人函。

11月1日，上午晤李明中汇报十月外出活动经历。下午听刘烈人"关于国内形势"的报告。晚至苏州饭店访陈乔，谈苏州名胜掌故。

11月2日，陪陈乔一行游灵岩山，访文物古迹。收上海历史所寄《浙案纪略》校勘笔记。

11月3日，至师院党委会，向刘烈人、吴甦汇报武汉会议情况。陪陈乔一行参观吴衙场"江南织造署旧址"[④]。邀史树青为师院历史系作"关于文物陈列"的报告。许涤新来苏州，约至家中叙谈。

[①] 蒋才喜，江苏师范学院历史系1957级学生。
[②] 曾昭燏，时任南京博物院院长。
[③] 陈乔，时任中国历史博物馆副馆长。
[④] 时为江苏师范学院附中校址。

11月4日，至南园宾馆，参加苏州市委统战部会议。得张习孔[①]函，约为"中国历史小丛书"撰稿《司马光与资治通鉴》。得上海人民出版社函，催《辛亥革命大事记》稿。

11月6日，杭州大学王玉玺等到访历史系。诣刘桂东，谈教研组工作。

11月7日，得李时岳[②]来函，对《辛亥革命》第八册提出意见。

11月8日，整理"中国历史要籍介绍"讲义[③]，交付印。寄茅家琦《四川文史资料选辑》。呈陈垣书，贺寿。

11月9日，上课，讲《后汉书》。得华东师大历史系函，将来苏州作教学交流。

11月10日，阅余嘉锡《四库提要辨证》。

11月11日，收中国青年出版社寄来《永昌演义》。下午听吴甦"关于《高教六十条》"的报告。

11月12日，华东师大吴泽一行来江苏师院进行教学交流，陪同参观。得中华书局函。得李平心函，附新作诗一篇。

11月13日，参加华东师大与江苏师院教师交流会。得陈晶晶函，谈调动工作事。

11月14日，陪吴泽游网师园，吴泽来寓，谈"陈垣北方抗战史学研究"选题。请吴泽在历史系作学术报告。

11月15日，参加历史系讨论《高教六十条》。收到李平心寄《新建设》资料。

11月16日，参加苏州人委会会议，听王人三"关于国内形势"的报告。发薪，寄俞启人15元。

11月17日，继续参加市人代会会议。诣顾公硕，阅"汪关印谱"。复周国伟书，约见面时间。

---

① 张习孔，辅仁大学史学系1942级学生。时为"中国历史小丛书"编辑。

② 李时岳，时任教于吉林大学历史系。

③ "中国历史要籍介绍"油印讲稿尚存部分，后为1980年代许春在、邱敏、吴天法整理《史籍举要》之底本。

11月18日，上午上课。阅中国科学院《中国历史初稿》隋唐部分。

11月19日，周国伟来访，谋为入室弟子，略点读书门径次第。阅岑仲勉《隋唐史》。

11月20日，上课，讲唐史。诣金兆梓、汪旭初谈同盟会旧事。

11月21日，得中华书局函，言《民国通俗演义》1962年第一季度将出版，催写《历朝通俗演义与蔡东藩》序文。

11月22日，上午上课。得南京大学历史系函，邀请讲学。参加讨论《高教六十条》。

11月23日，上午上课。参加院行政会议，听"批判修正主义"的报告。

11月24日，至药草庵①诣妙真和尚。阅"大汕卷"②，抄录题跋。

11月25日，与汪旭初、顾公硕、程小青、范烟桥等同往甪直保圣寺，观唐代杨惠之泥塑罗汉。③

11月27日，上午上课。在院内传达"武汉辛亥革命报告会"情况。致刘乃和、陈晶晶各一书。

11月29日，装订《辛亥革命论文集》。参加《高教六十条》讨论。为文汇报社撰写《历朝通俗演义与蔡东藩》文。

11月30日，上午上课，讲《南齐书》。下午参加民进市委会会议。

12月1日，阅《韩非子·喻老》、《说郛》等。晚段本洛来谈《辛亥革命资料》问题，阅董蔡时论文。

12月2日，得上海人民出版社函，《辛亥革命》重印不付稿费，转告张次溪。复书曹鸿翥。

12月4日，上午上课。协商四年级补课计划。

12月5日，复书张习孔，允写《司马光与资治通鉴》文，保留"韩世忠与梁红玉"选题，欲交许春在写就。校《辛亥革命》第二册。阅

---

① 药草庵位于苏州观前街南，"文化大革命"中被毁。
② 大汕，清初画家。
③ 近代章太炎、叶恭绰、马叙伦、顾颉刚等人都高度评价过泥塑罗汉的文物、艺术价值，为全国首批重点文物保护单位之一（1961年）。

《困学纪闻》。

12月6日，校《辛亥革命》第八册。阅《四库提要辨证·子部》"艺术类"。

12月7日，上午上课，讲《魏书》。改《历朝通俗演义与蔡东藩》文。复书李平心。

12月8日，与潘慎明、范烟桥至南京参加江苏统战部会议。朱宝镛[1]言其高祖名昌颐（道光六年丙戌状元），太平军时办团练为李秀成所败，有日记二三年，嘱柴有便至无锡一观[2]。到南京后，至南京大学视裘华华。

12月9日，与范烟桥、朱宝镛同谒中山陵。至江苏省政协听周恩来报告的录音。晚许春在来访。

12月10日，在江苏省政协继续听报告。下午随许春在游栖霞山，抄录栖霞寺碑文。

12月11日，参加江苏省政协小组会。

12月12日，回苏州，至民进市委会参加小组会。中华书局寄来《辛亥革命回忆录》第一辑。上海辞书编辑部寄来《辞海·历史》分册。

12月13日，参加讨论《高教六十条》。得张习孔寄来"中国历史小丛书"数种。得张遵俭函，告知新任湖北省图书馆副馆长。

12月14日，上午上课，讲《北周书》。至苏州政协汇报南京会议经过。得陈晶晶函，谈调动工作事。

12月15日，阅《隋书》。黄炳然来访，谈石琳肝炎病情。李平心自上海来函，谈《历朝通俗演义与蔡东藩》文发表之事，并寄上新作《论康熙帝的历史地位》，乞正。

12月17日，写《隋书》介绍。得李平心函，言《历朝通俗演义与蔡东藩》文已交文汇报社。致书刘乃和。

12月18日，上午上课。下午为一、二年级生讲读书方法。

---

[1] 朱宝镛（1906—1995），浙江海盐人。酿造工艺学家。时任无锡轻工学院副院长。
[2] 朱昌颐日记，后于2014年由西泠印社出版社出版，题为《朱状元日记手稿》。

12月19日，下午至民进市委会，讨论江苏省民进工作报告。诣顾公硕为纪庸借阅顾铁卿《桐桥倚棹录》①。晚阅《明季滇黔佛教考》、《通鉴胡注表微》。得谢孝思自北京函。

12月20日，为黄正藩改《蔡文姬介绍》一文。得陈晶晶函。致北京谢孝思、张次溪、杨东莼各一书。

12月21日，参加苏州政协组织至昆山参观农村实行"三自一包"②。

12月22日，至太仓考察参观农业生产。

12月23日，回到苏州，得陈伯君函。

12月25日，上午上课，讲完《隋书》。整理"励耘已刊目录"。改定《民国通俗演义》校记。读《南宋初河北新道教考》。

12月26日，至民进参加会议，讨论"长期共存，互相监督"。顾公硕送来《桐桥倚棹录》，旋即转纪庸。审阅董蔡时论文。

12月27日，参加历史系行政会。发陈晶晶书。

12月28日，至南京参加江苏省政协、民进筹委会会议。邹仁海、桂庆和来访。阅陈垣《记徐松遣戍事》。

12月29日，参加民进江苏省筹委会会议。

12月30日，参加民进江苏省第一次代表大会，列为执行主席。下午参加小组会。

刘乃和来函，言新接到《红旗》杂志社约稿，探讨写作问题。

12月31日，参加民进省委小组会。晚参加中共江苏省委招待会，彭冲、王绍鏊等出席。

---

① 据云该书当时全国仅存两部，另一部顾颉刚藏。
② 三自一包：自留地、自由市场、自负盈亏和包产到户。

卷七

1962年—1965年

此期间主要经历为：赴北京参加高校文科教材审校及在北京大学历史系任课"中国历史要籍介绍"，参加新旧《五代史》点校；1962年—1965年是集中发表学术论文时期，大多数论文在这一时期撰写及发表。

○ 1962 年 五十四岁

- 任江苏师范学院历史系教授、系主任。
- 任民进中央委员、江苏省副主任委员、苏州市主任委员。
- 任苏州市人民代表大会代表、政协常务委员,江苏省政协常务委员。
- 8月始教育部借调至北京参加高等学校文科教材编审。撰写"中国历史要籍介绍"。
- 发表文章《蔡东藩及其〈历朝通俗演义〉》、《蔡东藩及其〈中国历代演义〉》、《关于〈杜臆〉的作者王嗣奭》、《章实斋与汪容甫》。
- 撰写《重印〈孽海花〉序言》。

1月1日,参加江苏省政协元旦茶话会①。

1月2日,参加江苏省政协会议。

1月3日,参加江苏省政协小组会。写定《陈援庵著作选辑目录》②。

1月4日,发吴泽书,寄《陈援庵著作选辑目录》。

1月5日—7日,继续参加江苏省政协会议。

1月8日,民进江苏省第一届委员会成立③,当选副主任委员。江苏人民出版社来谈《资治通鉴简编》的出版。

1月9日,回到苏州。收吴晗寄来《海瑞罢官》剧本,中华书局寄来《陆游年谱》。得陈晶来函。

1月10日,读《海瑞罢官》。阅于北山《陆游年谱》。至沪参加上海史学会会议。

---

① 《江苏省政协·大事记》,江苏省政协网。会议为江苏省暨南京市政协举行新年团拜会。

② 目录整理稿尚存,原稿为1948年整理,后经修订补充。现刊登于《动国际而垂久远——纪念陈垣先生诞辰140周年论集》,北京师范大学出版社2022年版。

③ 《大事记1956—1969》,苏州民进网。

1月11日，与李侃①谈《民国通俗演义》排印事宜并及《中国历史要籍介绍》书稿撰写进展。

1月13日，至上海南昌路科学会堂参加上海史学会会议。

1月15日，回到苏州。得刘乃和函，附《陈垣传略》②。

1月16日，发薪，寄俞启人15元。晚至交际处③访翦伯赞、邓广铭、田余庆、许大龄一行。寄文汇报社《南北史通俗演义》及《民国通俗演义》校订稿。

1月17日，与刘烈人、潘慎明、黄旭朗④谈，协助北京大学教材编辑所需书籍事。与陈璧子访翦伯赞，谈田汉诗和赵朴初词。

1月18日，复陈晶书。翦伯赞一行七人来寓，谈"史与论"问题⑤，希望柴出史，翦出论，二人合作写文。

1月19日，得刘乃和函，言余逊请陈垣为《余嘉锡论学杂著》作序，援庵师嘱柴为其先起稿一份。

1月21日，陪同翦伯赞夫妇、邓广铭、许大龄、田余庆等游狮子林、拙政园、虎丘。文汇报社寄到《蔡东藩及其〈历朝通俗演义〉》校样。

1月22日、23日，参加翦伯赞主持《中国史纲要》讨论会。

1月24日，吴泽来函邀请参加上海史学讨论会。许师谦⑥来访。

1月25日，《蔡东藩及其〈历朝通俗演义〉》在《文汇报》发表，此文重点介绍蔡氏生平及著作情况、在辛亥革命时期的思想，并对此演义作出评价。顾荫庭⑦来访，赠《古代教育思想家》一书。

---

① 李侃，时为中华书局编辑。
② 此为刘乃整理撰写，陈垣审定，目前由私人收藏。
③ 交际处，即南林饭店（苏州专区招待所）。1962年初，翦伯赞率高校文科教材编写组一行七人至苏州工作，回北京大学后，翦向高教部提出调柴参加教材组，8月份柴赴京。
④ 黄旭朗，时任江苏师范学院图书馆副馆长。田晓明主编：《苏州大学大事记》，第53页。
⑤ 1962年1月21日《人民日报》刊登翦伯赞《关于史与论的结合问题》，翦与柴谈此话题。
⑥ 许师谦，辅仁大学学生，时任北京大学历史系总支书记。
⑦ 顾荫庭（1886—1967），字树森，嘉定人。时任江苏师范学院教育专科教授。

1月26日，陈垣来函①，云得17日书，又见25日《文汇报》载《蔡东藩及其〈历朝通俗演义〉》文，赞曰："这是陆秀夫后第一炮"，并谈及为《余嘉锡论学杂著》作序问题。

1月28日，陪同翦伯赞游览山塘街，谒葛贤墓、五人墓，至留园啜茗，参观沧浪亭等处。

1月29日，发许春在函，请其来苏过春节。向总务处支100元。

1月30日，至南林饭店参加《中国史纲要》讨论，终日谈南朝历史。

1月31日，至南林饭店参加《中国史纲要》讨论，继续讨论南朝一章。

2月1日，至开明戏院，参加苏州市春节联欢大会。下午诣妙真和尚，观訇斋所藏天和三年造像拓本。

2月2日，至南林饭店参加《中国史纲要》讨论，讨论战国一章，原稿未载苏秦、张仪之名，主张加入。翦亦同意。原作者盖怀疑苏秦年代，实则史迁所撰传中明言之，当有根据。午后至南园饭店，参加苏州地委、市委、市政府春节座谈会。

2月4日，旧历除夕，午吃团圆饭，许春在、周国伟一同度年，共十人。阅张皋文手批《困学纪闻》。

2月5日，春节。上午参加院内团拜。下午与徐嗣山、李明中陪同翦伯赞一行游西园，晤明开师、法相师；旋游寒山寺，至铁岭关，登枫桥，归途下车徒步入阊门。

2月6日，学校邀请北京大学在苏州编书专家，举行联欢会，翦伯赞谈编写通史经过及问题，潘慎明代表院领导参加。

2月7日，写《隋书》介绍讲课稿。

2月9日，至政协参加新春联谊会，与汪旭初、余彤甫等对客挥毫。邀请翦伯赞、邓广铭、田余庆、吴荣曾②来寓做客"破五"。

2月11日，陪同翦伯赞一行参观忠王府、苏州历史陈列、工艺美术展览室。

---

① 陈智超编注：《陈垣来往书信集》（增订本），第597页。
② 吴荣曾，时任教于北京大学历史系。

2月12日，约黄炳然及二女与家人至大公园照相。下午至南林饭店参加《中国史纲要》讨论，讨论西汉末年问题。

2月13日，至南林饭店参加《中国史纲要》讨论，讨论通史中如何讲文化史问题。读余嘉锡《四库提要辨证序》。

2月16日，至温家岸范烟桥宅，参加民进市委会会议，谈论民进第一季度工作。

2月17日，参加历史系行政会，决定"教学法"教学延至下学年间。阅读《章太炎先生自述学术次第》（章氏国学讲习会印本）。与翦伯赞谈论诗，兼论近三年史学界避讳者三事：皇帝、少数民族、边疆地理。

2月18日，陪同北京大学翦伯赞一行至香雪海赏梅，归途至天平山，与邓广铭于山顶座谈教学心得。

2月20日，参加民进怡园座谈会，与顾公硕至文学山房观书，陈谧撰《陈介石先生年谱》。

2月21日，第一、二节上课，讲南宋史。至南林饭店参加《中国史纲要》讨论，讨论宋史部分。写《旧唐书》讲稿。翦伯赞与谈调柴至北京工作问题。

2月22日，至南林饭店参加《中国史纲要》讨论，讨论北宋社会经济。下午再至南林饭店，与吴泽、袁英光访翦伯赞，谈史学史问题。

2月23日，至南林饭店参加《中国史纲要》讨论，讨论西夏、辽事。寄《蔡东藩及其〈历朝通俗演义〉》一文至中华书局。

2月25日，陈垣来函[①]，言收到柴代笔之《余嘉锡论学杂著序》文稿，评语"大佳"。与董蔡时谈《太平军在苏州》编辑体例问题。写《新唐书》讲稿。

2月27日，阅《历史研究》1962年第1期。钱仲联赠《龙川词校笺》（夏承焘著），约3月5日讨论。

2月28日，至南林饭店，翦伯赞单独与谈调动工作问题，邀至北京大学任教。继续讨论《中国史纲要》，讨论王安石变法问题。

---

① 陈智超编注：《陈垣来往书信集》（增订本），第597页。

3月1日，上课，为四年级生讲宋代理学，旁及佛教及儒教关系。

3月3日，至南林饭店，参加《中国史纲要》讨论，讨论南宋农民起义问题。

3月4日，中国青年出版社褚明德来约稿。与翦伯赞、许大龄、张传玺等参观东吴丝绸厂，同至周瘦鹃花园"紫兰小筑"。

3月5日，得陈晶书，知人事调动档案已经由山东省博物馆寄出，即告苏州市博物馆馆长王言往询。

3月8日，第三、四节上课，讲唐宋文化。学院召集会议，学习贯彻《高校六十条》。

3月10日，许春在来函，附《论范仲淹》一文。至苏州市委统战部，参加"双周"座谈会，谈各党派改选工作。写至华东师范大学讲稿。

3月11日，陪同翦伯赞、邓广铭、许大龄、张传玺等参观紫金庵，游览东山雕花楼。

3月12日，诣邓广铭，请给历史系、政教系讲"宋代土地制度与农业生产"。

3月15日，至上海科学会堂参加"近代史学史提纲讨论会"，到周予同[1]、蔡尚思[2]、徐常、陈守实、顾廷龙[3]、金兆梓、李平心、洪承彦、吴泽，共十人，青年学者列席十余人。

3月16日，至华东师范大学，诣吴泽、陈希伦[4]、林举岱、姚舜卿、李季谷等，于阶梯教室作"陈垣先生的学识"[5]报告，讲陈垣简历、治学的几个方面及治学精神，共三小时，听者约200余人。晚吴泽夫妇请柴氏夫妇至其岳母家（段祺瑞之女）晚餐。

3月17日，上午谒尹石公，谈论《历朝通俗演义》一文，并言《袁爽秋日记》出版事宜。下午在华东师范大学作第二次报告，题目为"关

---

[1] 周予同，柴德赓安庆一中同事，时任上海历史研究所副所长。
[2] 蔡尚思，时任复旦大学历史系教授、系主任。
[3] 顾廷龙，时任上海图书馆副馆长。
[4] 陈希伦，时任华东师范大学历史系副主任。
[5] 名称为后人整理时冠名。

于陈垣在抗日战争中爱国主义思想",亦三小时。晚吴泽夫妇、林举岱、陈希伦、束世澂、桂遵义邀请至新雅酒家聚餐,谈学风问题。

3月19日,上午回到苏州,下午上课两节。得朱师辙来函欲来苏州一游,寄来《论〈说文通训定声〉》(油印本)。

3月20日,上午至南林饭店,参加《中国史纲要》讨论,讨论东林党及农民起义,遂其润削。

3月21日,发致陈垣书,附朱师辙函,另致刘乃和一纸。下午至南林饭店,继续修改明末农民起义一节。

3月24日,到网师园,与李明中谈话,李谈1958年"双反运动、教育改革"中以《辛亥革命》资料、《叫歇碑》二事,批判不恰当,系里发动学生提意见,不实事求是,出于逼迫,影响师生关系等事实。

3月25日,与黄炳然家请石福畴医生为翦伯赞诊治。阅《续资治通鉴长编》熙宁八、九、十之三年事,作札记。

3月27日,至南林饭店,参加《中国史纲要》讨论,讨论天文、历算、文学、科技等。晚与翦伯赞等至开明观江苏青年京剧团演《玉堂春》。人民大学中国史教研室张娄明等三人来,访问有关对史料学及史学史意见。

3月28日,诣秦和鸣,告以陈晶不能调回苏州消息。下午至南林饭店,与翦伯赞、吴泽、许大龄等讨论明清实学、考据、图书编纂,《中国史纲要》讨论阶段结束。

3月30日,上午与李明中、徐嗣山商定历史系实习教师名单。至网师园,参加"双周"座谈会,谈民进市委会总结、改选、发展和学习等事。江苏人民出版社派员来访,请写顾亭林、赵翼、汪中事迹文章。

4月1日,终日阅《章氏遗书》、《信摭》,言《欧史》(《新五代史》)不当有《唐明宗纪》,明宗当入《庄宗纪》首,以其末帝制评论,此等年青时随便札录之作,身后一一为人刊印,乃不幸。

4月2日,《文汇报》刊登消息,柴德赓在华东师大作报告,题目为《关于陈垣史学研究》。

4月4日,上午至南林饭店,翦伯赞言拟将柴德赓《中国史学名著介绍》、郑天挺《中国通史参考资料》二书列入大学文科教材系列，以征求意见，并约至北京审查文科教材，以一年为期。接方国瑜函，正出席全国政协会。郭克煜来函，代表曲阜师院邀请去作报告。得柴君衡书，告与章诒学交友事，章为章伯钧女，李健生所生，与柴君衡同班已四年。下午与翦、吴等同游狮子林、拙政园。

4月6日，诣翦伯赞，讨论《中国通史参考资料》编选原则。与翦伯赞等观无锡越剧团演《泪洒相思地》。

4月9日，邀请翦伯赞在江苏师院作报告[①]，听者900人；主要内容：史与论的结合，阶级观点与历史主义，政策与理论，客观规律与主观能动性。

4月10日，邀请翦伯赞等一行于家中便餐，谈李希凡评吴晗《论争论》文章[②]，席间就此话题讨论。

4月11日，至怡园为苏州文联讲苏州历史，包括三个问题：城市古老，经济地位重要，文化遗产丰富。

4月12日，至南林饭店，讨论许大龄所写"明清文化及清代政治"部分，至下午四时始毕。司晓南自南京来，驰往一晤。

4月13日，与司晓南谈民进省委会工作。

4月16日，中华书局寄来《中华文史论丛》章程。下午诣翦伯赞，病已渐愈。着手写《灵岩山弘储》文。

4月18日，至图书馆，阅《继起语录》、《三峰年谱》、《玉林语录》，携回《牧斋初学集》、《牧斋有学集》、《居易堂集》。

4月20日，开始写关于《王嗣奭及〈杜臆〉》文。

4月24日，继续写《灵岩山弘储》文。致光明日报社书，寄《王嗣奭及〈杜臆〉》文。

4月26日、27日，陪同翦伯赞、张传玺至无锡游览。

[①] 报告后刊载于《江海学刊》1962年第6期。
[②] 李希凡：《答吴晗同志——〈论争论〉读后》，《光明日报》1962年4月7日。

4月28日，陈垣来函①，言得24日手书，论《关于〈杜臆〉作者王嗣奭》手稿，予以"极佳"赞誉，并谈《清初僧诤记》修订等事。

4月29日，至车站为翦伯赞等回北京送行。

4月30日，写《灵岩山弘储》文。为胡振民书翦伯赞"漫天风雪过大同"诗单条。

5月1日，写《灵岩山弘储》文，细读《张苍水集》。

5月4日，参加苏州市人代会会议，李声振②传达周恩来报告。

5月6日，中华书局上海编辑所派员来，请主持改选《晚清文选》事，又请为《孽海花》撰写前言，并约定《中华文史论丛》第一期起载《论唐代苏州的经济地位》一文。

5月7日，上午上课讲明史，下午改文稿。

5月8日，阅《明诗纪事》，写"黄宗羲与弘储关系"。

5月10日，得崔曙庭函，惊悉华中师院杨熙时因脑溢血逝世，别来半年，不谓突然逝世。

5月14日，在南京参加省政协会议，传达周恩来、陈毅、聂荣臻报告，"关注重视知识分子问题"。

5月16日，得陈晶函，言仍在奔走工作调动之问题。得翦伯赞道谢电报。

5月17日，民进苏州市第二届委员会成立，当选为主任委员。③

5月19日，赴北京参加教育部"历史系教学计划讨论会"。车经济南与陈晶月台相见。

5月20日，到北京，至教育部，诣陈伯君。至东兴隆街报到。至兴化寺街谒陈垣。与陈垣、刘乃和共谈《明季滇黔佛教考》中删去"人居大国方为贵"一句经过，相与抚掌。

5月21日，教育部会议，陈选善④主持，参加者：林举岱、孙望⑤、

---

① 陈智超编注：《陈垣来往书信集》（增订本），第597页。
② 李声振，时任苏州市市长。
③ 《大事记1956—1969》，苏州民进网站。
④ 陈选善，时任教育部司长。
⑤ 孙望，时任南京师范学院中文系教授。

丁则民[1]、戚国淦[2]、刘宗绪[3]、林增平[4]等高校代表。覃谷兰[5]代表上海师院参会。晚至兴化寺街谒陈垣。

5月24日，上午胡沙[6]报告教材编写情况，传达周扬报告。翦伯赞来访，谈苏州别后南京、扬州之行。晚至北师大视柴令文，杜平来，并同访赵光贤、何兹全、朱庆永、祁开智四家。

5月25日，杨东莼来访，言杨人梗约请家宴。

5月26日，与方管同诣陈迩冬[7]，为其书《剑阁闻警》、《迎神》两首[8]，又为其书笺，即录《木兰花慢·登珞珈山望东湖》[9]。晚陈垣邀至全聚德聚餐，张重一、启功、刘乃和、刘乃崇及其尊人同席。

5月27日，访尚钺，谈当代史学史。参加杨人梗家宴，饭后访余逊。诣邓广铭，同往谒翦伯赞，翦邀请至北大历史系讲"怎样掌握史料"。

5月28日，徐伯昕邀至文化俱乐部，诣顾颉刚、谢孝思、葛志成等。下午讨论结束。晚谒陈垣，查《题名录》。

5月29日，胡沙来电话征求对调用至北京参加高校文科教材审核意见。诣顾颉刚，观其藏书，并推荐陶麐成为助手。午至晚至四川饭店，翦伯赞夫妇、吴晗夫妇设席款待。

5月30日，田珏[10]报告教材编写情况，《中国历史名著介绍》已定在计划之中。外孙女（柴令文与王金铎之女）于北京出生，起名王端。

5月31日，周一良、许大龄来接柴德赓与林举岱至北大作报告，讲"怎样掌握史料"，授时两小时半。

---

[1] 丁则民，时任东北师范大学历史系教授。
[2] 戚国淦，时任北京师范学院历史系教授。
[3] 刘宗绪，时任教于北京师范大学历史系。
[4] 林增平，时任教于湖南师范学院。
[5] 覃英，字谷兰，时任上海师范学院中文系教授。
[6] 胡沙，时任教育部司长。
[7] 陈迩冬，时任人民文学出版社副编审。
[8] 柴德赓《偶存草》诗。
[9] 陈迩冬作词。
[10] 田珏，时任职于教育部。

6月1日，至陈垣寓午饭，饭后至北京师范学院历史系作学术讲演，内容同北大。

6月2日，诣白寿彝，谈史学史问题。到兴化寺街，与陈垣共谈翦伯赞开史论书目。离开北京南下。《文汇报》载刘蕙孙[1]《名园旧忆》文，论证恭王府即为曹雪芹笔下之"大观园"；并云昔年柴德赓于辅仁女院任教，当熟悉府中变迁掌故[2]。

6月3日，到济南，陈晶、廉立之[3]以汽车来接。下午游览大明湖。

6月4日，至山东师范学院，与历史系教师介绍新教学计划。至市博物馆，参观大汶口出土文物。

6月5日，郑鹤声、徐绪典来访。与陈晶同赴山东师院，与学生讲"读书、游历、看戏"。

6月6日，到曲阜，曲阜师范学院王明伦、郭克煜来接。晤李炎[4]、李青田[5]、颜润生。为历史系作"怎样掌握史料"报告。正值杨向奎在曲阜孔府研究档案，初相见。赵亦民[6]自南京致函苏州，言拟从南京赴苏州拜访。

6月7日，与杨向奎、陈克礼、郭克煜参观孔府及大成殿。晚与曲阜师院文史教师座谈"新教学计划"。

6月8日，与杨向奎、陈克礼、郭克煜参观孔林。

6月9日，抵达南京，参加江苏省政协二届二次会议。

6月10日，至邓克生寓，下棋。下午同许国樑至五台山网球场，与胡颜立、陈陵[7]、张焕庭[8]等共打网球。晤彭冲、孙石青等。晚至人民大会堂看王兰英《孟丽君》。

---

[1] 刘蕙孙，1940年代曾为辅仁大学史学系讲师，与柴德赓同事。
[2] 《文汇报》1962年6月2日第3版。
[3] 廉立之（1909—1986），山东济宁人，时任山东师范学院历史系教授。
[4] 李炎，时任曲阜师范学院校办主任。
[5] 李青田，时任曲阜师范学院历史系教授、系主任。
[6] 赵亦民，辅仁大学史学系1947级学生，时任职于北京市妇联，改名吕果。
[7] 陈陵，原江苏师范学院体育科教授，时任江苏省体委副主任。
[8] 张焕庭，原江苏师范学院副教务长，时任中国科学院江苏分院研究员。

6月11日，参加江苏省政协第二届常委会会议。

6月12日，陈晶自济南来函至宁①，言柴师访泉城，鼓励读书写作，商定写梁红玉传记，言正在搜集材料。

晚刘烈人至寓所，正式向柴德赓道歉"反右整风"后对其批判的错误，其中有违反政策、造成影响的予以纠正。

6月13日，李侃自北京来函，就前《渐西村人初集》、《海日楼文集》二手稿整理出版问题答复。② 同时告知《书目答问补正》已着手影印。

6月15日，江苏人民出版社陶一鸣等来，谈《历朝通俗演义》已印前后汉两种，待柴德赓作一总序，并请撰有关顾亭林一书。

6月17日，至江苏人民出版社，社长蔡暹、副社长朱茵、文教编辑部主任王用理③接待，谈出版状况。至南京故宫博物院，曾昭燏介绍《大公报》编辑陈凡与之见面。《关于〈杜臆〉的作者王嗣奭》文在《光明日报·史学》发表。

6月18日，陈晶来函，谈读《王嗣奭》一文所感，并告又和郑鹤声见面。在江苏省政协二届二次会议上作"坚决拥护《六十条》，总结经验办教育"发言。④

以诗赠新友林散之⑤：

十年碌碌废吟诗，喜向金陵得散之。
画里江山春不老，生年襟抱意能知。
新篇夏至惊才捷，满幅游龙下笔奇。
此会何须劳后约，夏云秋月总相思。

---

① 落地邮戳为南京，14日。
② 据孔夫子旧书网拍卖图，经笔者对比柴德赓遗留残存稿件，有"渐西村人"抄稿几页，故此同信札内容可信。
③ 王用理，时为江苏人民出版社主任编辑。
④ 发言稿现藏于苏州市档案馆。
⑤ 林散之（1898—1989），江苏江浦人。诗人、书法家。

林散之和柴德赓诗二首①。

6月23日，上午听叶胥朝报告，下午分组讨论。与吴贻芳等谈将调京工作事。会议结束。发翦伯赞一书，告以行期当在8月。

6月24日，得吴泽自上海来函，并寄华东师大报告记录稿。中华书局寄来《晚清文选》、《孽海花》一书及有关《孽海花》资料。

6月25日，修改《论唐代苏州的经济地位》一文，校阅华东师大记录讲稿。

6月27日，参加系行政会，传达新教学计划讨论经过。致郑鹤声、郭克煜、廉立之、高赞非各一书，诚谢在山东热情接待。

6月28日，至苏州市图书馆，陪同茅於一等参观古籍书库，线装书约十一万册，其中善本一万余册。

7月1日，改写《灵岩山弘储》文。中华书局编辑部来函，关于整理《孽海花》事宜。晚与陈伯君同至苏州书场听书，曹啸君、杨乃珍演《玉蜻蜓》。

7月3日，修改《论唐代苏州的经济地位》文。

7月6日，妙真和尚电话嘱往取《退翁后录》。阅《章氏遗书》，拟写《章实斋与汪容甫》、《章实斋与袁子才》、《章实斋与戴东原》三文。

7月7日，发尹石公书，附寄李侃附书，告以《袁爽秋日记》可望付印，《海日楼集》暂不考虑。得翦伯赞函，盼早日北行，并望夫妇同行。

7月11日，陪同陈伯君游览寒山寺、西园，至环秀山庄，任嘒閒②、顾文霞向导参观。郑鹤声复函："惟曾于今年年初，将生平研究历史成绩作一检查，并拟定今后三年内研究项目，以自策励。特为奉上，至希提供意见，以资遵循，并恳寄回，不足为外人道也。"③

7月12日，蛰居小楼，录大汕画《维摩诘经》文。袁英光来接谈史学史问题，约8月至沪相见。

---

① 林散之：《林散之诗集——〈江上诗存〉》，文物出版社2004年版，第99页。
② 任嘒閒（1916—2003），江苏丹阳人。苏绣艺术家。时为民进苏州市委委员。
③ 郑一钧（郑鹤声之子）提供。

7月14日，写《灵岩山弘储》文中"徐俟斋和弘储"一节。

7月15日，为毕业生写纪念册。收姚薇元①寄论文一篇。

7月21日，江苏省社联来函，通知当选为委员，并附《江海学刊》编委名单。

7月22日，写郭些庵事迹，以《俟斋年谱》校事实，见叶燮《俟斋墓志》不及弘储一字。诣汪旭初，汪对于北行有惜别之意，"恐余一去不复来"。夜读书，初拟写钱竹汀、王西庄、赵瓯北史学。

7月23日，陈伯君将赴上海、杭州之行，托持《墨缘》册页请张宗祥题字。后张宗祥为题诗②：

诗律唐朝盛，先生致力深。群儿岂能谤，百鸟尽皆瘖。
正直乾坤气，忧伤家国心。草堂隔天末，长恨未登临。
　　　　纪念杜工部之年，青峰先生两正

7月25日，与纪庸谈其近作《明清苏州农民反复斗争中问题》，托资料室至上海图书馆借《西沚居士集》、《离六堂集》。

7月26日，参加市政协三届三次会议，王人三书记作报告，报告当前苏州经济形势。

7月27日，继续写《灵岩山弘储》文，从开明和尚处借得《嘉兴藏》目录。

7月29日，开始写《章学诚与汪容甫》文。读《汪容甫年谱》，新有发现。

7月30日，阅《西沚居士集》、《南江文钞》、《赵翼年谱》、《瓯北诗钞》。

7月31日，阅《蛾术编》、《瓯北诗钞》。

---

① 姚薇元（1905—1985），安徽繁昌人。时任武汉大学历史系教授，1946年曾和柴德赓同获教育部奖。

② 陈伯君赴杭州是面见张宗祥，后为其《墨缘》册页题诗。

8月4日，写《章实斋与汪容甫》清稿。

8月5日，参加市政协会。继续写文章，为瞿苣丰①书游大明湖七绝于笺。

8月6日，为柳君然题百花齐放长卷：

> 收尽上林春富贵，岁寒尚有傲霜枝。
> 翰君善写群芳手，又见荷花公水时。

为王健群、孟心平、周国伟、杨巩、徐志守、柴邦衡各书一单条。

8月7日，为灵岩山藏《大汕长卷》题跋。写"章实斋与汪容甫学术争论"一节毕。

8月8日，中华书局上海编辑所来催《孽海花序》，重阅《孽海花》。

8月10日，写定《孽海花序》，交由柴邦衡抄录②。

8月11日，送《灵岩山弘储》及《章实斋与汪容甫》两文与纪庸审核，交回时提出修改意见。

8月12日，陪同民进南京市委会来苏州考察交流团游览灵岩山、天平山。

8月13日，陈璧子53岁生朝（农历七月十四日），陈家亲属从北京、上海至苏州共聚达12人。

8月15日，将北行，王人三、凡一书记在裕社为其饯行，茅於一、马崇儒、谢孝思、范烟桥参加。

8月16日，历史系同人为其饯行。纪庸为其审核《孽海花序》。

8月17日，寄中华书局上海编辑所《孽海花序》。

8月18日，民进市委会同人为其饯行。袁道冲持尹石公函从上海至，携来《渐西村人初集》十三卷，准备带至北京，交中华书局出版。

---

① 瞿苣丰，时任苏州市人事局局长。
② 抄录稿现存，当时采用了阿英所写序，支付柴稿费20元。抄稿现由北京师范大学图书馆收藏。

8月19日，至潘慎明、朱正元、钱仲联、陈志安家辞行，晚赴车站。

8月20日，车经济南，陈晶、张克辛月台相见，陈晶言调动工作至南京故宫博物院事正在进行。途中见庄稼长势均好，信口成一绝句：

水满池塘禾满垅，放牛浮鸭正从容。
淮南米贱何年事，都在青青一望中。

8月21日，到北京，暂住高级党校，晤吴于廑①、李文保、周一良、胡绳武②。至燕东园翦伯赞寓，诣杨人楩夫妇。至香山饭店谒修养中陈垣。

8月22日，至北师大诣祁开智，视柴令文一家。至能仁寺诣刘贡扬及刘乃崇。转至小乘巷视启功。

8月23日，阅《中和月刊》，吴于廑、宁可③、胡绳武来访。

8月24日，至中关园视周祖谟，同至中关村福利楼午餐。诣章川岛。

8月25日，修改《章实斋与汪容甫》文。下午赴香山饭店，陪陈垣游览慈幼院、眼镜湖、碧云寺。

8月26日，与周蓟章游颐和园。诣翦伯赞，领工作任务，为《中国史纲要》增加"宋元宗教"一节，为高级党校讲《汉书》、《资治通鉴》，并为北京大学历史系开"中国历史要籍介绍"课。

8月27日，阅柳诒徵《国史要义》。入城至松树街视李瑚，同饭仿膳。

8月28日，至东安市场购《南来堂集》、《国史要义》等书。至小拐棒胡同访旧房东李家。

8月29日，邓广铭、田余庆、许大龄来访，谈北大历史系讲课内容及时间。

8月30日，阅《南宋初河北新道教考》，读《南来堂集》。下午上香山，与陈垣谈宋元宗教史上诸问题。

---

① 吴于廑（1913—1993），安徽休宁人。时任武汉大学历史系教授。
② 胡绳武，时任复旦大学历史系副教授。
③ 宁可，时任教于北京师范学院。

8月31日，入城访郑天挺。午至刘启戈寓，"故人重聚，情意真挚，为予摄影"。张润瑛①送来《大藏经·出三藏记集》、《众经目录》、《大唐内典录》、《五灯全书》等书。

9月1日，阅《五灯全书》、《东塾读书记》。田珏来谈治学。与柴君衡赴体育学院，访君复，并晤贾世仪②、张仁、薛济英等辅仁旧日同人。

9月2日，开始写"宋元宗教"一节。下午与翦伯赞夫妇入城，至中山公园观兰花，至四川饭店，翦伯赞做东，言历史教科书搞完后尚有一事必须做，即编写工具书。晚诣魏建功，魏言台静农无消息，其弟川泽在南京。

9月3日，写"道教""也里可温"各一节。诣邓广铭，谈整理聂崇岐遗著《宋代文集篇目》事。

9月4日，至李阁老胡同诣杨敌。晚郑天挺邀至全聚德聚餐。

9月5日，誊写"宋元宗教"一节。阅北大善本书目，《董若雨诗文集》，李盛铎《木犀轩藏书目》：毛霖《平叛记》（康熙刻本）、《皇王大纪》（陈邦瞻刻本）、顾苓《三吴旧语》（抄本）、汪中《旧学蓄疑》（稿本）、《灵岩和尚报慈语录》、《夫山和尚住台州能仁寺语录》、《轮庵禅师语录》、《居士传》（乾隆刻本）。和许大龄商定讲课两周一次，三小时。

9月6日，修改"宋元宗教"。张润瑛送来《董若雨诗文集》。晚至北大视胡梦玉、赵占元③夫妇。

9月7日，至兴化寺街，以"宋元宗教"一节请陈垣审定。

9月8日，至翦伯赞宅，交文稿，与许大龄谈授课事项。

9月9日，至新桥饭店，民进中央宴请在京学习人员。王绍鏊、许广平、杨东莼出席，社会主义学院学员十人，中有王慎楼④、徐健竹等，晚回高级党校作书与陈璧子。阅《揅经室集》。

---

① 张润瑛，许大龄夫人，时任教于北京大学历史系。
② 贾世仪，原任教于辅仁大学体育专科，时任教于北京体育学院。
③ 赵占元（1900—1981），广东新会人。时任北京大学体育部教授、主任。
④ 王慎楼，柴德赓北平师范大学同学。时任青海民族学院教授。

9月10日，邓广铭、许大龄来谈开课事。阅《揅经室集》。至社会主义学院访学习学员。

9月11日，发秦和鸣书及许春在明信片。阅《潜研堂文集》题跋部分。宁可借去《华东师大讲演记录稿》。至兴华寺街，以《灵岩山顽石》、《华东师大讲演记录稿》交刘乃和。晚陈垣席设北京饭店。

9月12日，重写《章实斋与汪容甫》文。发胡振民书。下午入城，至曲园赴宴，刘启戈和翦伯赞夫妇到席。

9月13日，续写《章实斋与汪容甫》文。下午至北大历史系第一次授课，凡讲《史记》三节课。与柴君衡同至邓珂宅一视。晚至翦伯赞家过中秋节。

9月14日，发张梦白、徐嗣山、陈璧子（关照柴念东要好好学习[①]）、李明中各一书。写"章汪交恶"一节。阅《四库提要辨证》。

9月15日，上午继续写稿。启功来访，欢然道故聊私语。

9月16日，下午至张自忠路胡华寓，晤夫人史雯娟；与胡华至南长街甜水井尚钺寓，尚钺邀至文化俱乐部晚餐。

9月17日，阅《潜研堂诗集》。至北海，金灿然、丁树奇、李侃三人邀至仿膳，谈《民国通俗演义》出版事。晚至兴化寺街，陈垣示陈凡来函及所作新诗。

9月18日，下午至兴化寺街，刘乃崇亦应邀至，谈为《红旗》杂志写文内容。晚饭陈垣邀至大同酒家。至西煤厂诣张重一。

9月19日，江苏人民出版社来函催《蔡东藩及其〈中国历代演义〉》序文。由高级党校迁居至北大专家招待所，推窗即为邓广铭寓所。郑天挺迁入北大招待所。周一良、陈庆华[②]来探望。

9月20日，写"章实斋评汪容甫学术"一节。下午与郑天挺至翦伯赞宅开文科教材历史组编辑会议，邓广铭、田余庆、许师谦参加。晚诣余逊夫妇，"一灯相对，情景暗淡"。阅《雪桥诗话》。

[①] 当时柴念东就读苏州市沧浪区实验小学一年级。
[②] 陈庆华（1921—1984），浙江鄞县人。时任北京大学历史系教授。

9月21日，校定《章实斋与汪容甫》文，付邮苏州，并寄徐嗣山、纪庸各一书。诣孙楷第。阅《经学博采录》下卷、《雪桥诗话》、《老子》、《中国史稿》等。

9月22日，张润瑛送来工作用书《董若雨诗文集》、《蛾术编》等。晚杨人楩夫妇来访，托带苏州寄来《蜕翁诗词刊存》、《太一遗书》转交杨东莼。

9月23日，阅《雪桥诗话》，摘录《五灯全书》中《蜕翁弟子小传》。高级党校宴请讲课专家，席设四川饭店，王从吾、杨献珍校长等出席，客有范文澜、翦伯赞、尹达、侯外庐①、吕振羽、刘大年、严中平、吴晗、金灿然、郑天挺、邓广铭、裴文中、尚钺、唐长孺②、赵纪彬、许大龄、田余庆、柴德赓、杨向奎（未到）、韩儒林③（未到），极一时之选。晚谒陈垣，与刘乃和商论文事。

9月24日，以储皖峰所编《宋诗选》交游国恩，游与储旧交，对其遗著颇为重视。翦伯赞及邓广铭来，交《宋元明史》排印稿，嘱复核。与翦、郑至南大地［燕南园］同访向达。阅束世澂主编《后汉书选》稿。吴甦来函，谈江苏师院近况。

9月25日，阅《中国史纲要》中册校样。下午入城至北京医院探视陈垣，已退烧，孙伟、浦安修④等亦来视疾。晤张维⑤及夫人陆士嘉。

9月26日，得陈璧子、周国伟、陈晶等函。阅《中国史纲要》中册校样。准备《汉书》、《后汉书》讲课提纲。

9月27日，吴宏中自西宁来函，附结婚25周年照片。下午在北大历史系讲课，刘乃和来听。晚与郑天挺至杨人楩家吃螃蟹，饭后闲谈。

9月28日，阅《中国史纲要》中册校样。与翦伯赞、郑天挺到高级党校参加高校编书专家聚餐，周荣鑫、胡沙到席，晤黎澍。阅《四库提

---

① 侯外庐（1903—1987），山西平遥人。时任中国科学院历史所副所长。
② 唐长孺（1911—1994），江苏吴江人。时任武汉大学历史系教授。
③ 韩儒林（1903—1983），河南舞阳人。时任南京大学历史系教授、系主任。
④ 浦安修（1918—1991），上海嘉定区人。彭德怀原妻，时任北京师范大学党委副书记。
⑤ 张维（1913—2001），北京人。清华大学教授，时任清华大学副校长。

要辨证》。中华书局金灿然签发编辑合同，约稿《中国历史要籍介绍》。①

9月29日，徐嗣山自苏州来函，言得北京书两通及《章实斋与汪容甫》稿，并谈历史系中诸问题。中华书局上海编辑所来函，《孽海花序》寄回，付稿酬20元②，得陈璧子、崔曙庭、居心龙③、张梦白、胡振民、刘荣芳、吴甡函。中华书局送毛边纸、白报纸稿纸各五百张，以供抄稿。

晚北大招待编书人员，翦伯赞、魏建功做东。复吴泽函、江苏人民出版社函。

9月30日，得张梦白、崔曙庭、顾公硕函。晚至南锣鼓巷，严景耀、雷洁琼夫妇设家宴，同席赵占元、胡梦玉夫妇。发陈璧子家书，谈看望余逊、周祖谟。至北京医院探望陈垣病状。十时至刘乃和家，寓此。

10月1日，参加天安门国庆观礼，于第六台晤唐兰、钱宝琮④、陈乃乾，第七台晤祁开智、何兹全、杨曾威等。会散至北长街陈乃乾家午餐，陈出示余嘉锡批校、过录《书目答问》手稿本；又示张舜徽编《清代文集别录目》。至北京医院探视陈垣。杨巩来函，介绍江苏师院情况及十周年校庆准备情况，要求柴虽不在院中当以诗文庆贺，后柴作诗四首以奉。

10月2日，得徐嗣山、顾公硕函。下午入城至医院探视陈垣。谈论余嘉锡《书目答问》失落情况及张舜徽《清代文集别录目》问题。

10月3日，余淑宜、袁筱舟、许师谦来访。晚至医院探视陈垣。诣启功，承赠阅《师大学报》第三期、《文物》第九期。

10月4日，诣翦伯赞，谈《蔡东藩及其〈中国历代演义〉》序稿。阅《中国史纲要》中册校样。

10月5日，至北大22斋访朱剑芒⑤，承赠常熟政协所出《文史资料辑存》，谈论钱牧斋《列朝诗集》。至北京医院探视陈垣。

10月6日，发陈璧子家书，谈中华书局寄来"中国历史要籍介绍"

---

① 见中华书局（62）编2433号发文档案，现由私人收藏。
② 当时出版选用张毕来所写前言。
③ 居心龙，江苏师范学院历史系1960级学生。
④ 钱宝琮（1892—1974），浙江嘉兴人。中国数学史学家。时任中国科学院研究员。
⑤ 朱剑芒，时任常熟县政协副主席。

出版合同，拟与翦伯赞商定后签订。以《蔡东藩及其〈中国历代演义〉》序即寄江苏人民出版社。阅《中国史纲要》中册校样。

10月7日，惠廉①来畅谈苏州事。下午入城探视陈垣。与启功同至文化俱乐部，晤谢国桢，邀二人至寓所，观赏字画碑帖、古籍善本。

10月8日，阅《中国史纲要》中册校样，人民出版社江平来访。下午陈慧生②来访，决定为党校讲课内容为中国史籍，分两讲。中华书局上海编辑所来函，催问《陆放翁集》点校事。

10月9日，阅《中国史纲要》中册校样毕，送翦伯赞处。发陈璧子、王健群、荣孟源、陈晶、顾公硕各一函。为高级党校上课，作"二十五史简表"，拟发给学员。

10月11日，下午为北大历史系上课，刘乃和来听课，课后与刘乃和同诣孙楷第。曾昭燏寄来《胡小石先生墓志》。

10月12日，在翦伯赞家讨论《中国史纲要》中册校改意见。关于中华书局要签订"中国历史要籍介绍"合同事，翦言由教育部教材组统一签字。准备至高级党校讲课内容，略具提纲。陈凡自香港来函，为《大公报·艺林》副刊征稿。

10月13日，上午至高级党校讲"二十四史介绍"三小时。发陈璧子函，并致纪庸、胡振民，请为院刊文章校稿。下午至北京医院探视陈垣，谈父子二人听科举报录时笑话。

10月16日，开始写《历朝通俗演义》序文。许大龄送回《中国史纲要》校样，并送来《中国丛书综录》第二册。阅谢国桢《论明清笔记小说》文，为校正文字。

10月18日，与向达至国子监观"中国书店所收善本书及善本展览"。午后诣谢国桢，还其文稿，略为商榷文字。至北京医院探视陈垣，已痊愈。诣启功，谈《中国史纲要》中补写"明清绘画"一节事。

10月21日，参加民进中央秋游香山赏红叶。刘烈人自苏州来函，

---

① 惠廉，时任苏州市副市长，在高级党校学习。
② 陈慧生，时任教于中央高级党校。

分享校庆十周年活动盛况。

10月22日，接广州陈凡寄来《大公报·艺林》，并有一书，促继续写稿。发陈璧子函，附致纪庸一纸，嘱其设法为《章实斋与汪容甫》改错。下午至能仁寺，为刘乃和阅文稿，改定数处。继续改写《谈生公说法》。

10月23日，继续写《谈生公说法》文。至邓广铭家查《宋诗纪事》、《宋诗纪事补遗》。阅《水经注疏要删》。

10月24日，得司晓南函，谈至苏北慰问经过。至北京图书馆，晤冀淑英①，知《渭南文集》宋嘉定刻本存本情况，得见《大汕集》。

10月25日，改写《谈生公说法》，下午在北大历史系上课，讲书《晋书》、《魏书》。许大龄来谈工具书问题。

10月26日，入城至刘启戈家，分赠苏州带来蟹油。午饭至启功家，商《元明清绘画史》稿子，完成后归。下午至陈伯君家，携《石湖诗集》以归。诣白寿彝不值，至叶苍岑家小坐，依然住在柴家旧居②。杨巩来函，谈校庆活动情况。

10月27日，阅《广弘明集》。陈迩冬、田珏来。诣翦伯赞，谈文稿。

10月28日，邓广铭、许大龄来，商《明清绘画史稿》。陈垣27日出院，至兴化寺街谒陈垣。陈乃乾约为撰《书目答问补正》序言，允两星期交卷。

10月29日，阅《历朝通俗演义》，补充文章材料。得璧寄挂号信，附山东历史学会"孔子学术讨论会"请柬。诣王季思谈诗。

10月30日，发陈璧子家书，提议由刘桂东代往曲阜参加"孔子学术讨论会"。收到杨巩函并附诗两首。王用理自南京来函，云《中国历代演义》即将开印，前期出版为前汉、后汉、两晋、南北史、五代共五册。

10月31日，为审定刘乃和《二十四史标点》文。晚赴政协礼堂观

---

① 冀淑英，辅仁大学国文系1938级学生。时任北京图书馆助理研究员。
② 依照地理位置，白寿彝寓西单武功卫，1952—1954年柴德赓曾在此院居住，搬走后叶住入。

婺剧《三请梨花》，晤杨东莼、顾颉刚、张明养[①]、严景耀、蒋翼振、资耀华、章川岛、邵循正。

11月1日，至兴化寺街谒陈垣。

11月2日，得刘烈人、吴甦各一函及瞿芑丰复书。得许春在函，江苏人民出版社来函催稿。

11月3日，至高级党校上课，讲"编年、纪事本末、地理、杂史"等纪四体。寄顾公硕《董其昌书画代笔人考》（启功新作），附上一纸。

11月4日，致书陈晶、廉立之，告以不能出席"孔子学术讨论会"。续写《蔡东藩及其〈中国历代演义〉》文。阅《艺风老人年谱》、《艺风堂文集》，为中华书局写《书目答问补正序》。

11月5日，诣翦伯赞，至其楼上书斋闲话。江苏人民出版社来电催《蔡东藩及其〈中国历代演义〉》，答以翌日寄出。邓广铭来访，赠以《宋人集目录》。写《蔡东藩及其〈中国历代演义〉》文毕。

11月6日，至邮局寄挂号信。诣周祖谟，午至中关村饭馆小叙。下午赴兴化寺街，为老师祝寿行礼，启功、张重一同到，至南屋叙谈。阅张舜徽《清代扬州学记》。

11月7日，阅《四库简明目录标注》。谢国桢来，与郑天挺于科学院餐厅一叙。读《艺风堂文集》、《艺风藏书记》。

11月8日，发陈璧子、吴宏中、张舜徽、俞启人各一书。阅《艺风堂文漫存》。下午为北大历史系上课，讲《南北史》。陈庆华来，还《清史稿》，并代送董蔡时函及《太平军在苏州》一书稿本。

11月9日，写《书目答问补正序》。诣王重民，王建议《答问补正》末当附陈垣及柴德赓各一篇相关论文。

11月10日，诣唐长孺，约翌年至苏州讲学。改定《重印〈书目答问补正〉序》。观电影《东进序曲》。

11月12日，阅《衍石斋记事稿》。与张重一、启功至兴化寺街，为陈垣阳历生日祝寿。

---

① 张明养，时任民进中央宣传部长。

11月13日，阅《衍石斋记事稿》。萧璋来作长谈。写完《书目答问补正序》。

11月14日，许大龄来谈《顾宪成传》。誊清《书目答问补正序》。下午至北京医院探视陈垣（13日住院），讨论《章实斋与汪容甫》文。出院至陈乃乾家交《书目答问补正序》文稿。晚至魏家胡同民进市委会，听冯宾符讲古巴问题。晤陈选善、顾钧正、余之介、姚绍华、邝平章等人。

11月15日，开始阅钱大昕、王鸣盛两家书，拟写入讲课提要。陈晶来函，言"孔子学术讨论会"盛况。中华书局来人谈《民国通俗演义》事。下午诣翦伯赞，阅《放翁自书诗稿》。重阅《十七史商榷》至七十卷。

11月16日，得张舜徽武昌函。阅《宋史考异》。与刘乃和通话，悉陈垣新患呕吐，肠胃又出问题。电告周蓟章，嘱其星期日来此，囊中已尽，急待濡沫。

11月17日，阅《辽金元史考异》。发陈璧子函，老师病，盼来北京一视，以免遗憾。下午北京医院探视。至南池子翁独健夫妇寓，邀至文化餐厅吃西餐，晤冰心、徐楚波[1]、张志公[2]、董渭川[3]。张习孔来函，聘柴为中国历史丛书编辑委员。发陈璧子家书，告准备写《十七史商榷》、《廿二史考异》、《廿二史劄记》三书提要。近来经济紧张，手头拮据，与商解决办法。

11月18日，阅《知足斋集》。周蓟章来，为其补绽。江苏人民出版社寄来文稿校样，为之改定。下午至北京医院，谒陈垣于病榻。刘乃和言肿瘤可能极大，良性瘤可能极小。

11月19日，校江苏人民出版社稿，寄航空挂号信。下午与翦伯赞、启功同至北京医院，探视陈垣，见病状如故。

11月20日，阅《笥河文集》、《瓶水斋诗集》。阴法鲁[4]奉魏建功之嘱来谈，为文献专业班讲治学之方。

---

[1] 徐楚波，时任北京市一中校长。
[2] 张志公，时任人民教育出版社编审。
[3] 董渭川（1901—1968），山东邹县人。时任北京师范大学教育系教授。
[4] 阴法鲁，时任教于北京大学中文系。

11月22日，写《十七史商榷介绍》，请郑天挺过目。下午为北大历史系讲《新旧唐书》。王健群寄来《南唐书》两册。

11月23日，参加民进中常会，与章川岛、冰心、吴研因同往；民进定下月20日开五届三中全会。中间往视陈垣之病。

11月24日，往视翦伯赞，谈《中国史纲要》第一册。下午读《廿二史考异》。柴君衡来，同至体育学院宋君复宅。寄汪旭初、范崇鑫、许春在各一书。徐嗣山来函，谈历史系中近况。

11月25日，午至陈乃乾家午餐。下午往视陈垣，院方决定明日动手术。读《廿二史考异》，心绪不定。

11月26日，十二时半致电北京医院，郭护士接电话，言十一时半已出手术室，手术经过良好。阅《春融堂集》。

11月27日，陈璧子由苏州到京。得徐嗣山、董蔡时、乔传习、蔡吉祥、王丽英各一函。十时与陈璧子诣翦伯赞夫妇。

11月28日，整理《廿二史考异》资料，写初稿。与陈璧子访刘乃和，言北京医院门禁极严，老师术后体仍弱，一时不易入见。

11月29日，写《廿二史考异介绍》稿。晚翦伯赞、郑天挺、许大龄来，谈教材中当有"历史基本知识"一书，不分类分人撰写。客散与刘乃和通电话，知老师恢复情况正常。与陈璧子同诣孙楷第。

11月30日，至北京图书馆，阅谢三宾《一笑堂集》，又阅王嗣奭《密娱斋诗集》《后集》，阅徐乾学《憺园集》。晚与刘乃和通电话，知老师益愈，并云肠胃之间阻隔或系发炎，排除肿瘤因素。

12月1日，周祖谟来，谈余逊病情愈重。阅《憺园集》，写《廿二史考异介绍》稿。与刘乃和通电话，目前仍不能往视。

12月2日，晚杨人楩夫妇约郑天挺同餐，柴君衡亦至，杀鸡为黍，情实可感。与刘乃和通电话。范烟桥来函。

12月3日，读《廿二史考异》中有关律历部分。中华书局寄来"历史小丛书"54种。诣魏建功。谈缪金源家事，见渊如先生之女照片。

12月4日，上午至刘启戈家，午餐后诣启功。下午至北师大，诣董渭川、朱庆永、祁开智、何兹全、赵光贤等。汪旭初复书，健康转佳，嘱致意王季思。

12月5日，写《廿二史考异提要》。读《韩门缀学》。《经义述闻》中太岁太阴诸辨。江苏人民出版社寄来《蔡东藩及其〈中国历代演义〉》清样。下午许大龄来谈年代学中问题。

12月6日，整理《新旧五代史》讲稿。中华书局寄来《重印〈书目答问补正〉序》校样，请马汉麟[①]校阅。

12月7日，得徐家楣书，为俞启人陈述近况不佳，盼寄款支援。下午高级党校庞毓秀、叶华等来，谈下学期教学内容。

12月8日，与陈璧子诣翦伯赞夫妇，视邓珂，至周祖谟家小坐，借来姜亮夫《历代人物年里碑传综表》旧本。姜氏所校年表，误处甚多。

12月10日，检阅姜氏《历代人物年里碑传综表》。下午光明日报社章正续等来，约写关于章学诚评论。许大龄来研究工具书讲授问题，晚与王季思等打麻将四圈，久不弹此调，疲乏之至。

12月11日，与陈璧子至高级党校见在党校学习的苏州市委书记惠廉。检阅姜氏《年表》，盖知其疏。翦伯赞夫妇邀郑天挺及柴、陈二人至民族宫吃涮羊肉，许大龄、田珏、田余庆、吴荣曾等同至，基本为苏州南林饭店编书时旧人。

12月12日，阅《瓯北诗钞》，摘取有关史学思想部分。下午至国子监阅书，为江苏师院购《盐邑志林》、《沈寄簃丛书》、《励耘书屋丛刊》等书。

12月13日，读《退庵随笔》、《归田琐记》等。下午至政协礼堂参加民进中央学习。

12月14日，至北京医院探视陈垣，自上月25日起，已经20日未见老师。

12月15日，阅裘殷玉《横山文集》，殷玉为黄梨洲弟子，成进士已72岁。赠赵光贤《章实斋与汪容甫》单行本。

12月17日，中华书局寄来《重印〈书目答问补正〉序》三校稿，

[①] 马汉麟，时任南开大学中文系副教授。

为之校阅。下午与陈璧子至北京医院探视陈垣。准备北大中文系文献专业报告稿。

12月19日，为北大文献专业讲"年代学"，共三小时。刘乃和来听课，陈璧子至医院照顾陈垣老师。晚与刘乃和同诣启功，座上晤曹家琪①。

《光明日报》报道，北京大学举办各种讲座深受同学欢迎。将继续开讲的有：柴德赓的"中国古代历史纪年法"，任继愈的"中国古代的宗教"，王重民的"明清时代天主教的译书事业"，阎文儒的"中国的佛教美术"，启功的"中国古代的书法和绘画"，宿白的"唐宋时代版刻事业的发展"，向仍旦的"中国古代的婚姻制度"。②

12月20日，启功来，为校正《重印〈书目答问补正〉序》，与郑天挺、启功同至中关村食堂小吃。下午为北大历史系本学期最后一讲"宋辽金史"。

12月21日，张润瑛来，同往北大图书馆善本室，阅《艺风老人日记》、《南北史合注》、《道援堂集》、《王右仲集》等书。晚与陈璧子诣邓广铭夫妇。

12月22日，田珏送来代购《中国史稿·近代史》。高级党校来人谈高级班教学计划。下午至国子监阅书。诣谢刚主，携回《退翁年谱》。晚诣孙人和③夫妇，谈牟家旧事。致周国伟书，谈《日知录》注释、校注问题。

12月23日，诣翦伯赞，谈编"中国通史简单本"及"历史基本知识目录"，借来《放翁自书诗稿》影印本。

12月25日，阅《后汉书选》稿。下午至国子监中国书店，学校款已汇到，商开发票事。晚至华侨大厦，等候参加民进中央全会的江苏代表。

12月26日，阅《后汉书选》稿。许大龄来，邀请下学期仍在北大历史系任课。发范崇鑫、黄裳、张舜徽函，各寄《章实斋与汪容甫》抽

---

① 曹家琪，辅仁大学国文系1942级学生。时任教于河北北京师范学院中文系。
② 《光明日报》1962年12月19日。
③ 孙人和（1894—1966），江苏盐城人。时为中央文史馆馆员。

印本一份，亦附一书。复徐家楣函，告以俞启人事，暂时无力支援。

12月27日，至华侨大厦，参加民进五届三中全会，周建人致开幕词。分小组讨论。

12月28日，许大龄送来北大历史系本学期讲课费115元，与翦伯赞通电话，允南下之前审完《后汉书选》。至华侨饭店参加民进小组会。

12月29日、30日参加民进会议。阅《后汉书选》稿。

12月31日，自己总结一年主要经历：

> 一年容易，又一年矣。此一年中，写《蔡东藩》两文一万八千字；写《王嗣奭》文三千二百字；写《章实斋与汪容甫》九千字；写《重印书目答问补正叙》三千五百字；写《生公说法》三千五百字；写《苏州灵岩山爱国和尚弘储》三万字（未发表，当补充材料）；此外新写《十七史商榷》、《廿二史考异》提要一万字，较前数年，若为勤奋，然岁月易进，精力有限，及时努力，犹恐不及。自今以后，当加倍写作，以慰吾师之望。岁阑书此，有如白水！

是年抄写"工作思想汇报"一份，交师院党委会。

作七绝《渡江书所见》一首①：

> 江上波涛出不穷，片帆来往快因风。
> 手提蓬索闲望处，始信舵师掌握功。

○ 1963年 五十五岁

- 任江苏师范学院历史系教授、系主任。
- 任民进中央委员、江苏省副主任委员、苏州市主任委员。
- 任苏州市人民代表大会代表、政协常务委员，江苏省政协常

---

① 本年度，柴德赓两次过长江，作诗具体时间不详。

务委员。

- 在北京大学参加高等院校文史教材编审（7月以前）。
- 发表《试论章学诚的学术思想》、《〈资治通鉴〉及其有关的几部书》、《严绳孙手札》、《重印〈书目答问补正〉序》。
- 撰写《王鸣盛与钱大昕》[①]、《中国古代历史纪年问题》[②]、《中国历史要籍介绍》。

1月1日，九时团拜会，周建人致辞。十时与陈璧子至北京医院，向陈垣贺年。下午郑楠来华侨大厦探望。

1月2日，继续参加民进中央会议，冯宾符报告古巴见闻。阅《后汉书选》稿。

1月3日，郑天挺于帅府园全聚德宴请陈璧子。晚至政协礼堂观杜近芳《廉锦枫》、袁世海《论英雄》，晤陶叔南、范介泉、吴于廑。

1月4日，晚白寿彝设宴招待历史学界京外开会代表，有沈炼之、周春元、滕景东、张恒寿、何范全、柴德赓等七人。席间谈论史学概论、历史文选，寿彝初自伊拉克归，讲中东见闻。

1月5日，与陈璧子、陈伯君诣黎锦熙。审阅《后汉书选》稿毕。

1月6日，上午陈璧子至北京医院探视陈垣病情。午周祖谟邀至帅府园全聚德吃烤鸭。启功来，为写《墨缘》册页"题明拓张猛龙碑"。许大龄夫妇来，以试题面交，并示新撰文章，驳《历史研究》文章中一条校对史料之误。

1月7日，参加小组会。晚方管、阮沅芷[③]夫妇来视陈璧子。冯宾符、张纪元邀周煦良、巫宝三[④]、郑显通[⑤]、蒋永维、张志公、柴德赓至同和居晚餐，交换学习意见。

---

① 此为4月18日在北京师范大学讲演稿，翌年整理成文，因故未能及时发表。
② 此为6月15日在民进中央为中学教师报告会讲演稿及在北京大学的讲课稿，1979年经刘乃和整理、修订发表于江苏师范学院《中学历史》第1期。
③ 阮沅芷，原国立女子师范学院国文系学生，时为北京第二十五中学教师。
④ 巫宝三，时任中国科学院经济所研究员。
⑤ 郑显通，时任广西师范学院化学系教授。

1月8日，民进会议徐伯昕传达张致祥在人大常委会报告。方明[①]讲参加国际教师会议情况。与陈璧子至医院谒陈垣。

1月9日，参加分组小结会，冰心谈中印边境战斗情况。校改《后汉书选注》。

1月11日，发陈晶书，告以离开北京行期。至人民大会堂听彭真报告，晤范文澜、翦伯赞、尚钺、祁开智、钟敬文。

1月13日，访陈乃乾，陈出示全谢山手校《水经注》。下午至北京医院谒陈垣。

1月16日，会议全天论国内形势。晚与梁纯夫、张明养、张志公打桥牌。赵朴初来看望。

1月17日，听王绍鏊传达刘少奇接见各党派负责人谈话，会后又开小组会。范烟桥作诗数日来听报告赴宴等事，和诗一首。晚邓广铭设席四川饭店，座上有翦伯赞夫妇、郑天挺、张君秋等。

1月18日，回北大整理物品，准备南行。邓广铭带小南来，刘乃和来。发陈晶信；得邱敏、戴松林[②]来函。

1月19日，上午大会发言，下午闭幕。许大龄携批改试卷见示，四年级考试胜五年生，大体相当。

1月21日，离开北京，铁道部开专列南下，送与会人员。

1月22日，下午到苏州，五时至苏州饭店，参加苏州市春节座谈会。

1月23日，诣杨巩、王德孟。陈晶等来看望。江苏人民出版社寄来稿费200元，并寄《前汉演义》两册。

1月24日，诣李明中，徐嗣山与谈系中诸事。诣秦和鸣，其即将调任江苏教育学院。当日岁末，叹："一年容易，又是除夕，参加守岁者，今年有八人，金铎、端儿皆第一次在此过年也。"

1月25日，春节，至图书馆参加团拜。钱仲联来，谈在沪编《辞海》经过。

[①] 方明，时为民进中央委员。
[②] 邱敏、戴松林，江苏师范学院历史系毕业生。

1月26日，茅於一、马崇儒、于化琪来拜年。李公威、张梦白、赴苏州书场听评书，谢毓青、徐云志、王鹰演出，陈晶来同聆。晚沈引娟来，拟明日返昆山，资其途中用费。戴松林拟考清史所研究生，与谈准备考试方法。

1月27日，陈凡来函，言得1月20日书并《章实斋与汪容甫》文，读之"即佩且喜"；并问《文汇报》"蔡东藩文"与江苏重印本《前汉演义》序言"蔡东藩文"之别；希早日得《生公说法，顽石点头》文稿。

1月28日，至幽兰巷谢孝思家，与民进市委委员范烟桥、范崇鑫、程小青共商传达北京会议精神。携回《鸳鸯蝴蝶派研究》一册。

2月1日，汤国梨来，谈《章氏丛书全集》。陈凡来书，欲登《章实斋与汪容甫》一文，并索《汪容甫遗诗》，遂将书转寄刘乃和，并致陈垣一函。

2月5日，纪庸来还书，以新写"顾亭林论文"嘱提意见。诣钱仲联。阅《陈石遗年谱》。访汤国梨，汤示张之洞致端方书，此书为通知东吴大学洋人解聘章太炎，该信札得之嘉定一世家。

2月6日，至网师园，马崇儒、谢孝思、范烟桥为柴德赓北返饯行。钱仲联与杨学仁来访，允《渭南文集》点校年内交卷。解放军军事学院来函，要求协助搜集和编写军事史。

2月10日，回到北京，至翦伯赞寓报到。诣杨人楩，至医院谒陈垣。

2月11日，诣邓广铭，座上遇陈振，谈影印《续资治通鉴长编》事。与周蓟章、柴祖衡通电话。柴君衡来。谢国桢托向达还来《灵岩山弘储》文。

2月12日，阅《白田草堂诗》。下午诣陈乃乾，陈示《宋史全文》拟印底本；顾陈堉《害阳子无益之言》一册（抄本）。晚至启功家。寄书郑鹤声，谈陈晶拜师之事，并寄《章实斋与汪容甫》抽印本。

2月13日，北大文献专业送来讲课费20元。致姚薇元一函，并致单行本。与邓广铭同至北大校长会议室，晤翦伯赞、魏建功、周培源，听郭沫若讲"郑成功经济政策"。晚写《元史》提要。

2月14日，光明日报社章正续来访，谈有关写《文史通义》事。下午至俄文楼教室，本学期第一讲《元史》。

2月15日，历史小丛书社寄来《伍子胥》稿，请审查。阅《章氏遗书》。

2月16日，发陈璧子家书。阅《章氏遗书》。诣邓珂，知清史所研究生考题。

2月17日，阅《章氏遗书》。周国伟来函，言报考研究生被剔除，以其经济系毕业，与历史不相应为由。

2月18日，至兴化寺街，与刘乃和商榷《元西域人华化考》标点问题。午后至北京医院谒陈垣，精神大好，谈有关章实斋问题。

2月19日，阅史料，朱睦㮮《革除逸史》、钱良择《出塞纪略》、续阅实斋《章氏遗书》。报销返苏州来回旅费，得陈晶济南函。

2月20日，至文化俱乐部参加民进中央学习，吴文藻讲日本机构改革论真相。翦伯赞遣人送来《中国史纲要》中册（印本）。阅《甘泉乡人稿》及《钱警石年谱》。

2月21日，阅《养吉斋丛录》、《汉学师承记》。复南京军事学院一函，告以笼统开书目有困难，希示大纲及已得材料目录。诣翦伯赞，获见新印《杜臆》（顾廷龙序）。

2月22日，王季思自广州归，言罗季林① 相念之忱；又云陈寅恪腿骨跌伤，卧医院半年，近始返寓，仍卧床不能起。② 开始写《论文史通义》。晚与季思论诗。

2月24日，与邓广铭、郑天挺至北京市委党校参加北京史学会第二届年会③。晤金灿然、吴晗、邵循正、刘大年、翁独健、齐思和、陈乔、唐兰、胡绳武、黎澍等。大会由邓广铭报告"南宋抗金斗争几个问题"，邵循正报告"关于洋务运动中问题"，会后至四川饭店晚餐，晤王文瑞、何兹全、刘家和，邀约至北师大作学术报告。

---

① 罗浚（1896—1994），字季林，湖北武昌人。原国立女子师范学院教务长，后任中山大学师范学院文学院教授、系主任。
② 王季思和陈寅恪于中山大学同寓东南区一号楼。
③ 《光明日报》1963年3月15日。

2月25日，天津历史教学编辑部李世瑜①来约稿。杨巩来函，言刘烈人病重，并及江苏师院缺文科教员，寄望在京留意物色。

2月26日，阅《弇山堂别集》、《明史纂修考》等书。张习孔来函谓《苏州史话》已由江苏文管会蔡述传写，并寄来提纲。

2月27日，写《明史》提要。下午二时参加民进中央学习，听传达周恩来的报告，内容是开展厉行增产节约、"五反"和计划生育。

2月28日，写《明史》提要。至地学楼上课，讲《明史》。陈晶到北京后来电话，约陈晶至大同酒家，知其此来为大汶口出土材料写整理报告，与历史博物馆、考古研究所有所联系。陈携来郑鹤声一书，言："我校对弟旧作，屡议物色助手，从事整理，迄未得当。无意中得识陈晶，甚为欣幸。"②

3月1日，阅《清史稿》。与郑天挺同行至四川饭店，参加"历史小丛书"编委会会议，晤何干之、刘桂五、吴晗、金灿然、吴晓筠、李景慈、陈哲文、张恒寿、傅乐焕、何家槐③，会后摄影。晚至兴化寺街谒陈垣，十一时归。

3月2日，梁希孔④来。翦伯赞来，谈教材办公室催交稿件，拟在今年上半年基本结束。杨人楩夫妇来访。晚到体育学院，诣宋君复一家。

3月3日，阅《司马温公集》。陈晶来北大看望，罗秀英⑤同学邹祥英来看望，协助整理内务。

3月4日，陈慧生来，约3月底至4月初为高级党校高级班讲《资治通鉴》，并云已约杨向奎讲《尚书》、《左传》，唐兰讲"文字学"，白寿彝讲《史记》，张政烺⑥讲某书。开始整理《通鉴旧稿》。

3月6日，整理《通鉴旧稿》。诣翦伯赞，馈以苏州捎来油焖笋。下午至民进中央学习。晚至兴化寺街谒陈垣，共观清人信札，王鸣盛（与

---

① 李世瑜，辅仁大学人类学研究所1944级。
② 郑一钧提供。
③ 何家槐，时任教于中央高级党校。
④ 梁希孔，辅仁大学史学系1948级学生，时任教于师大女附中。
⑤ 罗秀英，陈璧子在江苏师范学院附属中学任教时的学生，时就读于北京邮电学院。
⑥ 张政烺（1912—2005），山东荣成人。时任中华书局副总编辑。

王述庵)、赵瓯北（与徐山民)、钱竹汀（家书)、章实斋（与朱苍湄)、臧镛堂手札。

3月7日，中华书局吴翊如来催《民国通俗演义稿》，开始写《通鉴提要》。统计"臣光曰"102篇，引"旧论"83篇。

3月8日，继续写《通鉴提要》。与陈直①谈学术。发王丽英函。初见束世澂《后汉书选注》印本。郑天挺送来王仲荦《通鉴介绍稿》，嘱阅。

3月9日，完成《通鉴提要》稿。下午与陈晶及其同事游中山公园、太庙。史树青来电相告，新发现郑成功玉印，即在《古玉图录》中，多年以来无人识得。

3月11日，审校《后汉书选注》，以地理方面问题为多。

3月12日，审校《后汉书选注》，写《清史稿提要》。往谒陈垣，同观《刘三姐》电视。

3月13日，写《清史稿提要》。下午至文化俱乐部学习，谈近日报载苏中两党交换信件及准备会谈事。

3月14日，下午在北大历史系讲《清史稿》，邓珂兄弟、民族学院刘凤翥（陈述之研究生）来听课。晚诣邵循正，下棋两局皆败，远远不及，兼谈培养研究生及学术风气，十时半始归寓。阅《嵩山文集》。

《光明日报》报道，2月24日至3月10日"北京师范大学邀请校内外史学工作者探讨中国古代史学史内容、分期问题，对我国史学的发展规律也进行了探索"；"前后参加座谈会的有尹达、白寿彝、刘盼遂、刘节、陈垣、何兹全、郑天挺、胡厚宣、侯外庐、柴德赓、贺昌群、熊德基、韩儒林等五十多人"。

3月15日，接吴竞函，托寻龚又村《镜墀轩自怡日记》。收王业奎函，重问北京市场两用炉子售价，江苏师院准备买一批（200只）。赖家度②、许大龄约晤面，谈治明清史问题及治学方法。马汉麟、许嘉璐③来

---

① 陈直（1901—1980)，江苏镇江人。时任西北大学历史系教授。
② 赖家度，辅仁大学史学系1941级学生。
③ 许嘉璐，时任教于北京师范大学中文系。

夜谈。与卢衍豪①谈南宋史事。

3月16日，改完《后汉书选注》第一册。午后三时，陈晶来为整理内务。复许春在函，发刘汝霖书。

3月17日，荣孟源来，谈《史通》及《孙中山集》。得杨巩函，介绍人民文学出版社副总编辑王士菁来求书法。

3月18日，改完《后汉书选注》第二册。庞毓秀电告高级党校《通鉴介绍》讲课时间。

3月19日，携陈晶同访苏秉琦，谈大汶口发掘材料鉴定问题。

3月20日，阅《后汉书选注》第三册，晚至兴化寺街谒陈垣。"历史小丛书"编委会送来审稿费15元。程小青寄来《生死关头》一书。

3月23日，为《后汉书选注》改注《吴祐传》、《袁绍传》。许大龄来，谈官制及典章制度书籍。晚与柴君衡、施于力、孙静打桥牌。

3月24日，复郑鹤声书，讨论关于《本朝真省人物考》中《郑和传》事。为王季思所作《一江风》书条。

3月25日，为《后汉书选注》注《袁绍传》毕。陈直来谈学。致书崔曙庭，寄《〈资治通鉴〉及其有关几部书》（以下简称"小册子"）。

3月26日，入城至宝禅寺诣刘启戈，小乘巷诣启功。至兴化寺街谒陈垣，刘乃和为摄师生小影。晚至前门广和楼，与郑天挺、邓广铭、陈直听张君秋、马连良、裘盛戎《秦香莲》。

3月27日，高级党校送"小册子"校样来，即为校定。校阅《后汉书选注》。写放翁草书款与历史系同学。

3月28日，为北大历史系讲《资治通鉴》，课后参观文史两系师生书法展览。

3月29日，复阅《后汉书选注》。寄苏州"小册子"。至邵循正处下围棋，向达观战。至高级党校讲《通鉴介绍》第一讲。

3月31日，审核《后汉书选注》交卷。寄王健群、柴邦衡"小册子"。

4月1日，吴泽来函，谈一年来编史学史及编写《辞海》情况。许

---

① 卢衍豪，时任中国科学院古生物所研究员。

大龄来商官制讲座稿。读《通鉴》。

4月2日，赴高级党校，讲《通鉴介绍》三小时。王季思索"小册子"，陈振携去一本，细校印本讹字有七八处。

4月3日，诣翦伯赞，谈诗。下午入城学习，晚饭后归。中宣部派人传达"五反"决定。李修生[①]、施于力索"小册子"，各赠一本。以"小册子"请郑天挺指正。杨巩来函，言收到"小册子"，认为对于学《资治通鉴》颇有帮助。

4月4日，吴泽寄来论文一束。王健群、柴邦衡各来函。发徐嗣山一函，附选举委托书一纸，"小册子"一本。寄魏得良[②]、陈晶"小册子"。以"小册子"送郑鹤声、汪伯岩。王季思索观《十七史商榷》、《廿二史考异》二提要。

4月5日，访陈乃乾家，观黄季刚点校《十三经白文》，类例淆杂，盖未成之书。下午至历史博物馆，晤史树青、陈乔，观吴宽、王鏊、陈璚、吴洪等《五同会图》，另有钱大昕、朱珪、王鸣盛、李赓云、褚廷璋、蔡之其、洪北江为蔡砥泉题《行乐图》。

4月6日，致张习孔、马崇儒、崔曙庭各一书（附"小册子"）。至高级党校，讲《通鉴介绍》第三讲。下午至北京医院视陈垣疾。晚与柴君衡至首都剧场观前线剧团演《霓虹灯下的哨兵》。

4月7日，与周蓟章、柴君衡等参加民进中央组织的八大处郊游。

4月8日，始写《试论章学诚的学术思想》（以下简称《论章学诚》）文。晚邓广铭、张芝联来访，请为前观北京京剧团《秦香莲》写一剧评。请教刘乃崇，刘言可以作诗代替戏剧评论。

4月9日，为北京京剧团作诗五首，仿《南宋杂事诗》例，每诗作注，注即剧评。以诗示郑天挺、陈直，金曰可，遂以月宫殿纸书之[③]。晚至高级党校观俞振飞、言慧珠演《奇双会》。寄陈晶书并附《前汉演义》

---

① 李修生，辅仁大学国文系1950级学生，时任教于北京师范大学中文系。
② 魏得良，时任教于浙江大学历史系。
③ 此五首诗未抄录保留，1981年马连良诞辰80周年时有书画展览，柴德赓的诗札曾展出（刘锦云当时观展告之）。

一部。以《密娱斋文集》还张芝联。

4月11日，寄范崇鑫学习资料一束。《光明日报》发表曹永年《关于战国匈奴》一文，即致曹一书，祝贺与鼓励。下午在北大历史系讲《通鉴》毕。晚邓珂来，王金铎来。北大历史系学生会来函谢支持书法展览会。

4月14日，至翦伯赞宅，谈清代学术、章学诚之弱点。至章川岛宅，与郑天挺、王季思小聚，主客四人饱餐一顿。晚至兴化寺街陈垣宅，听乒乓球赛消息，谈留京工作问题。

4月15日，陈凡来函，询问"陈垣学术论文"整理之事。

4月16日，中华书局寄来《书目答问补正》20部，并赠一部，仍约新稿。胡华来，同访翦伯赞、邵循正，与邵对弈一局。邓瑞来，以缪荃孙藏《四史朔晦表》三厚册见示。向达遣其子送来《劫火纪焚》一书。

4月17日，赠张润瑛、周祖谟《书目答问补正》各一册，另寄陈晶、王建群各一册。苏州转来曾敏之书。

4月18日，至北师大作《王鸣盛与钱大昕》学术报告三小时，反映颇佳[①]，会后白寿彝在帅府园全聚德请客，何兹全、刘乃和出席。

4月19日，整理《后汉书选注》目录、序文。章正续来催稿，写《论章学诚》稿，晚至四时睡。

4月21日，写《论章学诚》毕，得九千字。

4月22日，以文章请王季思过目。

4月23日，请郑天挺审阅《论章学诚》，略加改易。下午至启功处，请改文，又至陈垣宅，刘乃和亦提出意见。发陈璧子家书，谓集中力量写《论章学诚》：

此文酝酿时间最长，费力很大，夜车都开了三四次，有时简直写不动，等到难关解决，势如破竹，有时虽半夜三更，还是心花

---

① 据当时听课的刘家和在"柴德赓诞辰110周年纪念会"上回忆，报告于新一教室。会后白寿彝跟刘家和讲："家和，没想到柴先生这么能论。"此次演讲内容至今未忘。

怒放，得意疾书，自写《谢三宾考》以后，久矣无此笔墨矣。文仅九千字，可能要分两天登（在第二版），稿经几个同志看过，校样出来，还要仔细看，此文大有关系，不可不慎重也。

4月24日，应陈庆华之约，与向达、张蓉初同至明清档案馆，单士魁自城中来接待讲解，阅《永乐赐教经入藏诏书》。

4月25日，阅《续资治通鉴》，下午在北大历史系上课。五时归寓，邵循正、郑天挺邀至福利楼晚餐，饭后至邵宅下棋，闲话抗战时期昆明生活。

4月27日，发陈璧子家书，言周祖谟谋江南一游。香港《大公报·艺林》转载《章实斋与汪容甫》一文。致杨巩书，告周祖谟拟南下苏杭，可在江苏师院作学术报告事[①]，望校方接待。

4月29日，发陈璧子家书，光明日报社送来《论章学诚》校样，周祖谟作最后校对。田珏来，以《后汉书选》本全部交付毕。晚诣邓广铭，适许大龄在座，即共谈培养助教规格与必读参考目录；许师谦遂至，谈至十一时。作诗三首将书寄曾敏之、章佩瑜。以白沙、姑苏、羊城三地为题：

> 流离偶到白苍山，逐客南泉一日闲。
> 历历清游如昨梦，醒来未觉鬓毛斑。
>
> 寥落音书别又频，姑苏恨未一倾樽。
> 春风杨柳花千树，翘首南天忆故人。
>
> 莫道频年游兴长，海南风味几时尝。
> 殷勤为谢贤梁孟，明岁春来自促装。

[①] 后因北京大学安排研究生答辩事，未能成行。

4月30日，诣翦伯赞，以校样请正。张子高来，方自无锡归，以《墨缘》册页请其挥翰[①]。

是月，作《朗润园杂诗》三首：

> 东风绿柳遍荒原，隐隐烟波隔短垣。
> 一拱虹桥旧时影，几人还说畅春园。

> 直北风沙屡晦暝，朝来始觉远山青。
> 尚存故苑江南意，春雨楼头仔细听。

> 频闻水底笙歌起，乍见湖边柳絮飞。
> 记得家乡风定后，江天漠漠燕初归。

5月1日，上午至中山公园参加游园活动。下午至兴化寺街谒陈垣，老师示1943年柴德赓作修禊诗原稿，话旧事。晚至天安门观烟火。

5月2日，与周蓟章同至圆明园寻访古迹。

5月3日，至清华9公寓访张子高，观其新居及所藏明清名墨。诣邓广铭，校定《论章学诚》文字数处，即发稿。得杨巩来函，表示欢迎周祖谟来苏讲学。

5月4日，致陈凡书，寄诗条、《通鉴介绍》稿。得陈璧子、崔曙庭函。校改《论生公说法》文。

5月5日，诣商鸿逵[②]，谈旧事。寄陈凡《后汉演义》。至北师大参观书法、学术著作展览。诣葛信益，得赠新写《学点语法修辞》一书。

5月6日，阅《老学庵笔记》校稿，校出重要者数条。至政协听荣高棠讲27届世界乒乓球比赛情况，会后放球赛电影。谒陈垣，陈述送《契丹社会经济史稿》。

---

① 张子高后题诗三首。
② 商鸿逵（1907—1983），河北清苑人。时任北京大学历史系教授。

5月8日，《论章学诚》一文在《光明日报·史学》发表。阅毕沅《灵岩山馆诗集》。

5月9日，发杨巩一函，寄陈璧子书，谈"文法小册子"。为北大历史系上课，讲《通典》、《通考》。龚书铎、张文淳、刘家和来访，同至勺园晚餐。

5月10日，阅王惕夫《渊雅堂集》。与启功同至兴化寺街谒陈垣，陈校长赠二人赵瓯北作书所用墨各一锭。

5月11日，阅赵怀玉《亦有生斋集》。与夏承焘谈词学。晚翦伯赞、邓广铭做东，约郑天挺、陈直、柴德赓、宿白、吴荣曾等12人，席设听鹂馆。

5月13日，中华书局送来《余嘉锡论文杂著》。赵光贤遣子犟送《王应麟在考证学上的贡献》论文。晚与郑天挺、夏承焘、游国恩、季镇淮、陈直、王季思、萧涤非、劳修齐九人于福利楼叙谈。

5月14日，张润瑛为抄《论生公说法》稿。齐思和先来访。曾敏之自广州来函，言得柴诗三首"诗书可称二绝"；随信寄来和诗三首①。

5月15日，杨巩来函，谓已读《论章学诚》及《重印〈书目答问补正〉序》二文，并云收到《北京大学师资培养计划》。

5月16日，在北大历史系上课，许师谦亦来听课，讲课毕致答谢词，教学任务完成。至章川岛家，与陈伯君、郑天挺见面。诣邓广铭，赠以《书目答问补正》。诣王重民，谈出版情况。

5月19日，发陈璧子家书，谈听到诸多关于《论章学诚》的评论。

5月20日，徐嗣山来函，谈徐所专著《太平军在苏州资料》整理情况等事。收《大公报》办事处稿费69元，陈璧子寄来本月生活费50元。寄周国伟《书目答问补正》一册。阅《湖海文传》，摘录有关考据资料。

5月21日，招待所发烟（实际为定量购买），要求将香烟购买凭证关系转至北京，下月才有供应。参加教材会议，金灿然、赵守俨②参加，

---

① 曾诗收于《望云楼诗词》。另见柴念东编注：《青峰草堂往来书札》，商务印书馆2015年版，第100页。

② 赵守俨，柴德赓日记中为"绶延"，辅仁大学经济系毕业，时任中华书局编辑室主任。

谈《宋史》点句事。

5月22日，赵光贤、邵循正分别来访，送至西门。历史系四年级生26人来访，赠相册[①]、学生照片及姓名籍贯，与谈治学方法。

5月23日，尹敬坊来，以《中国历史文选》下册中宋人文三篇中问题相商。光明日报社送稿费112.8元通知。

5月25日，许大龄来商定学生考查方法，即"阅地方志一部，作读书报告，八百至一千字止"。阅《惜抱轩文集》及《姚惜抱年谱》。

5月26日，为陈伯君书"赠徐绮卿诗"。陈直即将返西安，在同和居为其饯行。曹永年寄来农民起义有关论文[②]。

5月27日，孙正刚[③]自天津来函，为整理"顾随文集"事征集顾随诗文及书信遗稿。

5月28日，阅《挈经室集》。北师大来催《王鸣盛与钱大昕》稿。邵循正以《近代文化史》部分还。寄陈璧子、陈晶各一书。

5月29日，为马汉麟阅《古代汉语通论》稿。阅《定香亭笔谈》。晚赴兴化寺街谒陈垣，老师谓："昨遇一人，辅仁历史系读书二年，认识柴先生，今在音乐方面工作，系一胖子，不知其名。"告知："此人系李德伦。"

5月30日，何双生来问治清史，与谈两小时，约两周后再来。阅焦理堂《扬州足徵录》、沈元《国史儒林传稿》、《孙渊如外集》。

6月1日，参加全国政协学习，听乔冠华[④]"刘少奇出访四国"报告。

6月2日，为夏承焘书《唐宋词选》书签。至北海公园参观书法展。至北太平庄访范文澜，谈及历史课本与国际关系。饭于赵光贤家，至何兹全家小坐。

6月3日，到北京医院看病。至兴化寺街，与陈垣、陈乃乾同至北海并照相。

---

① 相册现由苏州市档案馆收藏。
② 《试论东晋末年农民起义的变质》，后发表于《历史研究》1965年第2期。
③ 孙正刚，天津人。宋词专家。
④ 乔冠华，时任外交部部长助理、部长。

6月5日，阅《艺舟双辑》，以《墨缘》册页请夏承焘题词。

　　《洞仙歌》一阕，游龙泉白云山
　　提壶劝酒，有一翁似鹳，怪我诗情久无着。指镜中、青鬟莫负清明，人境外，无数风花开落。鸟飞不到处，掉首归来，依旧藜床阁双脚。　幽梦好于山，客问新吟，推枕起、便都忘却。但短了随身一枝藤，莫信有胸中，万千丘壑。

至文化俱乐部参加民进学习。晚诣启功，交还《栋亭图》考文字。季镇淮来求书法，并谈淮安学术源流。

6月6日，王季思、萧涤非、邓广铭、柴德赓四人做东，于听鹂馆请夏承焘，邀游国恩、季镇淮、章川岛夫妇作陪，为夏承焘赴内蒙古饯行。

6月9日，诣向达，得见宣德五年郑和所刻佛经。诣周祖谟，饭后归。中华书局寄来《张謇日记》注本第二部分。

6月10日，为余之介书箑，写"定庵九州生气"七绝。谒陈垣，谈张舜徽新出《广校雠略》。阅《定庵文集》。

6月12日，上午至北京图书馆善本室阅《华夷风土志》，阅张宸《平圃遗稿》（邓之诚抄本）。下午至民进学习，杨东莼与谈张舜徽及所著《广校雠略》。

6月13日，作书与陈晶，告以《华夷风土志》中无郑和材料。收黄旭朗函，请为学校"七一诗词特刊"作诗[①]写字。

6月15日，入城至文化俱乐部，参加民进中央为北京市中学教师作"当前中学历史教学及科研中的问题"[②]报告，三小时。

6月16日，诣翦伯赞，谈近事。张子高夫妇及子女张滂、张秋华来访。得章佩瑜、王健群函。

6月17日，人民出版社江平来访，邀写有关康熙文章，并谈及为

[①] 1963年作有《七一画廊漫题》一首。
[②] 讲稿尚存。

陈垣出文集事。发陈璧子家书,告以柴令文南行。夏承焘来辞行,将返杭州。

6月18日,得吴甦函,建议未完工作携回苏州做。得陈璧子家书,言汪旭初13日逝世。范烟桥来函附挽汪旭初书,并惠自撰七十自寿诗。

6月19日,启功来访,携来内蒙古访古四帖,观姜白石法书石刻拓本。下午参加民进中央学习。至兴化寺街,陈垣示与张舜徽往来函;启功亦至,同观陈兰甫书联——"卫蔚园中,七尺珊瑚之树;安仁县中,千株桃李之花。"

6月20日,阅吴静渊《顾亭林治学精神与历史观》,引文多有谬误,论点适立。

6月21日,阅吴静渊文。办公室召集学习会,田珏来代表翦伯赞慰问。得陈璧子家书,询下学期工作在苏还是京。

6月22日,复吴静渊函,签注意见,挂号寄去。致陈晶书,附《郑和刻藏经始末》。

6月23日,至全国政协听艾思奇"关于修正主义问题"的报告。至兴化寺街谒陈垣。

6月24日,参加"历史小丛书"会议,并议修清史问题。

6月25日,致书陈乃乾,复齐国《姜氏年表》编辑问题,并告邓广铭已允为《宋史全文》写序。

7月6日,发陈璧子家书,言决定回苏州继续完成编审工作,临行前还书,写扇头、条幅,论文暂停。

7月7日,发陈璧子家书,告行前准备,今后编审的工作在苏州完成。

是月,为程小青七十寿,和诗:

> 小青同志去年七秩征诗[①],余适北行,迟迟未有以应,今年整七十矣。晴窗命笔,勉成俚句,以博一笑:

---

① 1962年7月程小青作有《七十书怀》七律三首。

丈夫七十未称稀，笔底澜翻逸兴飞。
雁宕天都来复去，疾风惊浪是耶非。
花前鹤舞宜添寿，世上龙游已见几。
一昨与公论赫秃，奋呼直欲老拳挥。

7月15日，从北京返回苏州。

8月20日，至苏州政协听国内形势的报告。

8月22日，乔传习自郑州来函，言调河南人事局工作后情况。

9月17日，刘乃和来函，告许大龄对《中国史纲要》中《元藏》的流传存世提出疑问，并言北师大方面正在设法调柴至京工作。

9月29日，刘乃和来函，告陈垣发高烧仍在住院，并述张次溪女儿张淑晖写信至周恩来处（后有回信至北师大），告1957年《辛亥革命》编辑稿费分配不公允之事。[1]

10月1日，作诗：

中秋与国庆相接，喜赋三绝句：[2]

楼头老桂发丛花，四野歌声起晚霞。
莫道诗怀无寄处，蓦然回首忆京华。

老魅漫矜翻雨手，如来能顶半边天。
亚非拉美宾归日，月到中秋分外圆。

中妇不愁鱼肉票，小孩偏爱玻璃丝。
满街月饼敞开卖，共道今年胜旧时。

---

[1] 张次溪参加近代史资料《辛亥革命》的资料收集、整理工作，为编辑七人之一，据柴德赓书信提到，当时分张次溪稿费20%。

[2] 何荣昌、张承宗、柴邦衡主编：《百年青峰》，第43页。

10月2日，陈晶来函，言王丽英考取山东大学外文系，当姊妹相待。

10月3日，李国宪自重庆来函，久未通讯，告以近况。

10月7日，启功来函，告陈援庵师病情，并索询"俞樾寒山寺诗"碑拓事。

10月21日，至南京参加江苏省政协会议，听江渭清作报告。

致书启功，并作新诗一首：

> 十月廿一日晨起寄怀元白
> 阊阖闲云岁序更，迢迢魂梦向神京。
> 立秋影落江潭月，老友书同骨肉情。
> 八法倾心归逸少，一生低首拜康成。
> 年时踏遍西郊路，红树青山证旧盟。

10月26日，启功得柴诗札，复函：

> 大札拜读，新诗尤使人振奋！回环诵读，已三日矣。今午奉和成篇，终不能上答厪爱，下表微衷于百一也。

和诗一首，"次韵青峰吴门见怀之作"①。

10月27日，陈绍闻自上海来函，商陈伯君《双蕉草庐诗词稿》（以下简称《诗词稿》）问题。

10月28日，张习孔自北京来函，就"历史小丛书"问题交换意见。

10月29日，刘乃和来函，告陈垣校长病愈出院。

11月1日，许春在自南京来函，禀近况，并询清诗《金缕曲》中"乌头马角"之解。

11月8日，陈伯君来函，详述《诗词稿》修订意见。

---

① 柴念东：《启功致柴德赓诗札》，《中华书画家》2017年第9期。

11月13日，左纪都①自吴县来函，谈学问之事。

11月15日，陈晶来函，告工作、学习近况。中华书局来函，请审王重民《校雠通义通解》稿。②

11月23日，中华书局再来函，附王重民函。

11月30日，陈伯君来函，谈《诗词稿》整理问题。

12月18日，陈伯君来函，谈《诗词稿》印刷问题。

12月20日，陈凡来函贺年，言苏州一别，又有月余，《李秀成亲供》已经寄出，购台湾版《清史稿》一事正在办理。

12月22日，在南京参加江苏省政协会议③，听彭冲报告。

12月23日，参加江苏省政协小组会。

12月28日，作"从《思亲记咏录》一书看旧知识分子改造"发言。④

12月29日，苏州市第五届人代会结束，当选人民委员。⑤

12月30日，陈伯君来函，谈《诗词稿》印刷、印费、题签问题及家中近况。

是年，赵朴初为《墨缘》册页题新作词《菊花新》一首。

张子高为《墨缘》册页题新诗三首。

陈迩冬为《墨缘》册页题词二首。

中共师院党委鉴定：

柴德赓一九六二年以来的主要思想状况（1963年）摘录：

（一）1958年后情绪一度比较消极，去年一月去北京参加民主党派中央会议后，情绪有好转。去年甄别中，对他在1958年教改中受到批判的某些问题作了更正，政治态度向左转……

---

① 左纪都，时为苏州吴县文化干部。
② 王重民（1903—1975），河北高阳人。文献学家。时为北京图书馆馆员。（清）章学诚著，王重民通解：《校雠通义通解》，上海古籍出版社1987年版。
③ 21—28日召开省政协二届三次会议，江苏省政协网。
④ 发言稿尚存。
⑤ 《苏州工农报》1963年12月29日。

（二）1962年上半年起工作积极性较前提高了，能主动考虑系的某些工作，并到工作室办公，但是还没有切实管起来……

（三）业务上有一套治学方法，专长"中国历史要籍介绍"，对宋史较熟悉，但过去教学中自由主义严重，以专家自居，不按照教学计划、教学大纲进行教学，学生对此不满。

（四）……解放前一贯从事教育工作，在教育界和历史学界有一定地位。①

○ 1964年 五十六岁

- 任江苏师范学院历史系教授、系主任。
- 任民进中央委员、江苏省副主任委员、苏州市主任委员。
- 任苏州市人民代表大会代表、政协常务委员，江苏省政协常务委员。
- 4月由教育部借调至北京协助陈垣点校新旧《五代史》。
- 发表《严绳孙手札》、《谈〈通鉴纪事本末〉》和《〈资治通鉴〉的作者》。

1月1日，四年级学生华延芳、季发林等来问学。王业奎、台静农等来。得刘乃和函，道老师安好，始悉北师大函询《辛亥革命》编辑事，为张淑晖投书总理办公室，事涉及北师大。周国伟来为抄《清儒学案》目录。

1月2日，至望星桥北堍诣程小青，登楼赏景。陈伯君寄来《诗词稿》50元为印书稿。发陈晶、柴令文各一书。黄炳然来，以虎丘合摄见赠。

1月3日，北大历史系秦裕芳来函，并寄五年级全班贺年片。顾树森来，以《论语新释序文》委阅。至统战部，与马崇儒谈市政协会议准备工作。为《诗词稿》寻找刻版誉印社。

1月4日，为北京大学整理《年代学》讲稿。至民进谈出席省政协

---

① 见柴德赓档案资料。

及市人代会。谈读新发表毛主席诗词。

1月5日，中华书局编辑所来函，索顾亭林手札照片事，即复并寄黄晦闻注《亭林诗》。致陈伯君书，讨论《诗词稿》中问题。诣顾公硕，阅其收藏日本《永平寺大观》、《东照宫影集》等。

1月6日，得北京人民文学出版社寄来《毛主席诗词》（仿宋字线装本），开始背诵书写。改写《年代学》讲稿中历法一节。校阅中华书局《校雠通义通解》。

1月7日，顾树森来，商定《论语注解序文》。谢孝思、范崇鑫来，协商苏州市政协会议准备工作。阅《校雠通义通解》至第三册。

1月8日，至王长河头周宅，与周瘦鹃、范烟桥、顾公硕、范崇鑫讨论"思亲记事件"。校阅《校雠通义通解》至第四册、《章实斋大事记》，此册曰取丛杂无义法。钱仲联来问《陆放翁集》有"都曹"者不知是何官，待查。

1月9日，三联书店来函催清史文章，即复一书。致李国宪[①]夫妇一书。观蒋吟秋藏俞曲园札、叶德辉札。

1月13日，至文化宫晤王人三等，谢孝思作民进工作报告，茅於一传达全国人代、政协、省政协会议精神。

1月15日，全市声援巴拿马游行，政协、人代会暂停。陈凡寄来《李秀成亲供》印本。中华书局上海编辑所寄来《东南日报·金石书画》所载顾亭林五札原文。中华书局寄来小丛书《黄兴》、《唐太宗》、《诗经》、《陆游》、《广州史话》、《蚕业史话》各一册。

1月20日，至书斋[②]看书。得向仍旦[③]函，允以《年代学》讲稿可至3月交稿。取回《诗词稿》蜡纸刻板第一页样片，寄陈伯君商决。

1月21日，苏州政协第四届委员会公布委员名单，柴德赓继续为委员。[④]

[①] 李国宪，柴德赓同学，时为西南农学院教授。
[②] 7号楼书房。
[③] 向仍旦，时任教于北京大学历史系。
[④] 《新苏州报》1964年1月21日。

1月22日，参加院中系主任会议，学习贯彻《高校六十条》。

1月23日，写《校雠通义通解》评审意见。

1月24日，余行迈来，借去加藤繁《唐宋时代金银之研究》一文译本；黄文浩借去《文史参考资料》四册。周增义①在张甸中学任教，曾寄来《淝水之战》论文，复一书。以《跋严绳孙手札》一文寄陈凡。续写《校雠通义通解》评审意见。中华书局寄来审稿费20元。

1月25日，吕作燮②自南京大学来函，言春季南大拟请讲考据学课。

1月27日，抄录毛泽东诗《八连颂》。

1月29日，参加苏州市政协第四届第一次常委会，王人三主持会议。观蒋吟秋所书《淮海战役纪念碑》。

1月30日，赴沪至南京路朵云轩买毛边纸八刀，以备印刷《诗词稿》。

1月31日，访李季谷、吴泽，送以苏州土特产。返苏州。

2月3日，吴甡借去"历史小丛书"81册。

2月4日，启功来函，谈前赴成都、武汉一行见闻，询问柴《康熙南巡》③文进展，并寄来《红楼梦研究》论文。

2月7日，八时到民进，传达国内外形势。《江海学刊》社送来1964年计划征求意见。

2月8日，袁道冲来，借去《越缦堂日记》、《白华跗绛阁诗》、《邻苏老人年谱》。董蔡时来，借去《李秀成亲供》印本。

2月9日，发翦伯赞、陈垣、陈乃乾各一书，以贺年。为校工会书法展写对联，为拟一五言联："瀛海怀中国，飞腾入此年。"

2月10日，至民进参加春节座谈会。至二郎巷罗秀英家，观其家年景甚冷清。晚参加苏州市贺新年联欢，观评弹演出。

2月12日，晨陈晶弟毛天瑞来寓，周国伟来共度岁。

2月13日，春节，九时至图书馆团拜。

---

① 周增义，江苏师范学院历史系1960届学生。
② 吕作燮，任教于南京大学历史系。
③ 柴德赓计划写《康熙南巡》一文，已有提纲，后搁置，提纲尚存。

2月14日，刘烈人、茅於一、于化琪、潘慎明、陈志安等来拜年。

2月15日，诣程小青、顾荫亭及螺丝浜诸家。

2月16日，上午民进联欢会，欢送凡一、钱缨夫妇调外交部，文化界赋诗作画留念。

2月20日，写《校雠通义通解》意见。读潘次耕诗。

2月22日，复吕作燮书，允南大作报告，代转韩儒林、茅家琦。写《校雠通义通解》意见毕。

2月24日，陈直自西安寄来论文两篇。余姚梨洲文献馆长姜枝先寄来《明史待访录成书三百年纪念》。陈乃乾自北京来函，谈欲编辑比《书目答问》更实用之工具书，征求意见。

2月25日，与陈晶至苏州博物馆观明清画展。二时至民进，参加市委会学习。开始写《年代学》稿。

2月26日，得翦伯赞函，言《中国史纲要》上半年出版，诗一首：

  忆苏州寄柴德赓教授
  七里山塘接虎邱，吴门胜绩记同游。
  难忘今古同商讨，灯火南园第九楼。

写《年代学》稿。

2月27日，元宵节。参加历史系教师座谈会。写《年代学》稿。

2月28日，中华书局上海编辑所来函，言《渭南文集》校宋本已毕，付酬85元。

2月29日，与徐嗣山讨论教研组分组问题。大公报社寄来《严绳孙手札》，同时有发表李季谷、励德人各一书。以《校雠通义通解》交纪庸一阅。汤国梨来访，言《思亲记》事上海魏家桢来函，求题词，未应。

3月1日，读《资治通鉴》三卷，王健群来函，言从于省吾学钟鼎文。阅中华书局寄来以宋本《渭南文集》校汲古阁本。

3月2日，顾荫亭来谈民革领导人之间诸纠纷。发陈直书。纪庸为予复校王重民《校雠通义通解》，晚作书致中华书局。

3月4日，董蔡时、段本洛来谈论文事。阅东坡《遗山集》、《亭林诗集》。为谢孝思写册页。以《黄宗羲与灵岩山之会》一章请胡振民誊写。写《年代学》稿。

3月5日，写《干支问题》毕，又写《历法问题》。重阅《春秋大事表》、《通考》、《史记·历书》、《廿二史考异》等书。

3月6日，胡振民抄完《黄宗羲与灵岩之会》一章。改写《灵岩山弘储》文中徐枋、郭都贤一节。

3月7日，顾树森来寓谈诸事。得吴贻芳挂号信，言3月2日省委秘书长换朱焰。

3月8日，至网师园参加民进组织生活。至建新巷徐育良寓所，督促其刻写诗稿进度。改写《灵岩山弘储》文。

3月9日，与孟心平、叶伯华等人至木渎中学接洽实习事宜。得励德人函，下午寄去《书目答问补正》。下午参加院务委员会会议。

3月10日，写《年代学》第四节"历史人物生卒年月问题"。

3月11日，初打网球。修改《灵岩山弘储》文。阅溥雪斋《慈禧生活》、周纪曜《赃官徐继庄》。

3月12日，四年级作实习动员报告。参加院委会分组讨论。胡振民抄《历法问题》毕。修改"干支"一篇。

3月15日，三联书店来催《康熙南巡》文。阅《顺治东华录》。徐育良送来《诗词稿》诗稿印样。

3月17日，钱仲联来访，以《文史》中关于"梦境"为事实，谈放翁纪梦诗。

3月18日，沙英到访江苏师院，至寓中午饭，书斋盘桓畅谈。

3月19日，收到香港大公报社稿酬20元。天津历史教学社来函索稿（李世瑜手书）。

3月20日，修改《灵岩山弘储》文。文化局邀观对外宣传电影《西双版纳》、《苏州姐妹》、《珍珠塔》。

3月22日，约二年级王宏业、沈盈庭、周金祥、张超、潘增学、钱高燕[①]、刘其尧七人漫谈，勖以树大志，讲实学。至文学山房购书。

3月23日，袁道冲来辞行，送来《袁爽秋日记》摘抄24册，灯下阅《袁爽秋日记》尽七册。

3月25日，至苏州市委统战部，参加"双周"座谈会，商民主党派机关"五反"学习。继续阅《袁爽秋日记》。

3月27日、29日，刘开荣来谈邻里纠纷私事。

3月30日，阅《经世文编》、姚文燮《昌谷记》、靳辅《专差宜减疏》等，有关清初政治内容。

4月1日，顾树森来，谈其民国初年出国情况。以《年代学》讲稿请纪庸审阅。至南林饭店六楼访古楳、朱焰、章臣桓、王兴之、吕澂、陈鹤琴等人。

4月3日，与孟心平、梅国祥、周振泰赴木渎中学了解历史系学生试教情况。晤高校长等。纪庸交还《年代学》讲稿，略有补充。

4月4日，以《灵岩山弘储》文交纪庸一阅，已抄出三万二千字，尚差一结语。至网师园，参加组织生活。

4月5日，得薛炳南函，在淮阴工作不太安心。阅《刘梦得集》、《杜工部集》。

4月8日，至苏高中、附中听课。杨巩邀见，教育部来公文，借调柴德赓至北京做陈垣助手，从事国家重点工程二十四史点校工作。晚至南林饭店访吴贻芳，与谈民进省委工作。励德人寄还《书目答问补正》，书上并有长批。晚作书与柴令文、柴邦衡、柴祖衡、陈晶，皆告以北行。

4月9日，顾荫亭来，以董其昌册页见赠，不知真伪。又有残简数幅，不知作者[②]。发翦伯赞书，告北行安排。

4月11日，苏州市政协组织参观潭山硫磺厂。

4月15日，纪庸送回《灵岩山弘储》文，提出修改意见。以北行消息告教研组同人。发许大龄、张纪元、刘乃和、柴令文各一书。

[①] 钱高燕，江苏师范学院历史系1962级学生。
[②] 此批文物尚存，需要鉴定。

4月16日，晚至民进市委会，欢迎吴贻芳等到苏州考察，谈社会主义思想教育成就与体会。至潘慎明家观其高祖潘奕隽《三松老人归帆图》及当时诸名士题跋。刘乃和来函，知准备北行，又将"聚首师门，论学兴化"。

4月20日，陈晶来函，将调动工作至常州市博物馆，即先动身来常博报到，再回济南完成《大汶口考古发掘报告》。许春在自南京来函，言《韩世忠与梁红玉》一文当竭力图之，欲借《宋人轶事汇编》，以助撰写。

4月22日，顾公硕来，谈东山之行，借去《唐宋时代金银之研究》、《海底》、《扶箕之研究》、《书二二》、《书房一角》等书。钱兆隆、薛祖同来送行。下午写扇面十余个，皆毛主席诗词，以送友人及学生。晚师院民进支部及张梦白、刘桂东、董蔡时做东，为其饯行，于太监弄新聚丰菜馆。散后与胡振民至凤苑听徐琴芳、侯莉君唱《江姐》。

4月23日，为在校学生讲治学方法及教学革命精神。钱高燕等来，初知柴主任将北行。居心龙、刘永胜、沈引娟等学生来送别。得陈晶常州来电，约于常州车站相见一面。致吴甦书，附以新书扇面。

4月24日，倚装为钱高燕、李玉华写字，为华延芳[①]书陈兰甫：

大事难事看担当，临喜临怒看涵养。
顺境逆境看襟度，群行群止看识见。

4月26日，教育部借调至北京，协助陈垣点校新旧《五代史》。到京居西城东官房北师大化学系宿舍，与兴化寺街陈垣宅一箭之遥。下午至北京医院探视陈垣。

4月27日，赴教育部人事司报到，由张处长出见，介绍调动经过及工作任务。午饭于陈伯君（陈在教育部工作）家。至北京医院探视陈垣。

4月28日，发柴邦衡、柴令文、陈晶、谢孝思、刘烈人、范烟桥各

---

① 华延芳，江苏师范学院历史系1961级学生。

一书。至北京医院探视陈垣，晚尹敬坊来访，谈至十时。

4月29日，诣刘启戈。参加民进中央小组会，晤王绍鏊、杨东莼、吴研因、梁纯夫、雷洁琼、林汉达、章廷谦、张志公、陈意、吴荣等。

4月30日，学校为安装电话，分机89号（陈垣宅分机61号），当场与柴祖衡通话。下午至北师大历史系召开欢迎招待会，何兹全、王树兴、朱庆永、白寿彝、王文瑞、李秋媛、陈桂英、龚书铎、李书兰、陈继珉[1]出席。会后诣祁开智夫妇。购公交市区月票3.5元[2]。

5月1日，与罗秀英至北海、中山公园参加游园活动。晚与启功、刘乃和、刘乃桐在西单观烟火。

5月2日，至北京医院探望陈垣。范文澜在315号养病，即往视之，晤刘大年。

5月3日，赴北大燕东园诣翦伯赞。后诣邓广铭，慰其丧妻致哀，座上晤唐长孺、金克木、汪篯、阴法鲁。诣孙楷第。至专家招待所。晚至民进总部，晤冰心、郑效洵、余之介。

5月5日，与林岷[3]、张习孔通电话。郑天挺、王用新来访，郑言《后汉书选》已付印。诣陈乃乾，借回《太炎漫录》（抄本）。

5月6日，至北师大见到马建民[4]、张刚、孙伟。至金永龄[5]办公室小坐，同打乒乓。至北京医院探视陈垣，谈旧事不倦，老师言"偶与少年谈旧事，始知老子是陈人"。

5月7日，赵光贤来访。诣启功，请写《诗词稿》题签。

5月8日，中华书局傅彬然[6]、萧项平、赵守俨来访，谈新旧《五代史》点校工作。中午至菜市口美味斋，陈乃乾做东，座有王伯祥、陆高谊，餐后同至海王邨观善本书，晤向达，四人共谈。

---

[1] 陈继珉，时任教于北京师范大学历史系。
[2] 当时北京公交普通市区月票3.5元，郊区专线月票5元，郊区通用月票10元。
[3] 林岷，江苏师范学院历史系1963届毕业生，时任教于中国戏曲学院。
[4] 马建民，时任北京师范大学副校长。
[5] 金永龄，辅仁大学物理研究所1948级研究生，时任北京师范大学物理系教授。
[6] 傅彬然，时任中华书局副总经理。

5月9日，发陈璧子家书，致吴泽、陈绍闻各一书。阅《西陂类稿》、《三冈识略》。午后至民进参加学习，讨论当日《人民日报》所载有关中苏两党往来文件七篇。江苏师院历史系来函，询问是否招收研究生问题。

5月10日，下午至北京医院探视陈垣、范文澜。

5月11日，得罗季林广州函。诣林汉达，阅其收藏字画，所写演义故事。晚至铁狮子坟师大宿舍视王端，仍未亲予，但知索糖。诣孙伟，阅其字画，皆近人作品，佳者致少。诣赵光贤。作书与潘慎明、顾公硕。

5月12日，至人民大会堂，听陈毅报告。下午至医院谒陈垣。晚启功、尹敬坊来谈。得钱高燕、李玉华各一函。

5月13日，阅《西陂类稿》中筼廊偶笔及年谱竟。陈璧子寄来《亭林手札》抄稿及《农村人民公社工作条例（草案）》。

5月14日，连续第三天到人民大会堂听报告。午与刘乃和至文化餐厅，晤叶企孙①、向达、沈从文②三君。顾公硕寄来《论唐代苏州的经济地位》文稿。

5月15日，郑天挺邀至中山公园晤面，随后至鲜鱼口内便宜坊，刘乃和、启功、谢国桢夫妇同席。

5月17日，赴北京医院谒陈垣。四时半至谢国桢家，同来者前日原班人马。阅谢所藏黄宗会《缩斋文集》旧抄本。

5月18日，至陈伯君处，取来四部丛刊《南雷文集》、《渔洋精华录》、《梅村家藏集》、《牧斋有学集》、《揅经室集》等52册。三时到中山公园，听徐楚波、葛志成、董守义、严景耀报告其至霸县"四清"参观心得。

5月19日，初阅刘乃和所作《旧五代史》点校稿，自第四十九卷始，一一笺注意见。

5月20日，阅《旧五代史》点校稿。下午参加民进学习。上海学术

---

① 叶企孙，时任北京大学物理系教授。
② 沈从文，时任中国历史博物馆研究员。

月刊社来函,邀请撰写钱嘉学派文章。发陈璧子家书,寄陈伯君《诗词稿》目录。言近事,特提柴念东①户口迁京问题。

5月21日,九时与刘乃和前往北京医院接陈垣出院。诣张鸿翔夫妇。晚又至兴化寺街。灯下读《渔洋精华录》。

5月22日,阅《旧五代史》点校稿第五十八至六十五卷。

5月24日,阅《忠雅堂集》,晚期诗不如初期,气衰不可振。罗秀英来,柴君衡来,至同和居午餐。晚至民族文化宫剧场观西藏话剧团创作演出的话剧《不准出生的人》。

5月25日,阅《旧五代史》点校稿、《资治通鉴》,夹签。

5月26日,到北京整一月。发李季谷、励德人各一书。整日阅《旧五代史稿》,夹签。

5月27日,至民进中央参加学习,灯下写《诗词稿》题签,阅《雕菰楼集》。

5月28日,笺注《旧五代史》点校稿意见,尽第十册。谒陈垣,陈垣收藏有严永思书《后赤壁赋》,昔年黄晦闻先生有题诗,沈尹默、袁励准亦题词,近陈垣命启功题诗,又嘱柴德赓题跋。光明日报社送材料来,盼十日内写成《论考据》一文。

5月29日,阅《雕菰楼集》。邓广铭、许大龄来访,拟为邓夫人窦珍茹书写墓碑。谒陈垣。

5月30日,至政协礼堂听胡愈之"四清"报告,晤姚绍华、郭镛②、周修强③。吴泽自上海来函,谈近期工作情况,知柴已到北京,欲探陈援庵老《五代史》整理之新见。

5月31日,与北师大历史系师生同游戒台、潭柘两寺。徐嗣山来函,告系中情况,《太平军在苏州资料》④已经完成。

---

① 柴念东户口当时在苏州。
② 郭镛,时为北京出版社编辑。
③ 周修强,时为人民日报社编辑。
④ 徐嗣山研究专著未见出版,1981年董蔡时有《太平天国在苏州》一书出版。

6月1日，谒陈垣，谈辅仁师生往事。与刘乃和商定，柴德赓先点校《新五代史》，刘乃和仍继续点校《旧五代史》，最后由柴通阅核定。自陈宅取来彭元瑞《五代史记注》及点校组历次会议记录回寓。

6月2日，阅《新五代史·梁祖纪》。

6月3日，到中华书局商谈二十四史点校工作，晤赵守俨、傅振伦、郑天挺、刘节[①]、王仲荦[②]、卢振华[③]、王永兴[④]。谒陈垣，老师出示施愚山中鸿博时家书14通，已有杨钟羲、黄晦闻、汪兆镛、余嘉锡诸前辈题跋，嘱为缀数行于其后，遂携卷以归。同时示严永思手录《世说新语》手卷，汪龙庄致汤敦甫手札卷，汪卷有胡适、蔡元培题跋。

6月4日，写《论乾嘉考据》文。致张舜徽书，谢其馈赠《清人文集别录》。

6月5日，至文化俱乐部集合，至顺义城关人民公社参观"四清"。晚张习孔邀四川饭店小叙，刘乃和、尹敬坊同至。

6月8日，得李季谷函，谓新见日本所出《亚洲历史词典》，有记陈垣著作一条，即告刘乃和。续写《论乾嘉考据》文。下午四时，沙英、周修强来访，约为《人民日报》撰文。晚至刘启戈家、启功处稍谈即归。

6月9日，点校《新五代史》至《周本纪》。师大学报编辑部来催《王鸣盛与钱大昕》文。写《论乾嘉考据》文。收章佩瑜广州函，陈晶济南函。晚至兴化寺街观电视，云燕铭等演《革命自有后来人》。

6月10日，点校《新五代史》至第十六卷。

6月11日，陈乃乾来访，同至兴化寺街，借到《渔洋精华录训纂》、《五代会要》、《宣城县志》。下午至民进中央学习。阅《宣城县志》有《大瓠传》。从陈伯君处取《潜研堂文集》归。

6月12日，姚绍华来电话，拟送刘刊《旧五代史》一部来，供批校之用。点校《新五代史》一卷。阅《潜研堂文集》。

---

① 刘节（1901—1977），浙江温州人。时任中山大学历史系教授。
② 王仲荦（1913—1986），浙江余姚人。时任山东大学历史系教授。
③ 卢振华（1911—1979），湖北黄冈人。时任山东大学历史系教授。
④ 王永兴（1914—2008），辽宁昌图人。时任教于山西教育学院。

6月13日，周修强来电，言《人民日报》欲陆续刊登《二十四史提要》，盼柴德赓收拾旧稿。阅《潜研堂文集》。晚至陈垣宅观电视，李玉茹演《审椅子》，童芷苓演《送肥记》，言少朋、张少楼演《柜台》。

6月14日，中华书局马绪传①送来嘉业堂刊本《旧五代史》，并谈点校工作。午后与陈选善至政协礼堂，听张明养谈泰安"四清"情况。崔曙庭自武汉来函，谈华中师院"四清"情况。

6月16日，自陈垣宅借回平步青《樵隐昔寱》、《霞外攟屑》，从头披阅。下午至政协礼堂听章川岛、王宝初讲"四清"参观。

6月17日，石峻②送来《新旧唐书》、《宋史》，助点校工作。至陈垣宅，张重一来共谈。至定阜街访杨大钧。阅《霞外攟屑》竟。

6月18日，写《王鸣盛与钱大昕》稿。至政协礼堂，听雷洁琼、张纪元讲"四清"工作。

6月19日，陈璧子寄来生活费80元。继续写稿，细阅《潜研堂集》。与杨大钧访吴白匋于远东饭店，同至中山公园小坐，谈白苍山庄旧事。得侯堮③一函，言吴晗嘱其将文物队墓考释送陈垣、柴德赓阅。

6月20日，北大文献专业何仍旦来，约下月初以旧稿整理交卷。启功来，对《灵岩山弘储》文提出意见，随后同至兴化寺街谒陈垣。午与启功至同和居，二人小叙。

6月21日，吴白匋来，当场为《墨缘》册页题写诗句。午与吴白匋、金世禾④至同和居小叙，饭后至兵马司后街张君秋家做客。"历史小丛书"编委会送来《四库全书史话》及《汉光武帝》文打印本，供审定讨论用。

6月22日，致范烟桥、吴甦、陈璧子各一书。周修强来电话，促整理《二十四史提要》，待发表。阅林汉达编写《三国史话》。

6月23日，阅《三国史话》。至杨大钧宅，启功、吴白匋继至，杨

---

① 马绪传，时为二十四史点校组秘书。
② 石峻，时为北京师范大学校办秘书。
③ 侯堮，时任职于北京文物工作队。
④ 金世禾，时为常州京剧团剧作家。

大钧夫妇奏琵琶及筝，直至云破月出。

6月24日，侯堮来，以碑版释文四篇嘱审阅。

6月26日，周修强来，携去《魏书》、《周书》、《齐书》、《南北史》介绍及"小册子"。参加政协报告会，卢汉、侯仁之讲参观大庆体会，魏建功、潘光旦讲"四清"见闻。

6月27日，写《王西庄与钱竹汀》。为邓广铭夫人写墓碑。

6月28日，荣孟源来，赠浙局本《文史通义》一部。继续写《王西庄与钱竹汀》文，至晚二时，得五千余字。

6月29日，上午写完《王西庄与钱竹汀》。王文瑞来，谈1954年旧事，同至同和居午餐。阅刘汉屏[①]写《四库全书史话》稿。

6月30日，发陈璧子家书，附致灵岩山妙真一信。重写《王西庄与钱竹汀》中"王西庄思想"一节"治学方法及态度"。下午到四川饭店，"历史小丛书"讨论到会者：吴晗、郑天挺、周一良、何兹全、陈乐素、丁名南、滕净东、丁树奇及"历史小丛书"编辑，审核"历史小丛书"刘汉屏《光武帝》、《四库全书史话》。

7月1日，重写《王西庄与钱竹汀》中"钱竹汀思想"一节。柴君衡来，两个月来一次得以深谈。

7月2日，至陈乃乾处，晤潘达仁，阅《梦庵集》。午谒陈垣，谈《王西庄与钱竹汀》一文。晚至政协礼堂，观京剧《草原英雄小姐妹》。

7月3日，周修强来电话，望速为整理《资治通鉴介绍》一文发表，下午整理文稿毕，计16000余字。

7月4日，上午修改《王西庄与钱竹汀》毕，与白寿彝联系交稿，以稿送交刘乃和先阅。杨巩来函，告江苏师院需师资，代询高教部是否可协调。

7月5日，邹祥英、罗秀英来为洗涤整理，午至柳泉居午餐。晚观关肃霜、马连良《黛诺》演出。

7月6日，致刘烈人、王德孟、王叶奎书，另致陈璧子、柴令文各

---

① 刘汉屏，辅仁大学史学系1943级学生。

一书。为孙照书扇面。《王西庄与钱竹汀》文稿交师大学报编辑部付抄。至陈垣宅取来《新五代史》。

7月7日，金世禾来，言即将返常州，托《洛阳烧沟汉墓报告》带至常州，交陈晶作为"大汶口发掘报告"样本。周修强电话催稿，并嘱写《五代史介绍》。孟心平自苏州来函，谈历史系教学及运动情况。发陈璧子家书，谈到健康问题，已经引起重视：

> 像我这样一个人，也算读了几十年书，真正讲到学问比较成熟，是现在，真正能为人民多做点事，也是现在，我怎么能把自己的身体不当一回事呢！

7月8日，柴君衡及同学朱允伦来，阅北大物理系分配方案。晚至工人俱乐部，观裘盛戎、马连良、赵燕侠《杜鹃山》演出。

7月9日，阅《五代史》至第二十九卷。下午至民进中央参加学习。

7月10日，阅《五代史》至第三十二卷。晚至高级党校，访王昭铨①、惠廉。

7月11日，阅《五代史》至第三十四卷。谒陈垣。晚至民族饭店诣叶胥朝。

7月12日，得柴邦衡函，言将动身来京；致范烟桥书，附七律：

> 十载相从百尺楼，离情况复忆苏州。
> 明时共识有生乐，老子当先天下忧。
> 海外文章惊蛱蝶，江东人物肯沉浮。
> 未能接席参高论，一著同争最上头。

7月13日，周修强来催稿，取走《资治通鉴介绍》旧稿。刘乃和电话中商"南齐书、宋史校记"问题。王健群自长春来，招柴令文及王

---

① 王昭铨，时任中共江苏省委统战部副部长。

端同至北海吃肉末烧饼，乘船至北岸饮茗。晚至陈垣宅，与刘乃和商量《旧五代史校记》意见。

7月14日，王健群来，同至同和居午餐。重阅中华书局点校组所送审阅之《南齐书校记》。①

7月15日，下午与刘乃和至中华书局，参会者有翁独健、郑天挺、王仲荦、刘节、罗继祖、宋云彬、张维华、汪绍楹、卢振华、王永兴、赵守俨，萧项平主持会议，会上对《南齐书校记》提出意见。归谒陈垣，略谈而归。

7月16日，周祖谟来，欲携家南游，午至马凯记小叙，摘去墙上所贴录《真州绝句》。

7月17日，下午至陈垣宅，郑天挺、刘节、王仲荦、卢振华、张维华、罗继祖、王永新、唐长孺及陈仲安来与陈垣见面，书房叙谈，合影数张。陈垣于文化餐厅请吃西餐。得陈璧子来函，附学校交填表格。

7月19日，冯亦吾、谢国桢来，谢言北京图书馆有《诗慰》一书，中有弘储诗一卷，二人各摘去墙上新写小品。史树青来访，以《墨缘》册页交树青，请其写最后一页。陈璧子即将来京，为解决住房问题诣北师大孙总务长，言有小红楼可住，遂往一观。

7月20日，阅《新五代史》至第三十九卷。至陈垣宅，与刘乃和商陈璧子来京居住问题。史树青送回《墨缘》册页，题两绝句，即二十年前《怀人诗》。

7月21日，至红楼影院观电影《北国江南》。阅《新五代史》第五册。

7月23日，陈璧子携柴念东到北京。

7月24日，阅《新五代史》第六册，夹签。午与陈璧子至同和居，晚至陈伯君家饭。至劳动人民文化宫劳动剧场观京剧二团演《洪湖赤卫队》。

7月25日，阅《新五代史》至第五十卷。张梦白自苏州来函，谈系中教学情况及江苏师院"五反"情况。

---

① 校记尚存。

7月26日，得范烟桥来函并和诗一首。

7月27日，阅《新五代史》至第五十三卷。下午至北京医院，视翦伯赞疾，刘启戈夫妇、范文澜皆在。

7月28日，至陈垣宅量血压，左高148，低104；右高140，低104。晚与陈璧子、柴邦衡至同和居，遇北师大民进支部聚餐，晤胡梦玉、朱庆永、邵鹤亭①、包桂潜②、尹敬坊等。

7月29日，致吴泽、刘烈人、杨巩、崔曙庭各一书。得陈晶函，已收到书册。细阅罗尔纲《李秀成的缓兵之计》一文。致书崔曙庭，告调至北京协助陈垣点校新旧《五代史》情况。

7月30日，下午谒陈垣，与启功同观新出《兰亭序汇编》。陈垣不喜俞紫芝所临定武本，谓其不如汪容甫所临《圣教序》，后出示汪临本同观。六时陈垣于同和居宴请刘贡扬、张重一、启功及柴家四人。饭后与柴令文至政协礼堂观新京剧《革命自有后来人》。

8月2日，应辅仁大学第13届历史系毕业生之邀，与刘乃和至鸦儿胡同刘鼎家聚会。《谈〈通鉴纪事本末〉》发表于香港《大公报·艺林》。

8月3日，下午至民进参加学习，晤吴贻芳。《江海学刊》社寄来第九期。

8月4日，黄子京、汪丽琴来，为讲《沁园春·满江红》词。阅《新五代史·职方考》。至兴化寺街。晚至工人体育馆看八一与体院一队篮球赛。

8月6日，与陈璧子至船板胡同吴景超宅访李暨南、龚绍辛夫妇。晚与陈璧子至南池子视邝平章。程小青来函，并寄小诗《送知识青年下农村》、《小劫》二首。

8月8日，八时至民进中央集合，晤吴贻芳、冰心、章川岛、王宝初、陈选善、林汉达、毛之芬、吴荣、葛志成、陈慧，九时半乘汽车至越南大使馆，参加政协组织之抗美声援活动。为李暨南书扇面《沁园春》

---

① 邵鹤亭，时任北京师范大学教育系教授。
② 包桂潜，时任北京师范大学生物系教授。

两首。

8月9日，至琉璃厂，购巨幅册页一本。至华文阁晤魏长青，遂同至其家小坐。为龚绍熙①、宋蕴玉结婚题写"毛泽东诗词三十七首"②册页。

尾跋：

> 余于八法，幼即嗜之。临池功浅，所得未深。十余年来，卒卒鲜暇益复，笔墨荒废。今年四月自苏州重来北京，客居余暑，信手涂鸦，便觉兴趣盎然，不能自已。适龚甥绍熙与宋蕴玉同志结婚于北京，敬书毛主席诗词三十七首以为贺。主席诗词，牢笼天地，铸金戛玉，贤伉俪共宝重之。余书得附之以传，又自幸矣。

8月12日，致汤国梨书。收杨巩、王业奎、邵静波、王丽英各一函。续写册页，呈陈垣一观。为杨大钧书扇面。

8月14日，阅《新五代史》第六十一卷。与陈璧子在政协礼堂观贵阳市京剧团出演现代京剧《苗岭风雷》。

8月15日，阅《新五代史》第六十二卷。改《年代学四讲》文稿。

8月16日，改定《年代学四讲》文稿。写完册页后记。晚至陈垣宅，观电影《战上海》。

8月18日，阅《新五代史》至第六十五卷。

8月19日，陈璧子阳历生日，家庭聚会，饭后打桥牌。

8月20日，阅《新五代史》至第六十七卷。诣顾颉刚、钱宝琮等。

8月21日，兑现公债122元，以50元支援陈伯君刊印《诗词稿》。晚梁希孔来访，同至北海谈天。

8月22日，晚观宁夏京剧团《奇袭白虎团》。张习孔寄来"历史小丛书"《书的故事》修改本。

---

① 龚绍熙，陈璧子外甥，龚绍熊之弟。清华大学土木工程系研究生毕业，时任教于郑州工学院。

② 柴德赓书"毛泽东诗词三十七首"册页一函保存完好，现由苏州大学博物馆收藏。书法墨迹见何荣昌、张承宗、柴邦衡主编《百年青峰》彩页部分。

8月23日，阅《新五代史》至第六十九卷。吴宏中、王慎楼夫妇来访，约刘乃和，四人至同和居午餐。下午读书，阅《新五代史》至六十九卷。陈凡来函索文。

8月25日，柴君衡来电话，学校公布分配名单，分配至北京水利水电学院任教。阅戚本禹驳罗尔纲文。

8月26日，患病三日不看《新五代史》，随手阅《四库提要·子部·杂家类提要存目》，加以标识。

8月27日，致柴令文、柴邦衡各一书，告以柴君衡已经分配至水利水电学院，发张梦白、邵静波、陆珠琴各一书。阅《四库提要·类书类》自遣。

8月28日，携柴念东至第一实验小学，晤教导处李主任，送其至考场，晤王企贤[①]，谈旧事。念东考试成绩不佳，李主任电话中约翌日上午晤谈。一家均以无柴君衡消息为企。

8月29日，至第一实验小学，晤李主任，同意柴念东试读三年级，遂命柴祖衡即往办理入学手续。阅《四库提要·小说家类》。晚得钱高燕书，祖上果为钱谦益。

8月30日，午至恩承居饭庄，陈伯君酬劳为其张罗《诗词稿》刊印。阅《四库提要·小说家类》。

8月31日，阅《新五代史》至第七十四卷[②]。刘乃和询问《旧五代史》第二十七卷中诸问题。中华书局寄来"历史小丛书"戚本禹撰《孙承宗》一册。得李季谷手书。启功来访未得晤，留言约晚间叙谈、挥毫。

9月1日，托张润瑛至物理系41斋往视柴君衡去向，知毕业生已经离校。阅《四库提要》。诣启功，与元白作画，青峰挥毫，为陈迩冬合作一扇。

9月3日，柴祖衡来，命其再至北大寻找，结果得知柴君衡正在香山饭店，自言翌日归来。晚服利血平两片，比长日加倍。

[①] 王企贤，北平师范大学教育系毕业，时任第一实验小学校长。
[②] 《新五代史》共七十四卷。

9月4日，至陈垣宅谒师，见中华书局翻印之《李秀成自述》。晚与陈璧子至人大会堂小礼堂观河南省话剧团演《瘦马记》。

9月5日，陈乃乾来谈《文苑英华》、《宋史全文》印刷情况。柴君衡归来，与之谈话，反复比喻开导，仍不通窍。

9月8日，顾蓓蒂分至北京宣武卫生学校工作，来访，与顾至恭王府旧址游览。周修强来电话再催"通鉴编纂体例稿"，再提约稿"五代史提要"文稿。致吴甡、杨巩、刘开荣各一书。收柴邦衡、周国伟、胡振民各一函。

9月9日，与张重一同至北海观画展，至五芳斋饭。

9月10日，致张伯康、胡振民各一书。

9月11日，上午忽思作诗，即以李秀成事为题，得七绝三首：

钟山雾暗石城秋，叱咤风云一旦休。
自古男儿当死耳，谁能对敌献奇谋。

忍向妖怪称罪将，声声歌颂老中堂。
英雄气概今何在，青史无情仔细量。

司马未能识少卿，陇西何止类家声。
分明往事无穷恨，又向人前说缓兵。

致陈晶、居心龙、陈凡各一书。下午至政协听赵朴初报告访问日本见闻。得陈直函，谈于吉林讲学情况并寄考古小文一篇。

9月12日，上午与柴君衡谈话，提醒事态严重，当彻底认识，向组织检讨。

9月13日，午曹松年[①]、刘梅生夫妇约至其家便餐，话二十年前洛阳经历。江苏师院1964届毕业生陈伯涛[②]、杨炳兴、沈根荣、郭茂聪、许瑞

[①] 曹松年，时任协和医学院教授。
[②] 陈伯涛等为江苏师范学院历史系1964届毕业生。

宗来，勖以努力学习。陈伯君新作长诗《国庆》，来与商酌。

9月14日，至交道口观电影《早春二月》①，从葛志成处借得《柔石文集》，读《二月》原著。

9月15日，参加民进中央活动，赴温泉参观工读学校。

9月16日，袁家齐②来信谈回苏后状况。谒陈垣，老师示卢慎之、慎齐诗集等。晚至兴化寺街，向陈垣、刘乃和汇报柴君衡事，商组织解决方案。中华书局寄来"历史小丛书"《科举制度史话》。

9月17日，至民进中央参加座谈会，谈批判《早春二月》问题。

9月18日，到北师大，与刘淑娟③见面，希望组织出面解决柴君衡事。

9月19日，至水利水电学院，晤人事科许同志，谈学校与家庭联合对柴君衡进行教育问题。适中秋，购活鱼乙尾，螃蟹三斤。居心龙寄还5元，感慨"此生甚老实，资助学生多矣，从不思馈，真寄回者此生而已，亦见其不苟"。

9月21日，开始校《新五代史》，校定"目录及卷一"一卷。谒陈垣。晚傅任敢夫妇来，共出步月。

9月22日，校《新五代史》第二卷。胡昭静来，谈"历史小丛书"《科举制度史话》中问题。

9月23日，校《新五代史》第三卷。陈继珉来问隋代及明清秀才科问题。

9月24日，赴北大，诣翦伯赞夫妇，饭后书翦伯赞新作"纪史可法诗"单条。诣杨人楩夫妇，张蓉初即将下乡"四清"；诣许大龄，张润瑛亦将下乡；诣周祖谟夫妇。得杨玲梅④书。启功见赠新出《古代字体论稿》一册。

9月25日，校《新五代史》第四卷。午谒陈垣。下午至政协参加民

---

① 当时文艺界大批判，争相看批判电影。
② 袁家齐，时为苏州医学院第一附属医院体疗科医生。
③ 刘淑娟，时任北京师范大学干部科科长。
④ 杨玲梅，江苏师范学院历史系1960级学生，毕业后分配至北京工作。

进中央国庆座谈会，发言者有叶圣陶、吴研因、陈麟瑞、范至甫、杜仁一等五人，柴德赓会上谈近来思想斗争。晚便餐招待。

9月26日，至政协礼堂听萨空了传达彭真9月8日报告。

9月28日，与刘乃和商《旧五代史》第三十一卷诸问题。下午至辛寺胡同民进中央学习。秦和鸣来函，谈苏州近事。

9月29日，与刘乃和商《旧五代史》点校事。晚至政协礼堂，观电影《兵临城下》。

9月30日，当日生日，因近来心情不安，家中未有动作。

10月1日，参加国庆观礼，回想二十年前有《过筒子河》诗，今非昔比。

10月2日，继续校《新五代史》。柴君衡来（下午钱之定来与君衡谈）。与罗秀英至护国寺影院观电影《千万不要忘记》，感故事本极深刻，结合近来家庭近况，为之泪下。

10月4日，上午柴君衡与章诒学至区政府登记毕来告知，遂即回校。

10月5日，校《新五代史》第五、六卷，以一日精力赴之，测试工作极限①。晚陈璧子到人民大会堂观大型歌舞剧《东方红》。

10月6日，校《新五代史》第七卷。陈乃乾来，示《四库提要叙言》一稿，征求意见，感觉说得不透，别无大误。

10月7日，校《新五代史》第八卷。石峻送来贵池本《新五代史》。

10月8日，校《新五代史》第九卷。十一时谒陈垣。至政协礼堂听周培源"北京科学讨论会"报告。晚至陈垣宅观电视放映《东方红》实况。张梦白自苏州来函，谈及历史系中诸事并及柴念东就读情况。致书周国伟，谈《渭南文集》、《宋会要》校注整理事。

10月9日，校《新五代史》第十卷。为林汉达阅《三国史话》第三四两册。下午参加民进学习。张志公嘱写毛主席词，当日交卷。得陈凡来函，言将续载《通鉴作者》一文。

---

① 2014年商务印书馆召开《柴德赓点校新五代史》新书发布会，刘家和曾说："按照柴先生的水平，一天可以校二卷。"出处于此。

10月10日，校《新五代史》第十一、十二卷。谒陈垣，老师以杨廷福《玄奘西行首途年月》一文嘱看。

10月11日，于同和居家庭聚会，凡11人。

10月12日，校《新五代史》第十三卷。谒陈垣，以杨廷福文还老师。取来汲古阁本、武昌局本《五代史》。下午至民进中央学习，以《三国史话》第三四两册还林汉达。徐嗣山来函，谈历史系近来学术研讨活动。

10月13日，校《新五代史》第十四卷。谒陈垣，晤启功。为刘乃和解决《五代会要》、《新旧唐书》等问题。

10月14日，以汲古阁本、武昌本复核《新五代史》前校数卷。与陈乃乾同谒陈垣。

10月15日，校《新五代史》第十五卷。晚至人民大会堂观《东方红》。

10月16日，校《新五代史》第十六、十七卷。参加民进中央座谈赫鲁晓夫下台事。

10月17日，校《新五代史》第十八、十九卷。参加民进中央庆祝第一颗原子弹爆炸成功座谈会。

10月18日，校《新五代史》第二十卷。谒陈垣，谈近事。

10月19日，校《新五代史》第二十一卷。

10月20日，校《新五代史》第二十二卷。与陈璧子至北海后门，遵海而南，观菊花初绽，风沙正急，出南门，乘车至东安市场，饭于森隆，购沱茶归。

10月21日，校《新五代史》第二十三卷。

10月22日，校《新五代史》第二十四卷。谒陈垣，启功为陈垣藏《题汪容甫临圣教序》作尾跋一篇，老师嘱持归，亦题于后[1]。陈凡来函继续索文章。

10月23日，校《新五代史》第二十五卷。参加民进中常会扩大会

---

[1] 陈垣藏《汪中临圣教序》，启功、柴德赓、周祖谟先后题写尾跋，刘乃和代笔陈垣题记，现由首都博物馆收藏。

议，听乔冠华、杨成武报告及彭真、周恩来讲话，关于赫鲁晓夫下台、原子弹爆炸。至银行取款，寄胡振民 15 元，为渡难关。

10 月 24 日，校《新五代史》第二十五卷。与陈璧子逛西郊公园，观狮虎豹等。

10 月 25 日，校《新五代史》第二十六卷。谒陈垣，适何锡麟、姚慧明夫妇在，已着旧军装，即将参加"四清"工作，合影以留纪念。晚诣尹敬坊，取来《通鉴地理今释》三册。为"历史小丛书"审改《书的故事》毕。

10 月 26 日，校《新五代史》第二十七卷。晚诣陶麐、启功。得李国宪、韩惠卿[①]夫妇书，韩当选全国人大代表。

10 月 27 日，校《新五代史》第二十八卷。刘乃和所校《旧五代史》至第三十四卷，帮助解决疑难问题。

10 月 28 日，校《新五代史》二十九卷。至前门饭店访杨巩。

10 月 29 日，校《新五代史》二十九卷毕。与陈璧子、杨仁至李阁老胡同（今力学胡同）杨敞宅。董蔡时自苏州来函，并寄所撰《湘军文稿》，并谈历史系参加"四清"人员情况。

10 月 30 日，校《新五代史》第三十卷。与陈璧子访刘启戈。北师大第一次送来高级食用油票。

10 月 31 日，校《新五代史》第三十一卷。下午至民进中央参加思想改造学习。

11 月 2 日，以贵池本补校《新五代史》一至五卷毕。《艺林》来通知寄稿费 22 元。

11 月 3 日，校《新五代史》第三十二卷。晚民进中央约便餐，徐伯昕、张纪元、章川岛、张志公、黄国光、陈麟瑞等出席，进一步分析雷洁琼思想问题。许春在寄来《韩世忠与梁红玉》稿。

11 月 4 日，校《新五代史》第三十三卷。下午至民进学习。晚诣杨巩与孙达武[②]共谈。

---

① 韩惠卿，时任西南农学院教授。
② 孙达武，时任扬州师范学院副院长。

11月5日，校《新五代史》第三十四卷。人民日报社理论组陈大可来电，催写《通鉴编纂方法》一文。阅文物考古队送来元代四墓志拓片及释文，盼审核。

11月6日，校《新五代史》第三十五卷。

11月7日，校《新五代史》第三十六卷。下午至民进中央学习。晚诣杨巩，谈陈璧子回苏州工作安排。

11月10日，校《新五代史》第三十七卷。与陈璧子进北海后门，出前门桥头，参观菊花展。下午同往访启功，商陈垣寿辰事。

11月11日，校《新五代史》第三十八卷。下午至民进学习，谈学习方针。晚诣杨巩，谈苏州近事。整理《顾亭林与归元恭札跋》文。

11月12日，陈垣师85岁生日，至兴化寺祝寿，于前门全聚德新楼聚餐，到席寿星、柴德赓夫妇、启功夫妇、刘贡扬父女七人，费33.16元。

11月13日，校《新五代史》第三十九卷。当日为陈垣师阴历生日，刘乃和张罗在兴化寺街继续活动。

11月14日，为刘乃和查对《旧五代史》第三十六卷中问题。

11月15日，校《新五代史》第四十卷。杨巩来访，同至北海观菊花展览，阅古楼观三希堂法帖石刻。

11月18日，寄周国伟《二十史朔闰表》。参加民进学习。以校定《三国史话》交还林汉达。

11月19日，校《新五代史》第四十一卷。至前门饭店，送杨巩离京，并谈陈璧子调入江苏师院工作问题及柴君衡事。

11月20日，至兴化寺街谒陈垣。晚与陈璧子至政协礼堂观《红灯记》，晤魏建功、游国恩、吴景超。阅关于李秀成问题讨论文章。

11月21日，诣陈乃乾，观宋版《水经注》影印底本、《文苑英华》照相底本。下午至民进学习。

11月22日，袁家齐到北京参加体育教学会议，来东官房探望。

11月23日，校《新五代史》第四十二卷。启功携来郑天挺扇页，嘱写，即为书之。为吴景超写一横幅。

11月24日，校《新五代史》第四十三卷。章诒学来函。

11月25日，至四川饭店参加小丛书编委会会议，金灿然、吴晗、郑天挺、邵循正、翁独健、张恒寿、傅乐焕、吴晓玲、胡昭静到席，重新审定选题及出版计划。

11月27日，校《新五代史》第四十四卷。复章诒学函。

11月29日，校《新五代史》第四十五卷。与陈璧子诣吴景超夫妇，同往呼家楼陈伯君处贺新居，饭后打桥牌。谒陈垣，取回《顾亭林札跋》文稿。

11月30日，致陈凡书并寄《顾亭林札跋》文稿。与刘乃和商《旧五代史》第三十八卷中数事。

12月2日，校《新五代史》第四十六卷。下午到政协继续参加思想检讨会，发言者余之介、冰心、陈选善、戴克光、严景耀，杨东莼总结；严景耀但言当与雷划清思想界限。

12月3日，得苏纶纱厂秦江清来函，询问《历代通俗演义》购书事宜。启功来谈《汪容甫临圣教序》并及王汝弼事。

12月6日，即日起参加民进中央集中学习四天。

12月9日，晚归谒陈垣。以《续资治通鉴长编》二十六、二十七两册交傅彬然。

12月11日，陈璧子南归。

12月12日，校《新五代史》第四十七卷。与刘乃和商《旧五代史》点校数事。

12月13日，校《新五代史》第四十八卷。至宣武医院视顾蓓蒂疾。

12月14日，校《新五代史》第四十九卷。谒陈垣。致柴邦衡、柴君衡各一书。

12月16日，校《新五代史》第五十卷。致王丽英、陈晶各一书。谒陈垣。张习孔来谈小丛书出版计划。袁家齐来辞行。

12月17日，校《新五代史》第五十一卷。下午谒陈垣，老师出示人大新发孙中山1905年至日本时"对欢迎者演说词"，力主发奋图强，另附梁启超针对孙中山此文之论点。

12月18日，校《新五代史》第五十二卷。得陈璧子自苏州来函，人事处嘱其休息数日后于图书馆上班。

12月19日，校《新五代史》第五十三卷。赴前门饭店访参加全国政协会议之代表朱正元、吴贻芳、何馥贞、方国瑜等。

12月20日，校《新五代史》第五十四卷。

12月21日，校《新五代史》第五十五卷。发陈璧子家书附柴念东、柴立信。王哲卿来，携去《西陂类稿》。

12月22日，校《新五代史》第五十六卷。与陈伯君至民族饭店访郑晓沧[①]、夏承焘、熊十力。

12月23日，校《新五代史》第五十七卷。谒陈垣。

12月24日，校《新五代史》第五十七卷毕。陪同陈伯君至民族饭店访马一浮，适熊十力在座，忽得一巧对："马一浮，熊十力"。

12月25日，《新五代史》第五十八、五十九卷为《司天考》，不善于天文历算，素无研究，决定单留此两卷以有待后期研究。

12月26日，校《新五代史》第六十卷《职方考》。发陈璧子、柴君衡、柴邦衡各一家书。

12月27日，校《新五代史》第六十卷毕。下午陈伯君来。得陈璧子寄来"亭林手札底片"。

12月28日，校《新五代史》第六十一卷。寄陈凡挂号信，附底片。得陈晶句容函，谈参加"四清"工作。诣陈乃乾，示闵葆之撰江子屏、焦里堂、王怀祖、伯申四谱（共两册）；又《中国学会入会填履历表》一册。为郑晓沧书册页。晚谒陈垣。

12月29日，校《新五代史》第六十二卷。

12月30日，校《新五代史》第六十三卷。柴君衡来，与谈划清与章家政治关系问题，柴君衡亦谈在工地，学院副书记对其指示极有启发。

12月31日，校《新五代史》第六十三卷毕。晚在京家人于东官房咸集。得陈璧子家书，言已到图书馆工作。陈凡来函，商《顾亭林札》发表之事。

---

① 郑晓沧（1892—1979），浙江海宁人。时任浙江师范学院院长。

○ 1965年 五十七岁

• 任江苏师范学院历史系教授、系主任。
• 任民进中央委员、江苏省副主任委员、苏州市主任委员。
• 任苏州市人民代表大会代表、政协常务委员，江苏省政协常务委员。
• 发表《通鉴的编纂方法》、《跋顾亭林致归元恭札》、《王鸣盛和他的〈十七史商榷〉》、《论欧阳修的〈新五代史〉》。
• 继续在北京参加二十四史点校工作，协助陈垣点校新旧《五代史》。

1月1日，携两孙至陈垣家贺年，晤陈乐素一家，启功来寓小坐。得中华书局送来刘节所作《旧唐书校记》第八卷一册，逐条为之检阅原书，分析事理，计共111条，校对至70条。

1月2日，继续校刘节《旧唐书校记》。邓珂、祁彰云[①]来访。许大龄、张润瑛来，谈北大近事。刘乃和来，商中华书局开会事。中华书局上海编辑所来函，言《晚清文选》已收到，《渭南文集》可复校。

1月3日，谒陈垣，晤刘汝霖。取百衲本《旧唐书》、《旧唐书校勘记》，核对《旧唐书校记》。王哲卿送来百衲本《新旧五代史》，又《啸亭杂录》（宣统元年排印本）。发陈璧子家书，得罗秀英郑州函。午至民族饭店晤周瘦鹃，与叶胥朝长谈。

1月4日，整理刘节《旧唐书校记》第八卷问题。寄陈晶剪报。

1月5日，连日劳累，至新街口浴室沐浴时及回家路上连续心绞痛二次，夜服安乐神两片。

1月6日，陈垣命郭医生来诊治。与刘乃和讨论刘节《旧唐书校记》。

1月7日，至中华书局开《旧唐书》点校审核会议。

1月8日，谒陈垣，与老师、刘乃和谈昨日之会情况，陈垣要求《五代史》点校不能出现此种状况。至李阁老胡同杨宅。至武功卫诣白寿彝。

---

① 祁彰云，祁开智之子，时为北京大学物理系学生。

1月9日，校《新五代史》第六十四卷，发现问题较多。谒陈垣。

1月10日，校《新五代史》第六十四卷毕。邵循正来访，邀至南河沿文化俱乐部，晤杨人楩、向达。午饭后与邵下围棋三局，受四子皆负。《跋顾亭林〈归元恭札〉墨迹》在香港《大公报·艺林》发表（顾亭林札由顾鹤逸[①]藏）。第三个嫡孙（柴君衡与章诒学之子）出生于北京，其外祖父章伯钧赐名"新青"。

1月11日，校《新五代史》第六十五卷，此卷错字特多，较之费力，然亦兴趣盎然。张重一来，同谒陈垣。

1月12日，校《新五代史》第六十六卷。至护国寺影院观电影《冰上姐妹》。

1月14日，校《新五代史》第六十七卷。

1月15日，校《新五代史》第六十八卷。得陈晶自江宁汤山来函。晚至北师大宿舍视王端。

1月16日，终日校《新五代史》第六十八卷，时作间歇。

1月17日，校《新五代史》第六十九卷。谒陈垣，见《大公报·艺林》已刊稿。1月17日，为陈垣于庋藏《汪容甫临圣教序》作尾跋。刘乃和代笔陈垣云：

昔柴、启、周、余人称"陈门四翰林"，今柴、启、周三人皆有题词，独阙余，盖余逊让之也。

柴德赓跋文结语：

甲辰之秋，余在京师，援庵夫子命缀名于此卷之后，久之不敢着笔。岁序初更，彤云作雪，忽然有感，走笔书此，未知能卜夫子一笑否？

1月18日，校《新五代史》第六十九卷毕。

[①] 顾鹤逸，顾文彬嫡孙，过云楼传人。

1月19日，校《新五代史》第七十卷。至陈垣宅，携回吴光耀《五代史纂误续补》。俞启人来函，仍需月助10或5元。

1月21日，校《新五代史》第七十一卷。

1月23日，校《新五代史》第七十二卷。至民进学习，晤顾颉刚。

1月25日，校《新五代史》第七十三卷。柴祖衡与公安局政治处王同志来，王代表公安局来看望并致慰问。下午到民进中央，徐伯昕传达徐冰在各民主党派中常会上报告。晚谒陈垣。

1月26日，校《新五代史》第七十四卷① 毕。晨至新街口浴室等门开洗澡。

1月27日，到阜外医院体检。罗浚自广州来函，告近年情况，准备退休。

1月28日，谒陈垣，与陈垣谈一时许归。接崔曙庭函，言华中师院教授升级情况。寄柴小湘10元过年并发一书问候。

1月29日，邹祥英来，协助清理书籍。谒陈垣。应张纪元之约至二道栅栏（今大院胡同），啜茗谈心。收到陈璧子寄挂号信，江苏师院人事处要求填《干部履历表》，历史系要年终总结。

1月30日，上午入市准备节日年货，购肉、鱼等。闻王端患麻疹。中晚大风，对门风激门摇，碎瓦有声，感居住环境甚差。

1月31日，《通鉴的编纂方法》在香港《大公报·艺林》发表。

2月1日，除夕。中午与柴令文、罗秀英、邹祥英共吃饺子。晚至陈垣宅，门庭清寂，看馈无异平时，联想数十年来，每除岁在京时都要进此门辞岁。

2月2日，春节。晨至陈垣宅拜年，晤陈乐素夫妇、陈仲益及儿孙。刘乃崇夫妇、启功、葛信益来拜年。

2月4日，连得柴邦衡、周国伟函，知苏州家中过年情景。闻陈垣

---

① 《新五代史》共七十四卷，除《司天考》二卷之外点校结束。柴德赓点校本用书老同文本《钦定五代史》在"文革"后找到，由柴念东整理释文，2014年由商务印书馆影印出版。"校勘记"未曾发现。

因心脏振动不止，入北京医院。至李阁老胡同杨宅拜年，晤程登科[①]，借回黄秋岳《花随人圣庵摭忆》一书。

2月7日，第一实验小学余老师、吴老师来家访。至北京医院探视陈垣。

2月9日，参加政协组织支持越南、反对美帝游行活动，至越南驻北京大使馆声援，喊口号。

2月11日，至医院往视陈垣。阅《江苏省政协第三届委员名单及履历》。

2月12日，与柴邦衡及同事至北京体育馆观第28届乒乓球选拔赛。

2月15日，至宝禅寺（今宝产胡同）刘启戈家，谈北大历史系新闻，取来《一士类稿》，随手抄撮。赵光贤来，谈北师大历史系运动状态。

2月16日，至第一实验小学为两孙交学费，遂至琉璃厂，晤张谷若[②]，谈字画收藏。

2月17日，整理旧稿、刊本，剪报。

2月19日，访陈乃乾，陈嘱为《清代笔记丛书》撰序文。第一集为汪师韩《谈书录》，汪中《旧学蓄疑》，沈涛《交翠轩笔记》、《铜熨斗斋随笔》、《柴辟亭读书记》，李详《愧生丛录》，邵晋涵《南江札记》，又沈涛《瑟榭丛谈》，已影印待序发行，诺之。晚至北师大诣祁开智夫妇、杜平夫妇。

2月20日，晚吴白匋来，谈金陵近况。王金铎、柴祖衡相继来，共打桥牌。与刘乃和谈近事，其《旧五代史》已点校至七十余卷。

2月22日，陈垣出院，往谒。下午诣孙人和夫妇。晚诣启功，同谈诗词格律。

2月23日，《人民日报》理论宣传组来电话约撰《五代史介绍》。

2月24日，接范烟桥函，得知纪庸石湖自沉，甚为震惊。与刘乃和谈人民日报社约写《五代史介绍》事，刘不以为然。杨巩来函，谈近传

[①] 程登科，杨敞女婿，体育教育家，当时刚获释。
[②] 张谷若，时任北京大学西语系教授。

抄毛泽东词《念奴娇·鸟儿问答》问题。

2月26日，赴中华书局，诣傅彬然，与赵守俨、萧项平谈《新五代史校勘记》义例。晤郑天挺、唐长孺、卢振华、傅乐焕、刘节、罗继祖、王仲荦、张维华，同饭。自中华书局借来徐炯《补五代史考》。晚与陈伯君、吴景超夫妇同至东来顺涮羊肉，五人共费 8.36 元。

2月27日，致书陈璧子，并寄两次报销票 5 元余。自陈垣宅借来《南汉书》。蔡端如、刘贡扬二丈来访，刘晤蔡不晤。得陈晶自句容来函。

2月28日，刘乃和找出 1948 年所书字四条，为陈垣、沈尹默、启功和刘乃和七言绝句临本，前去一观。吴白匋借去《清代笔记丛书》、《清代扬州学记》。

3月1日，为刘乃和校定《旧五代史》第七十八卷疑问。苏纶纱厂秦江清第三次来函问益。

3月3日，致赵朴初书，问《旧五代史》晋高祖时期"赐僧腊"一事。致范烟桥书，抄录赵朴初、夏承焘、王季思为《墨缘》册页题诗。

3月4日，作《新五代史》第一卷校记毕。柴君衡、章诒学携小孩来，始见及。

3月5日，为《清代笔记丛书》写序，送往陈乃乾家中。阅刘乃和《旧五代史》第七十九卷点句。

3月6日，至恩成居，与吴白匋、启功三人小叙。吴言曾昭燏跳灵谷寺塔之事。诣鲁锦秀①，与同至大土地庙胡同寻访缪金源旧居。

3月7日，作《新五代史》校记。

3月8日，作《新五代史》校记。至第一实验小学为两孙交学费。至陈垣宅，为刘乃和校阅《旧五代史》点句至第八十卷。

3月9日，作《新五代史》校记至第五卷。至四川饭店参加杨敞米寿宴。

3月10日，作《新五代史》校记。至民进中央学习，冰心传达3月5日周扬召集党外文艺界人士座谈会上讲话，涉及文化部整风。晚至陈

---

① 鲁锦秀，协和医院幼儿园老师。

垣宅，与老师谈近事，又为刘乃和校正《旧五代史》点句。为《中国建设》杂志写封面边款。发陈璧子家书，言最近正写《新五代史》校记，需用《五代史记纂误》、《新唐书纠谬》等书，盼寄。

3月11日，作《新五代史》校记第六卷，第六卷凡24条，为以前诸卷之冠。晚诣尹敬坊、陈迩冬。

3月12日，作《新五代史》校记至第八卷。赴北大诣魏建功，谈筹写"缪金源先生传略"。

3月13日，作《新五代史》校记。下午至民进中央学习。

3月14日，到景山东前街6号许广平宅开民进小组会，到者冰心、吴文藻、严景耀、毛之芬等人。

3月15日，至陈垣宅，为刘乃和校正《旧五代史》第八十一、八十二两卷点句。老师示陈鹏年手书潇湘七律三十首。沙英、陈大可、胡鉴美[①]来访，谈撰写关于《新五代史》文章。

3月16日，作《新五代史》校记至第十一卷。谒陈垣，求问《洞庭秋泛》诗作者为何人。至北京医院视翦伯赞疾。

3月17日，作《新五代史》校记第十二卷。下午至民进学习。晚至政协礼堂观内蒙古话剧团演《包钢人》，晤吴景超、邵循正、向达等。

3月18日，作《新五代史》校记第十三卷。谒陈垣。光明日报社金成基来索文稿。陈乃乾来，嘱校定《清代笔记丛书序文》。

3月19日，为陈乃乾校阅《清代笔记丛书序文》[②]。

3月20日，作《新五代史》校记第十四卷。

3月21日，作《新五代史》校记第十五卷。至商业部宿舍，诣李鹤皋，遂至前门全聚德。阅邓之诚《群书题跋》。

3月22日，作《新五代史》校记至第十七卷。至陈垣宅，老师已考出陈鹏年所书《洞庭秋泛》出处。

3月23日，作《新五代史》校记第十八、十九卷。协助刘乃和校正

---

① 胡鉴美，时为人民日报社编辑。
② 《清人考订笔记》1965年由中华书局影印出版，序文署名"中华书局影印组"。

《旧五代史》句读,尽两卷。为陈垣录陈鹏年所书《洞庭秋泛》诗。

3月24日,作《新五代史》校记第二十、二十一卷。下午至民进中央学习。

3月25日,作《新五代史》校记第二十二卷。晚访启功,以陈鹏年所书字不易辨,与启功研究誊清。

3月26日,作《新五代史》校记至第二十四卷。谒陈垣,交卷郭氏诗抄。

3月27日,作《新五代史》校记第二十五卷。吴白匋来谈其家史[①]。

3月28日,作《新五代史》校记第二十六卷。昨晚陈垣又住北京医院。金永龄、张延祐来访,晚至政协礼堂观《赤道战鼓》,晤翁独健、顾颉刚、陈选善、林岷等。

3月29日,作《新五代史》校记第二十七卷。下午至医院探视陈垣。

填江苏师院员工登记表。社会关系栏填:陈垣、刘乃和、张子高、魏建功、陈伯君、陈绍闻、朱守范、徐慧娟、启功、黄渔仙、吴贻芳、吴白匋、范烟桥、台静农、李季谷、张重一、俞启人。

关于直系亲属及亲密社会关系中……右派分子?与本人关系如何?是否摘去帽子?填写:

次子柴邦衡在清华大学读书时,1958年春划为右派,1959年秋摘了帽子,1961年春毕业,分配在长春市吉林工业大学农机系当助教。

对党组织还有哪些需要说明的问题?填写:

我的第三个媳妇章诒学是北京大学物理系1964年暑假和我儿子君衡同时毕业的,他们因同学而恋爱,我和陈璧子一直反对,主要原因,由于章的父亲是大右派章伯钧。但他们终于结婚还有子了。

---

① 吴白匋为扬州世家。

我们和章伯钧夫妇一直拒绝见面，不承认这一门亲事。对于柴君衡和章诒学不断斗争和教育，要他们和右派划清思想界限，站稳立场。杨巩院长来京开会时，我向他当面汇报过。此外，凡是我家有往来的人极少和他们谈过。

3月31日，作《新五代史》校记至第二十九卷。为刘乃和校正《旧五代史》点句。填写干部表两份，下午寄出，并发陈璧子家书。

4月1日，作《新五代史》校记至第三十一卷。寄陈晶3月份《光明日报》剪报。至医院视陈垣疾。

4月2日，作《新五代史》校记第三十二、三十三两卷。为徐树人写墓碑，为李颢、张纪元写条幅。

4月3日，作《新五代史》校记第三十四卷。到民进学习，徐楚波传达彭真报告。人民日报社来催《论新五代史》稿。

4月4日，光明日报社章正续、金成基来索《王西庄与钱竹汀》旧稿。

4月6日，与陈乃乾会于北海，同观三希堂法帖刻石，晚至同春园饭。到政协礼堂观话剧《代代红》。

4月7日，人民日报社胡鉴美来催稿。下午至辛寺胡同参加民进中央关于国际形势讨论会。

4月8日，清理旧稿《王鸣盛与钱大昕》、《论唐代苏州的经济地位》、《灵岩山弘储》，"王钱稿"拟分两篇应《光明日报》之需，"苏州经济"拟付《人民日报》。下午三时至政协礼堂听平杰三报告，晤魏建功、周廷儒、葛信益。晚谒陈垣。发柴邦衡、邹祥英各一书。

4月9日，写《论新五代史》文。下午金成基来催稿。

4月11日，为光明日报社改《王鸣盛与钱大昕》文，拟分为两篇，先写定《王鸣盛》一篇。

4月12日，写《王鸣盛》文。晚至民进参加研究小组会，到者梁纯夫、张纪元、徐楚波、陈麟瑞、张志公。

4月13日，续写《王鸣盛》文，分为三节。晚至政协礼堂观山西剧《一颗红心》、《彩礼》。

4月14日，金成基来取走《王鸣盛》文稿。至辛寺胡同参加民进中央小组会。

4月15日，写《论新五代史》文，收陈璧子寄来包裹，每人都有礼物。为王丽英购到《英汉常用词汇字典》，即付邮并发一书。

4月16日，写《论新五代史》文。独自至护国寺影院观电影《士兵的经历》。

4月17日，谒陈垣，量血压。至民进中央学习。

4月18日，至许广平宅，参加民进中央小组会。赵朴初为解释"赐僧腊"。

4月19日，至陈垣宅，刘乃和对柴德赓写《论新五代史》文有不同意见。

4月20日，以《论新五代史》文、《王鸣盛》文两稿送陈垣宅，请刘乃和过目。中华书局送来唐长孺拟《周书目录》。晚至人民剧场观河北话剧团演《战洪图》。

4月21日，与顾颉刚、王伯祥至大同酒家晚餐。至陈垣宅，取两稿，刘乃和于《论新五代史》文有褒语，对《王鸣盛》文则有贬。

4月22日，人民日报社来取《论新五代史》文。

4月23日，参加民进组织春游颐和园，与吴文藻、冰心、梁纯夫打桥牌。

4月24日，修改及校定《王鸣盛》文。独自于北海品茗观书。下午参加民进小组会。

4月27日，得范烟桥函，寄来香港《文汇报》上副刊发表王季思《茶酒论》。再次修改《王鸣盛》文。发陈璧子家书，谓准备完成《新五代史》校记后回苏州。

4月28日，下午至民进。晚至陈乃乾家，陈言《旧唐书》中华书局拟请陈仲益点句。得陈璧子来函，言24日已至黄家还款[①]。

4月30日，作《新五代史》校记至第三十九卷。至陈垣宅，以《王

---

① 1961年柴德赓曾向黄炳然借款300元。

鸣盛文》送审，金成基来取稿。

5月1日，与顾蓓蒂参加北海及文化宫游园活动。到陈垣宅，以文稿底子交刘乃和，似不屑视者，即归。晚与顾蓓蒂、鲁锦秀至同和居饭，同观烟火。

5月2日，作《新五代史》校记第三十九卷毕。柴邦衡寄来20元，以助家用。

5月3日，与顾蓓蒂、柴祖衡至香山枫林村访赵朴初，以《生公说法》及《灵岩山弘储》两文交阅。

5月4日，作《新五代史》校记至第四十卷。与启功、刘乃和共饭于玉华台午餐。发陈璧子家书，谈来京一年工作体会：

> 昨天得你来信，我思想也更明确了，我不是一定要来北京，我对苏州有感情，除非组织决定要我来京，我本人不要求。……

5月5日，作《新五代史》校记第四十一卷。发秦和鸣、李明中各一书，发顾蓓蒂一书。

5月6日，作《新五代史》校记第四十二卷。谒陈垣。中华书局来函要求寄回"历史小丛书"《汉字史话》。下午到中山公园看牡丹。至孙人和宅，陈乃乾亦来共话。胡鉴美来函，寄来《论欧阳修的〈新五代史〉》清样，并望增批判欧阳修尊王思想的内容。

5月12日，发陈璧子家书，谈《论欧阳修的〈新五代史〉》已见校样，戒烟四月有余，暑期拟回苏州修整。

5月13日，作《新五代史》校记第四十三卷。上午张纪元来视疾。张习孔、尹敬坊来。

5月14日，作《新五代史》校记第四十三卷毕。与彭先矗同至东四剧场，看电影《霓虹灯下的哨兵》，值《人民日报》发号外，得知第二个原子弹上空爆炸成功，自12日支持多米尼加反美斗争，天安门游行示威已连续两日。

5月15日，作《新五代史》校记第四十四卷。下午至民进中央参加合组讨论。人民日报社送来第二次校稿，即请刘乃和校对。

5月16日，至许广平家过组织生活。杨东莼参加，赵朴初因病未到。

5月17日，请刘乃和校《论欧阳修的〈新五代史〉》稿未成，值荣孟源来，为其细阅两文。得陈璧子家书，言学校盛传将返苏州，使其进退两难，中怀殊恶。

5月18日，作《新五代史》校记第四十五卷。光明日报社、人民日报社分别来取稿。发刘仁成一书。下午至陈宅。至陈宅携南监本《新五代史》二十四册归。

5月19日，《王鸣盛和他的〈十七史商榷〉》一文在《光明日报·史学》发表。发陈璧子家书，告以文章当日刊载于《光明日报》，并购五份寄上。

5月20日，作《新五代史》校记第四十六卷。至陈伯君家，赠其装牙费20元。谒陈垣。

5月21日，到北京图书馆查阅刘校《五代史札记》。诣赵万里，观善本室《五代史志疑》。晚至陈乃乾宅，陈谓王仲荦校《齐书·官志》左右仆射条，有"右仆射次经维是黄案"一段，无法标点，陈与宋云彬、王伯祥二君同研究，亦无法断句。当场予以解决，此段有脱字，以其案头取《通典》一查，则《通典》所引两作"次经之"，多一"之"字，则语意甚明。

5月25日，作《新五代史》校记第四十八、四十九两卷。上午应陈乃乾、王伯祥约至北海揽翠轩，同至丰泽园午餐，陈乃乾做东。刘启戈来电约与翦伯赞夫妇中山公园来今雨轩会面，晚至曲园。

5月26日，作《新五代史》校记第五十卷。上午为陈伯君写《支持越南诗》条。下午至民进中央学习，散会与张志公打乒乓球20分钟。

5月27日，作《新五代史》校记第五十一卷。晚谒陈垣。得柴邦衡书，谈其鉴定内容。

5月28日，作《新五代史》校记第五十二卷。下午诣张重一，谒陈垣。

5月29日，作《新五代史》校记第五十三卷。至太平庄祝王端生日。

5月30日，作《新五代史》校记第五十四卷。得许春在函。

5月31日，作《新苏代史》校记第五十五、五十六两卷。看电影《攻克柏林》。

6月1日，至陈垣宅谒师。访陈乃乾宅，适张静庐①在座，同至恩成居。午后至文化俱乐部，听冯宾符传达周恩来30日国际形势报告。晚与刘乃和至交道口影院看《林家铺子》。

6月2日，作《新五代史》校记第五十七卷。杨巩来函，告已去函与高教部，商《新五代史》工作结束返苏，一些工作可以带至苏州续做。

6月3日，作《新五代史》校记第六十一卷，其《司天考》、《职方考》俟后再作校记。

6月4日，作《新五代史》校记第六十一卷毕。当日端午，刘乃和送粽子、糯米来。谒陈垣。午至陈乃乾家吃粽子，王伯祥在座。

6月5日，作《新五代史》校记第六十二卷。下午至民进中央学习。

6月6日，作《新五代史》校记第六十二卷毕。至陈乃乾家晤钱宝琮，请教《司天考》问题。下午至北师大，晤何兹全、祁开智，饭于王金铎家。

6月7日，作《新五代史》校记第六十三卷。至陈垣宅，以暑假欲返苏州休息相告。

6月8日，作《新五代史》校记第六十三卷毕。与王伯祥、钱宝琮、陈乃乾来今雨轩小聚，随至前门全聚德。

6月9日，全天在民进学习。得陈晶自句容来书，言参加劳动插秧已习惯。

6月10日，作《新五代史》校记第六十四卷。上午至阜外医院看病拿药。

6月11日，作《新五代史》校记第六十五卷。与张重一至中国人民大学访赵锡禹②，话旧下棋。诣李雅书。

6月12日，作《新五代史》校记第六十六卷。晚与顾蓓蒂至政协礼

---

① 张静庐，时任中华书局编审。
② 赵锡禹，时任中国人民大学经济系教授。

堂观苏联电影《伟大的转折》。

6月13日，作《新五代史》校记第六十六卷毕。陈伯君、吴白匋来，吴书赵朴初《哭三尼》全文于扇头，又以"咏梅"为题作画。

6月14日，作《新五代史》校记第六十七卷。

6月15日，作《新五代史》校记第六十八卷，以南监本补前校记，两日共补12卷。购16日古巴与体院队足球比赛票三张，以两张送程小青夫妇。光明日报社送来稿费通知。吴甡来函，盼回苏工作一段时间。中华书局二十四史组定18日开会，送来刘节《旧唐书》校记一卷。晚阅刘节校记，以大刘校本对核。

6月17日，阅刘节校记。与刘乃和至六部口观电影《不夜城》。

6月18日，与刘乃和赴中华书局，到会者郑天挺、冯家升、翁独健、唐长孺、张维华、卢南乔、汪绍楹、罗继祖、傅乐焕，萧项平主持会议。讨论刘节校记存在问题，最后萧作结论，大致同意各方意见，刘亦自愿返广州，《旧唐书》点校另起炉灶。

6月19日，以南监本复校《新五代史》，补前所缺诸卷。

6月21日，校南监本。至陈乃乾家，观唐长孺写《地理表》。

6月22日，至中山公园，与王伯祥、顾颉刚、陈乃乾、钱宝琮、严幼芝、陆鉴颐啜茗，向钱宝琮请益《司天考》校勘问题，午饭于湖北餐厅。

6月23日，作《新五代史》校记第六十八卷毕。

6月24日，作《新五代史》校记第六十九、七十两卷。

6月25日，作《新五代史》校记第七十一、七十二两卷。晚至新街口影院观电影《女跳水队员》。

6月26日，作《新五代史》校记第七十三、七十四两卷。下午至民进中央学习。傍晚谒陈垣。

6月27日，刘乃和来，言已与刘淑娟见面，与教育部谈过，争取让柴留下来继续工作。赖家度、陈桂英、许大龄、张润瑛至陈垣宅，七人合影于励耘书屋。

6月28日，点校《新五代史·职方考》。至民进参加小组研究会。

6月29日，点校《新五代史·司天考》。到中山公园，与陈乃乾夫妇、谢国桢晤面，来今雨轩便餐。接刘烈人函，谈学校近况。

6月30日，作《新五代史·司天考》校记毕。曹永年自呼和浩特来，即将赴呼兰浩特，午饭后去。下午至民进中央学习。

7月1日，作《新五代史·职方考》校记。

7月2日，校《新五代史·职方考》。《论欧阳修的〈新五代史〉》在《人民日报》发表。

7月3日，作《新五代史·职方考》校记。至辛寺胡同民进中央参加小组讨论会。

7月4日，谒陈垣，还南监本《新五代史》。晚作《新五代史·职方考》校记毕。校记初稿127页，凡1032条，自叹："一年辛苦，粗有收获，可告组织，亦堪自慰。"

7月5日，以《新五代史》校记、刘校《新五代史》及《五代史记》校本（五洲同文本）送陈垣宅留存，并通知刘乃和南归时间。晚至民进中央商翌日发言稿。

7月7日，至民进中央学习，谈对"人和武器问题"认识和体会。

7月8日，至谢国桢寓，与王伯祥、陈乃乾同观其藏画、藏书。

7月11日，夜离开北京，至苏州度暑假，柴念东、柴立随行。

8月7日，刘乃和来函答复前询问《全宋文·虞稣〈论书表〉》一事。并为王金铎升任北师大体育系副系主任事道喜。

8月27日，许春在自南京来函，谈近来工作及家庭事。

8月28日，刘乃和来函，言已见翦伯赞，谈调动至北京工作事，附陈垣亲笔："以一日如三秋计算，别已一百廿年，甚想念为何，如也。援附。"

是月，为陈绍闻写扇头，录胡乔木《菩萨蛮·登山越水》词。为周国伟写扇头，录龚自珍《己亥杂诗》诗句。

9月24日，夜出发北上，李明中、徐嗣山来送行。至常州，陈晶来车站相会。至宿县，柴令文来会。

9月26日，到北京，刘乃和、柴祖衡、王金铎、鲁锦秀接站，乘车至东官房，晚在陈垣宅饭。

9月27日，北师大通知西煤厂腾出房间可住，即往视。陈璧子暂住陈伯君寓。

9月28日，上午至李阁老胡同杨家，得知杨敞已于8月9日过世，泪不能忍。下午诣陈乃乾，闻张宗祥亦作古。晚谒陈垣。

9月29日，至辛寺胡同民进中央参加学习，讨论长期备战问题。晚与王金铎至政协礼堂观兰州部队演出《少球》。

9月30日，当日生日，阳历与阴历合为一日，儿辈设席于湖北餐厅。

10月1日，参加国庆观礼，散后至陈乃乾家。孙功炎来访，其1957年后下放山西稷山县。晚至小拐棒胡同房东李家。

10月2日，午在马巽伯寓小集，陈伯君、郑天挺、章川岛夫妇、陆宗达、赵元方咸往。

10月3日，与启功、柴君衡至恩成居午餐，饭后与启功诣刘贡扬。与启功谈《兰亭序》问题，不苟同启26日发表《兰亭帖考》一文，尽弃旧说，而学郭沫若舌。

10月4日，与陈乃乾、刘乃和陪陈垣游中山公园。

10月5日，与陈伯君、林觉辰、郑石君聚会。晚至杨大钧家。

10月6日、7日，参加民进中央学习。

10月8日，到四川饭店，参加"历史小丛书"《冼夫人》、《洪仁玕》两稿审核；吴晗主持，陈乐素、何兹全、金灿然、关锋、马少波、翁独健、丁名楠、任继愈、翦伯赞和柴德赓出席。

10月9日，发马崇儒、黄旭朗、黄炳然、邵一枫、李明中、陈绍闻各一书，告以明日搬家西煤厂宿舍。下午参加民进中央学习。

10月10日，从东官房宿舍迁居至西煤厂，正式门牌为大翔凤胡同25号。西煤厂为北师大教工宿舍，熟人居多，胡志彬夫妇、尹敬坊夫妇来。

10月12日，至陈垣宅，与刘乃和商定点校《旧五代史》进一步计划，以第七十四卷为界，分头点校。

10月15日，连日校定《旧五代史》标点，夹签注。观电影《革命赞歌》。

10月16日，至陈垣宅，与刘乃和商定点句等问题，尽四卷。

10月18日，发黄松、陈秀平、王丽英、周国伟、袁家齐各一书。访刘启戈。

10月19日，至陈垣宅，为刘乃和校定《五代史·礼乐志》句读。苏州汇款到银行。杨增慧[①]来谈。俞敏[②]来探望。

10月20日，参加民进中央"双周"座谈会。

10月21日，至陈垣宅，老师考定王杰致汤金钊无款两札，嘱为抄定[③]；陈垣书七律《为女民兵题照》条幅赠陈璧子，《采桑子·重阳》条幅[④]赠柴青峰。鲁锦秀来书，言本月底将结婚，婚礼地点设在协和小礼堂。

10月22日，民进中央举行活动，至午门参观农村阶级斗争展览。晚至西单峨嵋酒家，任仲德请客，翦伯赞、刘启戈夫妇同席。

10月23日，至陈垣宅，与刘乃和研究《旧五代史》点句，尽两册十卷。下午至民进中央学习。得陈晶函。至辛寺胡同参加民进中央小组会，讨论董必武讲话及国际形势。

10月25日，至陈垣宅，与刘乃和研究《旧五代史》点校工作。

10月26日，至陈垣宅，校《旧五代史·礼志》、《旧五代史·乐志》。

10月27日，下午至民进中央学习。

10月28日，访陈乃乾，与张静庐、王伯祥谈古籍点校问题。[⑤]

10月30日，与杨东莼同访陈凡。

是月，《学术月刊》来公函征稿。

[①] 杨增慧，时任教于中国音乐学院。西煤厂邻居。

[②] 俞敏，时任北京师范大学中文系教授。同寓西煤厂。

[③] 这篇文章后收入陈智超编《中国社会科学院学者文选：陈垣集》（中国社会科学出版社2000年版），题作《两封无名字无年月的信》，并有编者按语，云："这是作者最后一篇论文。1965年10月21日改定后送《文史》，因'文化大革命'爆发，杂志停刊而未能发表。现据原稿第八稿（定稿）录出。"作为陈垣史学的重要继承人之一，柴德赓为老师抄写其生平最后一篇论文，亦是一种缘分。

[④] 条幅现由苏州大学博物馆收藏，赠陈璧子条幅尚存。

[⑤] 陈乃乾著，虞坤林整理：《陈乃乾日记》，中华书局2018年版，第362页。

11月15日，许国樑自苏州来函，谈其妻子摔伤及院中好友近况。

11月17日，至辛寺胡同参加民进中央学习，座谈《驳苏共新领导的所谓联合行动》。

11月22日，访陈乃乾，谈古籍点校问题。①

11月24日，至辛寺胡同参加民进中央学习，讨论23日参观焦庄户观感。

12月10日，参加全国政协考察，参观北京维尼纶厂（顺义）。访陈乃乾。②

12月13日，参加全国政协考察，参观北京电子管厂（酒仙桥）。

12月14日，参加全国政协考察，参观北京毛织厂半工半读学校（清河）。

12月16日，访陈乃乾，谈古籍点校问题。

12月21日，杨巩来函，谈江苏师院中运动情况及批判《海瑞罢官》的讨论。

12月22日，至辛寺胡同，参加民进中央讨论国际形势问题。

12月23日，苏州政协第五届委员名单公布，继续当选为常务委员。③

12月24日，代陈垣参加黄炎培公祭。④ 访陈乃乾，谈古籍点校问题。⑤

12月30日，参加民进中央座谈会。

是年，撰写"我参加民进中央学习的一些体会"，向民进苏州市委会汇报。

---

① 陈乃乾著，虞坤林整理：《陈乃乾日记》，第364页。
② 陈乃乾著，虞坤林整理：《陈乃乾日记》，第366页。
③ 《苏州工农报》1965年12月23日。
④ 刘乃和：《陈垣年谱》，第238页。
⑤ 陈乃乾著，虞坤林整理：《陈乃乾日记》，第367页。

卷八

1966年—1970年

此期间经历:"文化大革命"。

○ 1966 年 五十八岁

• 6 月前任江苏师范学院历史系教授、系主任；6 月后成为"反动学术权威"，被免职。

• 6 月前任民进中央委员、江苏省副主任委员、苏州市主任委员；6 月民进组织瘫痪，去职。

• 6 月前任江苏省政协常务委员、苏州市人民代表、政协常务委员；6 月后去职。

• 6 月 14 日前在北京协助陈垣点校《旧五代史》。

1 月 1 日，元旦，王文瑞、刘乃和、史树青来访，约参观中国历史博物馆。

1 月 2 日，上午张文淳、杜平、龚书铎来访。谒陈垣。张重一来访，谈评价《海瑞罢官》问题。赴陈乃乾寓并同晚饭，[①] 同座有宋云彬[②]、孙助廉。杨巩来函，告《海瑞罢官》讨论事及江苏师院近况。

1 月 3 日，至兴化寺谒陈垣，与刘乃和谈《旧五代史》第十五、十六册[③] 标点问题。

1 月 4 日—6 日，参加全国政协参观汇报会。

1 月 7 日，校阅《旧五代史》第十七册。诣陈迩冬，谈方管昔年因"胡风事件"受批判旧事。

1 月 8 日，上午至陈垣宅，与刘乃和商《旧五代史》第十六册标点问题。

荣孟源来访，送《收租院》展览票。下午参加民进中央小组会。[④]

1 月 9 日，读《光明日报》"评《海瑞罢官》"文章。

[①] 海宁市档案局（馆）整理：《宋云彬日记》，中华书局 2016 年版，第 948 页。

[②] 宋云彬（1897—1979），浙江海宁人。学者、散文家。1952 年任浙江省文联主席，浙江省图书馆馆长。时为中华书局编辑，负责二十四史点校工作。

[③] 武英殿本《旧五代史》共二十四册。

[④] 张廷银、刘应梅整理：《王伯祥日记·1966》。

1月10日，上午至陈垣宅，校阅《旧五代史》第十七册。晚至民进中央参加中央委员时事座谈会。徐嗣山来函，告历史系教师参加"四清"运动情况。

1月11日，上午至陈垣宅，与刘乃和研究《旧五代史》标点问题。参加民进中央委员座谈会，谈1965年学习总结。

1月12日，参加民进中央小组会。

1月13日，至陈垣宅，与刘乃和研究《旧五代史》第十七册中标点问题。下午访陈乃乾，谈古籍点校问题。[1] 下午至北京师大历史系晤何兹全、赵光贤、李雅书、朱庆永等人。

1月15日，参加民进中央小组会学习。

1月16日，徐嗣山来函，告历史系情况。

1月17日，参加民进中央小组会，听"四清"运动考察报告。

1月18日，至陈垣宅，与刘乃和研究《旧五代史》第十八册标点问题。得徐嗣山函。

1月19日，至阜外医院体检，血压140/90。

1月20日，除夕。北京师大校办来人慰问。得罗浚广州函。致书陈绍闻，谈对"评《海瑞罢官》"的看法。晚至人民大会堂参加新春联欢会。

1月21日，春节。至兴化寺给陈垣拜年，携史树青装裱陈垣所书立轴以示。

1月22日，何兹全、汪丽琴、杨钊等来访。与吴景超、周蓟章约至陈伯君家聚会。下午至新侨饭店参加民进中央团拜座谈会。

1月23日，宋君复来访。钱宝琮、钱克仁来访。陈迩冬、陈伯君、张重一等来访。吴甡来函，问候京中起居。

1月24日，至体育学院宋君复家贺节。访范文澜，范谈旧事及"评《海瑞罢官》"问题。

1月27日，访陈乃乾，谈古籍点校问题。[2]

---

[1] 陈乃乾著，虞坤林整理：《陈乃乾日记》，第370页。
[2] 陈乃乾著，虞坤林整理：《陈乃乾日记》，第371页。

2月9日，王世华自上海来函，谈"批判郭沫若《蔡文姬》"问题，并附批判稿。

2月14日，与陈乃乾北海啜茗，谈古籍点校问题①，晚饭于东安市场起士林。

2月18日，与陈乃乾、陆高谊②在中山公园来今雨轩茗饮。③

3月1日，访陈乃乾，谈古籍点校问题。

3月3日，王世华自上海来函，收到寄去对文稿的意见，将改定。访陈乃乾④。

3月11日，访陈乃乾，谈古籍点校问题。⑤

3月17日，至兴化寺陈宅，中华书局赵守俨来了解新旧《五代史》点校进度。⑥

3月23日，至辛安里民进中央参加小组会议，讨论苏共二十三大问题。

4月9日，至辛安里民进中央参加学习座谈会。

4月27日，至全国政协听国际形势报告。

4月30日，参加民进中央会议，听张明养"关于国际形势"的报告。晚访陈乃乾，谈古籍点校问题。⑦

5月11日，王世华自上海来函，言因形势发展过快，决定"批判郭沫若《蔡文姬》"文章因运动形势变化而不发了，不过经过一次实际锻炼。

至辛安里民进中央参加小组会。

5月16日，至辛安里民进中央参加组织生活，讨论"文化大革命"形势。

5月18日，至辛安里民进中央参加座谈会，批判"三家村"。

---

① 陈乃乾著，虞坤林整理：《陈乃乾日记》，第373页。
② 陆高谊（1899—1984），绍兴人。教育家、出版家。
③ 陈乃乾著，虞坤林整理：《陈乃乾日记》，第373页。
④ 陈乃乾著，虞坤林整理：《陈乃乾日记》，第374页。
⑤ 陈乃乾著，虞坤林整理：《陈乃乾日记》，第375页。
⑥ 刘乃和：《陈垣年谱》，第238页。
⑦ 陈乃乾著，虞坤林整理：《陈乃乾日记》，第380页。

5月20日，与陈乃乾、王伯祥于中山公园叙话。①

5月25、28日，至辛安里民进中央参加学习，批判"三家村"。

5月30日，江苏师院历史系发电报至北京师大，因柴德赓是此次"文化大革命"运动的重点对象，要求柴回校参加运动，陈垣校长无奈同意。②准备结束《旧五代史》点校工作，资料、书籍交刘乃和保存，将回苏州参加"文化大革命"运动。

6月1日，《人民日报》发表社论《横扫一切牛鬼蛇神》，"文化大革命"全面展开。抄录社论。

6月3日，下午访陈乃乾，陈仲益同坐。③

《人民日报》发表社论《夺回资产阶级霸占的史学阵地》，把"文化大革命"的一个矛头对象指向史学家，"颇感此次运动不同"。

6月6日，访陈乃乾，谈古籍点校问题。④

6月8日，至辛安里民进中央参加学习，讨论"文化大革命"形势。

6月10日，写"批判翦伯赞"文章，寄人民日报社，7月7日退稿。⑤

6月13日，至兴化寺向陈垣辞行。

6月14日，与陈璧子离开北京回苏州。柴邦衡与顾蓓蒂于长春结婚。

6月15日，到达苏州，下火车后乘人力车至凤凰街时被江苏师院历史系"革命师生"揪下，戴上"反动学术权威"高帽子开始游街，为苏州市"文化大革命"中第一个被游斗者。⑥当时杨巩派陈克潜、陆忠娥夫妇暗中保护，送陈璧子于望星桥南堍回家。⑦此时抄家开始，所有书稿、日记、笔记、有批注的古籍大部分已经被"工作组"抄走，作为"证据"。

据余履德《现代著名历史学家柴德赓》：

---

① 陈乃乾著，虞坤林整理：《陈乃乾日记》，第380页。
② 刘乃和：《陈垣年谱》，第239页。
③ 陈乃乾著，虞坤林整理：《陈乃乾日记》，第363页。
④ 陈乃乾著，虞坤林整理：《陈乃乾日记》，第363页。
⑤ 退稿尚存。
⑥ 张圻福：《苏州大学校史》，江苏人民出版社1992年版，第86页。
⑦ 据陈克潜2018年9月9日在民进苏大委员会召开柴德赓诞辰110周年纪念会上回忆。

1966年，"文化大革命"开始。德赓于6月14日由北京回苏州江苏师范学院参加运动，其妻陈璧子同志同行。那时，还以为那是一次与以往相同的政治运动，决定行期后，就写信给历史系总支书记告诉他回苏日期。没想到车到苏州，一出站就看到师院一些人骑着自行车在火车站门口张望。德赓夫妇乘上三轮车，他们尾随在后。车到凤凰街口，那些人就要德赓下车，接着就有一大批人围上。他们给德赓戴上高帽子游行到院内。德赓是江苏师院第一个挨批斗的。陈璧子同志乘机从后门回家，一进门就看到住所内楼上楼下、窗户内外、门外都贴满标语，什么"三家村黑帮"、"反党、反社会主义分子"，等等。[1]

6月18日，开始隔离审查交代，上交关于翦伯赞、吴晗的材料[2]，内容为：1. 我和翦伯赞的关系，及信三封；2. 挖出翦伯赞反共的老底（文稿）；3. 我和吴晗的关系；4. 前《人民日报》有关人员[3]的材料。

6月20日，听刘烈人关于"文化大革命"运动开展的报告。

6月21日，看揭发、批判柴德赓的大字报，并记录准备检查用。

6月22日，看大字报并抄录。问题集中在邓拓来苏州，与右派分子荣孟源关系，胡华来苏州，在《新苏州报》散布右派言论等问题。

6月23日，参加学习，写交代材料。

6月25日，参加学习。

6月27日，上午参加全院会。上交材料。下午参加历史系讨论，规定有问题的人也可以贴大字报。

6月28日，上午讨论工作组的报告，下午工作组殷组长找谈话。

6月29日，上午听殷组长讲话。

6月30日，看大字报，记笔记。

---

[1] 何荣昌、张承宗、柴邦衡主编：《百年青峰》，第19页。
[2] 该材料原稿尚存，有一张"工作组"收条尚存。
[3] 指邓拓等人。

7月1日，交工作组检查及以前讲稿接受审查。

7月2日，整理揭发大字报。

7月4日，摘抄大字报。

7月5日，参加讨论《十六条》①，看大字报。听殷组长的报告。

7月7日，听殷组长的报告，进一步"三个横扫"。

7月11日，看批判电影《逆风千里》。

7月12日，参加工作组组织会议，自我检查。

7月14日，参加批判吴天石大会。写自我检查交代问题，罪状19条。

7月15日，写"揭发批判杨巩"的大字报。

7月16日，参加学习毛泽东思想交流会。抄录《毛主席语录》。

12月29日，心脏不适，至苏州医学院第一附属医院看病②。

是年初，为配合批判吴晗《海瑞罢官》，写"康熙时代清官的内幕"③。

○ 1967年 五十九岁

- **在"文化大革命"运动中遭到迫害。**

3月26日，长孙女出生（柴邦衡与顾蓓蒂之女），起名"明"（后改名为"佳艺"）。

5月8日，学习政策，斗批组④要求交代和吴甡关系，负责楼梯及走廊打扫。

5月17日，写检查材料与《我和翦伯赞》。

5月19日，写交代材料，关于新旧《五代史》点校工作。

5月20日，上交《旧五代史》卷七十五至卷八十五校勘记稿。⑤

5月22日，吴甡专案小组来人交写以前谈过有关吴甡材料的问题，

---

① 即《中共中央关于无产阶级文化大革命的决定》。
② 病历卡尚存，现由苏州大学博物馆收藏。
③ 手稿尚存。
④ 当时运动的领导班子。
⑤ 校勘记稿后由中华书局转至华东师范大学。

要求补充写。

5月23日，专案小组找谈话，对上次交代检查不满意，认为避重就轻，要重新交代。柴邦衡病重送往医院。

5月24日，交有关吴甡的质证材料。柴新青发高烧。

5月25日，柴邦衡病重，请假至医院。柴立亦发高烧，至医院探望。

5月26日，至医院视柴邦衡疾。

5月27日，请假，要求缓交检查材料。至医院知柴邦衡确诊肝炎、胸膜炎继患伤寒。

5月28日，柴立继续高烧，急送儿童医院，云是伤寒。一家多病，病势危急，整夕不寐，今夕烦燥。

5月29日，专案小组找谈话，要求写受刘烈人、杨巩、吴甡包庇的大字报，规定6月1日交。中午及晚至医院看柴邦衡病状。

5月31日，写交代材料。晚视柴邦衡疾。

6月1日，交去交代材料一份。梅国祥[①]要求继续交代与刘烈人在南京的活动情况。晚视柴邦衡病。

6月2日，上午接受批斗，刘烈人、杨巩、吴甡包庇罪行。致柴君衡、柴祖衡各一书，告两个孩子均得重病。

6月3日，历史系内斗争会。晚视柴邦衡病。

6月4日，上午批判会。晚至医院视柴邦衡疾，黄炳然遣二女黄燕至医院探视。

6月5日，打扫卫生责任区。晚视柴邦衡。

6月6日，至医院，柴邦衡透视，肺部已逐渐正常。

6月9日，晚通知12日至陆墓支农劳动。

6月10日，写家书至柴祖衡、柴令文。交检查材料。

6月11日，接柴邦衡出院。

6月12日，午出发乘轮船至陆墓。

6月13日—17日，每日劳动八小时半，参加脱粒。

---

① 梅国祥，时任中共江苏师范学院历史系总支部副书记。

6月18日，晨专案小组找谈话，宣布被监督劳动，脱粒。早晚非劳动时间写检查。

6月20日，晨专案小组找谈话，重点交代反"三面红旗"问题。晚召开批判会，接受批斗。

6月21日，全天晒麦劳动。写家书致陈璧子。

> 我身体尚好，劳动尽力之所及，虽然累些，吃得下，睡得着。平生未过集体劳动生活，这次是受教育，也是受锻炼，此关一过，今后无论在生活上、思想上都会起些变化。

6月22日，下午到公社发信，接受批判斗争，四时止。

6月23日，上午晒麦，下午打麦。

6月24日，下午返回苏州。

6月29日，十时专案小组找谈话，要求继续交代北京一段时间活动及两次斗争会后补充交代。

6月29日，物理系批斗许国樑问题，揪去陪斗。

6月30日，下午递交北京活动交代材料。

7月4日，继续写交代材料。

7月6日，写与苏州市委统战部关系的交代材料。

7月7日，交材料。斗批组梅国祥找谈话，交代1930、1935年在北京与地下党的关系。

7月10日，代陈璧子交梁明的材料。将检查交代材料，并抄成大字报张贴。

7月11日，八时半斗争会。下午继续抄成大字报。

7月12日，写检查，重点端正态度，傍晚交。

7月13日，上午专案小组谈话。下午至医院。

7月14日，上午批斗会，破坏教育革命，为右派翻案等问题。下午继续写检查。

7月15日，上午交昨日会上检查。

7月17日，交上次斗争会检查。

7月18日—19日，参加刮墙劳动。

7月20日，斗争刘烈人、杨巩、徐嗣山会，批斗柴德赓1957年漏网右派问题。

7月21日，上午交代与民进中央的联系，交1962年笔记本，交与秦和鸣关系的书面材料。

7月24日，上午交1962年、1964年笔记两本①。苏州武斗升级，大部分师生撤离，学校不允许柴德赓离开学校。

9月8日，写历史问题检查交代材料。

9月23日，写完检查，上交。

10月19日，继续交代民进江苏省筹委会问题。交检查，又命写补充检查。

10月24日，交补充检查。

10月25日，江苏省造反派来人了解情况。

10月27日，交省造反派材料一份，涉及吴贻芳、民进江苏省筹委会等问题。

11月1日，南京来人，调查翦伯赞到苏州，在武汉和苏州活动等问题。

11月27日，离开"学习班"，回历史系学习。

11月29日，历史系专案小组找谈，要求写执行修正主义教育路线材料，限2日交。

12月4日，北京九三学社来人，要求继续写梁明的材料，限定5日交。

12月19日，交补充教育路线检查。

12月21日，下午专案小组谈话，要求把19日检查用大字报写出，张贴示众。

12月22日，写检查，抄成大字报张贴，一旁为斗争柴德赓海报。

---

① 在柴德赓的遗物中没有见到1962年、1964年的笔记和日记本。

12月23日，斗争会，毒害青年的问题。

12月27日，交检查，晚斗批组谈话。

12月28日，写检查大字报贴出，吴奈夫要求写有关教育革命问题的检查。

12月29日，上午劳动。

12月30日，下午复写检查毕，交出。

是年，苏州成为"文化大革命"中武斗重灾区，至夏季"踢派""支派"互相厮杀，将姑苏古城划片占据。时江苏师院人员撤出校区，唯"被群众专政"对象"黑八类"不得离校。当时与柴邦衡留守家中，常有荷枪而入者。罗秀奇[①]经常冒枪林弹雨送菜至螺丝浜8号。

据柴邦衡《浮沉散记——过山车式的经历》记：

> 苏州的派性也闹得很厉害，分踢派（"造反派"）和支派（"保守派"）。在苏州，甚至到处可见"打倒迟浩田"、"油炸向孝书"之类的大横幅。形势越来越紧张。当时小侄新青尚年幼，我们就决定先送母亲和小侄去上海避一避。因为父亲被造反派勒令不得外出，只能老老实实在家听候批斗。余就留在苏州陪着父亲。在那些日子里，与父亲每天除了对弈围棋之外，就是谈论"文革"及历史。

柴在江苏师院是批斗的重点，苏州建筑工程学校在批斗周国伟时，将柴拉去陪斗。[②]

○ 1968年 六十岁

- **在"文化大革命"运动中继续遭到迫害。**

1月1日，写大字报（即检查稿）。

[①] 罗秀奇，农民罗和尚之子。
[②] 据周国伟2012年10月27日于南京大学阴阳营宿舍口述。

1月2日，下午贴检查稿（在历史系），交两份抄送检查。

1月3日，下午斗批组谈话，涉及翦伯赞问题及污蔑"老三篇"，家里来人谈什么？购买统购物资。同时找陈璧子谈话，要求揭发柴德赓的罪行。

1月4日，交检查及所抢购统购物资，上缴棉被、烟13支、肥皂10块及购物卡两个。

1月5日，上午为抢购统购物资事向群众公开检查。下午在学校大门口批斗会，全校主要"反动分子"参加。[1]

1月6日，历史系斗批组交任务，至星期一交教育革命检查。见大字报有揭发两次[2] 加入国民党与特务郑国士任第一区分部委员。写检查提纲，要求坏分子、反革命分子、黑帮分子在写交代检查时不许引用马恩列斯和毛主席的语录，不要推论。检查内容：散布让史料来说话，为海瑞翻案，反对学习"老三篇"，替李秀成翻案。1958年以来怎样抵制教育革命，怎样反攻倒算，怎样用反动世界观统治系科的。

1月8日，交教育革命斗争会后的检查，后抄成大字报。下午九三学社来一周姓人了解梁明材料，约明日至家再谈。夜抄大字报。誊清上次给九三学社的外调材料。

1月9日，九三学社来人至家，上午与陈璧子同谈，规定材料写法，至下午三时写成，两人签名，共同负责，后交梅国祥，并交大字报。

1月11日，到反到底纵队[3]，与其他"靠边人员"[4]打扫大礼堂、小礼堂一天。

1月12日，通知搬家，腾退后由造反派入住。至校房产科办手续。

---

[1] 当时亲属三人从北京至苏州探亲，了解武斗后安全情况，柴念东亦同前往。元旦苏州供应煤球及毛巾等物资，当时由于居住在螺丝浜8号宿舍几家住户不在苏州，逃出避武斗，将购买票证给柴家（当时家里来人），柴德赓深夜排队（柴念东亦同往），购得三份。第二天全院召开批斗大会，柴德赓被挂上煤球，侮辱性地在校内游街。潘慎明游街时挂着一个皮箱子，撕去上盖，装着所购统购物资，毛巾、灯泡等物。

[2] 注：实际只有1928年一次。

[3] "文化大革命"中历史系造反派组织。

[4] 靠边人员："文化大革命"中受到审查、隔离人员。

下午在家整理书籍。

1月13日，搬家，斗批组宣布新的劳动改造规定，除劳动不可请假外，每月支生活费20元。①

1月14日，继续搬家②，因房间仅有十余平方米，书籍过多，将"二十四史"等书籍搬至周国伟处。

1月15日，交思想汇报。

1月16日，与斗批组王某谈，陈述目前困难，申请增许生活费，未准。

1月17日，汇报鸳鸯蝴蝶派的材料。

1月19日，交与周瘦鹃、程小青、范烟桥活动的材料一份。

1月20日，下午至医院看病，血压高建议休息一周。

1月21日，随历史系到洞庭公社东方大队一小队接受再教育。

1月28日，至医院看病。

2月5日，至医院看病，血压160/110，医生开证明休息一周。

2月14日，医院证明仍休息一周，医院检查血压126/90。

2月26日，写汇报。南京来人外调周志远。

3月1日，南京另一单位来了解周志远（现改名周迈），3月4日交外调材料。

3月13日，靠边人员集中至医务室刮墙劳动。

3月15日，早起后至党校刮墙劳动。

3月20日，斗批组通知，交汇报及还资料书。

3月21日，交汇报，交代与周国伟关系。

3月27日，交汇报，补充与周国伟问题。即日起抄录批判柴德赓大字报九份。

4月1日，交汇报，斗批组谈话，要求端正态度，老实交代。

---

① 当时柴德赓的月薪231元，每月只发20元。
② 柴德赓从1956年起搬进螺丝浜8号教授宿舍，此次搬到学校东北侧河边的一个旧仓库十余平米，而历史系斗批组负责人搬进教授楼。据当事人王丽英2017年回忆，"搬家"即为江苏师范学院东北侧一个旧仓库。原螺丝浜8号住宅腾出，由历史系工作组成员居住。

4月2日，交汇报，与上海文史馆黄松的关系。

8月，得知好友周瘦鹃于21日于"紫兰小筑"投井，找到1959年（未上缴）的笔记本，记下清代邓汉仪诗句，以祭顾公硕、周瘦鹃二友人：

> 楚宫慵扫眉黛新，只是①无言对暮春。
> 千古艰难惟一死，伤心岂独息夫人。

"文化大革命"中柴的一些好友选择了自杀，而柴没有，他曾说过②害怕影响家人后代。俞履德《现代著名历史学家柴德赓》记，在"文化大革命"中：

> 德赓被批斗半天后，回到家里闷声不响，一个一向受人尊敬的大学系主任兼教授，受此污辱，确是难以忍受。可随着运动的不断升级，对于高级知识分子的丑化、污辱、打骂之事比比皆是。不少人信守"士可杀而不可辱"的观念，自杀了。但德赓没有毁灭自己的念头，他感到这次运动不正常。他相信党一定会纠正那些偏向的，心就慢慢平静下来。因此他白天坐牛棚、挨批斗后，晚上回家，仍旧读些史书。他夫人气愤地说："你还读这些书，有什么用？这次运动不就是从批吴晗开始的吗？"他却说："你不要看现在，将来学历史的还是有用，还可以做许多事。"他毕生爱好史学，一心扑在史学研究上，从不懈怠，也不悔恨。③

是年冬，在吴江同里劳动。

---

① "只是"，邓诗原作"只自"。
② 1967年12月一次与家人的谈话。
③ 俞履德：《现代著名历史学家柴德赓》，何荣昌、张承宗、柴邦衡主编：《百年青峰》，第19页。

是年，开始被关"学习班"①写交代材料，根据目前保存的材料有：②

1. 杨汉之、周蓟章问题；2. 关于柴君衡、章诒学问题；3. 关于《双蕉草庐诗词稿》；4. 关于台湾的亲友；5. 关于任檀香降级问题；6. 关于全面贯彻苏联修正主义教育计划；7. 关于张晓江的检查；8. 右派进攻时，我有下列反党言论；9. 对于1967年两派分裂时的错误言论；10. 关于国际问题；11. 关于教育革命，双反批判；12. 关于反对毛泽东思想和党的领导；13. 关于反动学术观点；14. 昨晚略记；15. 12月19日下午批判会记事；16. 12月25日余行迈大会上检查交代；17. 关于"革命"思想检查；18. 关于"查思想"交代；19. 关于"查立场"交代；20. 关于"查罪行"交代；21. 孔孟之道应当彻底批判；22. 关于"智育第一"的自我检查；23. 来江苏师院"外调记名"（41人），记写"材料"记录。

写外调材料，包括：翦伯赞、尚钺、启功、郭预衡、葛信益、萧璋、叶苍岑、袁筱舟（未写）、汪丽琴、刘乃崇（未写）、高熙增、李霁野、梁明、梁虹、周迈、韩克让、缪景湖（未写）、徐宝相、娄廷元（未写）、陈绍闻、覃英（未写）、谢循初、杨汉之、周蓟章、刘预璇（未写）、夏照滨、金世禾（未写）、韩瑾、俞汝霖、高光耀、黄炳然、周国伟、杨柳（未写）、郑孀、杨荣春、许大龄、经一学生黄治安、刘墉如、杭州女教师（未写）、周焕等人。

○ 1969年 六十一岁

• 在"文化大革命"运动中继续遭到迫害。

3月27日，"学习班"隔离审查之中，搬至文科楼309教室。下午参加批判李明中会议。

3月28日，上午参加批判李明中会议，陪斗。下午写检查。

---

① 江苏师范学院"学习班，即季羡林所述之牛棚"位于大体育馆（现拆除，位置为现逸夫教学楼），历史系"学习班"在文史楼（现外语楼）三楼。当时"黑七类"人关进棚内，但要求家属三餐送饭、送烟及日杂用品等。

② 包括1968—1969年所写的材料。

3月29日，上午参加批斗刘烈人、杨巩、吴甦大会，陪斗。下午参加张晓江检查会。

3月31日，上午写交代材料。下午参加张晓江检查会。

4月4日，下午工宣队蔡师傅找谈话。

4月7日，工宣队宣布"清队"①对象全部至江苏师院尹山湖农场边劳动、边交代、边改造，逐步甄别，柴德赓在名单之中。

4月8日—10日，整理行装，参加"忆苦思甜"会。致祖衡、邦衡、君衡三兄弟家书，谈对"文化大革命"的认识。

4月11日，上午"清队"对象至尹山湖。晚参加批判张晓江会。

4月12日，上午"天天读"②后至秧田劳动。下午参加农田翻地劳动。晚参加批判张晓江会。

4月13日，下午参加批判张晓江会。晚参加教育革命会。

4月14日，上午参加农田劳动，做畦。徐树人③找谈话，交代政策，要求端正态度，自己争取出路。洗粪。晚九时听九大新党章广播。工宣队传去谈话。

4月15日，工宣队找谈话。

4月16日，上午工宣队韩继长找谈话，要求接受批判，肃清流毒。

4月17日，上午盘粪缸，农田筑沟。晚第二次批判柴德赓会，主要问题：和党争权、反右运动漏网、反毛泽东思想。

4月18日，上午挖沟。下午听"清华大学清理阶级队伍经验报告"。晚分组讨论。

4月19日，上午学习，写交代材料。晚第三次批判柴德赓会，批判反对教育革命的罪行。

4月20日，上午第四次批判柴德赓会，批判"反对知识分子政策，反对教育革命"。下午搭工具棚。晚徐树人找谈话。

---

① 即"清理阶级队伍"。

② "文化大革命"期间要求每人在集体活动中（或开会、上班、上课等）诵念学习《毛主席语录》或"老三篇"等毛主席著作，故称之为"天天读"。

③ 徐树人，时任江苏师范学院革委会副主任。田晓明主编：《苏州大学大事记》，第62页。

4月21日，上午挖菜，田地直沟。下午讨论会。

4月25日、29日及5月3日，腹痛，三次至苏医附一院看病。

5月6日，参加"忆苦思甜"会，尹山大队革委会主任顾本根、贫农吴树生和苏州钢铁厂师傅作诉苦报告。会后讨论并发言，查自己的立场、思想和历史。

5月7日，写检查一份：

> 五月七日去尹山"五七"干校听报告，去时自己觉得我过去有错误，有罪。今天能让我去听报告，给我这样高的政治待遇，既很感动，又很兴奋！后来不让我们听了，当时自己心里是极难过的。陶妙英忍受不住哭了，我在劝她不要哭时说了一句"过去我在北京听过很多重要报告的"。现在来看，这句话是极其错误的，也是违反毛主席思想的……"文化大革命"前的北京是彭真"修正主义"所把持的，现在讲这话，那就是对"黑司令部"的罪行认识不足，自己思想上不仅没清楚毒害，还流露出留恋的情结，这就说明自己还没有站到毛主席革命路线这一边来。再说我在北京是十三年前的事了，那时自己是革命队伍中的一员，现在是革命的对象，不从发展看问题，就是违背主席思想的。

5月8日，继续阶级教育，结合顾本根主任报告写检查，批判地主阶级。

5月9日，继续阶级教育，听苏州钢铁厂革委会陈常委作"忆苦思甜"报告，结合报告写检查。

5月10日，参观苏州钢铁厂、苏州第三人民医院，袁医生讲"以阶级觉悟割除贫农社员52斤重肿瘤"事迹，结合参观写检查。

5月11日，上午工宣队找谈话，检查杭州师范学院阶段历史[①]。下午

---

① 柴德赓《关于我的履历和政治情况》："1946年7月初，当时青年军第四大学补习五班开学，正找教师，文史方面由浙江大学师范学院中文系主任郑石君主持，他请我去教书，我教了一个多月的书。"

劳动，种瓜。晚徐树人找谈话。

5月12日，上午参加讨论清华大学"清队"经验①，结合讨论写检查。工宣队要求写"三查"②检查。

5月13日，参加大组会，作检查。晚第五次批判柴德赓会。金波、叶伯华③、张圻福等人发言：

> 你不要以为，1928年的一段严重，你从年青时起干下了反党、反人民的活动。你把你比作一般资产阶级知识分子，老老实实交代问题。1.继续上纲上线，交代问题；2.位置未摆正，[现在是]倒退。

5月14日，田间劳动，补种瓜。上午小组会未准参加。准备检查材料。血压141/90。

5月15日—17日，学习中共九大政治报告。写交代材料。

5月18日，写对1949年前罪行的认识。第六次批判柴德赓，接受工农兵批斗"反毛泽东思想、反党、反三面红旗"罪行。

6月6日，参加"落实政策学习班"总结会，徐树人作报告。师院参加学习班81人④。

6月25日，继续参加学习班。参加蒋健平交代检查会。

9月2日，腰酸痛，至医院看病。

9月20日，继续在尹山湖农场劳动，接受改造。至北寺塔参加批判凯洛夫教育体系大会。

9月22日，学习"十一"口号。下午分组讨论教育革命。

9月23日，继续讨论教育革命，徐树人参加。

9月25日，"清队学习班"召开本阶段第一次柴德赓批判大会。批判内容为鼓吹和执行"全民教育、智力第一"，董蔡时、吴奈夫发言。

---

① "六厂二校清队经验"之一。
② 查思想、查立场、查罪恶。
③ 叶伯华，江苏师范学院历史系1956级学生，留校任教。
④ 至此柴德赓仍属于不符合落实政策的"靠边人员"。

10月4日，参加"高举毛泽东思想伟大红旗，彻底批判凯洛夫"大会，作为反面典型接受批判。

10月14日，召开第二次批判柴德赓大会。胡振民、梅国祥、何荣昌、王畅、朱心一①、工宣队蔡师傅等人发言：

> 自我批判是不够的。十七年来一贯反对毛泽东思想、毛主席的革命路线。头脑聪明怎么得来，吸劳动人民的血汗。解放后，还骑在劳动人民头上，新社会也是劳动人民养活你，工农子弟笨。你忘记了劳动人民给你的一切，你反对毛主席革命路线。今天，你看什么东西不是劳动人民创造的。
>
> 自我批判极不老实，破思想体系是复杂的。五八年教育革命你是赞成还是反对？你心中明白。你能劳动，也是劳动人民养你的。你有什么本领，你有什么知识，要狠触灵魂。为了帮助你，挽救你，看你革命不革命？要批判旧思想，找问题。

12月20日，左肩肿痛，至医院看病。

12月23日，在"清队学习班"参加批斗余行迈大会。此日以后未见柴德赓留下任何文字。

○ 1970年 六十二岁

• 在"文化大革命"中继续遭受迫害离世。

1月13日，从尹山湖农场回到江苏师院，与杨增慧②见面，回忆起1966年6月离开北京时二人曾有约定："人生不死会相见。"

1月15日，致书刘乃和，告知苏州因战备需要，疏散闲杂人员，陈

---

① 朱心一，江苏师范学院历史系留校助教，"文化大革命"期间为师院历史系党总支负责人。

② 杨增慧，中国音乐学院教授。当时开始备战疏散，杨增慧到苏州与之见面，共商疏散事宜。

璧子将北上。并言，"我身体尚好，精神亦能自振，问题已了结，但欠一宣布耳"。信札中附两首诗，均为陈垣祝寿：

> 精力坚强过伏生，东家无愧郑康成。
> 荷锄弟子云天远，霜落吴江喜晚晴。
> 此去年十月吾师诞辰，受业在吴江同里所作。诗因循未寄，兹特录奉，并乞恕罪。

> 红旗高举敌心惊，人寿又逢五谷登。
> 地转天旋四十载，瓣香终不复平生。
> 今年正处于备战之际，回首立雪程门忽及四十载，中怀感奋，非小诗所能达，聊布寸心，遥申颡祷云尔。
> 　　受业柴德赓呈

1月22日，上午从尹山湖农场至苏州市内，按照农场要求回校联系取锣鼓。下午办完公事有些疲倦，访周国伟，准备当晚借宿周宅，第二天回尹山湖农场。正遇周外出不在，连夜赶回尹山湖[①]。张梦白当时和柴德赓同在尹山湖农场，他在《缅怀柴德赓教授》一文记述。

> 他生前最后两天的生活，我至今尚记忆犹新，特追记如下：
> 1月22日，农场场部宣布，第二天将欢送工宣队，历史系分队因锣鼓破坏，决定立即派人回城以旧换新。两位同志被派同行。事情办妥后，一位留宿家中，柴先生则因当时已被赶入校内小屋居住，又逢独自一人在苏，遂即连夜赶回农场。我清楚地记得，他回场后兴致很高，讲了不少有关京剧的掌故，还按照队部布置写了批判另一位同志的大字报，很迟才休息。翌日（1月23日）清晨，柴参加扛旗队伍远道送走工宣队。回到农场，广播里又通知：砻糠船只已

[①] 此为周国伟2012年10月27日在南京大学寓所回忆。

到，老虎灶①等用，轮到历史系到河边运送。柴不顾疲劳，亲自挡车运送，有一趟因掌握不住车速而撞上一棵大树。不久他心脏病发作，躺在宿舍里休息。他素来身体较健，大家都没有听说他犯过心脏病。事后才知道，他被借调赴京期间，因工作繁重，单独生活很不正规，曾发过两次。在"文革"期间，他受到的冲击是全校最厉害的一个，但他都经受住了，所以他到农场劳动，并未把硝酸甘油带在身边。当时在田间劳动的同志中，有两三位随身带着这种急救药片，但农场并未广播征集。②

尹山湖农场没有医务室，无抢救心脏病患者的经验，用床板搭起担架，四人肩扛，送往医院救护车来的方向的公路。在翻过附近一个尹山桥后，柴口吐白沫，当救护车到达时，已经没有心跳，医生诊断为心脏病死亡。此时大约下午两点半，离开尹山湖农场不足二里。③

救护车送至苏州医学院第一附属医院（苏州十梓街），医院诊断：④

　　下午3点15分，救护车送来。检查：瞳孔放大，心肺呼吸停止。突然卒死。

农场接通市电话局，将长途电话转接到上海复旦大学第七宿舍陈绍闻寓所，恰逢当日陈璧子离开上海去北京看望病中的陈垣。后通过铁路专线电话通知昆山站，让陈在苏州站下车，等陈璧子赶到第一医院停尸房见到只是柴德赓的遗体，校方的人员已经离开，当晚周国伟戴孝守灵。柴祖衡的工作单位北京市公安局被军管后，人员下放，时在北京房山县

---

① 当时苏州地区用砻糠烧开水，专门供热水的地方称老虎灶，开水2分钱一暖瓶。
② 何荣昌、张承宗编：《青峰学记》，第212页。
③ 笔者2015年9月27日访尹山湖农场，尹山湖农场原为劳改农场，关押15年刑期以下犯人，1969年废弃。现农场早已不在，仍有大片荒地，四面有河将其隔绝，依稀可辨农场旧貌。"文化大革命"开辟为几个校办农场。那座小桥已于1980年代拆除。
④ 现由苏州档案馆收藏。

窦店公社插队劳动。柴令文所在宿县师范学校，下放至孔庄农场劳动。柴邦衡所在学校吉林工业大学，教师下放当农民，安排插队落户到榆树县。三人先后赶到苏州。柴君衡所在学校北京水电学院搬迁至河北岳城水库，因"文化大革命"中定为"现行反革命"，被管制劳动，不准奔丧，未能最后告别。

以上救护车费用，电报、长途电话费最后由系领导出面将全部单据（包括3分钱的汽车票）交陈璧子个人报销。[①]

[①] 据陈璧子1973年11月"关于柴德赓的申诉报告"，部分单据尚存，现由苏州档案馆收藏。

谱 后

1970 年—2023 年

  此卷主要介绍柴德赓的身后事。包括去世后到 1979 年 5 月平反昭雪；陈璧子主持遗稿整理，分别出版《史籍举要》、《史学丛考》、《资治通鉴介绍》三书；民进中央举办 80 周年纪念活动；苏州大学举办 100 周年纪念活动；北京师范大学举办 110 周年学术报告会；苏州大学成立柴德赓研究所，开始整理出版《柴德赓文集》以及开展对柴德赓的学术研究活动。

○ 1970 年

• **1 月 23 日于苏州尹山湖农场去世。**

1 月 24 日，去世后第二天，江苏师院革委会对柴德赓去世做出规定：不悼念、不送葬、不参加。

1 月 25 日，去世后第三天，在苏州葑门内二郎巷 14 号，农民罗和尚在自家居所为柴德赓设立灵堂。①

柴德赓子女柴祖衡、柴邦衡、柴令文及陈绍闻和子女陆续到苏州奔丧。

2 月 4 日，己酉除夕，柴德赓骨灰下葬于苏州小桥浜 51 号农民王根福家自留地②。

是月，周国伟整理遗书、遗稿，登记成册。整理有《先师柴公遗书遗著目录》。

陈璧子迁居北京，寓朝阳区水碓子甲 2 楼。

刘乃和因不能前往送别，作诗一首：③

惊闻青峰老师逝世，南望姑苏，不胜悲痛，遥寄挽词：

从此人天隔死生，哭君悲恸泪纵横④。
别来三载音容在，风雨横摧吴郡城。

---

① 罗和尚为陈璧子的学生罗秀英之父，农民。当时江苏师范学院规定不准悼念，故罗家出面操办丧事，灵堂中央位置花圈缎带上署名为"王根福、罗和尚"；亲属仅列两边。罗和尚因"私设灵堂，为黑帮分子柴德赓吊孝"，后被生产大队抓去关押 7 天。

② 柴德赓因是"黑帮反革命分子"，学校不予开据"死亡证明"，无法火化，王丽英的父亲王根福托关系找到火葬场，才予火化。后骨灰不能在火葬场骨灰堂存放，王根福决定将骨灰瘗于自家自留地，直至 1979 年 5 月柴德赓平反。

③ 1979 年 5 月 23 日江苏师范学院召开柴德赓平反追悼会时，刘乃和再次书写悬挂。现藏于苏州大学博物馆。

④ 原诗稿为"哭君悲恸泪纵横"，1980 年 1 月柴德赓逝世十周年时，"文化大革命"已经结束，抄录时改为"哭君涕泣不成声"，两稿现由私人收藏。邱瑞中：《信有师生同父子——纪念柴德赓、刘乃和先生》，《中华书画家》2018 年第 11 期，第 60 页。

> 良师益友卅余年，回首前尘话万千。
> 知否励耘深系念，忍将无恙告师前。

9月，江苏师院党核心组、革命委员会给家属的"柴德赓政治审查结论"：

> 柴德赓有严重政治历史问题，解放后有三反①言行，由于党内走资派的包庇，五七年漏划右派，教学上极力推行封、资、修的东西。柴德赓本身是资产阶级知识分子，对党离心离德，通过"无产阶级文化大革命"，受到批判，触及了自己的灵魂，劳动改造中表现不错，有很大转变是好的。他在一次会上表示，过去做了很多错事、坏事，放了许多毒，今后愿意紧跟毛主席，晚年要为党、为人民做些有益的事。根据他的认识及表现，院革委会研究，经全院革命群众讨论，作为人民内部矛盾处理。②

○ 1971 年

1月4日，针对家属要求落实柴德赓的政策问题，张圻福答复家属：

> 1. 政治结论问题③，院政法组已经向家属讲清楚；2. 抚恤金问题，包福荣说上次已向家属讲明。这次重申，抚恤金是照顾死者家属经济困难的，你们家里经济上不困难，所以不可能发给；3. 书籍问题，可以也应当清理，堆在那里也不是办法，长期不动，可能要发霉烂，清理时系里来人看一下，属黄色书籍留下（破"四旧"范围内），其他可由家属任意处理；4. 退还手稿等问题，将清理一下退还，由于前后经手人很多，可能有些乱和损失，这些东西在审查

---

① "反党、反社会主义、反毛泽东思想"。
② 即1970年9月"政治审查结论"，现存柴邦衡抄稿。
③ 指1970年9月的"政治审查结论"。

期间是需要的，现在组织上留了没有什么用处，可以发还家属。

针对家属要求落实柴德赓政策问题，1月7日，毕庶田[1]答复家属：

1. 结论问题，是已经"解放"了，群众对他很谅解，后来组织上就不采用一个人宣布解放的办法了。这是结论到现在还没有下。本来考虑有个想法，没有定为什么，就不需要再重新下结论。你们考虑过没有，是下一个结论好，还是不重新下结论好。2. 抚恤金问题，学校将统（通）盘研究所有死者的问题，一定按上级规定办事。3. 书籍问题，非常关心书籍的处理问题，你们愿意捐给国家很好，你们个人留着没有什么用处，哪个个人留着都不会有多大用途，国家可能有的有用，有的可以当成反面教材，可以清理一下，建议给国家好。[2]

是年，柴邦衡至江苏师院历史系整理清理抄家时扣留书籍[3]，整理成"1971年陈璧子谨赠历史系资料室存柴德赓遗书目录"，共清点登记1561册，历史系柳树人作图书著者注释并核对。历史系出具收条："收到陈璧子自动上缴书籍1561册"，并盖有"历史系大联合委员会"印。

陈璧子将清光绪老同文版二十四史（720册）一套赠予周国伟，供学习研究用，另赠《剑南文集》等其他古籍100余册。[4]

○ 1973年

11月，陈璧子写信给江苏师院党组、革委会，要求落实有关柴德赓

---

[1] 毕庶田，时为军代表，江苏师范学院党核心组组长。张圻福：《苏州大学校史》，第199页。

[2] 现存柴邦衡抄稿。

[3] 这批书籍为"文化大革命"抄家时抄去的，抄家原则：凡是柴在书上有眉批标注的都抄去。当时已经成立各级革委会，所谓"大联合"是"文化大革命"中"造反派"和"保皇派"的一个合并结构，早已经不是组织机构。

[4] 2015年周国伟去世，家属将这批古籍800余册捐赠给苏州大学博物馆。

的政治名誉及抚恤金等问题的政策。陈璧子写道：

> 三年来，除了我曾亲自专程赴苏州接谈外，还不断或以书信或派遣子女前往苏州，反映意见和要求，期望早日落实政策。但是非常令人遗憾的是，迟至今日一些重大问题仍未解决。江苏师范学院某些同志，在与家属接谈中非但不认真考虑我们的意见和要求，积极地落实政策，反而抱有一定的偏见和个人情绪，甚至对家属进行非难，违背政策自行其道。使问题解决一再拖延。①

○ 1975 年

7 月，陈璧子将柴德赓旧藏《四部丛刊》（计 2200 册，阙史部）赠予复旦大学经济系，校方给予奖金。

○ 1977 年

陈璧子将柴德赓旧藏书籍（十一箱，数百册）赠予吉林省文物研究所，所方给予奖金。

○ 1978 年

5 月 19 日，《人民日报》发表通讯报道："贯彻古为今用方针，整理古籍取得巨大成就，廿四史新的标点本全部出版。"公布参加二十四史点校工作的有 48 人，柴德赓名列其中。②

---

① 申诉材料与方管协商后定稿，方的抄稿现由方竹收藏。
② 柴德赓曾参加的《新五代史》点校本 1974 年由中华书局出版，当时"前言"中并未提及柴德赓曾参加点校工作，仅名列华东师范大学 20 位参加工作人员。当时《人民日报》公布名单中漏掉陈垣。

○ 1979 年

3月24日，民进苏州市委会召开扩大会议。

传达讨论了民进中央"关于撤消被错划右派的会内处分问题的意见"，并讨论了原主委柴德赓同志的组织结论（草稿）。这份草稿是江苏师院为柴德赓同志追悼会所做的准备，征求有关方面的意见再行定稿。

会议认为：

> 对本会被错划为右派的同志的结论应予改正，柴德赓死亡性质应定为受"四人帮"迫害致死。[1]

出席这次会议的有：谢孝思、汤山源、钱太初、曹汉昌、段天煜、钱兆隆、陶传经、金为刚、陈定瑞、张克烽、袁建平、马更生等12人。

4月，中共师院党委对柴德赓受"四人帮"迫害给予平反，复查结论[2]部分：

> 关于柴德赓同志的复查结论：在"文化大革命"中，柴德赓同志受到林彪、"四人帮"极左路线的严重迫害，使其身心健康受到摧残，在下放院办农场劳动期间，心脏病突发，于1970年1月23日含冤去世。
>
> 柴德赓同志历史清楚，现决定，推倒"四人帮"强加给柴德赓同志的一切诬陷不实之词，恢复名誉，平反昭雪。
>
> 中共江苏师范学院委员会（盖章）1979.4[3]

---

[1] 据苏州民进市委会档案资料。

[2] 此为苏州大学档案馆档案资料。其中"庚"字与柴德赓所用全部登记表、户籍、医疗、工会证件上的"赓"字不符。此"复查结论"为一张对折页，背面的"赓"则是正确的。

[3] 此结论在江苏师范学院更名为苏州大学后又加盖"中国共产党苏州大学委员会"印章，苏州大学档案馆档案资料。

5月23日上午，柴德赓的骨灰从胥门外小桥浜51号王根福家取出，参加起骨灰的陈晶当日撰写挽辞一篇，由王健群抄录悬挂于追悼会场：

> 老师！是我，是您的一个搞考古的女学生亲手从荒土堆中清理了您的骨灰，在您每一块骨殖上都有我的眼泪，我为您的含冤致死而沉痛，而您，我的老师，您应该因为我亲手把您的骨灰送到革命干部灵堂而含笑九泉。您的学生陈晶[①]

下午，江苏师院召开"柴德赓同志追悼会"，5月26日《苏州报》报道：

> 教育部，民进中央，江苏省政协，中共江苏省委宣传部、统战部，省革委会教育卫生办……中共苏州市委，苏州市革委会，苏州市政协……社科院历史所，近代史所，上海市历史学会，上海古籍出版社，北京师大，复旦大学，南京大学，上海师大等高校历史系，苏州市文联，文化局……以及江苏师范学院党委等单位送了花圈。送花圈的还有：周建人、白寿彝、杨东莼、徐伯昕、雷洁琼、谢冰心、吴贻芳和历史界著名人士周谷城、胡华、郑天挺、翁独健、尚钺等。……施建农主持追悼会，中共江苏师范学院党委书记、院长张乃康致悼词。

送花圈及出席追悼会的还有荣孟源、吴泽、刘乃崇、金家瑞、郭预衡、葛信益、方管、谭其骧、龚书铎、王健群、陈绍闻、陈绍杰、李汉秋[②]、陈晶、周国伟、邱敏、孔亚南、李金林等500余人。

张乃康致悼词（节选）：

[①] 陈晶《挽辞》，何荣昌、张承宗编：《青峰学记》，第265页。

[②] 李汉秋，时为安徽大学中文系讲师，后任教授。1989年调北京，任农工民主党中央宣传部部长、全国政协委员。柴德赓的甥婿。

柴德赓同志是一位著名的历史学家，从事教学和史学研究三十余年，为高校培养历史教师作出了自己的贡献。

柴德赓同志治学严谨，有不少著作。解放前的著作散见于《师大学术丛刊》、《辅仁学志》、《国立女子师范学院学术丛刊》等。解放后受中国史学会委托，主编中国近代史资料丛刊《辛亥革命》，是研究中国近代史的重要参考书。他还为中华书局重印的重要目录学书籍《书目答问》写了序言。柴德赓同志还协助北京师大陈垣校长参加《二十四史》中《新五代史》的点校工作，为我国古籍整理作出了贡献。

柴德赓同志作风正派、平易近人、乐于助人，平时深为师生所尊敬。

在"文化大革命"中，柴德赓同志在我院最早受到林彪、"四人帮"极左路线的迫害，身心健康受到很大摧残，于1970年1月23日含冤逝世，终年六十二岁。柴德赓同志的逝世是我国史学界的损失，更是我们江苏师院的一大损失。党中央粉碎了祸国殃民的"四人帮"，现在强加给柴德赓同志的一切诬陷不实之词均已推倒，予以昭雪，恢复名誉。今天我们悼念柴德赓同志，要在四个坚持的原则下，维护安定团结，为实现我国社会主义四个现代化而贡献我们的力量。[①]

启功[②] 为追悼会书挽帐一幅：

节概见生平，业广三余，众里推君才学识。
切磋真死友，心伤永诀，梦中索我画书诗。

[①] 《江苏师范学院院长张乃康在追悼会上讲话》，何荣昌、张承宗编：《青峰学记》，第14页。

[②] 挽帐现由苏州大学博物馆收藏。

同日，陈璧子代表家属及后代将原"上缴"柴德赓遗书1561册捐赠给江苏师院历史系，院方给予奖励。

6月24日，陈璧子致书刘乃和，告知吴泽曾专访，谈整理柴德赓生前遗稿、论文，作为"近代历史人物论文专集"丛书之一，大学历史系缺少教材，希望尽早整理出柴德赓的"中国历史要籍介绍"遗稿。

6月，《从白居易诗文中论证唐代苏州的繁荣》一文在《江苏师院学报》1979第1、2合期发表。此为柴德赓1960年撰写的一篇文章，最初的设想是两篇文章，"白居易与苏州"和"论唐代苏州地区的经济繁荣"，前篇以诗证史，后篇以史料、诗篇论经济；后合并为一篇。自1955年柴德赓至苏州工作就开始动议要写这篇文章，时陈垣、刘乃和曾阅审。

　　一、白居易与苏州的关系
　　白居易宝历元年（825）就任苏州刺史任，但他并不是这一年才到苏州。……韦应物为苏州刺史在贞元二年（786），当时居易正十五岁。三十九年之后，重到苏州。……白居易在苏州的时间实际只有十七个月。
　　二、唐代苏州的繁荣
　　唐代自安史之乱以后，北方及中原重遭兵乱，生产遭到破坏；节度使专横，人民受到剥削，更加严重。政府每年所收粮食赋税，大部分搜刮自淮南、江南一带。……
　　苏州附近诸州，特别是杭、湖、睦、常与苏州同属浙西观察使，自开元天宝至元和年间，总的情况，户口也在锐减。唯独苏州却是上升，这就无怪白居易对苏州十万户觉得很有兴趣了。
　　三、天堂和苏杭[①]

7月12日，《新华日报》报道"柴德赓同志追悼会在苏州举行"：

---

① 柴德赓：《史学丛考》（增订本），第393页。

柴德赓同志是一位著名的历史学家，从事史学研究和高校历史教学三十多年，为我国史学研究和人才培养作出了贡献。柴德赓同志生前收藏的1560余册历史书籍，由其家属赠送给了江苏师范学院历史系，江苏师范学院给柴德赓同志的家属发了奖状和奖金。[①]

7月，《王西庄与钱竹汀》一文发表于北京师大《史学史资料》1979年第3期。该文为1963年在北京师大讲演稿，1964年7月1日写成文稿交予北京师大。

一、论王、钱的关系

王、钱两人年齿相近，既是同乡，又是亲戚。竹汀的夫人是西庄的胞妹，王、钱两人订交始于乾隆七年（1742）……乾隆十九年（1754），西庄和竹汀同在北京会试中式，二人同中进士。……嘉庆二年（1797），西庄逝世，竹汀有挽诗……"海内知心有几人，垂髫直到白头新"。

二、论王、钱学术异同

西庄之学，前期偏重经学，后期转入史学。就他的著述来看，经史半。……竹汀通经学，主张从训诂以求义理。……以治经的方法治史，又专治史而不专治一经的，应该说竹汀是第一人。

三、论王、钱治学方法和态度

乾嘉时期的校勘学家，一般只能两本书对校，或本书校本书而已。高明的才用他校、理校。《十七史商榷》和《廿二史考异》不同于一般的校书，他们即是全面的，又是重点校，不仅是校，更重要的是考证。

四、论王、钱的思想

王西庄和钱竹汀生于乾嘉时代，既是地主阶级，又是封建官僚。[②]

[①] 何荣昌、张承宗、柴邦衡主编《百年青峰》第252页"纪念活动大事"记亲属捐赠柴德赓藏书给江苏师范学院时间为1979年6月。

[②] 柴德赓：《史学丛考》（增订本），第306—312页。手稿和《北京师范大学学报》抄稿尚存。

9月，《中国古代历史纪年问题》一文在江苏师院历史系编《中学历史》1979年第1期发表。此为1962年在北京大学中文系文献专业的讲稿，由刘乃和整理、补充。

一、我国历史年代上的四个问题：

1. 历法问题：我们现在有阴历和阳历。古代只有阴历，阴历的二十四节气是对南中国观测的结果。一年之内，阴历比阳历少十一天。于是用闰月的办法补足这个差数，调整阴阳历年和月之间的差距。

2. 年号问题：汉武帝之前，历代无年代，只有"某王元年、二年"。"某公元年、二年"的记载。时间久了，许多事情就不容易搞清楚。有了年号，就便于记忆了。

3. 干支问题：干支的发明和运用，是我国古代文化的特点之一。

4. 人物生卒年月问题：我国古代人物传记，有的对生卒年月日都有记载，有的记载不全，因此研究人物的时代就发生了困难。……司马迁是史学家，但他的生年就有五种说法，王国维考订……，郭沫若考订……

二、查历史年代的具体方法：

1. 利用工具书；2. 加强记忆；3. 博学广闻。①

○ 1980 年

7月，《我的老师——陈垣先生》一文在《文献》第2期发表，刘乃和作"后记"。这篇写作于1959年的文章，是陈门弟子中系统介绍陈垣先生学问的第一篇文章。

○ 1981 年

10月，《资治通鉴介绍》一书由求实出版社出版。在朱彤的组织下，

---

① 柴德赓：《史学丛考》（增订本），第488页。

柴德赓的第一本个人专著出版。《资治通鉴介绍》分为三部分内容，由柴德赓到江苏师院任教后于1963年在中共中央党校及其他学术报告录音整理而成：1.资治通鉴介绍；2.中国古代历史纪年问题；3.陈垣先生的史学思想。

刘乃和为《资治通鉴介绍》作"前言"：

> 1962年，柴先生应北京大学翦伯赞同志约请，从苏州到北大讲学一年。在此期间，曾给中共中央党校历史专业的学员讲课，《资治通鉴介绍》就是根据当时的讲课记录稿整理而成。
>
> 柴先生曾熟读《通鉴》，对《通鉴》作过深入研究。《资治通鉴介绍》对《通鉴》这部巨著的写作集体、编纂方法、采用史料、胡三省注，以及主要优缺点等，作了较全面详尽的介绍、阐述，有其独到的见解，对阅读《通鉴》有指导作用。尤其是该稿的最后一部分，他结合自己的亲身经历讲了应当怎样读《通鉴》，更可作为我们阅读时的借鉴。[①]

○ 1982 年

6月，《史学丛考》一书由中华书局出版，这本书是刘乃和根据1931—1965年柴德赓在报刊、杂志上发表的二十七篇史学论著选编。刘乃和作序，该书责任编辑崔文印于10月6日在《光明日报》撰文，介绍《史学丛考》：

> 《史学丛考》是已故柴德赓先生的论文集。这部论文集共收文27篇，包括了柴德赓先生解放前、后在报刊、杂志所发表文章的大部分，基本上反映了他毕生的史学成就。
>
> 柴德赓先生长于考证，《明季留都防乱诸人事迹考》、《宋宦官

[①] 《资治通鉴介绍》，求实出版社1981年版。

参与军事考》，尤其是《鲒埼亭集谢三宾考》，集中反映了这方面的成就。解放以后，柴德赓先生偏重于史学史和苏州地方掌故的研究，《论欧阳修的〈新五代史〉》、《〈资治通鉴〉及其有关的几部书》、《王西庄与钱竹汀》、《从白居易诗文中论证唐代苏州的繁荣》等，可视为这方面的代表作。

是年，《史学丛考》中亦有首次发表的文章，《明末苏州灵岩山爱国和尚弘储》。这是柴德赓现存唯一讨论宗教问题的论文。①

为写此文，柴德赓几上灵岩山，与住持、方丈结为逸友，时常居寺夜谈。余行迈述评该文：

> 以弘储的爱国事迹为轴线，详考弘储及其弟子和其他遗民之间的互助互励关系，以及他们的高风亮节懿行。文中涉及的爱国志士粗略估计约有五六十人。那许多遗民也实际上形成了又一种目标一致，以弘储为首的，为反清而隐身遁形，坚贞守节，誓死不降的遗民群体。这一群体中的弘储遗民弟子，自明朝大官（如东阁大学士熊开元、户部尚书张有誉、江西巡抚郭都贤）至举人（徐枋）、秀才（董说、王廷璧）均有之，或为祝发僧人，或为白衣居士。弘储所倡"以忠孝作佛事"、"忠孝实自佛性中来"，成为他们的共同信念。因为这里的"忠孝"，按照柴先生的解释，在民族矛盾时期，其意义"包括一个很重要的内容，即是民族气节。遗民的'忠'思想便是对异族坚决不投降，保全气节"。如何保全气节？他们的行动感人最深的莫如和降清仕清的士大夫人物严格划清界限。②

6月，刘乃和编《励耘书屋问学记——史学家陈垣的治学》出版，

---

① 此前，柴曾讲过陈援庵的学问大成是中国宗教史，而他没有继承。
② 余行迈：《柴德赓先生评书论人之卓识——读〈史学丛考〉浅议》，何荣昌、张承宗编：《青峰学记》，第142页。

收入柴德赓《陈垣先生的学识》一文。①

8月，《史籍举要》一书由北京出版社出版。该书是柴德赓生前的几份遗稿，由许春在、邱敏、胡天法②三人根据柴在江苏师院《中国历史要籍介绍》讲义为底本，对照《中国历史要籍介绍》书稿合成。由许大龄作序，周祖谟题签，责任编辑刘宁勋，金家瑞负责校对及编审工作。陈璧子撰写"后记"。

崔曙庭1990年撰文介绍《史籍举要》的特点和成就：

> 《史籍举要》一书，在今天众多的中国历史要籍介绍一类书中，特点是很突出的。
>
> 第一，重点突出，选目恰当。我国历史悠久，文化典籍极为丰富，人们常常用汗牛充栋、浩如烟海来形容。如果从史料学角度来看，其中绝大部分都可以看作史书，是研究我国历史的重要资料。历史要籍介绍的任务，就是要在浩瀚的史籍中，选择一些重要而又有代表性的史书，介绍给历史系学生和年青的史学工作者。……解放后出版的多部历史要籍介绍中，我认为《史籍举要》在书目的选择方面，是比较理想的。它重点突出，介绍得体。……
>
> 第二，介绍全面，叙述翔实。书目确定以后，如何进行介绍，就是决定性的问题了。与其他同类书比较，这部书另一个特点也很突出，即介绍全面，内容翔实，繁简恰当。每一部书，大体是从四方面着眼，即作者及著作时代，史料来源及编纂方法，优缺点及在史学上的地位，注解及版本等。……柴先生是史学名家，对所介绍的各部史书，大多都是很熟悉并进行过深入研究，所以介绍时娓娓道来，常有新意，能启迪人思路，发人深省。
>
> 第三，立论有据，评价公允。介绍史籍重要部分之一是对史书的评价。对重要史籍作出正确恰当的评价，也不是一件容易的事，

---

① 《励耘书屋问学记——史学家陈垣的治学》，第26页。
② 胡天法，江苏师范学院历史系1957级学生。

既要掌握该书的全部内容，又需具有正确的观点，才能得出公允结论。《史籍举要》对所介绍的各书都有评价，不仅在大多数书中列有专条评论文字，而且在叙事过程中，常常也夹杂褒贬之词，也可以看成是评论的内容。①

《历史知识》第 5 期刊登荣孟源《〈史籍举要〉读后》，为第一篇关于《史籍举要》一书的评论文章。

○ 1983 年

4 月 20 日，刘宁勋撰文，介绍《史籍举要》一书：

> 本书上编为纪传体类（即"二十四史"），下编包括编年体、纪事本末体、政书、传记、地理类。所评介的都是学习中国历史时基本的、常用的史籍。评介每种史籍时，大致包括作者生平、材料来源、编纂体例、优缺点、版本注本及后世研究该史籍的专书等，使读者获得全面的了解，懂得如何运用这些史籍，学到历史文献学、目录学方面的知识。②

○ 1986 年

5 月，斯尔螽③撰文《江上青峰永不老——记柴德赓教授及其遗诗》发表于《诸暨史志》1986 年第 2 期。

6 月，俞履德撰写《现代著名历史学家柴德赓》一文，寄交时寓居北京水碓子的陈璧子。这是第一篇详细介绍柴德赓生平的文章，后收

---

① 崔曙庭：《〈史籍举要〉的特点和成就》，何荣昌、张承宗编：《青峰学记》，第 110—114 页。
② 刘宁勋，时为北京出版社编辑。
③ 斯尔螽，柴德赓杭州一中同学。

入《青峰学记》和《百年青峰》。文章分几个部分：1. 小康家庭；2. 小学到中学；3. 大学时代；4. 重重忧患；5. 研究史学四十年；6. 含冤死去；7. 遗著。

10月31日，陈璧子在北京因病去世，享年77岁。雷洁琼及启功、史树青、刘乃和、葛信益等二百余人至北京东郊殡仪馆告别。《光明日报》于11月13日刊登"历史学家柴德赓夫人陈璧子逝世"消息。

○ 1987 年

是年，国家教委颁发荣誉证书①，《史籍举要》获得全国高等学校优秀教材奖。

10月2日，柴念东、柴立由苏州大学及历史系负责人陪同至苏州革命干部骨灰堂取出柴德赓骨灰，迁至北京安葬。

10月4日，柴德赓骨灰与陈璧子骨灰合葬于北京八宝山人民公墓（八区）。刘乃和撰墓志文，启功书丹：②

> 柴德赓，浙江诸暨人。曾任四川白沙国立女子师范学院、北京辅仁大学、北京师范大学、江苏师范学院教授，中国民主促进会中央委员，江苏省政协常务委员，苏州市人民委员会委员。著有《史籍举要》、《史学丛考》等书。
>
> 陈璧子，湖南湘潭人。早年在家乡参加革命，后任四川白沙国立女子师范学院附属中学、北京第三十九中学教师。一九六五年退休，一九八〇年按规定定为离休。

○ 1988 年

7月12日，舒芜撰《天荒地老忆青峰》文，追述抗战时期自白苍山

---

① 证书编号国优0230，原件现由苏州大学收藏。
② 墓志拓片由苏州大学博物馆和苏州档案馆收藏。

庄建立起来的珍贵友谊，在文学上的交流及史学上的受益：

青峰给我最大的教益，便是使我略能望见陈垣之学的门墙。我知道，陈门弟子的入门第一步功夫，是从头到尾点读《资治通鉴》，从这一步入手，以后便不至于放言高论，游谈无根。陈氏自己那些论著，都是用了"竭泽而渔"的方法，网罗了最完备的材料，处处凭材料说话。他引用材料，往往动辄便引录全篇文字，起初我很奇怪这种做法；青峰解释道："摘引容易断章取义。现在全引出来，即使引用者有误会之处，也易于得到纠正。"我非常佩服这种严肃态度。陈氏是治中国宗教史的，但是他那些著名的论文，并不着重宗教的神秘的方面和教理教义的玄虚深奥的方面，而是着重在宗教的政治社会背景和作用，宗派的断续存亡，教徒的生活与矛盾等等现实方面，其实这才是真正的宗教史，而不是教义史或宗教哲学史。这是陈氏的创造性的独特贡献，至今似乎还没有第二人。我不治史学，而在这种地方文史哲之会通，受益尤多。陈氏史学，又特重民族思想，《通鉴胡注表微》当然是代表作。我是由青峰的鼓吹才懂得看重清人全祖望的《鲒埼亭集》，他用了桐城义法，一篇一篇地给全祖望改文章，于是我更懂得桐城义法完全是另一路，也更对桐城义法失去了信心。文史不分家，是中国的好传统，陈氏史学是这样，青峰身上也是这样体现出来的。前面说过青峰做得一手很像样的放翁一路的诗，写得一手很像样的二王一路的字，原来这也是很多陈门弟子共同的。我还知道，陈氏史学固然是高度的专门之学，而同时又很讲究博雅，陈氏曾将《四库全书》全部翻检过一遍，这是艺林佳话，我最初亦即闻之于青峰。青峰自己讲授"史学要籍解题"，并曾对《书目答问》作过深入研究，都是博雅的表现。我本来遵照鲁迅的教言，很喜欢拿了《书目答问》来检索或闲看，现在遇到一位专门研究者，加以台静农当时也常说，新文学书也要有一部《书目答问》才好，引得我暗自想过把这个任务担当起来，虽然太无自知，也可见受影响之深了。①

7月，尚传道撰《怀念青峰兄》文，后收入《青峰学记》。

是月，张守常撰《柴德赓先生和〈碑传征遗〉稿》一文，后收入《青峰学记》。

8月7日，葛信益撰写《深切悼念柴青峰兄》文章，后收入《青峰学记》。

8月24日，《光明日报》报道17日在南京大学召开"江苏史学界集会纪念柳诒徵、邓之诚、吕思勉、缪凤林、陈恭禄、柴德赓六位先生大会"：

> 他们有的出生于江苏，治学或执教于南京、北京、上海和苏州，有的虽不是出生于江苏②，却毕生治学或执教于江苏。他们在历史学方面著有大量论著，涉及中外政治、经济和文化等多方面，史料丰富，论述精辟，见解独到。

9月，陈晶撰《忆吾师柴德赓先生》，后收入《青峰学记》。结语：

> 柴师对苏州是有深厚的感情的，他一到苏州不久就写出了《从白居易诗文中论证唐代苏州的繁荣》，文中称："像白居易这样一个大诗人，愿将仅有三本文集以一本寄存苏州，这难道能说诗人不是和苏州有深厚的感情吗？那么苏州人对白居易又如何呢？"如今也可以问，柴先生为创办、发展江苏师院历史系的教育事业，负重致远，负屈含冤，我们对柴师又如何呢？您的学生，始终以尊敬您的心情，怀念您。

是月，段天煜撰《纪念柴德赓同志诞生80周年》一文，发表于《江

---

① 刊登于《随笔》1988年第6期；后收于何荣昌、张承宗、柴邦衡主编：《百年青峰》，第157页。

② 六人中仅柴德赓不是江苏籍。

苏民进》第 9 期。

10 月 21 日，民进中央在北京市东城区辛安里召开"柴德赓同志纪念座谈会"，纪念柴德赓诞辰 80 周年。葛志成、启功、刘乃和、沈雷洪[1]等发言。[2]启功说：

> 大家只知道柴先生受陈校长的传授，柴先生还有另两位老师，一位是蔡东藩先生，在杭州念书时的中学[3]教师，即写《中国历代通俗演义》的，柴先生始终不忘，解放后重版时，柴先生为之作序。还有一位是邓之诚先生，柴先生受邓先生很多教导，后来邓先生在燕京大学不大进城，和城里来往很少，柴先生到一定时候总去看望，柴先生总说邓先生如何如何，他领着朋友，还领着我去看过邓先生，就是说柴先生对师门老师教导是这样的。我觉得柴先生的这本《史籍举要》，刚才刘先生讲原原本本是陈先生传授的，这书在柴先生身后出版，要是柴先生自己活着时出版，前面一定还有他原原本本的序，说老师如何耳提面命的教导他这门课程的经历。[4]

○ 1989 年

4 月，《柴德赓教授纪念册》由柴君衡负责，在香港印行[5]，纪念册收《墨缘》册及柴德赓诗稿《偶存草》等。刘乃和作序、释文及人名注释。启功撰写"纪念册识"一篇[6]。子女柴祖衡、柴令文、柴邦衡、柴君衡合写"后记"。

10 月 2 日，朱彤撰文《深切悼念柴德赓、陈璧子两位好老师》，后

---

[1] 沈雷洪，时任苏州大学副校长。
[2] 《人民日报》1988 年 10 月 25 日报道。
[3] 应为"萧山临浦初级中学"。
[4] 启功《尊师重友 真诚待人》，何荣昌、张承宗编：《青峰学记》，第 21—22 页。
[5] 《纪念册》印出后柴君衡未及见到，于 1989 年 4 月 26 日因心脏病逝于西安。
[6] 启功手书题跋原图收入何荣昌、张承宗、柴邦衡主编：《百年青峰》，彩页部分。

收入《青峰学记》和《百年青峰》。

12月31日，林岷[1]撰《著名历史教学家柴德赓老师》一文，后收入《青峰学记》。

是年，史树青撰《文天祥书谢昌元〈座右自警辞〉跋》一文，发表于《中国历史博物馆馆刊》第13、14期。后收入《青峰学记》和《百年青峰》。

○ 1990年

5月2日，《光明日报·史学》载吕叔湘[2]《书柴德赓〈史籍举要〉》：

> 有志于史学的人，手此一编，费力省而得益多，登堂入室，左右逢源，对于著者是一定感激不尽的。[3]

6月21日，黄文浩撰《追念柴德赓先生》文，后收入《青峰学记》。

8月，沈盈庭[4]撰《忆柴老师二三事》文，后收入《青峰学记》。是年，郦小娟于诸暨思安乡柴家村去世，享年80岁。

○ 1991年

8月，王云度[5]撰《几件难以忘怀的事——忆先师柴德赓先生》一文，后收入《青峰学记》。

张承宗撰《柴德赓与他的老师陈垣》一文，载于《学海》第2期，

---

[1] 林岷，江苏师范学院历史系1959级学生。时任教于中国戏剧学院。后为研究员。首都经贸大学教授。

[2] 吕叔湘（1904—1998），语言文字学家，中国社会科学院学部委员。

[3] 何荣昌、张承宗编：《青峰学记》，第109页。

[4] 沈盈庭，江苏师范学院历史系1959级学生，时为常熟唐市中学教师。

[5] 王云度，江苏师范大学历史学院教授。

后收入《青峰学记》。

○ 1992 年

1月，张梦白撰《缅怀柴德赓教授》一文，载于《青峰学记》。

6月，刘乃和撰《柴德赓的书法》一文，载于《史学史研究》第3期。同月，李秋沅撰《柴德赓先生〈史籍举要〉读后》一文，载于《史学史研究》第3期。

12月，《青峰学记——柴德赓教授纪念文集》一书由江苏文史资料编辑部出版。该书由柴邦衡与苏州市政协协商，准备资料，张承宗为书起名，谢孝思题笺；由何荣昌[①]、张承宗主编。

周谷城为《青峰学记》题词：

育才治学，两有所长。专门治史，成绩昭彰。
抚今思昔，典型犹在。后起之秀，念念不忘。

雷洁琼题词：

为我国史学研究作出卓越贡献！

该书还收有：何荣昌、张承宗《柴德赓先生传略》，刘乃和《学识渊博，追求进步》，龚书铎、李秋媛《柴德赓先生的治学道路和方法》，许大龄《忆柴师》，金家瑞《春蚕丝不尽，倾吐自缠绵》，田珏[②]《柴德赓先生与〈史籍举要〉》，邱敏《删繁就简，源清流晰——整理〈史籍举要〉稿有感》，何竹第《柴德赓的〈史籍举要〉》（原载旧金山《时代

[①] 何荣昌，时任苏州大学历史系教授。
[②] 田珏，1963届北京大学历史系毕业生，曾听过柴德赓讲课。时任国家教委科学司司长。

报》），吴竞《柴德赓教授与丛刊〈辛亥革命〉》，朱建春[①]《柴德赓教授与宋史研究》，沈道映[②]《师说》，李汉秋《千载分明恩怨小，莫将私意杂贪嗔——柴德赓先生诗集读后感》，张承宗《柴德赓先生的三首佚诗》，何保罗、何荣昌《追念柴德赓先生——在江苏省纪念六位史学家大会上的发言》，王健群《纪念我的老师柴德赓先生》，许春在《怀念我的老师柴德赓先生》，王世华《我的老师柴德赓先生》，汪敬同、华延芳《深深的怀念——忆恩师柴德赓教授二三事》等文章。收入纪念诗歌作者有：刘乃崇、王健群、李瑚、孔亚南、邓瑞[③]、刘叔华[④]、钱太初、蒋吟秋。

○ 1996 年

《历史文献研究》第七辑刊登黄永年《读柴德赓先生〈史籍举要〉》一文[⑤]。肯定《史籍举要》的成功价值，提出该书一些错误和遗漏。后成为《史籍举要》修订本的重要参考。

○ 1997 年

2月，诸暨市政协文史委员编辑《西施故里名人谱》，列数自春秋以来，诸暨历代名人共108人，柴德赓位列其中。

○ 1998 年

6月，《柴德赓书法选》在诸暨印制，族亲柴飞超[⑥]负责承办。启功

[①] 朱建春，苏州大学研究生。
[②] 沈道映，作家。
[③] 邓瑞，南京大学教授。邓之诚之子。
[④] 刘叔华，谢孝思夫人。
[⑤] 黄永年（1925—2007），江苏江阴人。文献学家。陕西师范大学教授，古籍所所长。黄永年：《读柴德赓先生〈史籍举要〉》，《历史文献研究》第七辑，北京师范大学出版社1996年版。
[⑥] 柴飞超，诸暨里亭柴家村人。时任诸暨市建设局长，后任市人大常委会副主任。

题写书笺，子女柴祖衡、柴令文、柴邦衡合写"后记"。

9月30日，在京亲友史树青、朱彤、刘乃崇等于北京参加纪念柴德赓诞辰90周年追思聚会。

○ 1999 年

3月3日，周士琦[①]撰写《辅仁大学"四翰林"》一文：

> 旧京的辅仁大学为我国造就了一大批学有所长的人才。本世纪40年代在辅仁大学有四位青年教师才华横溢、学问精湛，他们是柴德赓、余逊、周祖谟、启功四位先生。当时的校长是历史学家陈垣先生，陈先生家中的三大间南房为书房兼客厅，而四位先生常常一同造访陈府，向陈先生问学，于是乎时人称之为"南书房行走"，有"四翰林"美称。[②]

4月22日，《绍兴日报》刊载《柴德赓——一位鲜为人知的诸暨籍书法家》。

○ 2002 年

北京出版社编辑"大家小书"丛书，《史籍举要》入选，瞿林东[③]为其写前记《登堂入室的门径——〈史籍举要〉重版前记》。

○ 2004 年

5月，陈晶《缅怀业师柴德赓》一文在《苏州杂志》第5期发表，

[①] 周士琦，周祖谟长子。
[②] 周士琦：《辅仁大学"四翰林"》，《北京晚报》1999年3月3日。
[③] 瞿林东，1937年生，安徽肥东人。时任北京师范大学历史学院教授。

后收入《百年青峰》。

7月，《启功口述历史》一书由北京师范大学出版社出版。其中第三章"我与辅仁大学"，叙述辅仁大学往事，多次提到与柴德赓交游经历。

○ 2005 年

11月30日，苏州大学召开"柴德赓先生来校创建历史系50周年纪念会"。翌日，《苏州日报》报道。

○ 2006 年

6月，柴德赓纪念网站——《青峰草堂》由柴德赓亲属建立，网址www.chaidegeng.cn。

10月，《苏州民进成立五十周年纪念集》出版，刊登三篇纪念柴德赓文章：

1. 段天煜《纪念柴德赓同志诞生80周年》（重载）；2. 何荣昌、张承宗、柴邦衡《青峰永在》（增订）；3. 邱光《柴德赓对创立江苏师范学院民进支部的重要贡献》。

○ 2007 年

1月，邱敏撰文《以诗证史——从一篇短文论柴德赓的治学风格》，在《苏州大学学报》2007年第1期发表，后收入《百年青峰》：

> 作为20世纪中期（40—60年代）中国史学界的重要代表人物之一，柴先生是完全担得起"文史兼擅"和"胜任以诗证史"之誉的。在陈、邓等大师之后，包括柴德赓在内的一批史家继承发扬"以诗证史"的史学风格，对现当代中国史学的发展作出重要贡献，这也是史学史上值得重视和研究的问题。

4月30日，来新夏撰文《忆念青峰师》发表于《光明日报》，后收入《百年青峰》：

> 青峰师是位极具才华的史学家，文采、口才、书法均为学生所称道。他一生致力学术，留下若干有价值的史学论文和专著《史籍举要》（北京出版社1982年6月）都是极见功力、有裨后学的著述。可惜天夺英才，方达下寿，遽尔谢世，赍志以殁，岂不痛哉！我籍隶萧山，与青峰师故乡毗连，负笈辅仁时多有请益，时作乡谈，备感亲切。今值青峰师百岁冥诞，本应撰阐述学术专文以祭，奈以婴疾卧床，精力难济，追忆60年前往事，益增感念，略言青峰师二三事以志怀念，不恭之处，尚祈青峰师谅之！

6月，柴邦衡撰文《柴德赓与苏州》，于《民主》杂志第6期发表，后收入《百年青峰》。文章分七部分：1. 结缘苏州；2. 创建江苏师院历史系；3. 广交朋友；4. 创建苏州市民进积极参政；5. 对苏州地方史的贡献；6. 园林情结；7. "文化大革命"中含冤去世。

11月10日、11日，苏州大学举行"柴德赓先生百年诞辰暨学术思想研讨会"和"柴德赓先生百年诞辰纪念展"，校宣传部报道：

> 我校隆重举行了纪念柴德赓先生百年诞辰暨学术思想研讨会，并专门为其筹备了纪念展，旨在记取柴德赓先生对学校和社会的贡献，弘扬柴德赓先生的优秀品质和学术思想。当日，柴德赓先生的家人、亲友、校友、学生齐聚一堂，共同缅怀这位性情高洁、诲人不倦的现代历史学家。

大会由田晓明[①]主持，大会发言者有苏州大学校长朱秀林[②]、柴邦衡、

[①] 田晓明，时任苏州大学副校长。

[②] 朱秀林，时任苏州大学校长。

陈祖武、瞿林东、杨巩、高志罡①、曹永年等。秦和鸣、陈智超、许春在、周国伟、林珉、陈晶、关永礼等专家学者40余人参加会议。

同日，《百年青峰》一书由苏州大学出版社出版发行。主编何荣昌、张承宗、柴邦衡，龚书铎作序，方管为书起名，史树青题签②。该书分为四部分：彩色图片部分为书法及照片，文字部分为上编——生平及诗文，中编——学术成就和学术思想，下编——回忆与追思。以下诸篇，特为《百年青峰》撰稿：曹永年、李岭③《〈史籍举要〉探微》，许春在《〈史籍举要〉何有这个"小错"？》，宁侠④《从评价章学诚看柴德赓先生的治学》，卞孝萱《追怀青峰先生点滴》，邓瑞《回忆柴师》，骆经富《柴德赓先生二三事》，王云度《师恩难忘——纪念先师柴德赓先生诞辰百年》，张兆星《追忆柴德赓先生》，邱瑞中⑤《信有师生同父子——为纪念柴德赓先生而作》，朱永新《苏州民进永远的旗帜——苏州民进开创人柴德赓同志诞辰百年纪念》，曹永年《纪念恩师柴德赓先生》，李金林、孔亚南《永恒的思念——忆恩师柴德赓教授》，华延芳《师恩难忘》，林岷《三忆恩师柴德赓——纪念柴师百岁冥诞》，沈盈庭《深切怀念先师柴德赓先生》。并收纪念诗歌十四篇。

○ 2008 年

1月，陈智超撰文《千古师生情（二）》，在《民主》杂志发表。文章以一条批语、一份讲稿、一则题记、一组家书、一封短信为题，介绍陈垣对柴德赓器重和过从掌故。

2月，侯德仁⑥撰文《百年青峰，学术常青——读柴德赓先生百年

---

① 高志罡，时任苏州市社科联主席、中共苏州市委宣传部副部长。
② 史树青已经购得前往苏州参加"柴德赓百年诞辰活动"火车票，突然于11月7日病逝。
③ 李岭，内蒙古师范大学历史学院教授。
④ 宁侠，时为中国人民大学清史研究所博士生，后任教于内蒙古师范大学。
⑤ 邱瑞中，内蒙古师范大学图书馆研究员、馆长。
⑥ 侯德仁，时任苏州大学社会学院副教授。

诞辰纪念文集〈百年青峰〉》，在《民主》杂志发表。

是年，苏州大学社会学院成立柴德赓研究室。

○ 2009 年

3月17日，王卫平[①]在《光明日报》史学版面发表《柴德赓的学术贡献》一文：

> 1955年柴德赓先生南调江苏师范学院后，极为关注苏州地方史的研究，不仅相继撰写了《从白居易诗文中论证唐代苏州的繁荣》、《明末苏州灵岩山爱国和尚弘储》等论文，还在指导学生调研时，在苏州玄妙观机房殿墙脚下发现了《永禁机匠叫歇碑》，并作了专门研究。这篇碑文成为学术界研究明清资本主义萌芽问题最为重要的实物资料之一。正是在他的鼓励和影响下，重视地方史研究和资料整理成为苏州大学历史系的一个传统和重要特色。

6月，武少民[②]《柴德赓与清代学术史研究》一文发表于《历史教学问题》第6期。

○ 2010 年

1月13日，柴邦衡代表柴德赓子女向苏州大学博物馆捐赠柴德赓生前物品263件，其中包括名人字画、名人册页、手稿、信札及出版物等。

7月，《资治通鉴介绍》由中共中央党校出版社再版，瞿林东撰"再版前言"，柴邦衡写"再版后记"。该书列为"领导干部阅读书架"丛书。

---

① 王卫平，时任苏州大学社会学院教授、院长。
② 武少民，时任东北师范大学历史文化学院副教授。

○ 2011 年

10月，北京出版社新版"大家小书"丛书出版，收入《史籍举要》。

○ 2012 年

4月20日，中华书局《书品》刊载王芳军文章[①]《点校"二十四史"及〈清史稿〉档案选26》，"点校《新五代史》工作本、校本及主要参考资料（修改稿）"。第三节主要参考书籍和资料第（4）条：

> 柴德赓《新五代史校勘记》。以同文本为底本，用南监本、百衲本、鄂本、汲古阁本、贵池本及刘校本作校本。

整理赘记提到：

> 此件档案记录了《新五代史》点校工作所使用的工作本、校本和参考资料，巨细无遗，较之《新五代史》"出版说明"部分，详尽程度远远过之。参考资料部分提到柴德赓《新五代史校勘记》，"点本、断句本及选注本"下也著录有"柴德赓标点本"。"二十四史"点校工作启动之初，《新五代史》点校安排陈垣先生指导、柴德赓先生承担工作。据刘乃和先生为柴德赓《史学丛考》所作序言，柴德赓先生1964年由教育部借调，前往北京参加《新五代史》点校工作，1966年夏天，点校工作尚未完成时，回原单位江苏师范学院参加运动。1970年，在苏州郊区去农场劳动时心脏病突发，随后去世。1971年，点校工作重新启动后，《新五代史》点校移师上海，由华东师范大学等单位的学者[②]参与点校、完成。柴校稿也随

[①] 《二十四史点校本档案选28》，《书品》2012年第4辑。
[②] 1974年中华书局点校本《新五代史》，具名20位学者。

之移住上海，以作参考。档案所著录的柴德赓《〈新五代史〉校勘记》和"柴德赓标点本"当即 1965 年至 1966 年点校工作的成果。在《点校〈新五代史〉补充体例》（修改稿）中，也几处提到柴德赓校勘记，并且在确定"柴校勘记，可依我们今天的体例加以审定"，"柴已记于校勘记的，一般均入长编"等处理原则。

但是点校本《新五代史》"出版说明"中，叙述此事时说："本书'文革'前在陈垣同志的指导下，由柴德赓同志进行点校，但已完成的点校稿后来遗失。"（据中华书局 2007 年 12 月第八次印刷本，此句未见于 1974 年第一次印刷本。）

5 月，关永礼[①] 撰写《陈垣与"陈门四翰林"》一文，在《文史春秋》第 5 期发表。

7 月，华嘉撰写《陈垣与弟子柴德赓》一文，在《民主》杂志第 7 期发表。

是年，王冰[②] 硕士论文《柴德赓与中国史学史研究》，指导老师武少民。

○ 2013 年

4 月，柴念东编注《青峰草堂师友墨缘》线装本由商务印书馆出版，柴邦衡撰写"后记"，柴念东题签。此为"青峰草堂"系列线装本第一种。该书收入"青峰草堂师友墨缘"册页的 32 位名家题词及沈兼士、柴德赓书法作品。责任编辑要二峰、丁波。

5 月 2 日，杨立新[③] 撰写《一身书卷气，出手翰墨香》发表于《人民日报》：

---

① 笔名金人。
② 王冰，时为东北师范大学历史文化学院硕士研究生。
③ 杨立新，时任人民日报社总编室主任编辑。

在这三十四位著名学者中，有以书法名世的书坛大家，如沈尹默、启功、赵朴初等人；其他诸人，于书法亦各擅胜场，其作品含蓄蕴藉、雅正中和、才气纵横，均洋溢着浓浓的书卷气，不仅新人眼目，且令人味之不尽。惜其书名多为文名所掩。客观地讲，相对于他们所从事的经史之学研究，书法只不过是他们治学之余的"学之余事"。虽然他们中的许多人并未自期为书法家，但他们却取得了令当今书家望尘莫及的艺术成就。这看似无心插柳之举，其实却是进入书法艺术殿堂的不二法门。

6月15日，柴念东于"青峰草堂"网站发表《谁发现了"叫歇碑"——评黄恽〈纪庸与叫歇碑〉及〈关于叫歇碑的发现〉》一文，对"叫歇碑"发现问题进行考证。

6月，《清代学术史讲义》一书由商务印书馆出版。该书是根据柴德赓1940年代在辅仁大学讲稿及李瑚的听课笔记整理而成。并包括《识小录》和关于清代学术的几篇《史学丛考》已刊载文章。整理者邱居里[①]、姚念慈[②]、王志刚[③]，刘家和审核；柴念东题签，责任编辑丁波、要二峰。陈祖武写序。刘家和作长文《试谈研究史学的一些基本功——读柴德赓先生〈清代学术史讲义〉等的一些体会》：1. 关于目录与掌故；2. 关于"识小"与"识大"；3. 关于"竭泽而渔"。

陈祖武在"序言"中评价：

柴先生《清代学术史讲义》八章，虽篇幅不大，然布局有法，提纲挈领，入清以后一百八十余年间之学术大要，已然清晰呈现，可据可依。年轻学人凭此坚实基础，据以深入开拓，精进不已，自可创辟新境，愈阐愈密。同20世纪二三十年代问世的两部《中国近

---

① 邱居里，时任北京师范大学历史学院教授。后整理了《清代学术史（讲义全篇）》。
② 姚念慈，时任中央民族大学历史学院教授。
③ 王志刚，时任北京师范大学历史学院副教授。

三百年学术史》相比,青峰先生之所著,既有如梁、钱二位先生论著一般的学术源流梳理,更有对援庵老先生学术和精神之发扬光大。全书不惟以学术史事爬梳之精确见功力,而且尤以史家及史部文献之湛深论究显睿识,讲史德,重操守,讲史源,重文献,讲史法,重实证,循循善诱,门径朗然。在清代学术史研究的奠基阶段,接武梁、钱二家所著,允称后出转精,鼎足而立。[①]

7月3日,丁波在《中华读书报》发表《刘家和先生与〈清代学术史讲义〉》一文。介绍《清代学术史讲义》的整理、编辑情况。

7月20日,北京师范大学历史学院、史学理论与史学史研究中心、商务印书馆和中国社会科学院世界历史研究所,联合发起召开了柴德赓先生《清代学术史讲义》出版学术座谈会。座谈会在北京师大历史学院举行,杨共乐[②]主持。柴德赓弟子刘家和、杜平、李秋媛、陶麐参加会议,还有柴令文、陈祖武、张顺洪[③]、邱居里、瞿林东、晁福林[④]、易宁[⑤]、牛润珍[⑥]、于殿利[⑦]、丁波以及杨立新、杜羽[⑧]等40余名专家学者参加了座谈会。

7月31日,《中华读书报》记者陈菁霞报道,"刘家和等学者出席柴德赓《清代学术史讲义》座谈会"。

8月22日,杨立新《精确见功力 深论显睿智》刊于《人民日报》学术信息,介绍《清代学术史讲义》一书。

是月,《诸暨作家》第4期刊登李科才《关于柴德赓教授》一文,介绍柴德赓出生、家谱及婚姻情况,并考证封建婚姻的受害人郦小娟的

---

① 《清代学术史讲义》,商务印书馆2013年版。
② 杨共乐,时任北京师范大学历史学院教授,时任院长。
③ 张顺洪,时任中国社会科学院世界历史研究所所长。
④ 晁福林,时任北京师范大学历史学院教授。
⑤ 易宁,时任北京师范大学历史学院教授。
⑥ 牛润珍,时任中国人民大学历史学院教授。
⑦ 于殿利,时任商务印书馆总经理。
⑧ 杜羽,光明日报社记者。

身世。

9月9日,《光明日报》刊载杜羽《讲义逾甲子 学术薪火传 —— 辅仁大学老讲义的故事》一文。

10月,《史学史研究》2013年第3期刊载武晓阳[①]《追忆师者风范 继承优良传统 —— 柴德赓先生〈清代学术史讲义〉出版座谈会纪要》,介绍7月20日会议。

11月26日,《光明日报》刊载关永礼《传薪学术有三书 —— 〈清代学术史讲义〉读后》一文:

> 梁启超、钱穆、柴德赓三位先生均曾执教杏坛,化育人才,且三部清代学术史均先讲义而后成书,示学人以门径。三书征引史料同中有异,但取径不一、视角有别,关键在于三位先生的文化自觉之心相同,昌明国粹、融化新知之心相同,善教播德之心相同,因而三书有殊途同归、异曲同工之妙。梁启超撰作《中国近三百年学术史》,外挹新潮,内衡国故,在古今中西会通中创新范式,着意从传统文化中寻求民族复兴的力量。钱穆初讲"近三百年学术史",时值"九一八事变",外侮日亟,世事日棘,激于爱国忧民情怀而有《中国近三百年学术史》之作,弘扬以天下为己任的宋学精神,砥砺国人自立、自强,从传统文化中寻找精神家园。柴德赓的《清代学术史讲义》则是对陈垣先生学术精神的赓扬光大,不仅把清代学术史与清代社会政治变迁结合起来加以考察,还把清代史事与当时全民抗战时代紧密联系,知人论世,讲史德、重操守、颂气节,鉴往知来,激励后昆,弘扬传统美德,继起勿替,直可视为"学术抗战"之作。

12月10月,陈智超在《北京师范大学校报·文化副刊》发表《四名登堂入室的弟子》,介绍陈垣门下四弟子:启功、柴德赓、方豪、刘乃和。

---

① 武晓阳,时为北京师范大学历史学院讲师。

是年，柴念东撰写《关于陆秀夫是否为陆游曾孙的学术争鸣——读〈柴德赓日记〉》一文，刊载于2013年台湾成功大学校友刊。

○ 2014 年

1月13日，《南方都市报》2013年度古籍整理评选，《清代学术史讲义》为第一名。

1月23日，柴念东撰写《柴德赓之死》一文，发表于"青峰草堂"网站。

3月，苏州大学人文社会科学院成立柴德赓研究所，聘柴念东为首席专家。

3月18日，《绍兴日报》记者许程丽撰文《毕其一生研古史——已故绍兴乡贤、历史学家、教育家柴德赓》。

5月23日，柴念东撰文《记载一段鲜活历史》发表于《光明日报》"书林"版面。该文介绍《青峰草堂师友墨缘》所收录之柴德赓"癸未年三月廿一日，游崇效寺，观《青松红杏图》"诗札，对其诗篇及崇效寺藏图进行介绍。

6月1日，上海《东方早报》刊登张旭东[①]《你看，他们是怎么弄学术的》一文，对《清代学术史讲义》一书进行评价。

> 这本讲义不完整，只讲到钱大昕，钱大昕没有讲完就结束了。三本学术史各有特点，各有侧重。梁任公聪明人，善于找个角度，设个统系给你统起来，读得并不细。钱宾四以人为纲，要细些，但思想和学术混在一起，讲理学人物多。（余英时后来在《论戴震与章学诚》里干脆就叫"学术思想史"，其实很混淆，学术史就讲学术史好了。）柴的这部就注重毛奇龄、汪容甫那些读书多的人，他只讲学术，不混思想，故事多，细节多，看得出，他读得最细。但这要

[①] 张旭东，上海古籍出版社编辑。

看人，有的人完全略过去，理学人物一个也不讲，有些人读得很细，像全祖望。乾嘉里面，可惜有些人物他没讲，是因为没有读，比如高邮王氏四种可断定没读过，因为在《讲义》里明说陈垣的《读书杂志》被周祖谟借去，两三年不还，他没的读。很遗憾，不然乾嘉这段会讲得更好。

6月，《柴德赓点校新五代史》（全三册）整理本由商务印书馆出版，该书是根据柴德赓的标点本加以释文整理。柴念东整理、题签并撰写整理说明。责任编辑丁波、赵宇翔。

6月29日，商务印书馆和苏州大学联合举办"《柴德赓点校新五代史》新书发布暨《柴德赓全集》启动仪式"，30余人参会。

7月2日，人民网杨立新微博发表《〈新五代史〉"谢瞳"辨》一文，就柴德赓校《五代史·梁本纪》卷一中"瞳"字考，进行讨论。

7月14日，《光明日报》刊登杜羽报道商务印书馆会议文章《寻找〈新五代史〉历史遗珍》一文：

> 陈老为什么要找柴先生？因为他觉得柴先生的学问可靠。《新五代史》虽然是柴先生一个人点校的，但也是他不断向陈老请益的结果。这部书可以说是他们师徒之间最后一次合作，是两代人的精力所萃。刘家和说，《新五代史》总共只有七十四卷，以柴德赓的能力，一天可以标点两卷《新五代史》，一个多月即可完成标点。柴德赓在京期间，有相当充裕的时间向陈垣请益，对此书进行进一步校勘和研究。……2007年，点校本"二十四史"及《清史稿》修订工程启动，复旦大学中文系教授陈尚君负责点校本《旧唐书》、《旧五代史》、《新五代史》的修订工作。"修订工程有一个原则，就是要清理以前的整理档案。中华书局的编辑把能够找到的旧档案都复印给了我。《旧唐书》的整理档案、校勘长编遗失了五到十卷，其余部分复印后仍有两尺高，但是《旧五代史》、《新五代史》的旧档案一张纸都没有给过我。"陈尚君也曾询问过上海方面的有关学者，他

们都表示没有见到过柴德赓点校《新五代史》的材料。

8月10日,《人民日报》第8版"一捧书香"发表熊建《把书读成串儿》:

> 这个读书链条还可以旁逸斜出。比如看完《四库全书总目提要》,就想看看余嘉锡的《四库提要辨证》是怎么给这部皇皇巨著挑错的,然后可以再看看余嘉锡的代表作《目录学发微》,然后目录学"大牛"郑樵的《通志》、章学诚的《校雠通义》都得翻翻了,再往前《汉书·艺文志》也不能错过了……
> 再比如看到司马迁那里,《史记》是不是要通读一遍?"前四史"是不是得看看?读史是为了察今,《资治通鉴》不能落下,"二十四史"肯定是全看不了,那柴德赓的《史籍举要》总可以看完吧?

11月,《柴德赓点校新五代史》线装影印本由商务印书馆出版。该书两函十册,有收藏价值。此为柴德赓线装本系列第二种。柴念东题签并撰写"序言":

> 我们整理柴德赓先生遗稿时,意外发现一函十册光绪癸卯冬十月五洲同文局石印《钦定五代史》。据柴德赓先生自编的《图书目录》记载,此书为早年购得书籍,是经常研读的史书之一。可以看出,此书是在点校《新五代史》时,将点校结果移录到自藏本上。此本为标点本及校勘记合一,另有一些批语,使后学者可以清晰看到他严谨的治学态度和方法。陈祖武先生认为:"柴德赓点校的《新五代史》是对于中国史学界、文学界和整个学术界都是一个极其宝贵的遗产。从《柴德赓点校新五代史》可以看到老一辈学者如何研读、校勘历史文献,可谓严谨、精勤、一丝不苟。"[①]

[①] 此为陈祖武在《柴德赓点校新五代史》新书发布会上的发言,后收入《青峰学志》。

11月13日，柴邦衡（署名持平）在天涯社区发表文章，《致张旭东——答关于陈垣、柴德赓、启功的的关系之疑》就陈垣、柴德赓和启功之关系作详述。

11月，赵宇翔《〈柴德赓点校新五代史〉编辑手记》发表于《博览群书》2014年第11期：

> 《柴德赓点校新五代史》是对柴德赓教授批校本的影印，原书为光绪癸卯年（1903）五洲同文书局石印乾隆四年的校勘本（殿本石印）。原来，柴德赓教授在点校完百衲本《新五代史》之后，唯恐原稿不易保存，故而特意存了一个备份，把点校成果誊录到了自己平常读的殿本上，多亏有此一举，才使得这一学术成果不致湮没！这倒让人想起史学泰斗陈寅恪先生，他在晚年也把《柳如是别传》的草稿誊录了几份，虽经浩劫，终能使其放光于后世！禅宗公案讲，传衣之人命若悬丝，即便如此，代代仍不乏为法忘躯之士。在儒家这里，命亦不足惜，书要传下去！
>
> 全书总计校注三千一百余条，五万余字。对史学界来说，尤其对中古史的研究者来说，其价值自不待言。唐宋之间的社会转型是一个大问题，五代十国在其中扮演的角色是至关重要的。"工欲善其事，必先利其器"，柴德赓教授对《新五代史》全面的句读与批校，必将是促进五代史研究的一件"利器"。

○ 2015年

1月17日，诸暨里亭柴氏宗祠重修再建落成，《里亭柴氏族谱》续修告成，二典礼同时进行。柴德赓后人捐赠其生前手稿、书籍等物品。柴德赓一支后裔多人列《族谱》"传"及"赞"。

3月8日，《东方早报》发表赵刚文章《他们是这样弄学术的吗？》：

> 张旭东君如此推重柴著，自然有其理由，一是重细节，二是讲

故实。张君认为"恐怕不是柴高出梁、钱一截，而是陈援庵'空泛弘廓'四个字挂在头顶，不敢放松，一定要从故实讲进去，从细节讲进去。学术发展有个历史的由头，这才对。不讲故事的学术史，是唬人"。他还举了柴书中两个细节，一是柴对明清之际学者年岁的观察，一是顾炎武和人诵读经史的故事，来说明柴何以通过细节挖掘，在学术脉络的呈现上高明于梁任公和钱宾四。

5月，《青峰草堂往来书札》线装本由商务印书馆出版。这是"青峰草堂"系列线装书第三种。柴念东编注、题签并撰写"前记"。《书札》精选柴德赓留存的34人来函及柴德赓往书，并作释文。既有史料、文献价值，亦可看到那一代学者的精湛书法。

6月10日，柴德赓铜像在苏州大学独墅湖校区文科大楼前落成[1]。

6月27日，周国伟亲属刘秀玲、周勋宜向苏州大学捐赠柴德赓旧藏古籍885册，其中包括光绪同文石印本"二十四史"，明三朝本刻本《隋书》等。苏州大学颁发捐赠证书。同时柴念东代表家属捐赠柴德赓主编《辛亥革命》八册及点校《新五代史》用书同文本十册，苏州大学颁发捐赠证书。

此批捐赠古籍中有《中国史学名著介绍——陈援庵先生讲述》，此为根据陈援庵先生1933—1936年于北京大学讲授此课的笔记抄本，以"武陵余氏读已见书斋"稿纸抄录，由余逊、柴德赓校注，启功题签。

6月，张荣芳[2]在《中国史研究》发表《商务印书馆新出陈垣学术著作发微》：

> 商务印书馆最近出版陈垣的《中国史学名著评论》、《史源学实习及清代史学考证法》以及陈垣的学术传人柴德赓的《清代学术史讲义》等著作，是根据陈垣、柴德赓的课程说明、讲稿、讲义、教

---

[1] 铜像（见本书首页彩照）共制作两尊，另一尊安放于诸暨里亭柴家村柴氏宗祠。
[2] 张荣芳，时任中山大学教授。

学日记、札记及听课学生来新夏、李瑚等的听课笔记整理而成。这几种著作是中国现代优秀的史学遗产。

9月25日，由苏州大学制作及赠送的柴德赓铜像落座于诸暨里亭柴氏宗祠。

是月，周明（笔名布谷）《柴德赓交游纪略》一文刊载于其著作《花开水流：民国烟云中的江南文事》[①]。

10月15日，柴念东撰写《柴德赓婚姻二三事》发布于《青峰草堂》网站。此文主要介绍柴德赓的家庭婚姻。

10月，《史籍举要》（修订本）由商务印书馆出版。陈祖武撰写"修订本感言"，责任编辑肖帅帅、丁波，柴念东题签并撰写"后记"。邱敏根据黄永年在《历史文献研究》第七辑发表的《读柴德赓先生〈史籍举要〉》中提出的该书的错误、欠妥和存疑之处，以及1982年出版后发现之问题进行修订。[②]

关于《史籍举要》的书稿溯源，修订本后记记述：

> 柴德赓先生在北京师范大学及江苏师范学院都讲授过"中国历史要籍介绍及选读"这一课程，分别留存有两个版本的讲稿；北京师范大学讲稿为墨笔手稿（以下称"手稿"），江苏师范学院讲稿亦为墨笔稿，后印成油印讲稿（以下称"讲稿"），发至历史系学生作教材。
>
> 从1958年始至1963年，中华书局几任负责人金兆梓、萧项平、李侃先生及资深编审刘德麟、姚绍华先生为商《中国历史要籍介绍》（以下简称《要籍介绍》）出版之事，曾多次专诣柴德赓先生，并签订了出版合同。在此期间，柴德赓先生为出版此书专门撰写了《要

[①] 布谷：《花开水流——民国烟云中的江南文事》，浙江古籍出版社2015年版，第125页。

[②] 邱敏教授在完成《史籍举要》修订后不久即患病并在该书出版后不久即去世。

籍介绍》书稿（誊录在中华书局专用稿纸上，以下称"书稿"）。

这样，柴德赓先生生前留下有《要籍介绍》的手稿、讲稿[①]和书稿[②]三种。由于各种原因，《要籍介绍》在基本定稿后未能加工整理成书。1964年后，柴德赓先生参加中宣部、中华书局组织的《二十四史》点校工作，著书让位于《新五代史》点校。1966年"文化大革命"开始，柴德赓先生再也没有机会回到书桌前，完成这部书稿。

○ 2016 年

3月，《中华书画家》杂志刊登柴念东《汪容甫临〈怀仁集圣教序〉题跋》一文。文章介绍首都博物馆藏品《汪容甫临〈怀仁集圣教序〉》，此为陈垣旧藏，1960年代陈援庵命启功、柴德赓、周祖谟各书尾跋一篇，同纸交作业；刘乃和代陈援庵书"陈门四翰林"之说识。

5月，柴念东代表家属向柴德赓早年就读的杭州市萧山区临浦镇第一小学捐赠商务印书馆新出版的柴德赓所著书籍。

6月，苏州大学社会学院吴琼撰写《柴德赓历史教育思想探析》硕士学位论文，指导教师吴建华[③]。

7月，四川大学研究生王娟撰写《柴德赓历史教育思想初探》一文，发表于《读天下》2016年第13期。

9月，《宋辽金元史讲稿》线装本由商务印书馆出版，这是"青峰草堂"系列线装本第四种，责任编辑肖帅帅。该书为柴德赓1946年在北平辅仁大学授课时讲稿，全书影印，既可作为教学参考书，亦为书法作品。柴念东题签并撰写"后记"。

10月13日，柴念东代表亲属将《中国历史要籍介绍及选读》和《清代学术史讲稿》手稿二种九册，捐赠给国家图书馆。国家图书馆颁发

---

① 讲稿现由苏州大学博物馆收藏。
② 书稿未完成，现由苏州大学博物馆收藏。
③ 吴建华，时任苏州大学社会学院教授。

捐赠证书。

12月，《博览群书》杂志第12期刊登柴念东文章《〈宋辽金元史讲稿〉的听课笔记还未寻见——兼说柴德赓》。

是月，《中华书画家》杂志刊登柴念东《台静农致柴德赓信札》一文，该文介绍台静农自台北致北平柴德赓的书信四札及《青峰草堂师友墨缘》所阙台氏手卷。

○ 2017年

4月，柴念东代表亲属向苏州市档案馆捐赠柴德赓生前遗物，包括手稿、照片及其他资料。

是月，柴念东代表亲属向浙江省杭州高级中学（原杭州一中）捐赠商务印书馆出版的柴德赓著作。

5月12日，沈慧瑛《江上青峰最信君》刊于《苏州日报》，文章介绍《青峰草堂师友墨缘》中和苏州相关的名人与柴德赓的交往。

6月，《史学丛考》（增订本）由商务印书馆出版。柴念东题签并撰写"后记"，责任编辑丁波、王江鹏。"后记"云：

> 《柴德赓先生史学丛考》一书，1982年由中华书局出版。《丛考》是刘乃和先生根据柴德赓先生已刊载的史学论著及"文化大革命"后发还的部分手稿整理而成，计27篇文章，代表了柴德赓先生在史学研究上的成果。
>
> 此次增订本新增：《中国历史研究法》、《重印李焘〈续资治通鉴长编〉的版本问题》、《重印〈孽海花〉序言》及《陈垣先生的学识》、《天堂苏杭说的由来》，前三篇是据新发现手稿整理，后两篇为《丛考》出版后已刊载于其他书籍的文章。

7月21日，《光明日报》发表杜羽《国家观培育离不开公共文化空间》文章：

40多年前，史学家陈垣作古，子孙们把他的手稿捐赠给北京图书馆（今国家图书馆）。不久前，陈垣弟子、史学家柴德赓的后人将其《史籍举要》等著作的手稿也捐赠给国家图书馆。至此，这些记录着师生两代爱国学者学术历程与人生选择的手稿有了共同的归宿，成为一个民族的公共文化记忆。

20世纪40年代，陈垣写于北平沦陷区的《通鉴胡注表微》，发微索隐，阐释隐含在《资治通鉴》胡三省注中的故国之思、亡国之痛，借以抒发学者本人深切的爱国之情。与陈垣处境类似的柴德赓，则通过《鲒埼亭集谢三宾考》一文批判明末谢三宾晚节不保、两次降清，指斥汉奸卖国求荣。睹物思人，今天的读者细看手稿，依然能够想见两代学人以书斋为战场、以纸笔作刀枪的风范。

9月，柴念东撰写《启功致柴德赓诗札》一文在《中华书画家》发表，介绍柴德赓旧藏启功诗札五篇，此五首诗为首次发表。

9月5日，浙江诸暨新闻办发新闻发布平台，载杨新华、李科才文章《次坞有位柴秀才，他学识渊博，成为历史学家和教育家》。

9月8日，"苏州民进"网报道"忆先辈承继民进传统，赠遗作弘扬家国情怀"，介绍柴念东向民进苏州市委会赠送柴德赓著作多种。

是月，柴念东撰写《史学丛考》（增订本）后记发表于《博览群书》2017年第9期，题目为《透过柴德赓"三考"与"三论"》。

11月2日，柴念东代表柴德赓后人，将《鲒埼亭集谢三宾考》、《章实斋与汪容甫》手稿、收藏及照片等四种收藏品捐赠给国家图书馆。国家图书馆颁发捐赠证书。

11月，钱斌主编，苏州档案局（馆）编《馆藏苏州名人相册Ⅱ》由江苏凤凰文艺出版社出版，书中刊载柴念东撰写《柴德赓小传》一文，及馆藏柴德赓照片12幅。

12月8日，苏州大学微信公众平台刊登《青山依旧在——史学家柴德赓》一文，介绍柴德赓生平及苏州大学博物馆馆藏柴德赓后人捐赠品。是年，周明《柴德赓与台静农交谊纪略》一文刊载于《诸暨社科集萃》2017年。

○ 2018年

5月，柴念东编注《柴德赓来往书信集》由商务印书馆出版，共收录柴德赓来往书信、诗札460余通。

9月9日，民进苏州大学委员会召开纪念柴德赓诞辰110周年会议。

11月4日，柴德赓110周年诞辰学术研讨会暨《柴德赓文集》学术委员会议在北京师范大学召开，刘家和、陈祖武、陈智超、于殿利等50余位专家学者参加座谈会。刘家和作"从柴青峰《王西庄与钱竹汀》看陈援庵学术的继承"主题发言；陈祖武发言题目"《清史稿·儒林传》校读记举要"；陈智超发言题目"千古师生情"。苏州大学柴德赓研究所征集学术论文26篇，辑成《青峰学识》①一书，为会议论文集。

是日，柴念东代表柴氏后代将柴德赓"历史系学期工作总结提纲草案"手稿及1949年"周扬同志接见辅仁大学教授芮格尼谈话录"捐赠予北京师范大学图书馆。11月15日北京师范大学图书馆微信公众号报道了此次捐赠活动。

11月，《中华书画家》2018年第11期刊登邱瑞中《信有师生同父子——纪念柴德赓、刘乃和先生》一文。

12月31日，王江鹏《一窥大师的"朋友圈"》于《文汇读书周报》发表，介绍《柴德赓来往书信集》中周祖谟致柴德赓信札的历史背景及著作《洛阳伽蓝记校注》对抗战史学的贡献。

是月，邹典飞《民国时期的北京书风——柴德赓》一文载于《荣宝斋·艺术品》2018年第12期。

○ 2019年

1月3日，《中国社会科学报》刊文，介绍《柴德赓文集》出版计划。

---

① 后由商务印书馆出版，书名为《青峰学志：柴德赓先生110周年诞辰纪念文集》。

7月25日，俞宁[①]《柴德赓先生出北平记》一文发表于《南方周末·往事》。

8月，柴念东编《青峰学志：柴德赓先生110周年诞辰纪念文集》由商务印书馆出版，共收入文章36篇，其中大多数为新一代专家学者论文。

9月9日，俞宁《逃婚记：君怜天下父母心，我悲天下儿女苦》一文发表于《财新周刊》第871期。

12月18日，北京师大图书馆微信公众号刊登萧亚男《陈垣题赠本〈元西域人华化考〉的前世今生》一文，介绍陈垣题赠柴德赓《华化考》的故事，赠本现由校图书馆收藏。

是月，柴邦衡将收藏之柴德赓、刘乃和书法中轴捐赠给北京师范大学图书馆。

○ 2020 年

周维强[②]《前辈当年——〈柴德赓来往书信集〉》发表于《温州读书报》2020年第6期；《平生风义兼师友——〈柴德赓来往书信集〉》载于《浙江散文》2020年第4期。

7月，《书目答问补正》由商务印书馆出版。此书分两部分：1.据柴德赓批注范希曾《书目答问补正》本影印，首都师范大学孙文决释文整理；2.柴德赓自订工具书"书目答问补正著述家名录"，北京师范大学邱居里释文整理。

11月12日—13日，北京师范大学举办"陈垣校长诞辰140周年纪念暨学术讨论会"和"陈垣及其弟子书法札记及学术成果展览"，其中展品大部分为柴德赓生前藏品。

柴念东、俞宁撰文《元白先生一首诗后面的故事》，介绍启功与柴

---

① 俞宁，时任美国西华盛顿大学英文系教授。
② 周维强，时任浙江教育报刊总社编审。

德赓的交往掌故，发表于《中国书画家》2020 年第 12 期。

○ 2021 年

5 月，袁一丹[①]《史家的权柄与道义之诤 —— 以"陈门四翰林"为中心》一文刊载于《中国文化》第 53 期。

9 月，柴念东《关于柴德赓"字青峰"的一点推测》，刊载于《内蒙古师范大学学报》第 50 卷第 5 期。

10 月 22 日—23 日，苏州大学社会学院召开《柴德赓文集》审定、编校工作会议，来自全国各地 20 位专家学者出席。

10 月，柴德赓所著《宋辽金史讲义 资治通鉴介绍》由商务印书馆出版。该书是《宋辽金史讲义》与《资治通鉴介绍》合编本，前者是 2016 年版《宋辽金元史讲稿》（线装）释文本；后者为中央党校《资治通鉴介绍》修订本。并增加"附录"：《潜知斋读书记》和《〈资治通鉴〉及其有关的几部书》（手稿）。

○ 2022 年

8 月，陈垣《中国史学名著评论》稿抄本由上海人民出版社出版，该抄本根据陈垣授课记录誊录，余逊、柴德赓批注，邱居里点校，柴念东编。

11 月，柴德赓捐赠苏州大学古籍展在苏州大学博物馆展览。

○ 2023 年

2 月，《柴德赓手稿集》（6 册）由国家图书馆出版社出版。

3 月，《瓣香终不负此生 —— 柴德赓图志》由商务印书馆出版。

---

① 袁一丹，首都师范大学文学院副教授。

附录

主要人名注释

一、亲属（12人）

陈璧子（1910—1986），原名绍和。湖南湘潭人。1926、1927年参加湖南大革命运动，并加入中国共产党；大革命失败后脱党。1928年就读杭州惠兴女中时为学联代表，与柴德赓志同道合。1929年入杭州一中读书，1931年至北平，就读于安徽中学，毕业后入学北京大学女子文理学院。1931年与柴德赓结为伉俪，育有三子二女（长女复平养于诸暨老家，8岁时病夭）。1944年起先后任教于国立女子师范学院附中、杭州市立中学、北京第三十九中学、苏州江苏师范学院附中。1965年于江苏师院退休，1980年按规定定为离休干部。

柴德诚（1898—1951），名明，号形夫。浙江诸暨人。柴德赓胞兄。1951年5月17日土改时被镇压。

柴祖衡（1932—2010），生于北平。柴德赓长子，乳名耀平。1949年于北京市公安局参加工作，三级警监警衔。

柴邦衡（1937—2020），生于北平。柴德赓次子，乳名"小弟"。清华大学汽车系1960届毕业，先后任吉林工业大学助教、讲师、副教授、教授。链传动专家、质量管理体系审核专家。曾任农工民主党五、六届中央委员，吉林省第七届人大常委会常委，全国政协第八、九届委员。

柴君衡（1940—1989），生于北平。柴德赓三子，乳名小毛。1964年北京大学物理系毕业，先后任北京水利水电学院助教、讲师。后任国家分析测试学会秘书长，钢铁研究总院高级工程师。

柴令文（1936年生），生于北平。柴德赓次女，乳名小妹。1958年北京师范大学地理系毕业。任安徽宿县师专教师、系主任、副校长。

柴念东（1954年生），生于北京。乳名小东，1970年参加工作。2014年起任苏州大学兼职教授，柴德赓研究所首席专家。

陈伯君（1895—1969），原名伯肶，以字行。湖南湘潭人。陈璧子长兄。1920年北京大学国文系毕业，曾任浙江大学校长蒋梦麟秘书，抗战时期投笔从戎，任第一战区长官部秘书长，战后任善后委员会监事长。1949年后任高教部部长马叙伦秘书。著有《双蕉草庐诗词稿》、《阮籍集校注》。

陈绍杰（1914—1997），字季英。湖南湘潭人。交通大学毕业。陈璧子之弟。1946年与余淑班（余嘉锡次女）结婚。

陈绍闻（1912—1991），字叔异。湖南湘潭人，陈璧子之弟。经济史学家。1942年中央大学法学院硕士毕业，1952年后任复旦大学经济系教授。著有《中国近代经济简史》。

黄松（1886—1982），字渔仙，福建泉州人，陈璧子表姐。画家、古琴演奏家。上海文史馆馆员。

张恩发，柴德赓外甥。毕业于中央大学法学院，任上海第一特刑庭庭长。因涉及1948年中共党员王孝和死刑案，1958年被镇压。

二、其他（254人，按音序排序）

B

白寿彝（1909—2000），字肇伦。河南开封人。历史学家。任北京师大历史系教授、第四任系主任。第四、五、六届全国人大常委。

卞淑闻，辅仁大学史学系1939级学生。

卞孝萱（1924—2009），江苏扬州人。唐代文学研究家。任南京大学中文系教授。

冰心（1900—1999），原名谢婉莹，福建福州人。作家、翻译家。

C

蔡焌年（1924—1996），浙江德清人。上海圣约翰大学英文系1947年毕业，1949年入美国斯坦福大学心理学系，获硕士学位。任教于江苏师范学院教育专科，1957年被错划为右派后调至江苏师院图书馆工作。苏州大学研究员。

曹鸿翥（1901—1972），福建长乐人。任民进中央委员、上海市副主委。

曹永年（1936年生），江苏南通人。历史学家。江苏师范学院历史系1956级学生。内蒙古师范大学教授。

陈凡（1915—1997），广东三水人。作家、报人。任香港《大公报·艺林》主编。

陈桂英，历史学家。辅仁大学历史研究所1945级研究生。参加中国史学会《辛亥革命》编辑。后任北京师范大学历史系教授。

陈继珉，辅仁大学史学系1947级学生，后任留校任教。

陈涓隐（1897—1986），江苏苏州人。画家、摄影家。任苏州园林管理处副处长，民进苏州市委会委员。

陈晶晶（1936年生），后改名晶，江苏苏州人。文物专家、博物馆学家。江苏师范学院历史系1955级学生。任常州博物馆副馆长。

陈乐素（1902—1990），广东新会人。陈垣长子。历史学家、教育家，先后任浙江大学、暨南大学教授。

陈乃乾（1896—1971），名乾，浙江海宁人。文献学、编辑出版学家。中华书局编辑。

陈象恭，江苏师范学院历史系教师。

陈垣（1880—1971），字援庵，广东新会人。历史学家，宗教史学家、教育家。任辅仁大学、北京师范大学校长。柴德赓业师。

陈志安（1909—1994），马克思主义研究家。任江苏师范学院政治专科教授兼主任。

陈智超（1934年生），广东新会人。历史学家。中国社会科学院历史所研究员。陈垣长孙。

陈仲益（1904年生），陈垣次子，曾任教于辅仁大学日语系。

陈祖武（1943年生），湖南茶陵人。历史学家。曾任中国社会科学院历史所研究员、所长，中国社会科学院学部委员。

程小青（1893—1976），安徽安庆人。作家。民进苏州市委会委员。

储皖峰（1896—1942），字逸安，安徽潜山人。1928年清华大学国学研究院毕业，1937年后任教于辅仁大学国文系。

崔曙庭（1926—2023），湖南宁乡人。历史学家。江苏师范学院历史系1957级研究生。后任华中师范学院历史系教授。

D

董蔡时，1958年由苏州工农速成中学调入江苏师范学院历史系。

邓广铭（1907—1998），字恭三，山东德州人。宋史专家。北京大学历史系教授。

邓克生（1911—1976），湖南长沙人。经济学家。任中共江苏省委宣传部副部长、党校副校长。

邓拓（1912—1966），原名子健，福建闽侯人。任人民日报社总编辑，中共北京市委副书记。

邓之诚（1887—1960），字文如，江苏江宁人。历史学家。柴德赓师友。柴德赓业师。

丁浩川（1909—1961），河北完县（今顺平县）人。教育家。原任北京师范大学教务长，1955年调东北师范大学先后任副校长、校长。

段本洛（1932年生），云南云龙人。任教于江苏师范学院历史系，苏州大学社会学院教授。

段天煜（1909—1996），安徽芜湖人。江苏师范学院物理系副教授，师院整风小组主任。

F

范烟桥（1894—1967），名镛，字味韶，江苏吴江人。作家。任民进苏州副主委。

范文澜（1893—1969），字芸台，浙江绍兴人。历史学家、教育家。华北大学副校长，中国科学院近代史所所长，中国史学会会长。第三届全国人大常委、中共九届中央委员。

范崇鑫（1927 年生），江苏苏州人。任民进苏州市委会秘书长。

方管（1922—2009），字重禹，笔名舒芜，安徽桐城人。作家、文学评论家。柴德赓国立女子师范学院同事。

傅任敢（1905—1981），湖南湘乡人。翻译家、教育家。清华大学第一届教育学毕业生，任北京第 11 中学校长，北京师院教育研究室主任。

傅仲孙（1898—1962），江西高安人。数学家、教育家。任辅仁大学数学系教授、北京师范大学副校长。

G

龚书铎（1929—2011），福建泉州人。历史学家、教育家。1952 年任北京师范大学历史系系秘书，后任历史系教授、第五任系主任。中国史学会副会长。

葛信益（1910—1990），字孚民，山西稷山人。原辅仁大学国文系讲师、副教授，后任北京师范大学中文系教授。

葛志成（1920—1995），江苏无锡人。先后任民进中央常委、秘书长、副主席等职。

古楳（1909—1987），湖南常德人。任国立社会教育学院教授、校务委员。任民进江苏筹委会、省委会副主委。

顾蓓蒂（1940—2007），苏州人。陈璧子学生。苏州医学院毕业，后与柴邦衡结婚。

顾公硕（1904—1966），名则奂，江苏苏州人。收藏家，过云楼第四代传人。任民进苏州市委会委员、苏州博物馆副馆长。

顾颉刚（1893—1980），名诵坤，江苏苏州人。"苏州五老"之一。历史学家、民俗学家。1948 年中央研究院院士。任中国科学院历史所研究员。民进中央委员。

顾随（1897—1960），字羡季，号苦水，晚号驼庵，河北清河人。

散文家、教育家、书法家。1920 年北京大学毕业，与陈伯君是同学。先后任燕京大学、辅仁大学、中法大学、河北大学教授。

郭克煜，江苏师范学院历史系 1957 级研究生。历史学家。后任曲阜师范学院历史系教授。

郭预衡（1920—2010），河北玉田人。辅仁大学历史研究所 1945 级研究生。与史树青、金家瑞、陈桂英同班。北京师范大学教授。

H

何保罗，1955 年为江苏师范学院历史系秘书。

何挺杰（1908—1966），陕西南郑人。先后任辅仁大学政治经济学教研室教授，北京师范大学教授。

何锡麟（1915—2013），河南濮阳人。翻译家。先后任北京师范大学党委书记、副校长，南开大学副校长。

何荣昌，江苏师范学院历史系教师，后任苏州大学社会学院教授。

何兹全（1911—2011），山东菏泽人。历史学家。留学美国哥伦比亚大学，1950 年回国。任北京师范大学历史系教授。

胡华（1921—1987），原名家骅。浙江奉化人。中共党史专家。任人民大学教授。

胡梦玉（1912—1987），上海人。先后任北京师范大学历史系讲师、副教授、教授。民进北京师大支部负责人。

胡颜立（1900—1980），江苏无锡人。教育家。任民进江苏筹委会、委员会副主委。

黄乃松（1917—2011），1957 年任江苏师范学院教育专科副教授。后任苏州大学教育学院教授。

黄文浩（1918 年生），1957 年为江苏师范学院历史系讲师、办公室主任。后为苏州大学社会学院院长。

黄文相，辅仁大学史学系 1938 级学生。

黄元起（1909—1990），福建福安人。历史学家、革命活动家。柴德赓北平师范大学同学，任河南大学历史系教授、系主任。

黄药眠（1903—1987），广东梅县人。文学家、教育家。1949年后任北京师范大学中文系教授、系主任。

黄正藩，江苏师范学院历史系教师。

惠廉，苏州市副市长。

J

纪庸（1909—1965），字果庵，河北蓟县人。1933年毕业于北平师范大学国文系，任江苏师范学院历史系教授、古代史教研室主任。

贾世仪，辅仁大学体育部教师。

翦伯赞（1898—1968），湖南常德人。历史学家。1952年后任燕京大学教授，北京大学历史系教授、副校长。

蒋健平，任教于江苏师范学院历史系。

蒋吟秋（1897—1981），字镜寰，江苏苏州人。著名书法家、篆刻家、图书馆学家。民进苏州市委会委员。

焦康寿，任中共苏州市委副书记。

金灿然（1913—1972），山东鱼台人。编辑出版家。中华书局总编辑。

金家瑞（1922—1993），北京人。历史学家。辅仁大学历史所1945级研究生。翦伯赞秘书，北京市第二十八中学教师，北京师范学院历史系教授。

金永龄，辅仁大学物理系1944级学生，先后任北京师范大学物理系教授、系主任、副校长。

金毓黻（1887—1961），字静庵，辽宁沈阳人。史学家。1916年北京大学毕业。任东北大学、中央大学教授。

金兆梓（1889—1975），字子敦，浙江金华人。语言学、文史学家。任民进上海市委委员，1956年为苏州市副市长。

K

邝平章（1909—1991），翁独健夫人。北京师范大学历史系副教授，后任中央民族学院历史系教授。

L

来新夏（1923—2014），浙江萧山人。历史学家。辅仁大学史学系1942级学生。南开大学历史系教授、图书馆馆长。

雷洁琼（1905—2011），广东台山人。法学家、社会活动家。1952年任政法学院教授、副教务长。任民进中央常委、主席，任全国政协副主席、全国人大副委员长。

李滨荪，国立女子师范学院音乐系教师，1946年赴台湾，后任教于西南师范学院。

李飞生（1897—？），历史学家、教育家。任北京师范大学历史系教授。

李鹤皋，任中共江苏师范学院党委副书记，人事处主任（1957）；后为数学系主任（1959）。

李季谷（1895—1968），原名宗武，浙江绍兴人。历史学家、教育家。1944年时任鲁苏皖豫地区招训委员会主任。柴德赓于杭州一中读书时的校长。1946年任台湾师范学院教授，后任华东师范大学历史系教授。

李霁野（1904—1997），安徽霍邱人。翻译家。鲁迅的学生。先后任教于辅仁大学、国立女子师范学院。后任台湾大学、南开大学教授。

李明中，任中共江苏师院历史系党总支部书记。

李瑚（1926—2014），辽宁锦州人。辅仁大学经济系1945年学生，1949年于历史系毕业。任职于中国科学院历史研究所。

李平心（1907—1966），江西南昌人。任民进上海市副主委、华东师范大学历史系教授。

李秋媛，1952年至北京师范大学进修"中国历史要籍介绍"等课程，留校，后为古籍整理研究所教授。王桧林夫人。

李声振，任苏州市副市长。

李雅书（1921—2007），北京人。1944年燕京大学历史系毕业，1951年美国哥伦比亚大学博士毕业。回国后任教于辅仁大学、北京师范大学，先后为讲师、副教授、教授。

李芸华，任苏州市市长。

黎锦熙（1890—1978），字邵西，湖南湘潭人。语言文字学家、教育家。1949年后任北京师范大学中文系教授。

黎澍（1912—1988），湖南醴陵人。历史学家。任职于中共中央政研室。

林传鼎（1913—？），福建闽侯人。任辅仁大学心理学系教授、系主任。

林汉达（1900—1972），浙江慈溪人。历史学家、文学家、教育家。任燕京大学教授、民进中央副主席。

梁明，原名刘明琦。陈璧子北京大学读书时同学、好友，"一二·九"学生运动领导人之一，后脱党加入民进。

刘桂东，任江苏师范学院历史系教授。九三学社成员。

刘家和（1928年生），江苏六合人。世界史、中国史学家。1950年转入辅仁大学史学系，1952年毕业留校，北京师范大学历史系任讲师、副教授、教授。

刘乃崇，辅仁大学国文系1946级学生。后任职于中国戏剧杂志社。刘乃和之弟。

刘乃和（1918—1998），天津人。历史学家、文献学家。辅仁大学历史所1943级研究生。长期担任陈垣秘书，后为北京师范大学历史系教授。

刘启戈（1906—1966），湖南永新人。历史学家，任辅仁大学史学系教授，北京师范大学历史系教授。

刘颂尧，水电专家。陈璧子妹夫。

刘以珍，任辅仁大学体育部教师。

刘景芳（1902—1979），河南淇县人。留学法国，数学、天文学双博士。任辅仁大学数学系教授、系主任。北京钢铁学院（今北京科技大学）教授。

刘烈人（1910—1982），四川安岳人。任中共江苏师范学院党委书记。

刘盼遂（1896—1966），名铭志，河南信阳人。历史学家。曾任辅仁大学史学系教授，任北京师范大学历史系教授。

刘铨，为江苏师范学院体育专科教师。苏州民进会员。

刘节（1901—1977），字子植，浙江温州人。历史学家。中山大学历史系教授。

刘仙洲（1890—1975），河北完县（今顺平县）人。机械工程学家。任清华大学副校长。

柳树人，江苏师范学院历史系副教授。

廉立之（1909—1986），山东济宁人。历史学家。山东师范学院历史系教授。

陆宗达（1905—1988），字颖民，江慈溪人。音韵学、训诂学家。1928年北京大学国文系毕业。后任教于北京大学、辅仁大学等高校。1949年后为北京师范大学中文系教授。

罗常培（1899—1958），字莘田，北京人。语言学家、教育家。北京大学教授。

罗浚，字季林。教育家。曾任国立女子师范学院教务长。

罗志甫（1898—1988），广东兴宁人。任国立女子师范学院史地系教授、北京师范大学历史系教授。

M

马崇儒（1916—1988），江苏无锡人。任中共苏州市委统战部副部长。

孟心平，原省立苏高中历史教师，后为江苏师范学院历史系讲师、副教授，师院"整风"小组成员。

马叙伦（1885—1970），字夷初，浙江杭县人。文史学家、书法家、社会活动家。1949年后任高等教育部部长。1950年底与陈伯君共同介绍柴德赓加入中国民主促进会。

牟润孙（1909—1988），名传楷，山东福山人。历史学家、教育家。先后任教于辅仁大学史学系、河南大学、同济大学、台湾大学等校。

N

倪祯棠，浙江浦江人。1944年时任西北军政治部科长，中共党员。柴德赓杭州一中同学。

牛继斌，辅仁大学历史所1944级研究生，任教于辅仁大学、北京师范大学历史系。

O

欧阳湘（1896—1988），字楚三，安徽天长人。美国俄亥俄州立大学教育学博士，任辅仁大学教育部主任，后为北京师范大学教授。

P

潘慎明（1888—1971），江苏苏州人。化学家、教育家。美国芝加哥大学硕士，任东吴大学教务长。任江苏师范学院教授、副院长，任苏州市副市长。

Q

启功（1912—2005），字元伯、元白，号苑北，北京人。书法家、教育家。任辅仁大学国文系副教授、北京师范大学中文系教授。

祁开智（1906—1969），湖北潜江人。物理学家。毕业于美国芝加哥大学、哈佛大学物理系，爱因斯坦的学生。任北京师范大学物理系教授，副教务长。

钱兆隆，任江苏师范学院历史系讲师，苏州民进市委委员。

钱端升（1900—1990），字寿明，上海人。法学家、社会活动家。任北京政法学院院长、教育部副部长。

钱克仁（1915—2001），浙江嘉兴人。数学史家。任教江苏师范学院数学系，苏州民进成员。苏州大学教授。

钱仲联（1908—2003），号梦苕，江苏常熟人。古典文学家、诗人。任江苏师范学院中文教授。

乔传习，由河南分配至江苏师范学院历史系，时任助教。

秦和鸣（1924年生），江苏武进人。任江苏师范学院教务长（1959）。

覃英（1905—1993），字谷兰，湖南宁乡人。王鲁彦夫人，陈璧子在国立女子师范学院附中同事。1949年后任上海师范学院中文系教授、

附录　主要人名注释　451

党总支书记。

邱光（1926年生），任江苏师范学院教育专科教师。苏州民进会员。

邱敏（1942—2016），江苏南京人。江苏师范学院历史系1959级学生。六朝史学家。参加《史籍举要》整理，后任南京晓庄学院政史系教授。

裘胜嘉，毕业于中央大学政治系，长期在新疆任职。柴德赓安定中学、杭州一中同学。

R

荣孟源（1913—1985），山东宁津人。近代史学家。任中国科学院近代史所研究员。参加中国史学会《辛亥革命》、《义和团》、《太平天国》编辑工作。

S

尚传道（1910—1994），字希贤，浙江湖州人。柴德赓于杭州安定中学、杭州一中同学。清华大学政治系毕业。1945年后任长春市市长，1948年被俘房后在押于抚顺战犯所，于1975年被特赦释放。后为北京市政协委员。

尚钺（1902—1982），原名宗武，字健庵，河南罗山人。历史学家。1948年任华北大学二部史地系主任，1950年任中国人民大学中国史教研室教授、系主任。

邵循正（1909—1972），字心恒。历史学家。任清华大学、北京大学历史系教授。

石础（1912—1998），字凡夫，浙江德清人。中华书局编辑、中国农业出版社编审。

沈兼士（1887—1947），浙江湖州人。语言文字、文献学家、教育家。任北京大学教授，辅仁大学教授、文学院院长。

沈颜闵，江苏师范学院历史系教师。

施建农，先后任中共苏州市委统战部部长、副市长。

史树青（1922—2007），河北乐亭人。文物鉴定家、博物馆学家。辅仁大学历史研究所1945级研究生。历史博物馆研究员、中国文物鉴定委员会副主任委员。柴德赓学生。

司晓南，任民进江苏筹委会、委员会秘书长。

宋君复（1897—1977），浙江绍兴人。体育教育家。任北京师范大学体育系教授、北京体育学院副院长。

孙功炎（1914—1998），字玄常。浙江海宁人。就读杭州安定中学，曾任教于江津中学。

孙敬之（1909—1983），名培钦，河北深泽人。柴德赓北平师范大学历史系同学，任教于华北大学二部，中国人民大学、兰州大学、北京经济学院教授。

孙楷第（1898—1986），字人和，河北沧县人。敦煌学、古典文学研究家。北京大学中文系教授。

T

汤家庆，任教于北京师范大学。

台静农（1902—1990），字伯简，安徽六安人。语言学家、文学家、教育家。鲁迅学生。任教于辅仁大学、厦门大学、山东大学、国立女子师范学院；1946年后任台湾大学中文系教授、系主任。

谭其骧（1911—1992），字季龙，号奉甫，浙江嘉兴人。历史地理学家。任教于辅仁大学、燕京大学、浙江大学等校。任上海暨南大学、复旦大学教授。

陶麐，辅仁大学国文系1946级学生，任教于北京第三十九中学。

田余庆（1924—2014），湖南湘阴人。历史学家。北京大学历史系教授。

W

王畅，江苏师范学院历史系教师。

王大安（1916—2002），更名静芝，号菊农，黑龙江佳木斯人。辅仁大学国文系 1936 级学生。抗战后赴台湾，后任辅仁大学教授。

王重民（1903—1975），字有三，河北高阳人。文献学家。

王桧林（1925—2009），河北乐亭人。历史学家。1952 年北京师范大学历史系毕业，任北京师范大学历史系教授。

王季思（1906—1996），名起，浙江永嘉人。文学史家、戏曲史学家。任中山大学中文系教授。

王健群（1927—1996），辽宁海城人。考古学家。江苏师范学院历史系 1957 级研究生，后任吉林省考古所所长。

王丽英，农民家庭，陈璧子学生。1963 年考入山东大学外语系，后任苏州职工大学副教授。

王人三（1915—1998），山东烟台人。中共苏州地委书记、苏州市委书记。

王绍鏊（1888—1970），字却尘，江苏吴江人。爱国民主人士，民进创始人之一。任民进中央副主席。

王世华，江苏师范学院历史系 1963 届学生。

王文瑞（1925—2007），1952 年任中共北京师范大学历史系总支副书记。

王文枢（1907—1965），北京师范大学历史系第三任系主任。

王守礼，北平师范大学同学、好友，厦门大学历史系教授。

汪丽琴，国立女子师范学院学生，任教北京女六中（辅仁女附中）。

汪旭初（1890—1963），名东，江苏吴县人。语言文字学家，章太炎弟子。任民革苏州副主委。

魏重庆（1914—1987），任辅仁大学、中国人民大学、北京师范大学经济系教授。

魏建功（1901—1980），字国光，江苏如皋人。语言文字学家、教育家。鲁迅学生。1925 年北京大学中文系毕业，任教于辅仁大学、北京大学、国立女子师范学院等校。1945 年赴台湾任台湾大学中文系教授，国语推行委员会主任。1949 年任北京大学教授，1961 年任北京大学副校长。

翁独健（1906—1986），福建福清人。历史学家、教育家。任燕京大学代理校长、北京市教育局局长。中央民族学院历史系教授、系主任。

吴白匋（1906—1992），名征铸，江苏扬州人。国立女子师范学院中文系任教。后任苏南文联副主任。

吴迪人，任中共苏州专区副书记、苏州市副市长。

吴晗（1909—1969），字伯辰，浙江义乌人。历史学家。任西南联大历史系教授。1949年任北平文化接管委员会委员，接管清华大学，任历史系主任。1949年11月任北京市副市长。

吴宏中，任北京师范大学历史系讲师，后在青海民族学院历史系任教。

吴竞，江苏师范学院历史系教师。

吴景超（1901—1968），名纪谦，字北海，安徽歙县人。社会学家。1923年清华大学毕业，1928年获美国芝加哥大学社会学博士学位。1928年任金陵大学教授，1931年任清华大学教授，1935年任职于国民政府行政院，1949年后任清华大学教授，1953年后任中国人民大学经济系教授。陈璧子姻亲。

吴静渊，江苏师范学院历史系副教授。

吴奈夫，江苏师范学院历史系1957级学生，毕业留校。后为苏州大学教授，苏州地方史志专家。

吴甦，任中共江苏师范学院党委副书记。

吴研因（1886—1975），江苏江阴人。现代教育家。任教育部初等教育司司长，民进中央委员，

吴贻芳（1893—1985），号冬生，江苏泰兴人。教育家、社会活动家。随姨父陈叔通生活。1919年毕业于金陵女大。1922年赴美密支安大学留学，生物学硕士、博士。1928年任金陵女大校长。1953年任江苏省教育厅厅长，1955年加入民进，任江苏省主委。1956年任江苏省副省长。

吴泽（1913—2005），江苏武进人。历史学家、教育家。任华东师范大学历史系教授。

吴仲邨，江苏扬州人。任中共苏州市委书记。

X

夏承焘（1900—1986），字瞿禅，浙江温州人。词学家、教育家。任浙江大学中文系教授。

向达（1900—1966），字觉民，湖南溆浦人。北京大学历史系教授，任中国科学院历史二所所长。

萧璋（1909—2001），字仲珪，四川三台人。语言文字学家，任辅仁大学和北京师范大学教授。

谢国桢（1901—1982），字刚主，湖南安阳人。历史学家。中国科学院历史所研究员。

谢随知，为江苏师范学院历史系教师，九三学社社员。

谢孝思（1905—2008），字仲谋，贵州贵阳人，祖籍湖南长沙。画家、书法家。1952年任苏州文教局局长，1956年任苏州市政协副主席，民进苏州市筹委会、市委会副主委。

谢循初（1895—1984），安徽当涂人。1921年美国芝加哥大学心理学硕士毕业。教育家。先后任北京师范大学、北京大学教授，1940—1946年任国立女子师范学院院长。

谢展，民进会员。

徐宝相，辅仁大学史学系1932级学生，任北京汇文中学副校长。

徐伯昕（1905—1984），任民进中央秘书长。

徐慧娟，柴德赓安庆一中同事。南京师范学院数学系副教授、教授。

徐家楣，柴德赓杭州一中同学。辅仁大学史学系1932级学生。

徐乃乾，1949年后中共北京辅仁大学党支部书记、北京师大总支副书记。

徐嗣山（1909—1968），柴德赓北平师范大学同学，任江苏师范学院历史系教授、副系主任。

徐侍峰，任辅仁大学教务长。

许大龄（1922—1996），四川屏山人。明清史学家。辅仁大学史学系1941级学生。任北京大学历史系教授、系主任。

许广平（1898—1968），广东番禺人。鲁迅夫人。任民进中央副主席、全国妇联副主席。

许国樑（1908—1989），湖北蕲春人。物理学家。美国田纳西大学物理学硕士。任江苏师范学院物理系教授、系副主任。九三学社社员。

许春在（1938年生），浙江奉化人。江苏师范学院历史系1957级学生。参加《史籍举要》整理。后任南京晓庄学院政史系教授。

许世瑛（1910—1972），字诗英，浙江绍兴人。许寿裳长子。语言音韵学、历史学家。任教于辅仁大学国文系，1947年任教于台湾师范学院。

Y

严景耀（1905—1976）。浙江余姚人。社会学家。民主促进会创始人之一。任北京政法学院教授、校务委员。

杨敞（1884—1965），字季子。湖南湘潭人。陈璧子义父，杨度堂弟。

杨成章，任辅仁大学教育系教师。

杨东莼（1900—1979），湖南醴陵人。任民进中央常委、副主席。杨人楩之兄。

杨巩（1919—2008）。江苏盱眙人。教育家。曾任江苏师范学院院长。

杨人楩（1903—1973），湖南醴陵人。任北京大学历史系教授。

杨向奎（1910—2000），字拱辰，河北丰润人。历史学家。中国科学院历史研究所研究员。

杨祝华，字占三。河北昌黎人。柴德赓北平师范大学同学。

杨曾威（1905—1985），任教于辅仁大学史学系、北京师范大学历史系。

姚绍华，中华书局编辑。

叶胥朝（1907—1990），江苏如皋人。任中共江苏省委组织部副部长。

尹达（1906—1983），字照林。河南滑县人。考古学家。中国科学院历史所、考古所副所长。

尹敬坊（1916—2016），辅仁大学史学系1938级学生。后任辅仁大学史学系讲师、北京师范大学历史系副教授、教授。

尹炎武（1888—1971），名文，字石公，江苏丹徒人。历史学家。

1930年代任辅仁大学国文系教授、系主任。

叶苍岑（1904—1993），河北任丘人。任辅仁大学中文系、北京师范大学中文系教授。

余嘉锡（1884—1955），字季豫，号狷翁，湖南常德人。目录学、文献学家。任辅仁大学教授、文学院院长。1948年中央研究院院士。

余行迈（1915—？），任江苏师范学院历史系副教授、苏州大学社会学院教授。

余逊（1905—1975），字让之，湖南常德人。历史学家。余嘉锡之子。1930年北京大学历史系毕业，1935年入历史语言研究所。抗战爆发，史语所工作暂停，滞留北平，后受聘辅仁大学史学系，1946年任教授。1947年为北京大学历史系教授。陈璧子姻亲。

俞履德（1911—1991），浙江萧山人。柴德赓杭州安定中学、杭州一中同学、好友。国立中央大学法律系毕业。1949年后于浙江法院工作。1980年代应陈璧子邀请，撰写《现代历史学家柴德赓》。

俞汝霖，辅仁大学国文系1943届毕业生，后任北京四中副校长。

俞启人，柴德赓杭州安定中学和杭州一中同学。退休前为安徽大学法律系教授。

Z

张承宗（1943年生），江苏苏州人。任苏州大学历史系副教授、社会学院教授。

张春华，辅仁大学国文系1939级学生。

张次溪（1909—1968），名涵锐、仲锐，字次滋，广东东莞人。历史学家、方志学家。为辅仁大学历史系资料员，专事近代史资料《辛亥革命》的整理工作。

张焕庭（1910—2004），山东新泰人。心理学家、教育家。任江苏师范学院教育专科教授、外文系系主任和副教务长。

张鸿翔（1897—1975），字艺汀，河北蓟县人。历史学家。任辅仁大学、北京师范大学历史系教授。

张怀（1896—1987），字百龄。湖南长沙人。教育学家。任辅仁大学教授、教育学院院长。

张建初，为苏州高级中学教师。民进苏州市中小教支部成员。

张梦白（1910—2002），江苏常州人。历史学家。任江苏师范学院历史系教授。

张圻福，江苏师范学院历史系毕业留校。后任苏州大学副校长。

张守常（1921—2012），山东高唐人。北京师范大学历史系讲师、教授。

张晓江，任江苏师范学院历史系教授。

张文淳（1927—1994），非洲史专家。1951年北京大学历史系毕业，任教于北京师范大学历史系。

张子高（1886—1976），湖北枝江人。化学家、教育家。1915年美国麻省理工学院毕业。任辅仁大学理学院教授，清华大学工程化学系教授、系主任，副校长。

张再远（1924—2020），为江苏师范学院政教专科教师。

张兆星，为苏州省立高级中学高级教师，民进苏州市委会委员。

张重一（1900—1967），河北迁安人。美国密歇根州立大学经济学博士。任辅仁大学经济学系教授、秘书长；后任北京大学、北京师范大学教授，河北北京师范学院副院长。"文化大革命"中被迫害致死。

张宗麟（1899—1976），浙江绍兴人。任华北大学四部教学研究室主任，教育部高教司副司长。

张遵俭（1915—1990），河北南皮人。图书馆学家。曾任教国立女子师范学院，后任职南京图书馆、湖北图书馆。

章川岛（1901—1981），名廷谦，字茅尘，浙江上虞人。任北京大学中文系教授。陈伯君同学。

章佩瑜，国立女子师范学院学生，为广州中学教师。与曾敏之结为伉俪。

赵光贤（1910—2003），字奉生，河北玉田人。历史学家。1940届辅仁大学历史研究所1940届毕业生。后任辅仁大学讲师、副教授，1952

年入北京师范大学任教授。

赵朴初（1907—2000），安徽安庆人。中国佛教学者、社会活动家、爱国宗教领袖、书法家。任民进中央常委。

赵贞信（1902—1989），字肖甫，浙江富阳人。任教辅仁大学国文系教授。

郑楠（1928—2016），1947年北京大学"五二〇"爱国学生运动领袖。后在贵州省教育厅任职，中央党校图书馆副馆长。朱彤妻子。

郑鹤声（1901—1989），字萼荪，浙江诸暨人。历史学家。山东大学历史系教授。

郑天挺（1899—1981），字毅生，福建长乐人。历史学家、教育家。1920年北京大学国文系毕业，后考入国学门。1949年后为北京大学校务委员、副校长。1952年调南开大学任历史系教授、系主任。

钟敬文（1903—2002），广东汕尾人。民俗学家。任辅仁大学、北京师范大学中文系教授。

周谷城（1898—1996），湖南益阳人。历史学家、教育家。任复旦大学历史系教授、系主任、校教务长。后任全国人大常委会副委员长。

周国伟（1929—2015），湖南湘乡人。时任教苏州建筑工业学校。后任南京大学经济系副教授。

周蓟章，杨绵仲儿媳。陈璧子甥媳。

周瘦鹃（1895—1968），江苏苏州人。作家、园艺学家。任民进苏州市委会委员，第三、四届全国政协委员。

周廷儒（1909—1989），浙江新登人。地理学家。1952年任北京师范大学地理系教授、系主任。

周一良（1913—2001），字太初，安徽建德人。历史学家。北京大学历史系教授。

周仪琼，江苏师范学院历史系教师。

周祖谟（1914—1995），字燕孙，北京人。中国文字、音韵、训诂、文献学家，教育家。1936年北京大学中文系毕业，考入历史语言研究所，为赵元任助理。"七七事变"后滞留北平。1939年任教于辅仁大学国文系。1947年起任北京大学中文系教授。柴德赓同门。陈璧子姻亲。

邹仁海，任江苏师范学院体育专科球类教研室主任，后任南京体育学院运动系副主任。苏州民进会员。

朱庆永（1909—1978），安徽泗县人。历史学家。任北京师范大学历史系教授。

朱士嘉（1905—1989），江苏无锡人。地方志专家。曾任教于辅仁附中。

朱彤（1925—2014），贵州思南人。任贵州人民出版社副总编、中央党校出版社社长。

朱泽吉（1921—1986），辅仁大学历史所1942级研究生。河北师范学院教授、副院长。

朱正元（1900—1990），江苏南京人。美国加州理工物理学硕士、哲学博士。任江苏师范学院物理系教授、系主任。

资耀华（1900—1996），湖南耒阳人。任职人民银行参事室。土改参观、赴朝慰问时与柴德赓相识。

参考文献

资料和论著

中国第二历史档案馆档案资料
重庆江津档案馆档案资料
苏州市档案馆档案资料
苏州大学档案馆档案资料
西南大学档案馆资料
民进苏州市委会档案资料
北京市档案馆档案资料
《北京辅仁大学校史》，中国社会出版社2005年版。
《北京师范大学校史》，北京师范大学出版社1982年版。
《柴德赓教授纪念册》，自印本，1988年。
《柴德赓书法选》，自印本，1998年。
《辅仁大学师生书画集》，自印本，2008年。
《辅仁往事（1—2）》，辅仁校友会自印本，2006—2007年。
《国立女子师范学院校史》，西南大学档案资料。
《杭州第一中学校庆七十五周年纪念册》，自印本，1983年。
《暨阳柴氏宗谱》，2015年印。
《江苏省政协大事记》，自印本，1994年。
《教师月报》，大众书店1952年版。
《临浦镇第一小学校志》，自印本，2004年。
《毛泽东选集》，人民出版社1964年版。
《吴贻芳》，民进中央印，2004年。
曾庆瑛：《陈垣和家人》，北京师范大学出版社2010年版。
柴德赓：《柴德赓点校新五代史》（精装本），商务印书馆2014年版。

柴德赓：《柴德赓点校新五代史》（线装本），商务印书馆 2014 年版。

柴德赓：《清代学术史讲义》，商务印书馆 2013 年版。

柴德赓：《史籍举要》（修订本），商务印书馆 2016 年版。

柴德赓：《史学丛考》（增订本），商务印书馆 2017 年版。

柴德赓：《书目答问补正》（批注本），商务印书馆 2020 年版。

柴德赓：《宋辽金史讲义 资治通鉴介绍》，商务印书馆 2021 年版。

柴德赓：《宋辽金元史讲稿》（线装本），商务印书馆 2016 年版。

柴德赓：《资治通鉴介绍》，求实出版社 1981 年版。

柴念东编：《青峰草堂往来书札》（线装本），商务印书馆 2015 年版。

柴念东编：《青峰学志》，商务印书馆 2019 年版。

柴念东编注：《柴德赓来往书信集》，商务印书馆 2018 年版。

柴念东编著：《青峰草堂师友墨缘》（线装本），商务印书馆 2013 年版。

陈晶：《漆石汇——考古文辑》，文物出版社 2016 年版。

陈乃乾：《陈乃乾日记》，中华书局 2018 年版。

陈垣：《中国史学名著评论》，商务印书馆 2013 年版。

陈智超编：《励耘书屋问学记》，生活·读书·新知三联书店 2006 年版。

崔曙庭：《难忘而幸福的一生》，自印本，2008 年。

邓瑞整理：《邓之诚文史札记》，凤凰出版社 2016 年版。

邓之诚：《邓之诚文史札记》，凤凰出版社 2012 年版。

丁润生：《真诚的教育家傅任敢纪念文集》，首都师范大学出版社 2013 年版。

葛剑雄编：《谭其骧日记》，广东人民出版社 2013 年版。

顾潮编：《顾颉刚年谱》（增订本），中华书局 2011 年版。

顾颉刚：《顾颉刚日记》，中华书局 2011 年版。

顾随：《顾随全集》，河北教育出版社 2000 年版。

顾行：《邓拓传》，山西教育出版社 1991 年版。

何荣昌、张承宗、柴邦衡主编：《百年青峰》，苏州大学出版社 2007 年版。

何荣昌、张承宗编：《青峰学记》，《江苏文史资料》第 52 辑、《苏州文史资料》第 21 辑，1992 年。

弘治《衡山县志》，湘潭大学出版社 2013 年版。

侯刚、章景怀：《启功年谱》，北京师范大学出版社 2013 年版。

贾毓鹗等修，王凤翔等纂：民国《洛宁县志》，台北成文出版社 1968 年版。

江津县白沙镇人民政府编著：《白沙镇志》，江津市印刷二厂，1996 年。

金毓黻：《静晤室日记》，辽沈书社 1993 年版。

李霁野：《我的生活历程》，新文学史料编辑部 1985 年版。

刘家和：《丽译忆往》，商务印书馆 2021 年版。

刘家和：《愚庵论史》，首都师范大学出版社 2008 年版。

刘涓迅：《革命史家胡华》，当代中国出版社 2011 年版。

刘炼：《风雨伴君行 —— 何干之》，广西教育出版社 1998 年版。

刘乃和撰：《陈垣年谱》，北京师范大学出版社 2010 年版。

刘乃和编：《陈垣图传》，北京师范大学出版社 2002 年版。

楼平主编：《百年踪迹 百年辉煌（安定学堂）》，西泠印社 2009 年版。

陆士清：《曾敏之评传》，复旦大学出版社 2011 年版。

陆昕：《祖父陆宗达及其师友》，人民文学出版社 2012 年版。

罗联添：《台静农先生学术艺文编年考释》，台北学生书局 2009 年版。

马嘶：《一代宗师魏建功》，文化艺术出版社 2007 年版。

民进中央：《许广平》，开明出版社 1995 年版。

闵军：《顾随年谱》，中华书局 2006 年版。

钱克仁：《数学史选讲》，江苏教育出版社 1989 年版。

乾隆《诸暨县志》（校注本），南京大学出版社 2016 年版。

人民大学历史学院：《尚钺先生》，中国人民大学出版社 2011 年版。

尚钺：《中国资本主义关系发生及演变的初步研究》，生活·读书·新知三联书店 1956 年版。

舒芜：《舒芜集·八》，河北人民出版社 2001 年版。

宋镜明：《李达传记》，湖北人民出版社 1986 年版。

宋云彬：《宋云彬日记》，中华书局 2016 年版。

台静农：《白沙草 龙坡草》，海燕出版社 2015 年版。

台静农：《台静农年谱简编》，海燕出版社 2015 年版。

田晓明主编：《苏州大学大事记》（1900—2012），苏州大学出版社 2015 年版。

汪学群：《清代学问的门径》，中华书局 2009 年版。

王伯祥：《王伯祥日记》，中华书局 2020 年版。

习之：《吴晗年谱》（政务篇），群言出版社 2014 年版。

夏承焘：《夏承焘日记全编》，浙江古籍出版社 2021 年版。

肖芃主编：《清正长留（谢孝思）》，文汇出版社 2015 年版。

徐斌编：《马寅初年谱长编》，商务印书馆 2012 年版。

许福芦：《舒芜口述自传》，人民文学出版社 2014 年版。

虞坤林整理：《陈乃乾日记》，中华书局 2018 年版。

岳南：《南渡北归·离别》，湖南文艺出版社 2015 年版。

张传玺：《新史学家翦伯赞》，北京大学出版社 2006 年版。

张圻福：《苏州大学校史》，江苏人民出版社 1992 年版。

张在军：《西北联大》，金城出版社 2017 年版。

张宗祥：《冷僧自编年谱》，上海古籍出版社 2015 年版。

周明：《花开水流——民国烟云中的江南文事》，浙江古籍出版社 2015 年版。

周诗长主编：《薪火——安庆一中百年史稿》，黄山书社 2006 年版。

周瘦鹃：《周瘦鹃文集》，文汇出版社 2015 年版。

周祖谟：《周祖谟自选集》，首都师范大学出版社 2008 年版。

诸暨市政协文史委员会编：《西施故里名人谱》，诸暨自印本，1997 年。

邹千江：《吴景超社会思想研究》，中国传媒大学出版社 2015 年版。

报刊

《人民日报》

《光明日报》

上海《文汇报》

香港《大公报》

天津《大公报》

北京《进步日报》

天津《益世报》

《新苏州报》

《江苏师院》（报）

《师大教学》（报）

《辅仁学志》

《北京师范大学学报》

《江苏师院学报》

《文献》

《中学教学》

后　记

如果时间倒退十年，任何人包括我自己在内都不会相信，不才能写一部柴德赓先生的年谱。虽然我是柴德赓先生的嫡孙，从小随祖父生活在苏州，但那是成年前之事，加之又愈数十年，对于祖父的记忆是模糊的，不可能完成这样一项任务。在我的学习工作经历中丝毫没有从事文史工作的痕迹，要写年谱这样一本专业性很强的学术工具书，是何等艰巨的事情。

十年来我应聘于苏州大学，为了出版《柴德赓文集》，从事有关柴德赓先生书稿、信札、诗稿、日记、札记和古籍点校的整理工作，从中学会了不少史学研究的方法。有人讲，柴念东是有老师的，这个老师就是他的祖父——柴德赓先生。虽然我没有登堂，而后入室，但也可算是略窥其门径了。当然不是老师直接口授于我，而是我从他娴熟书法堆积起来的文章、笔记、书札等手稿中逐步熟悉的，这也使我有与祖父对话的感觉。这样一点点地积累起了做学问的路子，现在终于可以动笔写这本《柴德赓年谱》了。

1963年4月17日，柴德赓先生在给陈璧子（我奶奶）的一封家书中这样写道：

>　　小弟给刘一信，说看见《通鉴》小册子，他能看懂。小毛在这里也拿走一本看去了。我以前未着意培养孩子学历史，现在看来，也算缺点，将来看小东如何了。

祖父柴德赓先生是史学名家，但他的子女没有一个学文史的。在此通信中，可以看出他已经注意到家学的传承。从苏州到北京后，我进的是实验小学（原来的北师大附小），进而的目标是北师大附中，最后进阶北京师范大学，这是一条设计好的求学之路。然而祖父于"文革"中的逝世，也关闭了我的文史之门。于是"将来看小东如何了"那句话，成了我的一个心结，也成了一种召唤，召唤着我要做些什么。

悠悠数十年过去了，我一直是个"不肖"的理工科生。直到2007年苏州大学召开柴德赓诞辰百年纪念会、学术研讨会和展览会，我才开始关注祖父的学问。于是从《百年青峰》读起，我逐渐对柴德赓先生的学术地位有了认识。我开始理解奶奶了，理解她为什么在祖父去世后不遗余力地联系他的朋友、弟子，抢救挖掘他的遗书遗稿，并最终完成《资治通鉴介绍》、《史学丛考》和《史籍举要》三本书。

1986年，和我一起生活了32年的奶奶走了，父辈们，特别是我的叔叔、姑姑们薪火相继，又完成了《柴德赓教授纪念册》、《青峰学记》、《柴德赓书法选》和《百年青峰》四本书。

2011年，我自己也快到耳顺之年了，觉得也应该做一些弘扬祖父学术遗产的事。2014年我受聘于苏州大学，从事柴德赓书稿、信札、诗稿、日记及古籍点校的整理工作，遂沉潜于他的文字书法之中，日居月诸，居然也从中学会了不少史学研究的方法和路子。虽然没能亲炙于他老人家，但这种"私淑"也算是弥补了我长久以来的遗憾。虽然还远没有登堂入室，但积渐之下，也略有一些心得体会，并且在诸位学者前辈的指点与鼓励之下，很快整理了《青峰草堂师友墨缘》。继而陆续整理了《柴德赓点校新五代史》、《青峰草堂往来书札》、《柴德赓来往书信集》，参与了《史籍举要》（修订本）、《史学丛考》（增订本）、《宋辽金元史讲稿》、《清代学术史讲义》、《宋辽金史讲义 资治通鉴介绍》、《书目答问补正》（批注本）、《青峰学志》、《柴德赓图志》等书的整理、编辑工作，并参与《柴德赓日记》、《柴德赓手稿集》的整理工作。

年谱是我们了解前人的工具书。柴德赓先生曾谈到，作为历史研究学者写一个古人年谱是必须做的基本训练，也是深入全面了解一个人、一个交游圈、一个时代的门径。一个文化名人是因为他的学问精深、他的广泛交际而著称于世，了解他还可以从他的朋友、师长、亲属中得到旁证。现在看来，这正是他的"夫子自道"。1966年1月4日柴德赓在日记中透露，他写日记的目的，就是为编"年谱"做准备。于是他留下了宝贵的日记（今天看来），虽然丢失部分，但总体完整，主线未断。为后人编写这本《年谱》创造了基本条件。柴德赓先生交游之广恰恰成了一把了解他的钥匙。因此，在撰写年谱时对人物关系加以注解，以便读者查询验证，这是《柴德赓年谱》的一个特点。

年谱是工具书，要求时间、地点、人物准确，本书的侧重点是介绍柴德赓先生的交游，人物关系是主线。年谱的取材主要来自柴德赓先生的日记、诗歌、书信、著作、检查和档案材料及实地考察，还包括他人的回忆录、纪念文章和与他相关名人的传记、年谱、年表等。当然会有不详尽和取舍不当的地方，这些需要在今后使用中加以充实。

通过整理年谱，一个比较清晰的轮廓在我脑海中展现出来：柴德赓先生有史学研究的贡献，这是他1949年追随陈援庵先生治学部分；也有对民国知识分子在1949年以后思想改造史研究的贡献，这是他的亲身经历。他以一个历史学者的角度，基本完整地记录了时代变迁与他个人的思想历程，而主观和客观的条件，为我们保留了系统而丰富的资料。这也是我编撰《柴德赓年谱》的目的之一。

柴念东

2017年9月27日　成稿于苏州大学子实堂

2019年1月31日　修改于北京草之堂

2022年12月31日　改定